HISTOIRE

ET

GÉNÉALOGIE

DE LA

FAMILLE BONAPARTE

Lyon. — Imp. et Lith. H. STORCK , place du Plâtre, 8 .

HISTOIRE

ET

GÉNÉALOGIE

DES QUATRE BRANCHES

DE LA

FAMILLE BONAPARTE

Depuis 1183 jusqu'en 1855

Par A. P.-M.

PÉRISSE FRÈRES

LYON
ANCIENNE MAISON
Rue Mercière, 49
et Rue Centrale, 60

PARIS
NOUVELLE MAISON
Rue Saint-Sulpice, 38
Angle de la Place

1855

AVANT-PROPOS

Le rôle immense, extraordinaire que les derniers descendants des Bonaparte ont joué dans le monde, d'abord par Napoléon-le-Grand, dès la fin du XVIIIe siècle; puis, cinquante ans plus tard, par Napoléon III, restaurateur de l'Empire Français, rend intéressant tout ce qui se rapporte aux origines, à la filiation de ces deux augustes Souverains. La génération actuelle se sent avide de connaître leurs ancêtres; de savoir quelle ville, quelle contrée de l'Europe fut leur berceau, et par quelles actions ils se rendirent recommandables à leurs contemporains et à la postérité.

A de rares circonstances, la jeunesse de nos jours a pu entendre raconter par des hommes impartiaux que les aïeux des Bonaparte avaient jadis fait preuve d'une énergique vitalité d'âme, d'une notable distinction de sentiments et de lumières; que presque tous s'étaient montrés ou vaillants guerriers, ou grands et habiles magistrats, ou savants dignitaires de l'Eglise, ou profonds jurisconsultes et littérateurs. Mais l'enseignement

1

historique ne venant point corroborer ces récits , il s'en est suivi que le doute et la négation même, provoqués par les écrivains à la solde des partis, ne tardaient pas à effacer ces salutaires impressions de la vérité.

Voué depuis longtemps aux études qui peuvent intéresser l'histoire, plus que tout autre, nous avons pu observer qu'à l'endroit des Bonaparte, les leçons données pendant quarante ans à la jeunesse française, n'avaient été le plus souvent qu'une exploitation menteuse et arbitraire des passions politiques.

Le moment est venu de réparer cette inqualifiable injustice.

Pour combler une lacune faite par les factions à la biographie de personnages qui nous intéressent, parce qu'ils se rattachent par deux grands Princes à notre histoire nationale, nous offrons au Public le résultat de nos recherches sur l'origine et la généalogie des quatres branches de la famille des Bonaparte.

Nous avons puisé aux sources les plus sûres ; nous pouvons même ajouter aux seules dignes de foi. Les historiens contemporains, les annalistes de l'Italie, les écrits des plus célèbres publicistes, les archives des Etats et des villes, les mémoires, les *nobiliaires*, manuscrits ou imprimés, nous avons tout lu, tout interrogé, tout comparé avec la plus sévère, la plus scrupuleuse attention. Nos devanciers nous ont aussi fourni leur tribut de renseignements et de lumières ; et, si parfois nous ne nous sommes pas trouvé d'accord avec eux, c'est que nous nous étions fait une loi de n'admettre aucune opinion tant soit peu hasardée, ou incapable de soutenir la comparaison avec l'histoire ou l'examen d'une saine et judicieuse critique.

Deux voyages en Corse, un long séjour en Italie, d'honorables relations avec les hommes les plus distingués de ce pays par leur position, leur naissance et leur savoir, nous ont singulièrement facilité des recherches qui, sans un concours aussi bienveillant, nous eussent offert de nombreuses, d'insurmontables impossibilités. Grâce à de hautes et puissantes recommandations, Trévise, Sienne, Padoue, Milan, Bologne, Florence, Sarzane, Gênes, Ajaccio, etc., nous ont ouvert leurs bibliothèques, leurs archives publiques et particulières : partout nous avons recueilli des documents précieux, plusieurs même inédits, sur les éminents personnages qui étaient alors l'objet de nos investigations et de nos travaux.

C'est donc par une suite de patientes, de laborieuses études ; c'est en comparant les citations des historiens Verci, Frederici, Bonifazio, Muratori, Guichardin, Stefani, Fabrucci, Chisio, Vacca, Filippini, etc., avec les cartulaires, les registres, les *cadastres*, les archives des cités, des établissements publics et des familles, que nous sommes parvenu à vérifier d'une manière indubitable la liaison intime qui existe entre les branches de San-Miniato, de Sarzanne, de Corse, et la branche primitive des Bonaparte de Trévise. De rares interruptions se sont présentées à nous dans les anneaux de cette filiation antique ; mais la comparaison des temps, des faits, des hommes, des lieux ; l'opinion généralement accréditée en Italie parmi les diplomates et les savants les plus versés dans l'histoire de leur pays et dans la science généalogique des grandes familles, nous ont servi de flambeau pour nous éclairer au milieu de quelques doutes et de quelques obscurités. Eh ! qui pourrait nier que le consentement unanime, la notoriété établie depuis des siècles chez une multitude d'esprits éclairés et impartiaux, ne soient la preuve irréfragable de faits que l'histoire a le droit de revendiquer et d'inscrire? Comment les factions oseraient-elles, sans injustice, taxer de flatterie ou attaquer la véridicité d'anciens biographes italiens, pour avoir loué dans leurs écrits les Bonaparte alors Gibelins persécutés, proscrits et malheureux?

Et nous, qui nous faisons ici un devoir de répéter à la France ce que tant d'écrivains recommandables ont dit avant nous à l'Italie, ne courons-nous pas aussi le risque d'être traduit à la barre des partis, qui nous accuseront de faire aux circonstances de la politique le sacrifice des droits de l'histoire? De pareilles concessions n'entrèrent jamais dans nos habitudes : notre caractère connu et notre indépendance, suffisent pour nous mettre à l'abri d'un semblable reproche. Constamment placé au point de vue de la vérité historique, n'ayant ni ambition à satisfaire, ni position à sauvegarder, nous n'avons dû par aucun motif être tenté d'altérer les sources où nous avons puisé, et que nos citations permettent au lecteur de vérifier. D'ailleurs, nos études sur les anciens Bonaparte ont été faites à une époque bien antérieure à l'inauguration de la nouvelle République; personne alors ne pouvait prévoir que les événements ramèneraient au Pouvoir l'héritier d'une dynastie bannie du royaume par une loi, et dispersée sur tous les points de l'univers.

Heur et malheur; telle fut, en effet, même pour les Bonaparte du Moyen-Age, la destinée de la plupart des membres de cette illustre famille. Lisez les historiens du temps; ils vous les montreront tantôt souverains vénérés et puissants de divers Etats de la Péninsule italique, tantôt persécutés et bannis, en butte aux vengeances des Guelfes, qui les dépouillent de tout, excepté du patriotisme et de l'honneur, noble héritage de leurs pères.

Dans les temps modernes, mêmes vicissitudes, mêmes alternatives de fortune et de revers chez leurs descendants. De ce tronc, si souvent battu par l'orage, sortit, il n'y a pas un siècle, un noble et vigoureux rejeton : il grandit et prospéra sous les bénignes influences du ciel qui lui prodiguait sa rosée, et devint bientôt un chêne gigantesque et majestueux, digne de l'universelle admiration. Tout-à-coup, le vent de l'adversité se lève, l'ébranle, le renverse, et détruit, par sa chute, les espérances des peuples qu'il abritait de son ombre tutélaire !.... Il n'est pas un cœur français qui ne se rappelle combien fut déplorable cette catastrophe de la fin du premier Empire ! Que de grandeur, que de prospérité, que de gloire s'anéantirent en un instant !

Quarante ans s'étaient à peine écoulés, et voici que de ce grand arbre, gisant comme sans sève et sans vie, pousse un rameau verdoyant, qui croît et se fortifie en dépit des orages, et s'offre à son tour pour protéger contre les tempêtes la patrie en deuil.... L'ouragan de Février 1848 venait de soulever les passions populaires : lancée dans la carrière aventureuse des innovations politiques, la France, au lieu de la liberté, n'avait trouvé que l'anarchie et le despotique arbitraire de la multitude ; la tourmente grondait au milieu de la confusion des pouvoirs ; un chaos d'utopies qui se croisent et se heurtent appelait la guerre civile, et allait faire couler le sang de nos frères !...

Mais Dieu a créé les nations guérissables. La société a, comme l'âme humaine, ses angoisses et ses joies, ses grandeurs et ses défaillances. Quand elle succombe, Dieu se lève et prend en main le gouvernement des nations. Heureux le siècle qui reçoit cette manifestation de sa volonté suprême ! Ce bonheur fut celui de notre époque ; la gloire d'en être l'instrument était de nouveau réservée à un Bonaparte. Voyez : sous une inspiration d'en-haut, la France, comme un seul homme, s'avance au suffrage universel. A ce moment solennel et décisif, elle se souvient que le génie organisateur d'un Bonaparte la sauva jadis des fureurs de 93 ; elle comprend, cette fois encore, que l'énergie d'une autre Bonaparte doit l'arracher aux dangers qui la pressent, et six millions de voix proclament Président de la République Louis-Napoléon Bonaparte, naguère captif d'un monarque ombrageux. Bientôt la restauration de l'Empire, acclamée par huit millions de citoyens français vient mettre le dénouement à ce drame providentiel.

Ainsi l'homme s'agite, et Dieu le mène.

Un résultat aussi extraordinaire ne doit-il pas inspirer plus que de l'espoir à tous les cœurs, et les convaincre que, sous un prince élu par la voix unanime du peuple, la France verra renaître les jours de sa grandeur et de sa prospérité. Que les partis s'inclinent donc devant le doigt de Dieu qui toujours écrivit l'avenir de la France, et qu'ils comprennent enfin que Napoléon III, en éteignant les brandons que la Discorde s'acharnait à secouer sur nos têtes, a rétabli la société sur ses bases, et rendu à l'Empire de Charlemagne, de Louis XIV et de Napoléon Ier la place qu'il doit occuper au premier rang des nations civilisées. L'union fait la force : serrons nos rangs autour de ce trône que l'immense majorité des Français a relevé par un élan si national. Hâtons-nous de cicatriser les plaies qu'ont faites à la patrie de trop regrettables divisions, et montrons à l'Europe étonnée ce que peut le *Grand Peuple* lorsqu'il confond dans un même amour son pays et son souverain. Ce dévouement n'est pas nouveau ; nos pères en ont donné souvent l'exemple : les règnes de Pepin=le=Bref, de Charlemagne, de Hugues=Capet, de Philippe=Auguste, de S. Louis, de Henri IV, de Louis XIV, de Napoléon Ier, le disent assez dans leurs fastes.

Ces considérations nous ont engagé à publier l'œuvre complète de l'Histoire généalogique des trois premières dynasties qui ont occupé le trône de France, depuis Pharamond jusqu'à Louis-Philippe Ier. Puis, pour continuer ce passé que de stupides démagogues auraient voulu effacer de notre histoire, et pour relier ses grands souvenirs à l'ère impériale deux fois saluée en un demi-siècle par les acclamations de la France entière, nous y avons joint l'histoire généalogique de la quatrième dynastie, complément glorieux de nos annales, à partir de sa souche, Jean Ier Bonaparte, podestat de Trévise, en 1183, jusqu'à Napoléon III, empereur en 1852. Et, comme la biographie des aïeux des Bonaparte, ignorée du plus grand nombre, est palpitante d'actualité à cause de Napoléon Ier et de Napoléon III, leurs augustes descendants, nous avons cru qu'il convenait de n'en pas retarder plus longtemps la publication. Les autres dynasties paraîtront successivement après.

L'ouvrage entier se composera de quatre volumes d'histoire et de quatre arbres généalogiques, présentant les origines et la filiation de toutes les branches princières issues de chaque souverain des différentes dynasties : Mérovingiens, Carlovingiens, Capétiens,

Napoléoniens. D'un coup-d'œil, il sera facile d'énumérer tous les princes qui ont vécu sous le même règne : une ligne transversale tirée de siècle en siècle, indiquant ceux qui ont été contemporains les uns des autres.

Un tableau synoptique donne l'origine et la série des Maires du Palais dont l'histoire n'est pas généralement bien comprise, par suite de la confusion que l'on fait souvent entre les Maires du Palais de Neustrie, d'Austrasie et de Bourgogne. Ce tableau présente simultanément la biographie succincte et la filiation des illustres ancêtres de Pepin-le-Bref et des rois de la seconde race. Il en est de même pour la dynastie nombreuse et si célèbre des Capétiens, soit qu'on la rattache seulement à Robert-le-Fort, soit qu'on la fasse remonter jusqu'à Childebrand, frère de Charles-Martel.

Ainsi, les trois dernières dynasties, Carlovingiens, Capétiens, Napoléoniens, nous montrent à leurs berceaux une suite de, grands hommes, dont les hauts faits préparent la destinée de tant de princes fameux sortis de leur sang, et rehaussent encore la gloire de l'illustre nation des Français.

Enfin, des cartes géographiques placées de distance en distance, indiquent les lieux où se sont passés les événements principaux, les Etats des grands vassaux de la royauté, les partages et les agrandissements successifs du territoire, selon que les monarques français le divisaient entre leurs enfants ou en rattachaient les provinces au domaine de la Couronne, par confiscation, par reversion ou par conquête.

Dix grandes époques forment la division et le cadre de cette histoire : *Conquête et Royaume des Francs, — Partages de la Monarchie et Maires du Palais,*

— Empire Carlovingien, — *Féodalité*, — *Croisades*, — *Communes*, — *États-Généraux*, — *Monarchie absolue*, — *Révolution*, — *Empire Napoléonien*. Chaque prince, duc ou comte de lignée royale y trouve sa biographie assez détaillée [pour qu'on puisse connaître et apprécier ses faits et gestes. Les hommes célèbres étrangers au trône, les inventions marquantes, les grandes institutions civiles et religieuses y ont aussi leur place et leur mention particulière.

Cette méthode n'est pas nouvelle ; mais, plus complète et peut-être mieux coordonnée que tout ce qui a paru en ce genre, elle pourra rendre plus saisissables les points embrouillés de notre histoire nationale, et mettre en évidence ceux des descendants de nos rois dont l'Histoire générale ne s'est pas assez occupée, quoiqu'ils aient rendu d'incontestables services à la nation et à la monarchie.

Heureux, si notre travail rappelait aux hommes imbus de certains préjugés politiques tout ce que notre patrie doit de progrès, de puissance et de gloire aux souverains qui ont tenu le sceptre du noble pays de France ! Heureux, si nous les ramenions sincèrement à l'observance de cette maxime tombée des lèvres de l'Homme-Dieu : « *Reddite Cœsari quœ sunt Cœsaris;* RENDEZ A CÉSAR CE QUI EST A CÉSAR ;... » Nos efforts auraient obtenu leur plus douce récompense !

I.

Après que le roi Charles-le-Chauve fut descendu dans la tombe (887), les incursions des Hongrois et des Sarrasins jetèrent quelque temps le désordre et l'anarchie dans toute l'Italie. Ce ne fut partout dans cette malheureuse contrée que réactions et massacres, qu'incendies et ruines. Bientôt les calamités publiques réveillèrent l'énergie et le caractère national des peuples de la Péninsule : ils comprirent que, pour résister à un ennemi qui disparaissait après avoir semé derrière lui la désolation et la mort, il fallait fortifier les villes, lever et entretenir des milices, créer une magistrature et défendre, par tous les moyens possibles, leurs possessions et leur vie. De cette première époque, date l'organisation municipale des cités et des États de Trévise, Padoue, Bologne, Florence, Pise, Gênes, San-Miniato, etc., villes où les Bonaparte joueront un si grand rôle.

Trente ans plus tard, la rivalité de Hugues et de Béranger [1] attirèrent en Italie les armes d'Othon-le-Grand, chef de la maison de Saxe. Protecteur de ses sujets, soutien des villes qui soupiraient après une sage indépendance, il les aida dans la réalisation de leurs efforts, et, après qu'il eut ceint la couronne de Lombardie, il assura aux peuples une liberté basée sur le droit, permit aux petits États qui venaient de se former, d'acquérir certains priviléges militaires et municipaux, tels que d'élire des Consuls, des Podestats chargés de rendre la justice, de commander les milices, de présider les Conseils de la noblesse et du peuple : politique libérale qui, deux siècles plus tard, fut consacrée par la paix et le traité de Constance.

La fin du onzième siècle vit s'élever la première croisade qui précipita sur l'Asie l'Europe enflammée d'un enthousiasme religieux. Cette expédition au-delà des mers donna aux États maritimes de Venise, de Gênes, de Pise, de Florence, une nouvelle existence politique, en leur ouvrant avec l'Orient de fréquentes communications et des rapports d'échange et de commerce. La République de Pise, dans un territoire improductif et malsain, comprenait quelques cités peu importantes, telles que Massa, Piombino, etc. Elle ne pouvait s'étendre davantage ; mais une alliance intime l'attachait à Florence, dont la fortune commençait ; et, devant elle, Pise avait la mer qui permettait à ses navires d'étendre au loin sa prépondérance.

Assise au fond du golfe qui porte son nom, Gênes, comme Pise, s'efforçait d'établir sur mer sa puissance navale, au détriment de son active et jalouse voisine. Ces deux États rivaux étaient gouvernés par une administration consulaire, composée de gentilshommes élus par le peuple. Un Sénat, sorte de Conseil municipal, assistait les Consuls, et lorsque de grandes circonstances l'exigeaient, on convoquait le peuple en *Comices* ou assemblée générale.

Au midi de l'Italie, les Normands qui, dès l'an 1003, avaient su imposer leurs services aux princes de Barri, de Salerne et de Capoue, s'étaient ensuite rendus maîtres de ces villes, et y avaient établi leur domination. Robert Guiscard, un de leurs chefs, ayant conquis la Calabre, avait pris le titre de Duc de cette province, tandis que Roger, son frère, s'étant jeté avec une poignée de braves sur la Sicile, avait soumis Messine et Palerme, puis l'île entière dont il s'était constitué le souverain.

Ce fut peu de temps après (en 1053), qu'une mémorable querelle s'éleva entre le Saint-Siège et l'Empire : les empereurs prétendant avoir le droit de faire les papes, et les papes voulant ôter aux empereurs le droit qu'ils s'étaient arrogé de nommer aux évêchés et autres bénéfices de l'Eglise. L'empereur Henri IV, courroucé de ce que les Romains avaient élu, sans son consentement, Alexandre II, nomma lui-même pour pape l'évêque de Parme. La France, une grande partie de l'Italie et de l'Allemagne ayant reconnu l'élection d'Alexandre, l'antipape, nommé par l'empereur, fut obligé de céder. Plus tard, Alexandre entra dans une ligue que les Bavarois et les Saxons firent contre l'empereur, et cita ce prince à Rome pour avoir vendu des évêchés[2]. Mais la querelle s'envenima bien davantage sous le pontificat suivant : Hildebrand, devenu pape, sous le nom de Grégoire VII[3], assembla deux conciles à Rome, en 1078 et 1080, et y abolit le droit d'investiture qui, jusque là, avait donné aux empereurs une sorte de puissance spirituelle. Henri, de son côté, convoque une diète à Worms, y dépose Grégoire, après avoir publié contre lui un libelle rempli de forfaits imaginaires et ridicules : il fait plus encore, il soudoie un brigand qui se saisit du pape, à Rome, au moment où il célébrait la Messe, et l'enferme dans une tour. Le peuple, révolté de cette audace sacrilége, escalade la tour et délivre le pontife. Rendu à la liberté, Grégoire fulmine contre Henri une bulle d'excommunication par laquelle il délie les sujets de ce prince du serment de fidélité. L'Empereur, étourdi de ce coup, passe les Alpes et va trouver le Souverain Pontife à Canose, où la comtesse Mathilde l'avait accueilli. Là, après une pénitence de trois jours dans la cour du château, exposé en plein hiver aux injures de l'air, pieds nus et couvert d'un cilice, Henri reçoit enfin son absolution, sous les conditions les plus humiliantes. Les Lombards ayant conçu du mépris pour un empereur, tyran dans ses succès, esclave et poltron dans ses revers, se disposent à élire à sa place son fils Conrad. Henri, ranimé par la crainte de perdre ses États d'Italie, se prépare à tirer vengeance de Grégoire VII. Mais le pontife le fait déposer par les princes de l'Empire dans la diète de Forcheim, et fait donner son sceptre à Rodolphe, duc de Souabe. L'empereur déposé bat son compétiteur, et lui donne la mort à la journée de Volckseim : il ordonne en même temps de déposer Grégoire dans le synode de Brissen ; met à sa place Guibert, archevêque de Ravenne ; s'empare de Rome, après un siége de deux ans, et se fait couronner empereur par son antipape. Peu de temps après, Grégoire meurt à Salerne ; mais la guerre ne s'éteint pas avec lui.

Henri V, fils dénaturé de l'empereur Henri IV, après avoir, en 1106, dépouillé son père de la couronne, réclame, comme un droit inaliénable de l'Empire, ces mêmes investitures qui avaient été le prétexte de sa rébellion. Il passe en Italie, se saisit du pape Paschal II, et en est excommunié. Après la mort de Paschal II et

l'élection de Gélas II, Henri soudoie des assassins qui
saisissent le nouveau pape à la gorge, au milieu du Conclave, et l'accablent de mille coups. Il lui oppose ensuite
l'antipape Grégoire VIII. Frappé d'un second anathème,
et craignant le sort de son père [4], il assemble une diète
à Worms, en 1122, pour se réconcilier avec le pape
Callixte II, qui y envoie ses légats. L'empereur, du consentement des États, renonce à la nomination des évêques et
des abbés; et, laissant aux chapitres la liberté des élections, il promet de ne plus investir les ecclésiastiques de
leur temporel par la crosse et l'anneau, mais de substituer à ces symboles le sceptre, lorsqu'il ferait la cérémonie de les investir. Les terres du Saint-Siége furent
absolument affranchies de la suzeraineté de l'Empire.
Dans la suite, l'empereur Rodolphe renonça à tout droit
d'investiture : ses successeurs réclamèrent contre cette
renonciation, et la discorde allait se rallumer. Mais il était
donné à un pape, descendant des Bonaparte, de la prévenir.
Nicolas V, en effet, mit fin à ces funestes querelles des
investitures par le Concordat germanique qu'il fit, en
1448, avec l'empereur Frédéric III, de la maison de
Habsbourg-Autriche moderne.

Au milieu de ce chaos de disputes sanglantes, l'Italie,
presque toujours, avait été le champ clos où les partis
acharnés étaient venus s'entrechoquer dans leur fureur;
la guerre et tous les fléaux qu'elle entraîne à sa suite,
avaient donc désolé, broyé ce malheureux pays. Aussi,
de toutes parts, villes et campagnes ne présentaient que
désolation, que misère et que ruines. La mort de Henri V
et les débats qui s'élevèrent en Allemagne entre Lothaire
et Conrad III, permirent aux Italiens de respirer quelque
temps, et de cicatriser les plaies que, durant 70 ans, leur

avaient faites les guerres de l'Empire et de la Papauté. Heureuse de ne s'être pas trouvée sur la route des armées impériales, Venise, depuis un demi-siècle, préludait à sa grandeur maritime, et s'embellissait comme une reine au sein des flots de l'Adriatique. Trévise, Parme, Plaisance, Milan, Tortone, Pavie et Padoue, se relevant de leurs décombres, s'entouraient de remparts, et se constituaient en Etats indépendants, ligués entr'eux pour leur défense et leur sûreté mutuelles.

Mais pendant que ces divers Etats s'érigeaient en Italie, deux familles princières dans le fond de l'Allemagne, les Weiblingen, branche de la maison de Souabe, et les Welf, branche ducale de la maison de Bavière, ravivaient les deux grands intérêts qui, sous les règnes de Henri IV et de Henri V, avaient divisé l'univers catholique. Leurs partisans prenaient, du nom de leur chef respectif, les dénominations de *Gibelins* et de *Guelfes*, et faisaient éclore ces éternelles divisions qui, de l'Allemagne, débordèrent sur l'Italie, dont elles agitèrent de nouveau les peuples durant trois siècles. Voici en peu de mots l'origine de ces deux irréconciliables factions.

Après la mort de Henri V, dernier empereur de la maison de Franconie (1125), l'Eglise et l'Empire se trouvèrent également divisés : il y eut à la fois deux papes, Innocent II et Anaclet II, et deux empereurs, Lothaire II de Saxe et Conrad de Souabe. Lothaire l'ayant emporté sur son rival, reconnut Innocent II ; les Normands de la Pouille et de la Sicile se prononcèrent en faveur de l'antipape Anaclet II. L'empereur reconduisit Innocent II à Rome, et le mit en possession de la chaire pontificale, après avoir battu Roger, roi de Sicile. Le pape, en reconnaissance, sacra Lothaire empereur, et lui céda l'usufruit

des terres de la comtesse Mathilde [5]. Mais Lothaire étant
mort en 1137, Conrad III, gendre de l'empereur Henri III
de Franconie, fut appelé à l'Empire. Ce prince fut le premier empereur de la maison de Souabe-Hohenstaufen [6].
Henri-le-Superbe, gendre de Lothaire et petit-fils de Welf,
duc de Saxe et de Bavière, ayant refusé de reconnaître
l'élection de Conrad, il s'éleva entre ces deux princes
une lutte acharnée. Leurs armées se rencontrèrent près
du château de Winsberg : *Welf !* [7] était le cri de guerre
des Bavarois ; *Weiblingen !* [8] celui des Impériaux. La
bataille fut sanglante ; les Welfs, que le pape soutenait [9], furent mis en déroute, et le sceptre impérial
demeura dans la maison de Souabe. Dès-lors, le mot
Weiblingen désigna les partisans de l'empereur, et celui
de *Welf*, la faction contraire, spécialement les partisans
du Pape. Dans la suite, les Italiens adoucirent ces mots
tudesques, et en composèrent les deux mots plus doux,
Guelfes et *Gibelins*.

Henri-le-Superbe fut mis au ban de l'Empire [10], et
dépouillé de ses États : il mourut quelques mois après sa
défaite, et sa famille revendiqua ses droits. Henri-le-Lion,
son fils, se défendit dans la Saxe, tandis que son oncle
Welf reprenait la Bavière. Sur ces entrefaites, Conrad III
meurt en revenant de la 2e croisade (1152) : Frédéric
Barberousse, son neveu, lui succède à l'empire. A peine
est-il parvenu au trône impérial, qu'il est appelé par le
pape Adrien IV pour consolider sur la tête de ce pontife
la tiare chancelante. Les succès rapides des phalanges
impériales émurent bientôt le Vatican qui, se repentant
d'avoir attiré à Rome ces étrangers victorieux, souleva
contre eux les guelfes allemands (les Saxons et les Bavarois) et une grande partie des peuples italiens. Milan,

Tortone, Plaisance, Parme, placées en tête de la ligue
ourdie contre l'Empereur, la soutinrent avec acharnement. A ces confédérés se rallièrent la plupart des
autres petits États jaloux de leur indépendance. La lutte
fut opiniâtre, et Frédéric y perdit ses possessions trans-
alpines (1167). Pavie seule et quelques villes peu importantes de sa juridiction lui restèrent fidèles : Gênes et
Pise, oubliant les bienfaits dont l'empereur les avait
comblées, embrassèrent le parti de la neutralité. Dès-lors,
l'Italie eut, aussi bien que l'Allemagne, ses guelfes et ses
gibelins acharnés ; les partisans du Saint-Siége [11] furent
désignés sous le nom de Guelfes, et ceux de l'Empereur
sous le nom de Gibelins. Plus tard, le parti guelfe dégé-
néra en une turbulente et aveugle démocratie ; le parti
gibelin vit entrer dans ses rangs presque toute l'aristocratie et la noblesse de la Péninsule, dont il représenta et
soutint les prérogatives et les priviléges. Ainsi, l'Italie
fut divisée en deux puissantes factions, qui entretinrent
de sanglantes rivalités entre le peuple de certains États
et les grandes familles composant la noblesse italienne [12].

   Battu, mais non découragé par sa première défaite,
Frédéric Barberousse marcha de nouveau contre l'Italie
avec une armée formidable. A son approche, retentit
soudain le cri désespéré des peuples italiens revendiquant
leur patrie et leur liberté. Le rendez-vous général des
États confédérés fut sur l'Alba, entre Novi, Tortone et
Valence : le camp qui les réunit, décoré du nom du pape
Alexandre [13], vit succomber les aigles impériales devant
son enceinte, devenue plus tard la ville forte d'Alexandrie. Couvert de la honte de cette seconde déroute, Frédéric voulut s'en venger sur Rome ; mais Rome lui
résista, et une dernière et sanglante bataille anéantit les

espérances du fier empereur, et consolida les libertés italiennes dans les plaines de Lignano (1183). Mis en fuite par ces Lombards dont il croyait avoir anéanti la nationalité[14], Barberousse comprit enfin que les despotes sont impuissants quand ils prétendent ne régner que par le glaive.

« Ainsi se termina cette lutte terrible, après vingt-deux ans d'étranges alternatives. Sept armées valeureuses s'y étaient usées ; et, en dernier lieu, cinq cent mille hommes s'y étaient mesurés, les uns pour soutenir l'aveugle ambition des princes, les autres pour défendre leur berceau et leur nationalité. Toutefois, le sang humain n'arrosa pas inutilement la terre ; car, le 25 juin 1183, fut signé le célèbre traité de Constance, sur lequel fut dès-lors basé le droit public des peuples italiens. L'Empereur faisait aux villes le sacrifice de ses droits régaliens ; il leur assurait le privilége de lever des armées, de se clore de murailles, d'exercer une juridiction civile et criminelle ; il consentait au maintien de la confédération des villes, et s'engageait à ne jamais séjourner dans l'une d'elles assez longtemps pour y mettre en péril la liberté. L'ancienne administration consulaire des municipalités était confirmée, sous condition d'investiture impériale, où tout au moins épiscopale. De leur côté, les villes s'engageaient à payer le droit de joyeux avénement ; de réparer les ponts et les routes ; de fournir, en cas de guerre, des vivres aux armées de l'Empire ; de maintenir le podestat, sorte de gouvernement électif, supérieur aux consuls, magistrat qu'on devait le plus souvent appeler des villes voisines, afin qu'il n'eût aucun intérêt à favoriser tel parti plutôt que tel autre. Cette magistrature était une espèce de pouvoir suprême, assez puissante pour faire pencher le gouvernement dans un sens aristocratique ou démocratique, selon qu'elle épousait les intérêts de la noblesse ou ceux du peuple. Les Conseils pouvaient arrêter ses empiètements, mais presque toujours elle s'en faisait un appui, et rendait par là son autorité plus forte, plus juste et plus populaire (*). »

(*) E. Bégin, t. i, p. 25.

II.

LES BONAPARTE DE TRÉVISE.

Première branche de la famille.

---

1. JEAN Ier BONAPARTE,

PODESTAT DE TRÉVISE.

Tandis que les gentilshommes de la Toscane et de l'Ombrie, hostiles aux libertés des peuples, soutenaient aveuglément les prétentions de l'empire, les podestats et les consuls des villes confédérées du Nord, sous la dénomination de *recteurs de la société des villes*, appelaient leurs concitoyens à la résistance, et organisaient une redoutable confédération. Parmi les recteurs, tous hommes de la plus haute distinction, et vénérés de la multitude, figurait Jean Bonaparte [15], premier du nom, consul de Trévise [16] en 1171; plus tard, on le retrouvera, en 1180, au nombre des magistrats supérieurs présidant au gouvernement de la même ville. D'anciennes chartes font mention de sa fortune, qui était immense pour ce temps-là, et ajoutent que *sa puissance n'était égalée que par sa bonté et par sa munificence pour le peuple, dont il fut toujours le protecteur et le père.* C'est ainsi que le plus ancien personnage connu de cette grande lignée des Bonaparte acquit ses titres d'illustration dans la reconnaissance et le suffrage libre et spontané de ses concitoyens : de même que , sept siècles après lui, Napoléon III, son arrière descendant, fut deux fois digne des suffrages unanimes de la grande nation française , qui salua dans sa personne son restaurateur et son souverain.

En 1178, Jean Ier Bonaparte fut chargé par Trévise d'informer sur la destination des armements considérables que faisaient les Padouans. Il s'acquitta avec prudence et habileté de cette mission difficile , grâce à la haute considération dont il jouissait dans tous les États voisins (*).

Podestat de Trévise en l'année 1183, Jean Ier se rendit à Constance, où les plénipotentiaires des différents États d'Italie se réunirent pour discuter et jurer la paix générale, basée sur un traité qui sanctionnait leurs droits et leur indépendance. Dans cette assemblée solennelle , composée des hommes les plus éminents de l'Italie et de l'Allemagne, il se distingua autant par la noble fermeté de son caractère que par la modération et la justice de ses sentiments. De retour à Trévise , il eut la satisfaction d'inscrire sur les registres de la commune ces priviléges à la conquête desquels il avait puissamment contribué. Puis , pour laisser à la noblesse de son pays natal un souvenir digne de son nom , il institua dans Trévise l'Ordre hospitalier et militaire de Saint-Jacques [17], dont,

---

(*) Bonifazio, *Histoire de Trévise*, page 128.

l'un des premiers, il avait été fait chevalier par Alphonse IX, roi de Castille et de Léon (*), en 1170. Pour être admis dans cet Ordre, il fallait être noble, d'une conduite irréprochable, et avoir rendu de grands services à la chrétienté en général, et à sa patrie en particulier.

Jean Ier Bonaparte mourut sur la fin du XIIe siècle, regretté non-seulement des habitants de Trévise, mais encore des autres États circonvoisins, dont il s'était toujours montré le bienfaiteur et l'ami.

2. JEAN II BONAPARTE.

Dès le milieu du XIIe siècle, la démocratie, ou l'esprit guelfe, avait fait de tels progrès dans les républiques transpadanes de Modène, Parme, Plaisance, Padoue, etc., que la noblesse, tout en conservant quelques prérogatives, n'y formait plus une puissance rivale de la cité, et que les grands seigneurs, qui aspiraient aux emplois publics et qui voulaient en écarter leurs compétiteurs, étaient réduits à s'incorporer au peuple en qualité de *bourgeois :* c'est ce qui rendit si vivace et si acharnée la lutte des guelfes et des gibelins, parce que, dans ces républiques, il fallait que le grand seigneur méritât son *droit de bourgeoisie* par sa conduite et ses attentions envers le peuple. Dans la Vénétie et la Marche Trévisane, au contraire, l'aristocratie dominait les villes et les campagnes; ses nombreux châteaux-forts, couronnant les mamelons de la chaîne alpine, contenaient les vassaux

---

(*) FREDERICI, *Storia de' cavalieri Godenti,* et *Chronica di Mauro.*

sous une respectueuse dépendance. Mais, par cela même qu'elle y dominait sans obstacles, son pouvoir s'exerçait avec une mansuétude qui fit longtemps la prospérité de l'État de Trévise, et l'arracha aux convulsions intestines des autres gouvernements républicains.

Dans le district d'Asolo, où Jean Bonaparte, deuxième du nom, — et fils de Jean Ier, podestat de Trévise ; — remplissait les fonctions de syndic, tout dépendait également des gentilshommes. La décision des affaires importantes de la commune leur était exclusivement réservée : personne mieux qu'eux n'eût été capable de sauvegarder les intérêts du peuple, et de gouverner avec sagesse et paternité. Aussi ce fut par l'entremise de Jean II Bonaparte que la paix fut conclue, le 21 décembre 1208, entre Padoue, Vérone, Vicence et Trévise (*) ; par lui encore que les feudataires du Frioul firent alliance avec les Trévisans pour résister aux prétentions injustes de leur souverain ecclésiastique, le patriarche d'Aquilée.(**).

Quelques années après, Jean II fut nommé commissaire pour recevoir la soumission de Monte-Gallo ; puis il se rendit à Florence, ville natale de sa mère, et y épousa l'héritière d'une illustre et riche famille. Cette union donna naissance à quatre fils : Nordius, Bonsemblant, Hildebrand et Nicolas. Ce dernier, comme nous le verrons plus loin, fut la souche des Bonaparte de San-Miniato, par *Corrado* ou Conrad, son fils aîné, et celle des Bonaparte de Sarzane et de Corse, par *Giovanni* ou Jean, son second fils.

(*) Verci, tome i, page 51.
(**) Le P. de Rubeis, Monum. ecclés. Aquil.

A cette époque, Jérusalem venait de tomber sous les coups du fier Saladin, soudan d'Egypte (1189) ; Rome avait appelé de nouveau les chrétiens de l'Europe au secours de leurs frères d'Orient, et les croisés, conduits par Philippe-Auguste, Richard Cœur-de-Lion et Frédéric Barberousse [18], avaient cinglé vers les rivages de la Palestine... Grand nombre de gentilshommes italiens s'étaient fait un devoir de prendre la croix, en s'enrôlant sous l'étendard impérial de Frédéric. On a tout lieu de croire qu'au nombre de ces preux se trouva Jean II Bonaparte, syndic d'Asolo ; car ce fut après le retour de la croisade que ce noble seigneur et les siens portèrent l'écu de *gueules à deux cotices d'argent, accompagné de deux étoiles à six raies de même, l'une en chef et l'autre en pointe.*

L'histoire ne dit pas en quelle année mourut Jean II Bonaparte. Il est probable que ce fut aux environs de 1230, puisqu'il est encore question de lui en 1228 dans certains actes publics.

3. Nordius BONAPARTE,
PODESTAT DE PADOUE ET DE PARME.

Fils aîné de Jean II, Nordius résida presque toujours à Trévise, ainsi que son frère puîné Bonsemblant. En 1258, le seigneur Eccelino di Romano, ayant exigé de l'Etat de Trévise une énorme indemnité, et les Trévisans ne pouvant l'acquitter à l'époque stipulée entr'eux et leur impitoyable créancier, Nordius n'hésita pas à s'offrir en ôtage, et à garantir par sa responsabilité personnelle le paiement de la dette consentie par ses concitoyens. Un si

louable dévouement lui concilia l'estime et l'affection de
tout le monde, et fut une preuve éclatante de son patriotisme et de son désintéressement.

L'année suivante, Nordius se porta garant pour le
renouvellement des anciennes conventions entre la Marche
Trévisane et l'État de Conegliano (*). En 1267, la République lui confia, conjointement avec Felippe Belcassino,
une mission d'une haute importance, dont il s'acquitta
avec le plus heureux succès. Cette même année, Trévise
le chargeait de la représenter près du gouvernement de
Bellune pour traiter plusieurs questions épineuses, dont
la solution intéressait la paix et la prospérité des deux
États. Nordius, en cette occasion, fit encore preuve de
tant de franchise, de prudence et de probité, que Padoue,
ville aussi puissante qu'éclairée, s'estima heureuse de
confier à un homme si habile le gouvernement de son
peuple, et lui déféra par acclamation la dignité presque
dictatoriale du podestat.

Fatiguée de la domination du fastueux Charles d'Anjou,
que le pape avait déclaré roi de Sicile et de Naples,
l'Italie appelait de ses vœux et secondait de tous ses
efforts l'expédition du jeune Conradin [19] contre le prince
français, conquérant d'un trône usurpé déjà par
Mainfroi [20]. Arrivé à Trévise, Conradin reçut de toute
l'aristocratie gibeline les témoignages de la plus haute
sympathie, et, entre autres, de Nordius Bonaparte, venu
à sa rencontre, le prix des droits de douane que devaient
payer ses effets (**).

(*) FREDERICI, tome I, page 246. — VERCI, tome II, page 24.
(**) VERCI, tome II, page 123.

Après la mort de l'infortuné Conradin, Nordius continua d'exercer une grande influence dans les affaires des différents États d'Italie. En 1271, il conclut, au nom de Trévise, un traité de commerce avec les Vénitiens ; et l'année suivante, Parme l'appela par d'unanimes suffrages à la dignité de podestat. Nordius, pendant l'année qu'il exerça la suprème magistrature, rendit de si grands services aux Parmesans, que la noblesse et le peuple, d'un commun accord, lui décernèrent les insignes de l'Ordre *Godente*, dont les membres étaient vulgairement appelés chevaliers de *Marie-Glorieuse* ou Chevaliers *Godenti*. Pour être admis dans cet Ordre, il fallait être de noble origine et de mœurs irréprochables : tous les chevaliers s'engageaint à défendre la religion, à protéger le pauvre, la veuve, l'orphelin. Leur vêtement était une tunique blanche et un manteau noir décoré d'une croix épatée. Sous cet humble costume, les chevaliers Godenti cachaient l'intrépidité héroïque du guerrier, l'infatigable charité du chrétien. Les comtes de Montfort, de Dreux, de Montmorency, de Lévis, de Clermont, de Vendôme, de Coucy, et autres personnages de la plus illustre noblesse de France, étaient membres de cet Ordre.

L'avénement de Nordius Bonaparte à la dignité de podestat de Parme et son admission à l'Ordre des chevaliers *Godenti*, sont consignés dans l'ancienne chronique de Parme en ces mots :

« *In* MCCLXXII *anno, Dominus Nordius Bonœpartis* » *de Tarvisio fuit podestas Parmœ per unum annum* » *Qui podestas, in fine sui regiminis, factus fuit de* » *fratribus Gaudentibus ad domum Fratrum prœdi-* » *catorum Parmensium.* » En voici la traduction :

« Dans l'année 1272, Messire Nordius Bonaparte, de

» Trévise, fut élu Podestat de Parme pour une année ;
» et à la fin de son gouvernement, il fut admis au nombre
» des chevaliers *Godenti*, siégeants dans la maison des
» Frères prêcheurs de Parme (*). »

Nous ferons observer ici qu'à l'époque où Nordius était
investi du souverain pouvoir à Parme, Rodolphe de
Habsbourg, tige de la maison d'Autriche, était proclamé
empereur d'Allemagne.

De retour à Trévise, Nordius y épousa Marmagna, fille
unique d'une noble et opulente famille. Elle avait un
château qui était situé entre le monastère de *Santa-
Maria-Novella* de Trévise, le fleuve Silère, la voie
publique et la place aux Moulins. En 1290, elle vendit ce
château aux chevaliers Godenti ; comme on le voit, par
acte passé à Trévise, dans la *strada di Santo-Andrea*,
sous le *portique* du chevalier Bonsemblant Bonaparte (**).
Nordius et Marmagna eurent un fils, Pierre Bonaparte,
dont nous parlerons plus loin au n° 7. Nommé plénipotentiaire par les Trévisans, pour conclure un traité
solennel entre eux et Bellune (1283), Nordius devint
encore, en 1285, l'arbitre d'une grave et longue contes-
tation soulevée à l'occasion de l'évêché supprimé de la
petite ville d'Odezzo, sur les revenus duquel les trois
États de Feltre, Bellune et Trévise prétendaient avoir des
droits. Le différend fut aplani avec tant de sagesse et
d'équité, que les villes intéressées, faisant le sacrifice
d'une partie de leurs prétentions, souscrivirent de bon
gré à l'arrangement amiable proposé par Nordius et

(*) Muratori, tome IX, page 789.
(**) Arch. de' cav. Godenti, vol. IV, an. 1290.

cimentèrent de nouveau l'alliance qui les unissait entre elles (*).

L'Ordre des chevaliers Godenti, dont il était devenu le protecteur dans Trévise, reçut, par ses libéralités, un nouveau lustre et acquit dans toute l'Italie une plus grande considération. En 1288, il en était le syndic ; en 1289, il en fut élu procureur-général. Jouissant d'une fortune considérable, il sut en faire constamment le plus noble emploi, en fondant des institutions de bienfaisance et de charité en faveur de la religion et de l'humanité souffrante. Trévise dut à sa munificence une magnifique église, près la porte Saint-Thomas, et un hôpital qu'il mit sous la direction des chevaliers de Saint-Jacques-de-l'Epée (**). Ce fut là que Nordius voulut être inhumé, parmi les pauvres qu'il avait comblés de ses bienfaits, comme le prouve l'extrait suivant du vieux nécrologe de Saint-Nicolas de Trévise :

« Le 3 avril 1290, Messire Nordius Bonaparte, Chevalier
» de l'Ordre de Marie-Glorieuse, est mort et a été enterré
» dans l'église des malades de Saint-Jacques-de-l'Epée ;
» c'est le même qui a fait bâtir l'église et l'hôpital. »

4. Bonsemblant BONAPARTE.

Bonsemblant Bonaparte, second fils de Jean II, acquit à Trévise presque autant de célébrité que son frère aîné Nordius : comme lui, il fut chevalier de l'Ordre *Godente*

(*) BONIFAZIO, *Histoire de Trévise.*
**) FREDERICI, tome I, page 346.

comme lui, on le voit, dans les chroniques contemporaines, arbitre de la cause si célèbre des princes Caminesi,
qui revendiquaient l'héritage de l'opulent Gabriel Camino.
Nommé *fidei cessor* avec son frère Nordius, il concilia
les partis par sa justice et sa modération (1264). Dans la
ligue de l'année 1279 entre les Padouans, les Trévisans et
les Vénitiens, il fit encore preuve d'une habileté et d'un
esprit de conciliation remarquables, en servant avec une
rare équité les intérêts politiques de ces trois États rivaux.
Chargé, cette même année, de conclure un traité d'alliance
entre Trévise, Vicence et Padoue, il réussit à resserrer les
liens d'amitié entre ces villes qu'une funeste jalousie et
les menées de quelques ambitieux portaient à s'entre-
déchirer.

Quatre ans plus tard, une sédition populaire s'étant
élevée à Padoue, l'irritation des esprits en vint à un tel
point, qu'on eut à craindre une anarchie complète dans
ce petit État. Au milieu de cette effervescence qui menaçait de tout embraser, le peuple et les magistrats de
Padoue consentent à s'en rapporter à la sage décision de
Bonsemblant Bonaparte, et le prient de venir rétablir au
milieu d'eux la paix et la bonne harmonie. Bonsemblant
accourt, harangue la multitude et lui fait entrevoir l'abîme
où l'émeute va la plonger ; il assemble également les
magistrats, les engage à plus de douceur et de modération dans leur gouvernement, et s'en retourne à Trévise
comblé des bénédictions de tous les Padouans.

D'après le nécrologe ancien que nous avons déjà cité,
Bonsemblant mourut le 10 juin 1308, et fut inhumé dans
l'église des Jacobins de Trévise. Il occupait dans cette
ville, avec son frère Nordius, la partie principale du
quartier appelé *contrada di Santo-Andrea*. Des actes

de vente qui existent encore aux archives de Trévise, citent le portique du chevalier Nordius et le portique du chevalier Bonsemblant : ce qui prouve qu'ils avaient l'un et l'autre leur hôtel particulier.

Bonsemblant avait épousé *Elica*, fille de Constantin del Pero, appartenant à la plus illustre des familles trévisanes ; il paraît qu'il n'en eut pas d'enfants. L'hôpital de Trévise, dont il fut également le bienfaiteur, possède son testament.

5. HILDEBRAND BONAPARTE.

RECTEUR DE L'HÔPITAL DE MILAN.

Hildebrand Bonaparte fut le troisième fils de Jean II Bonaparte, et le frère de Nordius, de Bonsemblant et de Nicolas. Membre du grand Conseil de Trévise, en 1256, alors que commencèrent les mouvements insurrectionnels contre Albéric Eccelino, tyran de la Marche Trévisane, Hildebrand, dont la douceur faisait le fond du caractère, préféra s'éloigner du théâtre de tant d'excès, et alla se fixer à Milan auprès d'un ami qu'il affectionnait. La considération dont il fut environné dans cette ville, soit par la célébrité de son nom, qui était vénéré dans la haute Italie, soit par ses libéralités envers les malheureux, lui acquit au plus haut point l'estime et les sympathies de la noblesse et du peuple milanais : ce qui le prouve, c'est que nous le voyons, en 1260, Recteur du grand hôpital

---

(*) Arch. de l'Osp. della Scala di Milano.

della Scala (*). Il mourut sans laisser d'enfants, peut-être même sans avoir été marié.

6. Nicolas BONAPARTE,

Capitaine de la Milice de Florence.

Nicolas, quatrième fils de Jean II Bonaparte, est appelé par les uns *Bonaparte de Saint-Nicolas*, par les autres le *capitaine Nicolas Bonaparte*. Il quitta l'état de Trévise et se rendit en Toscane dans la famille de son aïeule, par suite des vexations et des mesures oppressives d'Albéric Eccelino. Gibelin à Trévise avec toute la noblesse, Nicolas fut également gibelin à Florence, où il ne tarda pas à être appelé aux plus importantes fonctions; car, en 1262, il fut élu membre du grand Conseil; et, en 1264, nommé capitaine de la milice florentine. Mais quelques années s'étant écoulées, le parti guelfe, jaloux du pouvoir, et poussé à l'insubordination, puis à la révolte, contraignit le comte Guido Novello, gouverneur de Florence, à se sauver de cette ville. Les autres chefs de gibelins, tels que Nicolas Bonaparte et ses fils, frappés bientôt du même ostracisme (*), furent exilés de Florence, *ob nimiam potentiam*, en raison de leur puissance excessive, dit le procès-verbal des séances de la députation impériale, déléguée pour les affaires de la noblesse (**).

(*) Machiavel, dans son *Histoire de Florence*, place en 1267 l'expulsion des gibelins.

(**) Arch. delle decime Granducali.

Dépouillé de tous ses biens, Nicolas se réfugie à San-Miniato, où dominaient les gibelins : il y fut *notaire impérial* [21], conseiller de la commune, et y termina sa carrière en 1280. L'auteur de l'ouvrage intitulé *Chiodo di Firenze* (*), nous confirme ces détails en ces mots :

« Le capitaine Nicolas Bonaparte, qui avait été proscrit
» *à cause de sa trop grande puissance*, demeurait à
» Florence dans son hôtel de San-Nicolo, près Saint-
» Pierre. Forcé de fuir la ville où reposaient ses ancêtres
» maternels, il erra quelque temps à travers les montagnes
» et les forêts, au milieu d'embûches et de persécutions
» sans cesse renaissantes, et vint enfin se fixer avec ses
» fils à San-Miniato, ville gibeline, à huit lieues de
» Florence. La considération dont son nom était entouré
» dans les divers États d'Italie, lui servit de sauvegarde
» en cette ville, dont les habitants le nommèrent conseiller.
» Depuis cette époque (jusqu'en 1803 que mourut le
» chanoine Grégoire), cette branche des Bonaparte a
» toujours subsisté à San-Miniato. Elle possédait, tout
» près de cette ville, le château de Castel-Vecchio, dont
» ses membres étaient seigneurs. Persécutée et pour-
» suivie au milieu des agitations de Florence, elle resta
» ferme, et transmit à ses descendants, avec ses opinions
» invariables, la persévérance et le courage qui font
» préférer l'infortune au déshonneur et à la trahison. »

Il est peu de familles illustres en Italie, et surtout à Florence, qui n'aient été exposées à des persécutions, à l'exil même, dans les temps dont nous retraçons le triste souvenir.

(*) Page 29, Florence 1789.

> .... *En quò discordia cives*
> *Perduxit miseros.*

Le cygne de Mantoue l'avait dit bien des siècles auparavant au sujet de la même Italie !...

Nicolas Bonaparte eut deux fils, *Corrado* et *Giovanni*,
Conrad et Jean : le premier fut la tige de la branche de
San-Miniato ; le second, de la branche de Sarzane. Nous
en parlerons aux Nos 11 et 35.

Revenons maintenant au fils de Nordius, Pierre Bonaparte, qui continue la branche de Trévise.

7. PIERRE BONAPARTE,

PODESTAT DE FELTRE ET DE PADOUE.

Nordius Bonaparte avait rendu d'éminents services à
la république de Trévise ; Pierre, son fils, en rendit de
plus importants et de plus signalés encore ; car, s'étant
ligué avec les puissantes familles Azzoni et Beroaldi, il
renversa, en 1312, la tyrannie que les princes Caminesi,
Ricardo et Guerullone faisaient peser sur leur patrie
qu'ils voulaient asservir. Les Trévisans donnèrent, en
cette circonstance, à Pierre Bonaparte et à sa famille un
témoignage éclatant de leur reconnaissance : une loi, votée
par le peuple, investit cette famille de la propriété du
château de Saint-Zénon, et lui accorda le droit de porter
des armes et de marcher accompagnée d'une garde dans
l'enceinte de la ville, privilège que Rome n'accorda jadis
qu'aux dictateurs et aux consuls, et dont personne, à
Trévise, n'avait été honoré avant les Bonaparte.

En 1313, Pierre s'acquitta d'une mission importante,
comme ambassadeur auprès du seigneur della Scala,

prince souverain de Vérone. A son retour, il fut nommé
au Conseil suprême de Trévise (*). Chargé de la défense
du pays en 1314, il proposa des mesures vigoureuses,
conclut d'utiles alliances, devint podestat de Feltre en
1316, et délivra l'évêque de cette ville, chassé par les
Caminesi (**).

Après l'expulsion de ces princes oppresseurs de Trévise,
Pierre Bonaparte, de concert avec la puissante famille
des Scaligères, qui dominaient à Vérone, rétablit le calme
et la paix tant dans la Marche Trévisane, que dans les
États voisins; et fut élu podestat de Padoue, le 12 février
1318 (***). Les chevaliers Godenti l'admirent dans leur
Ordre cette même année. On croit qu'il mourut cinq ou
six ans plus tard, laissant trois fils héritiers de ses vertus
et de son nom, *Odéric, Servadius* et *Jacques*.

L'histoire de Padoue, insérée dans la collection de
Muratori, le mentionne par erreur sous le nom de *Petro
della Parte* [22]. Il est toutefois constant qu'il était fils
de Nordius, car l'historien lui-même parle en plusieurs
endroits du mérite de son père et des justes honneurs
qui en avaient été la récompense.

8. Odéric BONAPARTE,
CAPITAINE DU PEUPLE DE TRÉVISE.

Fils aîné de Pierre Bonaparte, Odéric introduisit de
salutaires réformes dans l'hôpital fondé à Trévise par son

(*) Frédérici, page 346. — Verci, tome VI, page 36. — Bonifazio, page 251.

(**) Bonifazio, page 263. — Verci, tome VII, page 5, 104, 176.

(***) Verci, tome VIII, page 97. — Bonifazio, page 280, 301.

aïeul Nordius ; il en augmenta les revenus par des legs
considérables, et investit à perpétuité, en 1342, les
chevaliers de Saint-Jacques-de-l'Épée de la possession
solennelle de cet établissement. Les Trévisans, pour le
récompenser de sa généreuse bienfaisance, le nommèrent
par acclamation *Capitaine du peuple* ; puis, en 1346,
l'admirent au nombre des *quatre Sages* de leur municipalité. Enrôlé depuis longtemps parmi les chevaliers
Godenti, il fut envoyé à Venise, avec le titre d'ambassadeur
plénipotentiaire, pour traiter de l'adjonction de la Marche
Trévisane à l'État de Vérone. Ce fut ainsi qu'il clôtura sa
longue et honorable carrière dans les honneurs. Deux fils
naquirent de lui, *Pierre* et *François* Bonaparte, admis
également tous deux au nombre des chevaliers Godenti (*).
Pierre n'eut pas d'enfants mâles ; sa postérité s'éteignit
bientôt. Quant à celle de François, elle subsista jusqu'à
la fin du XIVe siècle.

Un arbre généalogique de la famille Bonaparte, dont
l'auteur nous est inconnu, nomme les deux fils d'Odéric
Lapo et *Arriguccio*, et avance qu'ils moururent à Florence. Les recherches que nous avons faites à leur sujet,
ne nous découvrent rien de semblable ; d'ailleurs, cette
assertion est entièrement opposée à ce que rapporte de
ces deux personnages l'historien Verci que nous venons
de citer. Le même généalogiste fait Odéric Bonaparte
capitaine du peuple à *Florence*, en 1346...... Comment
peut-il être probable qu'un Bonaparte gibelin de Trévise,
l'aîné et l'héritier de sa famille, se soit expatrié, sans but
et sans motif, pour aller à Florence s'exposer aux coups

(*) VERCI, tome XII, page 34.

des guelfes dont la tyrannie était alors à son apogée. Il
n'y avait pas longtemps encore que cette implacable
faction avait exilé Nicolas Bonaparte et ses fils, sous
prétexte qu'ils étaient gibelins. Et l'on voudrait qu'Odéric,
vénéré à Trévise, où il jouissait des plus grands honneurs,
par suite des services qu'il avait rendus, se fût livré seul
à la capricieuse mobilité du peuple le plus capricieux et
le plus mobile de l'Italie! S'il se fut agi de sauver Florence
en l'arrachant aux fureurs de ses démagogues, sans
doute Odéric n'aurait pas reculé devant la grandeur et
les dangers de l'entreprise : les Bonaparte avaient déjà
fait leur preuve à cet égard. Mais ce moment n'était pas
arrivé : les Florentins devaient se débattre encore de
longues années dans les convulsions d'une anarchie, dont
les excès seuls pouvaient les ramener à un gouvernement
plus sage et plus éclairé.

9. Servadius BONAPARTE,

Prieur des Chevaliers Godenti.

Servadius Bonaparte fut le second fils de Pierre. En
1352 les chevaliers Godenti l'élurent Prieur de l'Ordre;
le registre capitulaire en donne le témoignage authentique
en ces mots :

« Au nom du Christ, Amen. Les nobles du premier
» rang ont présenté à M. le Capitaine et à M. le Podestat
» de Trévise l'honorable chevalier Servadius Bonaparte,
» élu par eux pour être leur Prieur; demandant, selon
» l'usage, qu'il soit confirmé. M. le Podestat et le Grand-
» Maître de l'Ordre l'ont en conséquence confirmé de
» suite publiquement. »

L'histoire ne dit plus rien de Servadius, sinon qu'il fut quarante-cinq ans Prieur de l'Ordre Godente (*), et qu'il vécut au milieu des troubles et des guerres que cette époque malheureuse avait fait naître. Il mourut vers la fin de l'année 1397, ne laissant pas d'enfants.

10. Jacques BONAPARTE,

Ambassadeur de Trévise au duc d'Autriche.

Enfin, le troisième fils de Pierre fut Jacques Bonaparte. Rodolphe II, duc d'Autriche, par son mariage avec Marguerite, comtesse de Tyrol, venait de joindre ce Comté à ses États, et se trouvait ainsi voisin immédiat de la Marche Trévisane. Quelques contestations s'étant élevées au sujet des limites, les magistrats et le peuple de Trévise envoyèrent Jacques Bonaparte, en qualité d'ambassadeur, au duc d'Autriche, lui donnant tout pouvoir de trancher la question en litige. La prudence et la fermeté dont Jacques fit preuve en cette rencontre, contribua beaucoup à la solution du différend en faveur de Trévise, et acquit à l'ambassadeur de cette république, l'estime et l'affection du duc d'Autriche. Jacques Bonaparte mourut sans progéniture.

La branche des Bonaparte de Trévise se continua quelque temps encore dans la personne et les enfants de François Bonaparte, second fils d'Odéric. En 1400, il n'en restait plus aucun membre. Ainsi s'éteignit cette branche qui joua un grand rôle dans l'histoire du peuple Trévisan

---

(*) Arch. del Ordine de' Cavalieri Godenti.

et de plusieurs autres États de l'Italie ; elle ne cessa
d'exercer avec distinction et désintéressement les emplois
et les dignités les plus honorables.

Lorsque Napoléon Ier, alors général en chef des armées
françaises en Italie, entra vainqueur dans Trévise, les
magistrats vinrent au-devant de lui pour le complimenter
et lui offrir les titres qui prouvaient que sa famille avait
jadis été puissante et honorée parmi eux. Ce fut sans
doute le recueil de ces mêmes titres que François II,
empereur d'Autriche, se fit délivrer, avant d'accorder à
Napoléon la main de sa fille, l'archiduchesse Marie-Louise.

Depuis François Bonaparte, ce nom s'efface des pages
de l'histoire de Trévise, pour y reparaître plus brillant
encore, à quatre cents ans de distance, lorsque Napoléon-
le-Grand fut couronné roi d'Italie.

III.

LES BONAPARTE DE FLORENCE ET DE SAN-MINIATO.

Deuxième branche de la famille.

———————

11. Conrad BONAPARTE,

Podestat de Sienne.

Dans une partie du territoire annexé à l'État de Florence, s'était constitué la petite république de San-Miniato, dont la presque totalité des habitants avaient embrassé le parti gibelin. La population de cette ville se composait en grande partie de familles nobles et riches, que les troubles de Florence avaient obligé à fuir la persécution. Proscrit par les guelfes florentins, Nicolas Bonaparte, quatrième fils de Jean II de Trévise, reçut des San-Miniatins un accueil cordial, et ne tarda pas à être honoré des plus hauts emplois de leur république — *Voir le n° 6.* — Ses deux fils, Conrad et Jean, également proscrits de Florence, avaient suivi leur père à San-Miniato. Jean, le plus jeune, était allé se marier à Sarzane, ville située sur les confins des possessions florentines, tandis que son frère aîné, Conrad, avait fixé son séjour à San-Miniato, où il fut la tige de la branche des Bonaparte de ce nom.

Les services que Nicolas avait rendu aux San-Miniatins, sa grande réputation d'habileté, et l'estime dont le nom des Bonaparte jouissait chez les peuples italiens, désignèrent de bonne heure Conrad aux suffrages des habitants de Sienne, qui, en 1311, le choisirent pour leur Podestat ou Magistrat suprême (*). Conrad mit tous ses soins à faire fleurir la justice, l'agriculture, le commerce et les arts ; il sut si bien concilier les esprits par sa fermeté et sa modération, qu'il rendit le calme et la prospérité à l'État de Sienne, malgré la proximité de Florence et les agitations de ces temps malheureux. La sagesse de son gouvernement attira sur lui les regards de l'empereur Henri VII, de la maison de Luxembourg. Ce prince, qui savait apprécier le vrai mérite, décora l'habile podestat de Sienne des insignes de son Ordre impérial de l'Éperon-d'Or[23]. Dès que ses pouvoirs furent expirés à Sienne, Conrad revint à San-Miniato, où le rappelaient les soins de son patrimoine et l'estime de ses concitoyens. Il y mourut quelque temps après ; l'histoire ne précise pas l'année de sa mort : ce que l'on sait de positif, c'est qu'il eut pour fils Jean Bonaparte qui suit.

(*) MURATORI, tome x, page 451. — Arch. della città di Siena.

12. JEAN ou BUONGIOVANNI BONAPARTE,

PODESTAT DE FLORENCE.

Jean fit ses études à Florence dans la famille de ses ancêtres maternels. Il fut connu dès son enfance sous le nom de *Buongiovanni*, soit qu'il dût ce nom à la bonté de son caractère, soit que ses parents eussent jugé à propos de supprimer son nom de Bonaparte, qui aurait pu réveiller contre lui la haine et les persécutions auxquelles son aïeul et son père avaient été exposés de la part des guelfes florentins.

Lorsqu'ils fut parvenu à l'âge où l'homme est capable d'être utile à ses semblables, Buongiovanni sut si bien s'attirer l'estime générale par l'affabilité de ses manières et l'habileté dont il fit preuve en plusieurs circonstances difficiles, que, quoiqu'on n'ignorât plus qu'il était d'une famille gibeline, le peuple de Florence, dans un moment de calme et de trève politiques, l'éleva, en 1333, à la dignité de podestat. Son élection fut saluée par les acclamations de la multitude et des grands, qui crurent voir poindre le jour de la réconciliation des partis. Buongiovanni Bonaparte fit bénir son autorité : son administration fut constamment conciliante et paternelle, et les Bonaparte auraient dès ce moment reconquis l'estime des Florentins, qu'ils n'avaient jamais déméritée, si l'acharnement et l'injustice des factions eût cessé d'aveugler l'opinion publique à leur égard. Le terme de sa magistrature étant arrivé, Buongiovanni rentra dans les rangs des simples citoyens, et vécut à Florence environné du respect et de l'affection de tous ceux qui avaient su l'apprécier (*).

13. Jacques BONAPARTE.

Jacques Bonaparte, premier du nom, n'hérita pas de la popularité de Buongiovanni, son père, et fut obligé de s'éloigner de Florence. L'histoire rapporte, en effet, qu'à cette époque déplorable (**), la tyrannie orgueilleuse du peuple florentin s'acharna plus que jamais contre les familles riches et puissantes. La discorde, qui était le milieu dans lequel vivaient journellement les citoyens de cette malheureureuse cité, avait entraîné après elle la plus effroyable misère, et le pauvre, dans sa fureur, rejetait sur les grands les maux dont lui seul était la cause par sa turbulence et son insubordination. Jacques Bonaparte se retira donc à San-Miniato, où il possédait les biens de son aïeul et de son père. Créé chevalier de l'Ordre impérial de l'Éperon-d'Or, il mourut quelque temps après, laissant un fils, Muccio Bonaparte.

14. Muccio BONAPARTE.

Muccio Bonaparte fut, comme son père, chevalier de l'Éperon-d'Or, et vécut à San-Miniato, loin des honneurs et des emplois publics. Toutes les recherches que nous

---

(*) Muratori, *Rer. Ital.*, page 590.

(**) Stéfani, *Delizie degli erud. Toscani*, tome XVII, page 150.

avons faites à son sujet, n'ont eu d'autre résultat que de
nous apprendre qu'il eut deux fils : Léonard-Antoine et
Jacques Bonaparte, deuxième du nom (*).

15. Léonard-Antoine BONAPARTE,

Décapité a Florence comme chef de Gibelins.

Léonard-Antoine Bonaparte devint la victime des
factions qui depuis longtemps déchiraient Florence. Vrai
chevalier sans peur et sans reproche, il se rendait
souvent dans cette ville qu'il aimait et où il possédait encore
une grande partie du patrimoine de sa famille. Un jour, ne
pouvant supporter l'audace insolente de quelques agitateurs, il eut le courage de flétrir d'un blâme public leurs
menées coupables et factieuses. Les guelfes, ses ennemis,
se croyant insultés, demandèrent vengeance, et l'accu-
sèrent de haute trahison. Léonard-Antoine est aussitôt
saisi et jeté dans un noir cachot. Quelques jours après,
il est traîné devant un tribunal vendu à l'implacable
faction qui le condamne au dernier supplice. L'histoire rapporte qu'il marcha à la mort avec une noble
fermeté, faisant des vœux pour le bonheur de son injuste
et cruelle patrie (1441). Un registre déposé aux archives
de San-Miniato, contenant les noms des *rebelles*, ainsi
que l'état des biens à eux confisqués, donne le détail de
ceux qui appartenaient à Léonard-Antoine, dont le tiers
seulement fut déclaré la possession de son fils (**).

(*) Registres et arch. de San-Miniato, année 1364.
(**) Registres et arch. de San-Miniato, année 1441.

Ce fils est mort sans postérité, et n'a laissé aucune trace, soit qu'il ait été contraint de s'expatrier après le supplice de son père, soit qu'il ait succombé sous les coups des ennemis de sa famille et de son nom.

16. JACQUES BONAPARTE.

Jacques Bonaparte, deuxième du nom, frère de l'infortuné Léonard-Antoine, vécut retiré à San-Miniato, pour ne pas s'exposer à la *vendetta* des guelfes en courroux. Chevalier de l'Ordre impérial de l'Éperon-d'Or, il avait épousé, en 1384, N. de Frederighi, héritière d'une noble maison de Toscane. Il en avait eu deux fils : 1° Pierre, qui mourut doyen du Chapitre noble de Florence ; 2° Jean-Jacques-Muccio Bonaparte, qui suivent.

17. PIERRE BONAPARTE,
DOYEN DU CHAPITRE NOBLE DE LA CATHÉDRALE DE FLORENCE.

Pierre Bonaparte, fils aîné de Jacques, deuxième du nom, embrassa l'état ecclésiastique, et fut à 35 ans nommé chanoine de la cathédrale de Florence. Il parvint à un âge très-avancé, et devint doyen du Chapitre dont il était membre. Il donna jusqu'à ses derniers moments, l'exemple de la charité et de toutes les vertus qui caractérisent le bon prêtre. On croit qu'il mourut en 1471.

18. JEAN-JACQUES-MUCCIO BONAPARTE,
COLONEL DE LA MILICE DE FLORENCE.

Jean-Jacques-Muccio Bonaparte fut, en 1437, élevé au grade de colonel ou commandant de la milice de Florence, par les suffrages d'un peuple inconstant, mais quelquefois juste appréciateur du mérite d'un noble et beau caractère. Le livre *del Chiodo di Firenze* fait de Jean-Jacques-Muccio un des plus grands personnages de son pays et de son époque. Honoré de la confiance du pape Nicolas V (*),—qui descendait des Bonaparte, comme nous le verrons plus tard, — Jean-Jacques-Muccio fut, en effet, si habile dans la science politique du gouvernement, que les Florentins le chargèrent de la conclusion de plusieurs traités importants ; et que, si cette République n'eût pas été depuis trop longtemps livrée à l'influence de la plus aveugle démagogie, personne mieux que Jean-Jacques-Muccio n'aurait pu l'arracher à de sanglantes réactions. Son commandement cessant en 1440, Jean-Jacques se retira à San-Miniato ; il y mourut le 25 septembre 1441, la même année où Léonard-Antoine, son oncle, fut décapité. Son épitaphe, gravée sur un magnifique mausolée de marbre, subsiste encore dans l'église de St-François, à San-Miniato.

« *Clarissimo suæ ætatis et patriæ viro, Joanni-*
» *Jacobo - Muccio Bonaparte, qui obiit anno*
» MCCCCXXXXI, *die* XXV *septembris. Nicolaus Bona-*
» *parte, Apostolicæ cameræ clericus, fecit genitori*
» *bene merenti et posteris.* »

« A l'homme le plus illustre de son époque et de sa
» patrie, Jean-Jacques-Muccio Bonaparte, mort le 25
» septembre 1441. Nicolas Bonaparte, clerc de la Chambre

_____

(*) Jean-Jacques-Muccio Bonaparte résida assez longtemps à Rome, où il occupait le quartier *Santo-Spirito, Gonfalone scala.* Voyez *Dixmes impériales* pour 1427, folio 80 du registre de ces mêmes dîmes.

» apostolique', a élevé ce monument à son digne père et
» à la postérité. »

Jean-Jacques-Muccio laissa trois fils, Nicolas, Jacques
et Pierre, qui suivent.

19. NICOLAS BONAPARTE,

FONDATEUR DE LA CHAIRE DE JURISPRUDENCE A L'UNIVERSITÉ DE PISE.

Nicolas Bonaparte, deuxième du nom, doué d'une
érudition profonde, fut singulièrement habile dans le droit
canon et la jurisprudence. Le pape Martin V, de l'illustre
maison des Colonne, le nomma clerc de la Chambre
apostolique. On le trouve, dès l'année 1427, avec cette
qualité dans le premier cadastre[23] des dîmes impériales.
Quelques années après la mort de Martin V, Nicolas vint
se fixer à Pise, ville des bonnes études, et y fonda la
chaire de droit à l'Université, qui dès-lors devint célèbre
par son école de jurisprudence. Ce fait est constaté par
Chisio dans ses *Commentaires*. L'*Histoire de l'Université de Pise*, par le professeur Stefano Fabrucci,
insérée dans *i tomi Calogerani*, fait un grand éloge de
Nicolas Bonaparte « *Primo introduttore della giuri-
prudenza culta nello studio di Pisa.* » Il vécut dans
l'intimité de la puissante famille des Ursins, et fut chargé
d'emplois importants. On a de lui, en italien, une comédie
intitulée LA VEDOVA, LA VEUVE, *par messire Nicolas
Bonaparte, citoyen de Florence*, imprimée dans la
même ville, en 1592. Elle se trouve à la Bibliothèque
impériale de Paris.

Un article de la *Biographie universelle* critique cette
comédie sous le double rapport de la décence et du style :

elle est, dit-il, *d'un mérite bien médiocre*. Il est certain qu'en Italie la décence fut à toutes les époques moins respectée dans les pièces de comédie qu'elle ne l'est en France ; mais, à notre avis, cela dépend du climat, des mœurs et surtout de la langue : l'on pourrait en quelque sorte, dire de l'italien ce que Despréaux a dit du latin :

> *L'italien* dans les mots blesse l'honnêteté,
> Mais le lecteur français veut être respecté.

Quant au style de *la Vedova*, nous ne nous sommes pas aperçu qu'il fût *d'un mérite bien médiocre* ; il est ce qu'il était, en général, au xve siècle. Qui ne sait d'ailleurs qu'il y a loin des comédies italiennes de cette époque aux chefs-d'œuvre des Alfieri, des Manzoni, des Pellico.

20. JACQUES III BONAPARTE,

QUI FUT PROBABLEMENT LA SOUCHE DES BONAPARTE DE BOLOGNE.

Jacques Bonaparte, troisième du nom, et deuxième fils de Jean-Jacques Muccio, parvint au grade de colonel, et se distingua par ses connaissances dans l'art militaire. Il n'est pas à présumer qu'il fût au service de la république de Florence : les historiens de cette ville n'en disent rien. Plusieurs savants bolonais, profondément versés dans la science généalogique des familles les plus illustres de leur cité, nous ont assuré que le rameau des Bonaparte établis à Bologne, remontait à un *Giacomo* Bonaparte, florentin, commandant, au milieu du xve siècle, la milice de Bologne ; qu'il s'y mariât, et y eut deux fils : l'un fut le père du bienheureux Bonaventure Bonaparte, capucin,

4

dont on voit encore le tombeau à Bologne ; l'autre donna
naissance aux Bonaparte bolonais, qui occupèrent jadis
un rang distingué dans cet Etat. Ce qu'il y a de certain,
c'est que les archives de Bologne ne font aucune mention
des Bonaparte avant l'époque précitée, et que depuis, leur
nom se trouve inscrit en première ligne parmi ceux de la
noblesse bolonaise. Un fait pourrait donner encore quelque poids à cette assertion : en 1448, le cardinal Philippe
Calandrini était promu à l'évêché de Bologne ; ce fut
probablement lui qui, en qualité de parent, attira le
colonel Bonaparte dans cette ville, puisque, par son
aïeule maternelle, l'éminent prélat était son cousin au
troisième degré. Quoi qu'il en soit, la branche établie à
Bologne revendiqua toujours sa consanguinité avec les
Bonaparte de Trévise, de San-Miniato, de Sarzane et de
Corse, tel que cela est constaté par plusieurs actes
authentiques.

Quant à Jacques III Bonaparte, il fut citoyen de San-
Miniato ; les cadastres de cette ville en font foi. Il y
mourut sur la fin du XVe siècle, soit que l'attachement
au foyer paternel l'eût ramené dans son pays natal, soit
qu'il y fût revenu temporairement pour s'occuper de
quelques intérêts de fortune ou de famille.

21. Pierre BONAPARTE.

Pierre Bonaparte [24], le plus jeune des fils de Jean-
Jacques-Muccio, revint à Florence, où il épousa Catherine
Albizzi, d'une noble et riche famille de cette ville. Après
avoir racheté l'hôtel que ses pères avaient anciennement
possédé près de la basilique Saint-Pierre, il y fixa son

séjour, et vécut loin de toute agitation politique. Craignant
que le souvenir de ses ancêtres, injustement persécutés,
ne lui attirât la haine et la vengeance des guelfes, il
cacha son nom et changea l'écu de sa famille. Certains
généalogistes assurent qu'il prit *d'azur avec un rateau*
d'or, accompagné de plusieurs fleurs de lis de même.
On retrouve encore de nos jours ces armes en plusieurs
endroits de Florence, dans le cloître du Saint-Esprit, au
lieu de la sépulture des Bonaparte, et en divers quartiers
de la ville de San-Miniato. Cela ne prouve pas toutefois
que l'écu portant *de gueules avec deux cotices d'ar-*
gent, accompagnées de deux étoiles à six raies de
même, ne constituait pas les armes primitives des
Bonaparte. Ces dernières armes sont, du reste, consi-
gnées dans les *Livres d'Or* et les Archives de la noblesse
de Trévise, Bologne, Florence, etc. Dans cette dernière
ville, on voyait encore, au commencement du XVIIIe
siècle, l'hôtel que leur famille habitait ; il était situé au
centre de la ville, près d'un côteau qui fut jadis planté de
vignes et d'oliviers. Sur le fronton de la porte principale,
on remarquait, à demi-effacés, les écussons de la famille
Bonaparte.

Pierre fit bénir son nom à Florence ; les malheureux
trouvèrent toujours en lui un conseiller, un bienfaiteur,
un père ; il étendit sa munificence à toutes les classes
déshéritées de la fortune, et termina par la mort d'un
chrétien une vie entièrement consacrée aux arts utiles et
au soulagement de l'humanité souffrante. Il eut deux fils,
Jacques et Benoît.

22. JACQUES IV BONAPARTE,

Jacques Bonaparte, quatrième du nom, le plus jeune des fils de Pierre, fut chevalier de l'Ordre des Hospitaliers de Saint-Jean-de-Jérusalem (de Malte) et prêtre bénéficier du pape Clément VII (Jules de Médicis). Un cadastre de l'an 1500 (*) lui donne ces titres et qualités. Il vécut à la cour de Rome, et s'y trouvait en 1527, lorsque Charles de Montpensier, connétable de Bourbon, prit d'assaut cette ville, et l'abandonna deux mois entiers à la fureur des Impériaux, parmi lesquels se trouvait un assez grand nombre de sectateurs de Luther. Jacques Bonaparte décrit toutes les horreurs de ce siége déplorable dans un ouvrage intitulé : « *Ragguoglio storico di tutto l'occorso giorno per giorno nel sacco di Roma, dell'anno 1527, da Giacomo Bonaparte, gentiluomo San-Miniatese, che vi si trovò presente.* » *Recueil historique de tout ce qui est arrivé jour par jour pendant le sac de Rome, en 1527, par Jacques Bonaparte, gentilhomme de San-Miniato, témoin oculaire.*

Cet ouvrage parut d'abord sous le nom de Guichardin, neveu du célèbre historien. Le savant Adami de Pise le fit réimprimer en 1756, et lui rendit le nom de son véritable auteur. La même année, le docteur Vaccha en publia une édition à Cologne ; il en parle ainsi dans son Avant-Propos : « Le bon goût et l'érudition que j'ai

---

(1) Registres du Cadastre de San-Miniato, folio 17, année 1500.

» remarqué dans plusieurs ouvrages inédits laissés par
» le même auteur, prouvent qu'il était aussi savant
» qu'aimable. La sagacité, la circonspection et la sincé-
» rité dont il fait preuve dans ce petit ouvrage, ont su le
» défendre des haines et des passions qui guident trop
» souvent la plume des historiens contemporains [25]. »

Le meilleur moyen de prouver la véridicité de l'éloge
est de citer quelques passages pris au hasard dans l'ouvrage de l'écrivain. On sait que le trop fameux connétable
de Bourbon *(voir sa généalogie dans notre arbre
des Capétiens)* avait levé l'étendard de la révolte contre
François Ier, roi de France, son parent et son souverain,
sous prétexte qu'il avait eu à se plaindre de la reine.
Voici en quels termes Jacques Bonaparte peint le caractère de Bourbon : «Plus d'une vertu brillait en Bourbon :
» il possédait surtout celles qui plaisent au soldat; un
» nom illustre rehaussé par la victoire; une libéralité
» excessive, mais adroite; un corps infatigable, et un
» visage où la douceur savait tempérer la fierté. Mais son
» esprit, quoique élevé, flottait toujours incertain au gré
» de son ambition. Un besoin insatiable de célébrité,
» quelle qu'elle fût, le faisait agir avec trop de précipi-
« tation, et son orgueil capricieux le guidait en toute
» chose bien plus que la raison et la prudence. Il visait
» pardessus tout à avoir l'éclat d'un roi magnifique. »

Après avoir ainsi tracé en peu de mots l'éthopée du
connétable, l'historien raconte les faits relatifs à la prise
de Rome.

« Il (Bourbon) était à la tête d'une armée d'Impériaux,
» laquelle s'était accrue de tous les fugitifs et de tous les
» bandits de l'Italie, qui accouraient sous ses drapeaux
» dans l'espoir du butin, et se soumettaient volontiers

» aux dangers et aux fatigues d'une guerre qui devait
» les enrichir. Mais bientôt les vivres manquèrent. Il
» fallut au général tout son talent pour apaiser cette
» tourbe indisciplinée. Il annonce aux chefs qu'il va les
» conduire à Rome, et leur adresse le discours suivant :

« Le Saint-Père croit que notre brave armée n'osera
» pas affronter la sienne ; il se fie sur l'épuisement de
» nos forces, et il espère que la faim qui nous tourmente
» nous forcera à lui demander grâce. Il ne voit pas que
» notre courage nous montre à Rome des ressources que
» nous saurons y aller chercher, et que la misère serait
» un aiguillon de plus, si cette invincible armée en avait
» besoin. »

» Ce discours de Bourbon et l'ardeur qui l'animait décidèrent les chefs de l'armée à tenter l'assaut de Rome ,
et ils se chargèrent d'en instruire les soldats. Bourbon,
voyant la bonne disposition de chacun, fit amener devant
lui tous les prisonniers de guerre, et après avoir brisé
leurs chaînes, il leur dit :

« Soyez libres et maîtres de retourner dans vos foyers,
» ou de vous joindre à ma glorieuse armée pour marcher
» sur Rome. Je vous jure sur ma tête que, si vous suivez
» mes pas , si vous me servez fidèlement , je vous ferai
» partager ma gloire et les richesses de Rome. »

» Persuadés par ce discours, tous ceux qui étaient en
état de porter les armes s'unirent à sa fortune... L'armée
de Bourbon arriva sous les murs de Rome le 5 mai
1527... Les soldats étaient alors pressés par la faim. Dans
cette extrémité, Bourbon convoqua encore ses capitaines,
et voulut , par tous les moyens possibles , les engager à
tenter dès ce jour un assaut général , leur représentant
qu'il était plus dangereux d'attendre que d'attaquer

brusquement et à l'improviste ; qu'une nuit pouvait
porter conseil aux assiégés, et les pourvoir de quelques
moyens de défense. Il leur parla surtout des immenses
richesses que la fortune mettrait entre leurs mains s'ils
savaient la saisir, et leur assura qu'eux et leurs soldats
oublieraient leurs fatigues dans les bras de la Victoire. »

« Mais ce fut en vain que le fougueux Bourbon crut
faire passer dans leurs âmes une partie du feu qui l'animait. Ils remirent au lendemain pour prendre le parti que
les circonstances exigeraient. Bourbon dissimula son
chagrin, et profita du reste du jour pour rassembler
l'armée entière. Montant alors sur un tertre élevé, il parla
aux soldats de leurs travaux, de leurs peines passées et
du prix qui les attendait. Ils ne le laissèrent pas achever,
et leurs cris féroces appelèrent l'assaut. Content de la
disposition de ses soldats, Bourbon leur ordonna d'aller
se reposer et d'être prêts au lever du jour. Il réunit
ensuite les officiers supérieurs de l'armée, et passa la
nuit à donner des ordres qui devait assurer le succès de
l'entreprise. »

« Il ne devait pas en jouir. Au milieu de l'assaut, et
tandis que les assiégeants affrontaient la mort près de
leurs chefs, l'audacieux Bourbon tomba frappé mortellement d'une balle qui lui traversa les flancs, comme il
appliquait de sa propre main une échelle à la muraille.
On assure qu'avant d'expirer il eut le temps de dire :
« Soldats, cachez bien ma mort aux ennemis, et pour-
» suivez la victoire, elle est à vous. »

Ainsi mourut Bourbon. « Dieu, sans doute, ajoute le
pieux abbé Jacques Bonaparte, le fit tomber aux pieds des
murs qu'il voulait franchir, pour ne pas lui laisser la joie
criminelle de voir prendre et saccager la cité sainte par

ses soldats impies. Il était grand capitaine , mais il avait trahi Dieu et son roi, et ses crimes effacent ce qu'il avait de vertus. »

Le vénérable prêtre, Jacques Bonaparte, était alors bien loin de prévoir que 323 ans plus tard sortirait un jour de ses arrières-neveux un Bonaparte qui, bien différent du connétable de Bourbon, s'emparerait aussi de la ville éternelle, non pour la saccager, mais pour la délivrer du joug d'une faction rebelle, et rétablir le vertueux Pie IX dans la plénitude de son pouvoir temporel. Honneur au magnanime descendant de Jacques Bonaparte! Le Ciel n'a pas laissé sa belle action sans récompense : la France entière l'a proclamé son Empereur !

Il était aussi bien digne d'un autre arrière-neveu de Jacques Bonaparte d'accepter son héritage, de remettre en lumière son œuvre oubliée, et de s'identifier avec elle en la traduisant. C'est ce qu'a fait le prince Louis Bonaparte, fils aîné de S. M. la reine Hortense, lequel livra au public une élégante et fidèle traduction du *sac de Rome* (*).

L'historien Jacques Bonaparte posséda toute la confiance du pape Clément VII , et fut mêlé aux grandes affaires politiques de l'époque. On ignore en quel lieu et en quelle année il mourut; il est probable que ce fut au milieu du XVIe siècle.

(*) *Sac de Rome*, écrit en 1527 par Jacques BONAPARTE, témoin oculaire. Traduction de l'italien par A. L. B. Florence, imprimerie grand-ducale, 1830.

23. Benoît BONAPARTE.

Benoît Bonaparte, frère aîné de l'historien Jacques IV, mena constamment une existence modeste. Dégoûtés des honneurs publics qui, à Florence, s'acquéraient souvent, dans ces moments de trouble, aux dépens de l'honneur et de la probité, les Bonaparte s'accoutumèrent à cette vie de simples citoyens, et l'honorèrent en s'adonnant à la littérature, aux sciences et aux arts (*).

Benoît Bonaparte épousa Thomasa Alberti, d'une des plus illustres familles de Toscane, comme on peut s'en convaincre par les citations des historiens de ce pays. Il en eut deux fils, Pierre-Antoine et Jean.

24. Pierre-Antoine BONAPARTE.

Pierre-Antoine vécut, comme son père, loin des emplois publics de Florence et des États circonvoisins; il consacra ses loisirs à l'agriculture, qu'il favorisa de tout son pouvoir, et mourut laissant un fils Pierre-François, que nous voyons plus tard épouser Catherine Bonencontre de Bologne. Ce fut, sans doute, de cette union que naquit: 1° André Bonaparte, savant chanoine de San-Miniato; 2° un autre Bonaparte que les érudits florentins de nos jours s'accordent à donner pour père au capitaine Nicolas III Bonaparte, vivant en 1752, comme nous le dirons plus loin.

(*) Stefani, De'izie degli erud. Toscani, loco citato.

25. Jean BONAPARTE,

Vulgairement qualifié le Colonel Bonaparte.

Jean Bonaparte, frère de Pierre-Antoine qui précède, fut colonel et homme d'armes du comte Valerio Orsini, à la solde de la république de Florence. Il sut s'attirer une grande considération par sa valeur et sa probité; le mariage illustre que fit sa fille en est une preuve éclatante. Lui-même avait épousé, en 1530, Maria-Costanza Altavanti, héritière d'une ancienne famille persécutée par les guelfes (*) ; il en eut une fille et un fils. Ce fut également à cette époque que les Bonaparte de Sarzane, éprouvés comme ceux de San-Miniato par les persécutions et dépouillés injustement de leurs biens, se résignèrent, sans se plaindre, à vivre au sein de l'obscurité.

26. Catherine BONAPARTE;
27. Fausto BELTRAMI, son fils.

Catherine Bonaparte, fille de Jean, épousa le seigneur Beltrami de Sienne, dernier descendant d'une famille distinguée par sa noblesse et le haut rang qu'elle tenait parmi les maisons les plus considérées. De ce mariage, naquit un fils, Fausto Beltrami, qui prit, en 1571, l'habit de l'Ordre religieux et militaire de Saint-Etienne. Nul

---

(*) Registre déposé aux Archives de San-Miniato, contenant le nom des familles dépouillées par les guelfes.

n'était admis dans cet Ordre sans avoir fait ses preuves
de noblesse, tant du côté paternel que du côté maternel.
Les archives de l'Ordre renferment un décret du gonfalo-
nier de justice et des prieurs de Saint-Étienne, qui atteste
l'ancienneté de la noblesse et l'illustration des Bonaparte,
seigneurs de Castel-Vecchio, près San-Miniato. Cette
pièce constate que cette famille a joui du droit de cité à
Florence, à Lucques, à Sienne, à San-Miniato, etc.; qu'un
grand nombre de ses membres ont rempli les emplois les
plus élevés, et ont rendu de grands et généreux services
à leur patrie (*).

Dix générations se sont succédé depuis Conrad Bonaparte (n° 14), souche de la branche de San-Miniato, jusqu'à Fausto Beltrami (n° 27) en 1574. La filiation de cette
branche cesse d'être bien clairement, bien certainement
établie, pour les deux rameaux commençant à Jacques III,
dit le Colonel, d'une part (n° 20), et Pierre-Antoine de
l'autre (n° 24), parce qu'il n'a plus été possible de suivre
fidèlement la généalogie d'hommes qui, par suite de
l'agitation des temps, rentrent obscurs et ignorés au
milieu de la foule; qu'on perd de vue, qu'on ressaisit par
intervalle, et qu'on a peine à mettre sous le véritable jour
qui leur convient. L'histoire nous rapporte, en effet, que
souvent l'acharnement des factions les contraignit à fuir,
à changer de patrie, et même à cacher leur nom; que longtemps les gibelins furent persécutés à Florence, et que ce
ne fut qu'à de rares époques qu'ils obtinrent la supériorité sur les guelfes. On dressa des listes de proscription

_____

(*) Archives de l'Ordre de Saint-Étienne, lettres P et M, liasse VIII,
preuves de noblesse, 1570 et 1571.

de toutes les familles dévouées au parti gibelin pour les exclure des emplois et des magistratures On fit plus encore : afin de les signaler à la vengeance du peuple, dès 1357, des commissaires furent institués pour rechercher ceux qui appartenaient à ce parti, avec ordre de les *admonester* et de leur signifier qu'ils eussent à n'accepter aucune charge publique. Ils subissaient la peine de la confiscation et de l'exil s'ils n'obtempéraient pas à cette admonestation. Telle est l'origine de l'épithète *admonesté*, donnée à tous ceux qui furent exclus comme gibelins des magistratures de Florence. Et voilà pourquoi Pierre-Bonaparte (n° 21), rentrant à Florence, quoique déjà banni par cet injuste ostracisme, fut obligé de cacher son nom et de changer son blason pour éviter un nouvel exil auquel l'un et l'autre l'auraient exposé.

Depuis cette époque, les Bonaparte de Florence cessent d'exercer les emplois : un cadastre de l'année 1427 prouve qu'en vertu de cette loi ils furent exclus des magistratures comme gibelins ; tant fut puissante à Florence, pendant près de trois siècles, une aveugle et jalouse démocratie! Aussi, jusqu'à l'érection du grand-duché, en 1738, il n'est pas étonnant de voir cette famille disparaître des actes publics. Privée des honneurs populaires, elle ne pouvait reprendre son importance qu'en abjurant le parti gibelin. Elle préféra l'obscurité à la faiblesse, se distingua dans l'Eglise, la jurisprudence, les armes et les lettres, et le nom des Bonaparte n'a reparu à Florence que lorsque la tyrannie du peuple y fut abolie.

Les Bonaparte modernes furent, ainsi que leurs pères, doués de cette noble fermeté qui fait le principal trait du caractère de cette illustre famille. Napoléon Ier a possédé et Napoléon III possède de nos jours cette qualité si nécessaire au souverain d'un grand empire. Quel Français ne l'admira naguère dans les princes Louis et Lucien, qui aimèrent mieux encourir la colère du puissant empereur, leur frère, que de dévier de la ligne qu'ils s'étaient tracée !

Cependant, malgré l'obscurité dans laquelle les dissensions de cette funeste époque firent tomber les Bonaparte, par intervalle, on en retrouve dans l'histoire et dans les actes publics des traces qui, comparées avec les registres et les annales des villes où ils ont vécu, permettent de retrouver la filiation des derniers descendants de la branche de San-Miniato.

28. Nicolas III BONAPARTE.

Le fils du colonel Jean-Bonaparte (n° 25) fut-il ce *Jules, fils de Jean*, qui ne nous est connu que par un mémoire faisant partie des titres de noblesse de la famille? ou bien fut-il ce Nicolas III que les archives de Pise nous donnent comme professeur de jurisprudence à l'Université de cette ville? Les opinions se partagent à cet égard. Quoi qu'il en soit, l'un ou l'autre fut certainement l'aïeul du docteur Ferdinand Bonaparte, sur lequel nous avons recueilli cette courte notice biographique.

29. Ferdinand BONAPARTE,
Docteur en droit a l'Université de Pise.

Ferdinand Bonaparte, arrière-petit-fils du colonel Jean Bonaparte, et, par conséquent, petit-fils de Jules ou de Nicolas, était compté parmi les patrices de Florence[27]. Il s'appliqua, dès sa jeunesse, à l'étude des lois civiles et canoniques, et reçut le grade de docteur en droit à la célèbre Université de Pise, en l'année 1712. Ayant embrassé l'état ecclésiastique, il fut prévôt de la cathédrale de San-Miniato, et se distingua par sa science et sa piété. Il mourut au milieu de janvier 1746, laissant un grand nombre de travaux littéraires inédits, parmi lesquels on remarque d'élégantes poésies latines, et des dissertations sur les questions les plus ardues de la théologie. En lui finit le rameau dont la souche fut le colonel Jean Bonaparte.

Passons maintenant au second rameau qui prend naissance à Pierre-Antoine Bonaparte (n° 24).

30. PIERRE-FRANÇOIS BONAPARTE.

Pierre-François Bonaparte, fils de Pierre-Antoine (n° 24), épouse, en 1580 (*), Catherine Bonencontre, d'une ancienne famille de Bologne. De cette union naquit deux fils... Pierre-François mourut au milieu du XVIIe siècle.

31. ANDRÉ BONAPARTE.

André Bonaparte, le plus jeune des fils de Pierre-François et de Catherine Bonencontre, montra dès son bas-âge un goût décidé pour l'état ecclésiastique. Il fit d'excellentes études, et se distingua surtout dans la

---

(*) MURATORI, préface de l'*Histoire de Florence* citée ci-après.

science de l'Ecriture-Sainte et de la théologie, qu'il enseigna avec beaucoup de succès. Elevé au sacerdoce, il fut pourvu, plus tard, d'un canonicat au Chapitre noble de San-Miniato (*), dont on le trouve doyen au commencement du XVIIIᵉ siècle.

Ce fut lui qui remit à Muratori le manuscrit de l'histoire de Florence, par Benoît Bonencontre. Muratori, qui l'a inséré dans la collection des historiens italiens, s'exprime ainsi à ce sujet :

« *Quod attinet ad historiam, quam lectori nunc*
» *sisto, debeo illam humanissimo viro, Andreæ*
» *Bonaparte, patricio et canonico Miniatensi, cujus*
» *familia per Catharinam, anno 1580, Petro-*
» *Francisco Bonaparte nuptam, Bonincontriorum*
» *sanguine descendit,* »

« Pour ce qui est de l'histoire que je livre maintenant
» au lecteur, je la dois à un homme très-versé dans les
» lettres, André Bonaparte, patricien et chanoine de
» San-Miniato, dont la famille descend de celle des
» Bonencontre par Catherine, mariée, en 1580, à Pierre-
» François Bonaparte. »

La biographie et le nom même du fils aîné de Pierre-François Bonaparte nous sont demeurés inconnus. Parmi les nobles florentins que nous avons consultés, les uns le nomment *Giovanni-Pietro*, d'autres *Giovanni-Antonio*, tous présument qu'il fut le père du *capitaine* Nicolas Bonaparte, lequel réclama auprès du grand-duc François de Lorraine le classement de sa famille parmi les nobles de Florence.

(*) Archives du Chap. noble de San-Miniato.

32. Nicolas IV BONAPARTE,

ORDINAIREMENT APPELÉ LE CAPITAINE BONAPARTE.

Nicolas Bonaparte, quatrième du nom, embrassa, dès l'âge de seize ans, le parti des armes. Les nobles exemples de ses aïeux enflammaient son jeune courage; et le calme qui, avec les grands-ducs, avait reparu à Florence, lui faisait espérer un meilleur avenir. En peu de temps, il parvint au grade de capitaine, et s'y distingua par sa valeur et son habileté à former ses soldats à la discipline militaire.

En 1742, François Iᵉʳ de Lorraine, grand-duc de Toscane, entreprit de réformer les abus résultant de l'usurpation des titres de noblesse, et établit, pour y parvenir, une commission chargée de la vérification et de l'enregistrement des titres. Nicolas Bonaparte adressa alors en son nom et celui de ses parents, au chapitre de l'Ordre de Saint-Etienne une requête tendant à ce que la famille Bonaparte obtint son classement parmi la noblesse de Florence. Il prouva que cette famille, l'une des plus anciennes et des plus illustres de l'Italie, était alliée aux maisons Ricci, Frederighi, Grandoni, Visdomini, Albizzi, Masi, Alberti, Tornabuorni; que les Bonaparte étaient en outre parents des Ricasoli, des Panzano, des Tornaquishi, des Gaetani, des Buonacorsi, des Altavanti, des Samiatichi, des Squarcialuqui et des Borronaci. Il fit, en un mot, toutes les preuves nécessaires pour constater les droits que sa famille avait à cette haute distinction, et par arrêt grand-ducal, les Bonaparte furent inscrits de nouveau sur le *Livre-d'Or*.

Dans cette requête, le capitaine Nicolas ne cache pas l'état de pauvreté où les proscriptions, les confiscations et l'exil avaient réduit une grande partie de la famille Bonaparte. Il dit que « si la famille a été exclue des hon-
» neurs populaires dont elle était en possession, on doit
» en tirer la conséquence qu'elle était dévouée au parti
» gibelin ; *qu'elle jouissait autrefois d'une grande*
» *fortune*, dont elle fut dépouillée plusieurs fois par les
» arrêts iniques des guelfes, comme cela est constaté par
» les actes déposés aux archives de Florence et de San-
» Miniato ; et que si les honneurs et les dignités, qui
» semblent devoir être l'apanage de ce rang, lui ont été
» refusés depuis lors, il ne faut en accuser que les dissen-
» sions civiles, qui la réduisirent enfin à cacher son
» nom. » Plus bas, il ajoute : « Privée des honneurs et
» de la faveur populaire par les intrigues de la faction
» opposée, cette famille, *considérée déchue de sa*
» *grandeur*, a été en butte à toutes sortes de mauvais
» traitements et de persécutions, jusqu'à l'érection de la
» principauté [28]. »

Napoléon disait lui-même, à Sainte-Hélène, suivant le Mémorial de M. de Las-Cases : « Mes succès, une fois établis en Italie, ont fait rechercher partout les circons-tances de notre famille, *depuis longtemps tombée dans l'obscurité* [29]. »

On ne sait pas en quelle année mourut le *capitaine Nicolas* Bonaparte, ni combien il eut d'enfants. Les hommes avancés en âge que nous avons questionnés à San-Miniato, et qui, dans leur jeunesse, ont connu le chanoine Grégoire Bonaparte, prétendaient que le ver-tueux abbé était fils du capitaine Nicolas, dont la mémoire était encore en vénération à San-Miniato.

33. Grégoire BONAPARTE,
Chanoine de San-Miniato et Chevalier de l'Ordre de St-Étienne.

Au commencement de notre siècle, vivait encore Grégoire Bonaparte, chanoine de San-Miniato et chevalier de l'Ordre de Saint-Étienne. Lorsque Napoléon, alors général Bonaparte, se rendit en cette ville pendant ses campagnes d'Italie, le chanoine Grégoire vint lui faire sa visite. C'était un vieillard aimable et fort riche. Après avoir donné un dîner splendide à l'état-major de Napoléon, le vieil abbé prit à part le jeune général, et lui parla avec orgueil de la famille des Bonaparte. Il lui montra tous les titres qui prouvaient l'ancienneté de sa noblesse, et notamment un mémoire en faveur du père Bonaventure, béatifié par la cour de Rome; il finit par prier Napoléon de demander au pape la canonisation de leur parent.

Napoléon poursuivit sa route vers Florence, et y obtint du grand-duc pour le vénérable chanoine de San-Miniato le grand cordon de l'Ordre de Saint-Étienne, dont il n'était que simple chevalier; mais il avoue lui-même, à Sainte-Hélène, n'avoir fait aucune démarche en faveur du bienheureux père Bonaventure Bonaparte, qui cependant avait des droits à la canonisation par la sainteté de sa vie et les nombreux miracles opérés à son tombeau après sa mort.

Le chanoine Grégoire Bonaparte mourut en 1803. Un article spécial de son testament est conçu en ces termes : « Mon seul héritier collatéral (Napoléon-Bonaparte), pouvant se passer de ma succession, je bénis le ciel d'être libre d'en disposer en faveur de mes compatriotes

malheureux. » En lui s'éteignit la branche des Bonaparte
établie à San-Miniato depuis 592 ans. C'était un an avant
l'époque du mémorable couronnement, dit un auteur
contemporain ; et ce n'est pas un fait indigne de remarque
qu'au moment où s'éteignit sans éclat la branche autrefois illustre de Florence, celle de la Corse, longtemps
obscure et presque réduite au seul Charles Bonaparte,
acquérait tout-à-coup une illustration sans exemple.

Terminons la branche de San-Miniato par une courte
notice sur le bienheureux Bonaventure Bonaparte,
capucin de Bologne.

34. Le Bienheureux Bonaventure BONAPARTE,

CAPUCIN DE BOLOGNE.

Au milieu du XVIIᵉ siècle, vécut dans un modeste
couvent de Bologne le révérend père Bonaventure Bonaparte. Petit-fils, — comme tout porte à le présumer, —
de Jacques III Bonaparte (nº 20), commandant de la
milice bolonaise, il renonça de bonne heure aux grandeurs et aux séductions du monde, et leur préféra les
vertus ignorées et la pauvreté des enfants de saint François d'Assise. Longtemps sa famille contraria sa pieuse
résolution ; mais Bonaventure n'en persista pas moins à
ensevelir sous l'humble bure du capucin l'illustration
d'une haute origine et les brillantes espérances qu'elle lui
offrait dans l'avenir. Une fois ses vœux prononcés, le père
Bonaventure devint le modèle, non-seulement des religieux ses frères, mais encore de toute la ville de Bologne.
Il se fit mendiant pour les pauvres qu'il poursuivait
partout de son zèle, dans la ville et les campagnes. Il faut

avoir entendu raconter aux Bolonais l'admirable charité
d'une vie si exemplaire; il faut avoir vu la foule s'agenouiller à son tombeau pour comprendre combien
durent être éminentes ses vertus et sa sainteté. L'Église
le béatifia sur la fin du XVIIᵉ siècle, et l'on nous
a assuré, à Bologne, que sa famille ne le fit pas canoniser
à cause des frais que le procès de canonisation eût
nécessités.

Les restes mortels de ce saint personnage se voient, à
Bologne, dans l'église de *Santa-Maria-della-Vita*,
chapelle de Saint-Jérôme. Une urne les renferme avec
l'inscription suivante :

Urna Bonapartis corpus tenet ista beati ;
Multos sanavit : sic se sanctum esse probavit.

« Cette urne renferme le corps du bienheureux Bonaparte. Il opéra beaucoup de guérisons, et prouva *par là*
sa sainteté. »

Peu s'en fallut, dit un écrivain de notre époque, que le
bienheureux ne fût canonisé quelque temps après. En
effet, lorsque Pie VII vint à Paris pour couronner Napoléon-le-Grand, il ne craignit pas de montrer la vénération qu'il avait pour le père Bonaventure, dont il parlait
comme d'un saint. « C'était lui, sans doute, disait-il, qui,
du séjour des bienheureux, avait conduit son jeune
parent Napoléon, comme par la main, dans la belle
carrière terrestre qu'il venait de parcourir ; c'était ce
saint personnage qui l'avait préservé de tout danger dans
ses nombreuses batailles, etc. » Le souverain pontife se
montrait disposé à canoniser le père Bonaventure, si
l'Empereur eût paru le désirer, mais il n'en témoigna
aucune envie.

IV.

LES BONAPARTE DE SARZANE.

Troisième branche de la famille.

———

Durant les guerres intestines dont la moyenne Italie fut longtemps agitée, Sarzane [30] soutint avec énergie le parti des gibelins. Ville forte, à cette époque, et peuplée d'un grand nombre de familles anciennes, elle résista souvent avec succès à la tyrannie des guelfes de Florence, et se maintint dans un état de prospérité dont elle fut redevable à l'autorité paternelle que la noblesse y exerçait sur le peuple. Depuis 1290 que Jean (n° 35), fils puîné de Nicolas Ier Bonaparte, était venu se fixer en cette ville, ses descendants y furent constamment environnés de l'estime et de la considération générales; ils y jouirent d'un immense crédit, et de là leur réputation s'étendit dans les Etats d'alentour. On trouve encore, de nos jours, dans les archives de Sarzane, une foule de documents qui attestent que la famille Bonaparte fut toujours une des premières de cette ville; qu'elle y exerça de hauts emplois, et y fit de brillantes alliances.

35. JEAN Ier BONAPARTE.

SOUCHE DE LA BRANCHE DE SARZANE.

Nous avons vu que Nicolas Bonaparte (n° 6), capitaine de la milice de Florence, avait eu deux fils, Conrad et Jean. Conrad s'établit à San-Miniato, où il fut le chef de la branche de ce nom ; Jean, après avoir vécu quelque temps à San-Miniato, avec son père et son frère, alla s'établir à Sarzane, et y épousa Vita de Pasqualini, héritière d'une famille noble et puissante de cette ville. Ce fut, sans doute, cette union qui le détermina à se fixer irrévocablement à Sarzane. En 1280, il fut chargé, par ses nouveaux concitoyens, de signer la paix, à Florence, avec le cardinal Latino. En 1296, il fut syndic, — premier magistrat civil, — de Sarzane, et signa la paix de cette ville avec Lucques. Ces deux traités de paix, consignés aux archives des trois villes ci-dessus nommées, attestent soit l'habileté qui distinguait le chef de la branche de Sarzane, soit la confiance que l'on avait en ses rares qualités. En 1305, Jean Ier épousa en secondes noces Jeanne Sachetti. Il vivait encore en 1314, et laissa deux fils, Jacques et Jean II, qui suivent.

36. JACQUES BONAPARTE.

Les archives de Sarzane font, pour la première fois, mention de Jacques Bonaparte, en 1322, époque de son mariage avec Gisla de Vivaldo ; puis en 1324 qu'on le trouve honoré de la charge de notaire impérial et du syndicat de Sarzane. En 1328, Castruccio, seigneur souverain de Lucques, le choisit pour *vicaire*, et lui confia son autorité et l'administration de ses États pendant une absence qu'il était obligé de faire. Jacques s'attira l'estime de tout le monde par sa modération et son intégrité. Lorsqu'il s'éloigna de Lucques, les habitants de cette ville lui témoignèrent le cas qu'ils faisaient de son mérite en lui votant des remerciments publics, et en cherchant, par tous les moyens possibles, à le retenir au milieu d'eux. On ignore en quelle année il mourut; il laissa deux fils, Angelino et Nicolas II, dont nous parlerons plus loin, aux numéros 40 et 41.

37. JEAN II BONAPARTE.

Jean Bonaparte, deuxième du nom, fils puîné de Jean Ier de Sarzane, et frère de Jacques, qui précède, était gibelin puissant à Sarzane, en 1322. Les archives de cette ville, année 1327, rapportent qu'il avait eu le droit d'établir une tour dans l'intérieur de la cité, privilége qui jusque-là n'avait été accordé qu'à un très-petit nombre de familles d'une probité et d'un civisme bien reconnus [31].

En 1329, Jean II épousa Jacqueline de Guadagnini, dont il eut une fille, qu'il donna en mariage à Andrea Calderino. De cette union naquit : 1° Jean Calderino, célèbre jurisconsulte de Bologne, époux de la savante Novella [32]; 2° Andreola Calderino, unie à Bartholomeo Parentucelli, physicien (médecin) très-renommé dans ce temps-là. De Bartholomeo et d'Andreola naquit Thomas Parentucelli, auquel nous consacrons la notice suivante.

38. Nicolas V,

SOUVERAIN-PONTIFE.

Thomas Parentucelli, plus connu sous le nom de Thomas de Sarzane, vit le jour à Luni, dans le territoire de Sarzane. Bartholomeo Parentucelli, son père, n'était pas d'une haute naissance, et possédait même une fortune médiocre ; mais il s'était acquis une grande réputation comme célèbre et habile médecin. Il avait épousé Andreola Calderino, petite-fille de Jean II Bonaparte, et en avait eu Thomas, dont nous allons narrer succinctement la vie. L'historien des Conciles dit de Thomas qu'il était d'une illustre origine par sa mère et son aïeule, et Platine (*) fait un grand éloge de sa science, de sa douceur et de sa libéralité. Bartholomeo Parentucelli étant mort, Andreola, sa veuve, ne tarda pas à s'unir, en secondes noces, à l'un des fils de la maison des Calandrini. De cette nouvelle union, naquit Philippe, frère utérin de Thomas, et qui lui succéda sur le siége de Bologne.

Privé de son père, Thomas trouva un puissant protecteur dans Nicolas Albergati, cardinal de Sainte-Croix (**), qui avait reconnu la haute capacité et les vertus du jeune étudiant. Il suivit avec distinction, à l'Université de Bologne, les cours de belles-lettres, de philosophie et de théologie, y fut reçu docteur, devint ensuite économe du

---

(*) *Hist. Pont. roman.*, *Coloniæ*, 1574.

(**) GOBELINUS, notar. Pie II, *in Commentariis*.

cardinal de Sainte-Croix, et l'un des secrétaires du grand
pénitencier de la cour pontificale. Eugène IV, frappé de
l'érudition et des éminentes qualités de Thomas, le
chargea de soutenir la discussion contre les Grecs aux
conciles de Ferrare et de Florence ; puis l'envoya en Allemagne, à la suite de Jean Carvajal, cardinal de Saint-
Ange, pour abroger certains décrets du concile de Bâle [33],
et mettre fin à la neutralité des Allemands, qui était
favorable à la continuation du schisme. L'éloquente dialec-
tique de Thomas, sa douceur persuasive triomphèrent de
tous les obstacles ; il revint à Rome, où, en récompense
de son zèle et de ses succès, il fut nommé évêque de
Bologne et cardinal du titre de Sainte-Susanne.

Le pape Eugène IV étant mort en mars 1447, Thomas,
cardinal de Bologne, fut élu malgré lui en sa place, deux
mois après, et prit le nom de *Nicolas V*, par reconnaissance pour son bienfaiteur le cardinal *Nicolas* Albergati
de Sainte-Croix. Le nouveau pontife, dès le commencement de son règne, s'efforça de pacifier l'Italie, et de
réunir tous les princes chrétiens contre les Turcs dont les
progrès toujours croissants alarmaient l'Europe entière. Il
eut le bonheur, par l'entremise du roi de France, Charles VII
et de l'empereur Frédéric, d'obtenir l'abdication de
l'antipape Félix [34], qu'il traita généreusement et nomma
doyen des cardinaux et légat en Allemagne. Cette modération lui attira l'estime des princes, l'affection des
peuples, et lui permit de gouverner pendant quelque
temps avec beaucoup de bonheur.

L'an 1450, le quatrième de son pontificat, Nicolas V
publia un jubilé universel, pendant lequel il termina le
procès de canonisation de saint Bernardin de Sienne, de
l'ordre des Franciscains. L'Italie devait beaucoup aux

prédications de ce généreux apôtre de la paix : son zèle et sa charité parvinrent à calmer la haine des factions et à réconcilier les guelfes et les gibelins, qui, depuis bientôt trois siècles, n'avaient cessé d'agiter la Péninsule italique.

L'année suivante, l'empereur Frédéric devant venir à Rome pour recevoir des mains du pape la couronne impériale, Nicolas, dans la crainte de quelque surprise de la part des Allemands, fit fortifier les portes de la ville, le Capitole et le château Saint-Ange; puis, après avoir pris les mesures que justifiait l'ambition tyrannique des empereurs précédents, il reçut Frédéric avec la plus grande magnificence, bénit son union avec Eléonore, fille d'Edouard, roi de Portugal, et nièce d'Alphonse, roi de Naples; et, le 18 mars suivant, lui mit sur la tête la couronne de Charlemagne que Frédéric avait apportée de Nuremberg. Cette solennité se fit avec tant de pompe, l'Empereur fut si satisfait de l'empressement et des libéralités de Nicolas, que, tombant aux genoux du pontife, il baisa ses pieds, et donna sa sanction au concordat germanique, qui terminait pour toujours la trop fameuse querelle des investitures.

Cependant les Grecs persistaient avec opiniâtreté dans leur séparation de l'Eglise romaine, et s'obstinaient à rejeter les décrets du concile de Florence. Fatigué de leur aveugle résistance, le vertueux pontife leur prophétisait, suivant la parabole du Christ, que si le figuier qu'on avait cultivé ne portait pas de fruit dans l'espace de trois ans, l'arbre serait coupé jusqu'à la racine, et la nation grecque ruinée de fond en comble. Cette prédiction, faite en 1454, s'accomplit, en effet, trois ans après par la prise de Constantinople, quoique le pape eût

envoyé au secours de cette capitale une flotte de dix
galères armées à ses frais ; mais ce renfort arriva trop
tard : la terrible catastrophe [35] qui mit fin à l'empire
d'Orient empoisonna les dernières années de la vie de
Nicolas, et le conduisit au tombeau le 19 avril 1455, après
un règne glorieux de huit ans dix-neuf jours [36]. Son
pontificat fut des plus remarquables : par sa munificence
et ses lumières, les belles-lettres, ensevelies depuis plusieurs siècles sous la barbarie gothique, ressuscitèrent
avec éclat ; Nicolas les cultiva et répandit ses bienfaits
sur ceux qui s'y consacrèrent. Il recueillit partout et paya
généreusement les manuscrits précieux, grecs et latins,
pour enrichir la bibliothèque du Vatican, dont on peut le
regarder comme le fondateur. Il fit traduire les chefs-
d'œuvre de l'antiquité grecque [37], et récompensa magni-
fiquement ceux à qui il confiait ces traductions. Les
églises, les palais, les ponts, les fortifications élevées à
Rome et ailleurs ; les Grecs réfugiés secourus de sa munificence ; les filles pauvres mariées honorablement ; les
bénéfices et les charges conférés au seul mérite : tout
dépose en faveur du zèle de Nicolas V pour l'intérêt du
peuple, l'honneur des lettres et le bien de la religion. Le
sang des Bonaparte coulait dans ses veines : les grandes
qualités, la vertu, le génie ne s'improvisent pas ; ils
sont héréditaires dans les familles ; Nicolas ne pouvait
démentir son illustre origine [38]. Ce grand pape ne voulut
d'autres armoiries dans son écu que les clés de saint
Pierre en sautoir.

La biographie de F. X. Feller, article *Bonaparte*, dit
qu'une dame Bonaparte fut mère de Nicolas V. Il y a erreur
en ce sens qu'elle en fut l'aïeule, comme nous venons de
le dire au n° 37, Jean II Bonaparte.

La mère de Nicolas V s'appelait Andreola Calderino (*).
Voici d'ailleurs l'épitaphe gravée sur son mausolée (**) :

« *Jacet Nicolai mater in cathedrali Sarzanenzi*
» *cum hâc sepulchrali inscriptione :*

« *Andreola de Calderinis, quæ Nicolaum V. Pont.*
» *max. sedent. et Philippum card. Bononiens., majo-*
» *rem pœnitentiarum, ex se natos Romæ materno*
» *affectu salutavit. Spoleti moriens, ejusdem card.*
» *pietate in patriam delata humili loco, hoc tumulo,*
» *felix tantâ prole quievit. Vixit annos* LXXX. —
» *Obiit anno* MCCCCLI. »

« La mère de Nicolas V repose dans la cathédrale de
» Sarzane, avec cette inscription, qui est gravée sur
» son tombeau :

« Ci gît Andreola, de la famille des Calderini, dont
» l'amour maternel tressaillit en saluant à Rome ses deux
» fils, Nicolas V, souverain pontife, et Philippe, cardinal
» de Bologne, grand-pénitencier. Elle mourut à Spolette,
» et fut transportée dans sa terre natale par la piété du
» même cardinal, son fils. Heureuse d'avoir été mère
» d'une telle progéniture, elle repose en paix dans ce
» modeste tombeau. Elle vécut 80 ans., et mourut en
» 1451. »

(*) MANETTI (GIANNOZZO), *Vitæ Nicolai V*, pont. max. libri tres, publiés
par MURATORI, III, 2ᵉ partie, 907 ; — et GEORGI (MARINO), *Vita Nicolai V*,
Pont. max., Romæ, 1742.

(**) CIACONIUS (ALPH.), *Vitæ et res gestæ Pont. rom. et cardinalium;*
Romæ, 1630.

39. Philippe CALANDRINI,

Cardinal-Évêque de Bologne.

Philippe Calandrini de Sarzane , frère utérin du pape
Nicolas V., fut destiné à l'état ecclésiastique dès sa jeunesse. Il fit ses études à l'Université de Bologne , où il se
distingua par de brillants succès. Lorsque Thomas Parentucelli, son frère, quitta le siége épiscopal de cette ville
pour s'asseoir sur la chaire de saint Pierre, le clergé et le
peuple bolonais demandèrent Philippe pour leur premier
pasteur. Nicolas, qui affectionnait particulièrement Bologne, acquiesça volontiers aux désirs d'une ville où il avait
laissé lui-même de si bons souvenirs, et obligea Philippe,
malgré sa résistance, à se charger du soin de cet important diocèse. Le 12 juillet 1448 , le nouveau prélat prit
possession de son siége. Peu de temps après, il fut
nommé cardinal de Sainte-Susanne , titre qu'avait porté
Nicolas avant son élévation au souverain pontificat.
Philippe changea bientôt ce titre contre celui de saint
Laurent *in Lucinâ*, et fut créé grand-pénitencier de la
cour romaine. Enfin , évêque de Porto (à l'embouchure
du Tibre) et de Sainte-Rufine. Nommé légat de la Marche
d'Ancône, il gouverna cette province avec tant de sagesse
et d'équité, qu'il s'y attira l'estime et l'affection de tout le
monde. Il y fonda plusieurs colléges où les Grecs réfugiés développaient les principes de leur littérature , qui
commençait à se répandre en Italie ; il multiplia aussi les
écoles publiques, pour que l'enfant du peuple y reçût,
avec les enseignements de la foi, une instruction élémen-
taire appropriée à ses besoins. Les arts trouvèrent égale-

ment en lui un protecteur généreux et éclairé. Il mourut à Bagnarea, dans le diocèse de Viterbe, en août 1470, et fut enseveli à Rome dans l'église de Saint-Laurent *in Lucina*, dont il portait le titre. Voici l'épitaphe qui est gravée sur son tombeau :

PHILIPPO. CALANDRINO. SERGIANENSI. CARDINALI BONONIENSI. EPISCOPO PORTVENSI. SANCTÆQVE ROMANÆ ECCLESIE. SVMMO POENITENTIARIO. NICOLAI QVINTI. PONTIF. MAXIMI. FRATRI. JOANNES MATTHŒVS. CALANDRINVS. PATRVO. CLARISSIMO. POSVIT. VIXIT. ANNOS LXXIII. OBIIT ANNO SALVTIS CHRISTIANÆ MCDLXX.

« Jean-Matthieu Calandrini a élevé ce monument à la mémoire de son oncle bien-aimé, Philippe Calandrini de Sarzane, cardinal de Bologne, évêque de Porto, grand-pénitencier de la sainte Église romaine, et frère de Nicolas V, souverain Pontife. Il vécut 73 ans, et mourut l'an du salut 1470 (*). »

Philippe Calandrini, cardinal de Bologne, portait *d'azur au sautoir d'or, accompagné en chef d'une calandre de même.*

Revenons maintenant aux deux fils de Jacques Bonaparte (n° 36), Angelino et Nicolas, deuxième du nom.

40. Angelino BONAPARTE.

Angelino Bonaparte fut le fils aîné de Jacques Bonaparte, acte de 1325. On ne sait rien de lui, sinon qu'il fut

---

(*) CIACONIUS (ALPH.), *Vitæ et res gestæ, Pont. rom. et S. R. E. card.*, Romæ, 1630.

notaire impérial à Sarzane. On le trouve inscrit en cette qualité sur les registres et archives de cette ville. Il mourut sans postérité ; d'autres assurent qu'il laissa une fille.

41. NICOLAS II BONAPARTE.

Nicolas Bonaparte, deuxième du nom, fut aussi notaire impérial à Sarzane. On en parle, pour la première fois, en 1366, dans les archives de cette ville ; il y mourut en 1395, laissant pour fils Jean, troisième du nom, ci-après.

42. JEAN III BONAPARTE,
SYNDIC DE SARZANE.

Jean Bonaparte fut le troisième du nom, et syndic ou premier magistrat civil de Sarzane, en 1404. Il épousa une nièce de Philippe, cardinal de Bologne, Isabelle *Calandrini* 39, dont il eut deux fils. En 1404, les habitants de Sarzane l'avaient nommé leur plénipotentiaire pour négocier la paix avec G. Visconti, duc souverain de Milan. Jean III fit preuve de beaucoup d'habileté dans cette circonstance difficile, et revint à Sarzane après avoir signé un traité dont les conditions étaient des plus avantageuses à ses concitoyens. Les Sarzanais, en reconnaissance, l'élurent pour leur syndic. Jean gouverna avec sagesse pendant plusieurs années, fit des règlements utiles au commerce, à l'agriculture et aux arts ; châtia sévèrement les bandits qui infestaient les routes ; mit de l'économie dans les finances, et laissa, en mourant, l'état de Sarzane dans une prospérité qu'il n'avait pas connue jusqu'alors. Ses deux fils furent Philippe et César Bona-

parte. On ne sait rien du premier , sinon qu'il eut
pour parrain Philippe, cardinal de Bologne, son grand-
oncle , et qu'il fut conseiller à Sarzane, à l'époque où
cette ville fut livrée aux Génois. Il laissa un fils que
l'histoire ne nomme pas.

43. César BONAPARTE,
Prieur et Chef des Anciens de Sarzane.

César Bonaparte, premier du nom , épousa dona Apol-
lonia, fille du marquis souverain Nicolo Malespina della
Verrucola. On voit, à Florence, le code des actes notariés
d'Antonio da Villa, dans lequel se trouve la quittance
formelle de la dot de ladite Apollonie, acte qui est fait
par *ser César Bonaparte* au *magnifique Spineta*,
marquis de Malespina della Verrucola, fils du feu marquis
Bartholomeo, souverain dudit lieu. L'acte commence par
ces mots : « *Ser César, quondam ser Joannis de
Bonaparte de Sarzana, fuit confessus et contentus
habuisse et recepisse à magnifico domino Spineta,
marchione Malespina de Verrucola, filio quondam
recolendæ memoriæ, magnifici domini Bartholomej,
marchionis Malespina de Verrucola, etc., etc.* »

« Messer César, fils de feu messer Jean de Bonaparte
de Sarzane, reconnaît, par ce présent acte, qu'il est
content de tenir et d'avoir reçu du magnifique seigneur
Spineta , marquis de Malespina de Verrucola, fils de feu
le magnifique seigneur d'heureuse mémoire, Barthélemi,
marquis Malespina de Verrucola, etc., etc. »

La dot était de quatre cents livres de Gênes , et des
plus considérables pour ce temps-là. L'acte passé à Sarzane

est du 8 août 1440. César Bonaparte fut prieur et chef des Anciens de Sarzane, où il mérita l'affection du peuple par son affabilité et sa bienfaisance. Sa postérité se continua dans la personne de Jean Bonaparte, qui suit.

44. Jean IV BONAPARTE.

Jean Bonaparte, quatrième du nom, hérita de l'estime et de la considération dont son père avait joui à Sarzane; il en fut conseiller en 1496. La franchise de son caractère et la modestie qui le distinguait firent rechercher son amitié par les plus illustres familles de l'Italie, et, quoique les Bonaparte de Sarzane eussent perdu leur ancienne opulence par les malheurs des temps et la rapacité des guelfes, Jean IV Bonaparte n'en était pas moins estimé l'égal des princes italiens et des hommes les plus distingués de son époque; on les vit souvent avoir recours à sa prudence et à ses conseils. Il vécut dans une étroite intimité avec le célèbre Fabrice Colonne, de la maison des ducs d'Amalfi, lequel commandait l'avant-garde à la bataille de Ravenne, en 1512. Jean Bonaparte eut deux fils.

45. César II BONAPARTE,
Chanoine de la Cathédrale de Sarzane.

César Bonaparte, deuxième du nom, fut le fils aîné de Jean IV, qui précède. Dès sa plus tendre enfance, il fut doué d'une profonde piété, qui le porta à embrasser l'état ecclésiastique. Nommé chanoine de la cathédrale de

Sarzane, il se trouve inscrit, en cette qualité, dans les cartulaires du chapitre noble de cette église, année 1489.

Nous terminons à ce personnage la branche proprement dite de Sarzane; elle ne s'éteignit pas en lui, et il en resta, sans doute, encore quelques rejetons dans cette ville. Mais les bornes et le plan que nous nous sommes tracés, ne nous permettent pas d'en suivre la généalogie, par cela même qu'elle s'éloigne de celle des Bonaparte de notre siècle. Cependant, nous ferons remarquer que les Bonaparte demeurés à Sarzane continuèrent, ainsi que leurs parents de San-Miniato, à illustrer l'Eglise, le barreau et les lettres; ils contractèrent par leurs filles des alliances avec les plus grands noms de l'Italie. Ainsi voit-on la branche des Franchini-Bonaparte porter sur son écu *trois fleurs de lis d'or*, témoignage de quelque service éminent rendu jadis aux Bourbons. Plus tard, au XVIIe siècle, on retrouve un Louis-Marie-Fortuné Bonaparte, qui vint de Sarzane en Corse, habiter la ville d'Ajaccio. Il s'y fit estimer, fut appelé aux emplois publics, et marcha l'émule de Sébastien Bonaparte (n° 52), né en 1605, et qui laissa les plus honorables souvenirs.

Depuis cette époque jusqu'à la fin du XVIIIe siècle, les Bonaparte toscans et les Bonaparte corses reconnurent leur communauté d'origine, et l'Université de Pise devint dès-lors, pour eux, le rendez-vous où, d'année en année, chacune de leurs familles envoyait ses fils cimenter par les liens de l'étude les liens de la consanguinité.

V.

LES BONAPARTE DE CORSE (40).

Quatrième branche de la famille.

46. François BONAPARTE,

COMMANDANT DE L'EXPÉDITION ENVOYÉE EN CORSE.

François Bonaparte fut le fils puîné de Jean IV Bonaparte de Sarzane, et frère du chanoine César. Il naquit à
Sarzane, en 1465, et était dans la fleur de la jeunesse
lorsque cette ville fut cédée par Florence à la république
de Gênes. Les liaisons que Jean, père de François, avait
contractées avec les plus vaillants guerriers de la Péninsule, avaient fait naître de bonne heure des goûts militaires dans le cœur de ce jeune homme. Aussi avait-il
embrassé avec empressement la carrière des armes, dans
laquelle il donna plusieurs fois des preuves d'un courage
et d'un sang-froid extraordinaires. Devenu citoyen de
Gênes, par l'annexion de Sarzane au territoire de cette
république, il épousa avec énergie les intérêts de sa nouvelle patrie. En 1511, des troubles sérieux s'étant élevés

dans l'île de Corse, qui supportait avec peine le joug des Gênois, le sénat de Gênes ordonna d'y envoyer des troupes et des colons pour achever de peupler la nouvelle ville d'Ajaccio. Par un décret en date de l'année 1512, il nomma commandant de cette expédition le capitaine François Bonaparte, dont la bravoure était connue, et lui confia de grands pouvoirs. François s'embarque pour la Corse au milieu de l'année 1512; il y rétablit l'ordre, et se concilie l'estime et les sympathies des habitants. Cette même année, il y épouse Catherine Guido de Castelleti, héritière de l'une des familles les plus distinguées de l'île. Cette union décida François Bonaparte à se fixer pour toujours en Corse, où son épouse possédait les biens de ses pères. Il n'eut que deux enfants : Gabriel, qui suit, et Antonia, mariée à François Montani de Sarzane. François Bonaparte mourut à Ajaccio, en 1529. On trouve dans les archives de Gênes, au sujet des guerres de la Corse, plusieurs pages qui font mention de *Francesco, figliuolo di Giovanni Buonaparte di Sarzana.*

47. GABRIEL BONAPARTE,

CÉLÈBRE CAPITAINE DE MARINE.

Gabriel Bonaparte s'établit définitivement à Ajaccio : car en 1567, il vendit au seigneur Montani, époux d'Antonia, sa sœur, la maison et les possessions paternelles de Sarzane. De bonne heure, il s'était enrôlé dans la marine, et avait fait ses premières armes sous les plus habiles marins génois. Il s'acquit donc une grande réputation par ses connaissances et son intrépidité, et rendit d'importants services à la république de Gênes, puis à la Corse, en battant plusieurs fois les Barbaresques et les chassant des côtes, où ils faisaient de continuelles et terribles descentes. Il sut leur inspirer de la terreur, et en obtint d'honorables concessions. Sa postérité continua en la personne de Jérôme Bonaparte.

48. Jérôme BONAPARTE,
Député du Conseil des Anciens d'Ajaccio auprès du Sénat de Gênes.

Jérôme Bonaparte, qui fut député du Conseil des Anciens et des habitants d'Ajaccio auprès du sénat de Gênes, plaida si bien la cause de ses compatriotes, qu'il revint en Corse après avoir obtenu tout ce qui avait fait l'objet de sa mission, comme l'atteste le décret du sénat de Gênes, commençant par ces mots : « *Egregium Hieronymum de Bonaparte, procuratorem nobilium, etc.* (*).... » Six ans auparavant, Jérôme avait été honoré de la présidence du Conseil des Anciens d'Ajaccio. Il fut possesseur de biens nobles, de la tour de Salène, etc. Il donna le jour à François Bonaparte, deuxième du nom, et probablement à un Gabriel Bonaparte, chanoine de Saint-Roch, qui était lecteur théologique d'Ajaccio, et dont Filippini (**), l'historien populaire de la Corse, parle avec éloge.

(*) Voir ce décret dans les archives du Sénat de Gênes, année 1571.

(**) Filippini, *Histoire de la Corse.*

49. François II BONAPARTE,

CAPITAINE DE LA MILICE D'AJACCIO.

François Bonaparte, deuxième du nom, fut nommé capitaine des milices bourgeoises de la ville d'Ajaccio et membre du Conseil des Anciens par actes publics de 1596. Il fut le premier de sa famille honoré du titre de *Magnifique*, en vertu d'un décret du Conseil des Anciens[41], et par la voix du peuple. Filippini en parle dans son histoire de la Corse, en 1614, et lui donne le titre de *messer*. Il eut pour fils Fulvio et Sébastien Bonaparte.

50. Fulvio BONAPARTE.

Fulvio Bonaparte, fils puîné de François, deuxième du nom, vécut à la campagne loin des honneurs et des emplois publics. Tout ce qu'on sait de lui, c'est qu'il fut le père de

51. Louis BONAPARTE.

Louis Bonaparte, épousa, en 1632, Marie de Gondi, dont la famille établie d'abord à Florence, y brillait depuis les premiers temps de la république. L'un des membres de cette maison, Antoine de Gondi, était banquier à Lyon, sur la fin du XVe siècle, et fut le père d'Albert de Gondi, maréchal de Retz. Cette famille, qui jouissait de la faveur de Marie de Médicis, produisit encore le trop fameux cardinal de Retz et le vertueux Jean-François de Gondi, premier archevêque de Paris.

52. Sébastien BONAPARTE.

Sébastien Bonaparte, fils aîné de François, deuxième du nom, fut un des hommes les plus remarquables de son pays par ses profondes connaissances et par son habileté dans l'administration des affaires publiques. Il naquit en 1603, et laissa les plus honorables souvenirs. Deux actes consignés aux archives d'Ajaccio, l'un de 1635, l'autre de 1648, attestent qu'il était d'une haute et noble origine. Il n'eut qu'un fils, Charles Bonaparte.

53. Charles BONAPARTE.

Charles Bonaparte fut élu au Conseil des Anciens en mai 1681. Un décret du commissaire de la république de Gênes, en date du 1er septembre 1661, lui donne les titres de *noble* et de *messer* : il jouissait aussi du titre de *Magnifique*.

54. Joseph Iᵉʳ BONAPARTE,
CHEF DU CONSEIL DES ANCIENS.

Joseph Bonaparte, premier du nom, était fils de Charles qui précède. Il fut élu chef ou président du Conseil des Anciens d'Ajaccio, le 3 mars 1702, avec le titre de *Magnifique*. Ce titre n'était pas moins la récompense des services rendus, qu'une distinction accordée à de grands mérites et à la noblesse du sang. Joseph donna le jour à trois fils, 1° Sébastien-Nicolas ; 2° Napoléon ; 3° Lucien.

55 Sébastien-Nicolas BONAPARTE.

Sébastien-Nicolas Bonaparte fut élu au Conseil des Anciens d'Ajaccio le 17 avril 1720; il jouissait du titre de *Magnifique*. Ce fut en l'année 1725, que la Corse, fatiguée du régime arbitraire qui pesait sur ses enfants, courut aux armes pour réclamer les droits que Gênes lui avait injustement ravis. Sébastien-Nicolas ne fut pas des derniers à seconder l'élan du peuple pour la défense de ses libertés; et cette mémorable époque vit encore le nom des Bonaparte s'associer avec éclat aux noms les plus illustres de la Corse. Trois généraux furent chargés, avec une junte composée de six membres, du pouvoir exécutif. La diète nationale devait élire les membres de cette junte et statuer sur les impôts. Malheureusement les insulaires n'étaient pas d'accord : plusieurs grandes familles s'étaient déclarées pour Gênes, et Rivarola, à la tête des armées de la république, avait réduit les Corses aux plus pénibles expédients. Désespérés, mais non vaincus, les trois généraux font tout-à-coup un dernier et sublime effort, et triomphent complètement des Génois, qu'ils mettent en déroute. Ceux-ci réclament alors le secours de la France (1738). Six mille français débarquent en Corse, et rendent inutile le courage des malheureux habitants, qui se soumettent, non sans espoir de reconquérir un jour leur indépendance (1739). Dans cette circonstance solennelle, les Bonaparte ne pouvaient être ni pour Gênes, ni pour la France : l'honneur leur faisait un devoir de défendre avec vigueur la nationalité de leur pays natal.—Sébastien-Nicolas n'eut qu'un fils, Joseph Bonaparte, deuxième du nom (voir au n° 59).

56. Napoléon BONAPARTE.

Napoléon Bonaparte fut le frère puîné de Sébastien-Nicolas. Les historiens contemporains ne disent rien autre de lui, sinon qu'il se distingua dans la carrière des armes, où il parvint à un grade supérieur. Il eut une fille, Élisabeth ou Isabelle Bonaparte.

57. Isabelle BONAPARTE,

Comtesse d'Ornano.

Isabelle Bonaparte, fille unique du précédent, épousa le comte d'Ornano, d'une illustre famille, dont les membres s'étaient généreusement sacrifiés dans la guerre de l'indépendance. Ce nom figure aujourd'hui avec honneur parmi les grands noms de l'Empire français [42].

58. Lucien BONAPARTE,

Chanoine et Archidiacre de la Cathédrale d'Ajaccio.

Lucien Bonaparte, deuxième frère de Sébastien-Nicolas, naquit en Corse vers l'année 1711. Porté par inclination à l'état ecclésiastique, il se distingua de bonne heure dans ses études, et fut nommé chanoine, puis archidiacre de la cathédrale d'Ajaccio, en 1740. Quand les jours mauvais se levèrent sur les Bonaparte de la Corse, Lucien devint le mentor, le bienfaiteur de toute sa famille. Ce fut, en effet, par ses soins que Joseph Fesch, frère de Madame Letizia, termina ses classes latines et fut admis au séminaire d'Aix, où le conduisit le bon archidiacre lui-même, tout fier d'avoir fait, parmi les siens, une conquête à

l'Église. Après le départ de Joseph Fesch, Lucien reporta
sa sollicitude sur Napoléon et sur Joseph, dont il commença l'éducation religieuse et grammaticale. Au faîte de
ses grandeurs, au comble de ses infortunes, Napoléon en
conservait le plus tendre souvenir. — « J'ai toujours
trouvé, disait-il, un charme infini à me rappeler la piété
de mon enfance et ces bonnes prières que je faisais sur
les genoux de notre vieil oncle, quand il nous enseignait
la religion. Il nous disait : — « Priez, mes enfants, et Dieu
vous aidera.»

Lucien Bonaparte mourut en 1794 dans un âge avancé :
sa vie avait été celle d'un juste ; sa mort fut celle d'un
sage. Entouré de ses neveux, il leur donna les conseils
les plus paternels, les invita à la concorde, à l'union. Puis,
s'adressant à Joseph : « Tu es l'aîné de la famille, dit-il,
mais Napoléon en est le chef : ne l'oublie jamais.» Ce
fut, disait plus tard Napoléon à Ste-Hélène, un vrai
déshéritage, la scène de Jacob et d'Esaü.

59. Joseph II BONAPARTE.

Joseph Bonaparte, deuxième du nom, était fils unique
de Sébastien-Nicolas (n° 55). Élevé dans les principes de
son père, comme lui il s'associa à la résistance que la
Corse opposa longtemps aux Génois ; comme lui, il sut
faire à son pays le sacrifice de sa fortune et de sa tranquillité. Les intrépides enfants de la Corse venaient, en
ce moment solennel, d'acculer les Génois dans quelques
places maritimes ; et, sous la conduite du célèbre Paoli,
préludaient à la dernière lutte, qui devait être sanglante
et décisive. Une levée en masse avait eu lieu, des forte-

-resses s'élevaient de toutes parts ; enfin dans les villes et les campagnes l'insurrection contre l'étranger était prêchée comme un devoir. Général et roi tout ensemble, -Paoli parcourait les montagnes accompagné d'un nombreux cortège dans lequel se groupaient les Bonaparte, les Arrighi, les Casabianca, les Abbatucci, les Ornano, les Sébastiani, etc., noms chers à la Corse, comme ils le sont devenus depuis à la France. Le 15 février 1760, Joseph Bonaparte fut porté au Conseil des Anciens d'Ajaccio et décoré du titre de *Magnifique.* Il vivait encore en 1764, lorsque les troupes françaises, sous les ordres du comte de Marbœuf, furent chargées de remplacer les garnisons que Gênes entretenait en Corse. Il prévit dès-lors pour sa patrie les derniers jours de cette nationalité que ces braves insulaires avaient toujours désirée, et mourut quelque temps après, laissant un fils, Charles-Marie Bonaparte, qui suit.

60. CHARLES-MARIE BONAPARTE.

DÉPUTÉ DE LA NOBLESSE CORSE A LA COUR DE FRANCE.

Charles-Marie Bonaparte, né à Ajaccio vers 1746, hérita du patriotisme et du dévouement de ses pères pour son pays natal. Dès qu'il fut en état de porter les armes, il soutint avec énergie l'indépendance et la nationalité de la Corse qu'il ne voulait ni génoise, ni toscane, ni française. Après avoir, aussi longtemps que possible, combattu à côté de Paoli ; après avoir suivi ce chef fugitif en Toscane, partagé avec lui le pain de l'exil, et s'être fait proclamer docteur en droit à l'Université de Pise, qui depuis plusieurs siècles ; s'honorait de compter des

Bonaparte parmi ses membres. Charles-Marie eut l'intention de suivre Paoli dans son émigration ; mais l'archidiacre Lucien, qui exerçait toujours sur lui l'autorité d'un père, le força à revenir. Des motifs puissants le déterminèrent sans doute à obéir aux ordres de son oncle ; sa jeune épouse (*) était sur le point de devenir mère pour la seconde fois. Pouvait-il l'abandonner dans un pareil moment, où l'emmènerait-il chercher une hospitalité douteuse sur une terre étrangère ? D'un autre côte, puisque la Corse ne pouvait être indépendante, ne valait-il pas mieux qu'elle fut soumise à une grande puissance, qui la réunirait à ses autres provinces, que d'être à la merci d'une petite république de marchands, qui ne savaient ni se faire aimer, ni se faire craindre ? Ces considérations déterminèrent Charles-Marie Bonaparte à tourner ses regards vers la Corse : il revint donc à Ajaccio, où les siens l'attendaient avec impatience.

L'autorité française, sachant le crédit politique dont il jouissait dans l'île, lui fit offre des emplois les plus honorables et les plus lucratifs. Charles Bonaparte refusa, et rentra dans la vie privée ; il y consacra ses jours à l'étude et à l'administration de ses propriétés. Mais une circonstance, qui intéressait son pays, vint bientôt l'arracher à ses paisibles travaux,

En 1777, les deux généraux français qui administraient la Corse eurent entr'eux quelques différends, qui bientôt dégénérèrent en une scission prononcée. Leurs divisions firent naître dans l'île deux partis : celui de M. de

---

(*) En 1767, Charles-Marie Bonaparte, âgé de 21 ans, avait épousé Maria-Letizia Ramolino, dont nous parlerons ci-après.

Marbœuf, doux, populaire, et celui de M. Narbonne-Pelet, haut et violent. Charles Bonaparte fut chargé, à ce sujet, d'une mission, par la noblesse de Corse, près la cour de France. La députation corse, conduite par Charles Bonaparte, fut présentée à Versailles. Il fut consulté, et la chaleur de ses témoignages fit obtenir justice à M. de Marbœuf. Le neveu de ce dernier, archevêque de Lyon, en fit des remercîments à Charles Bonaparte, et quand, plus tard, celui-ci conduisit Napoléon à l'École militaire de Brienne, l'archevêque le recommanda spécialement aux directeurs et à de nombreux amis.

Plusieurs fois membre des Etats intérimaires de la Corse, Charles-Marie fut, en 1774, conseiller du roi de France, et assesseur de la ville et province d'Ajaccio ; enfin, en 1781, membre du conseil des *Douze Nobles.* Depuis longtemps sa santé était languissante : il crut qu'il trouverait du soulagement à Montpellier ; il s'y rendit, et y mourut le 24 février 1785. Il y fut enterré dans un des couvents[42] de cette ville. Plusieurs années après, Louis Bonaparte, à l'insu de Napoléon, fit exhumer le corps de son père pour le transporter à Saint-Leu, où il lui consacra un monument[44]. A la mort de Charles Bonaparte, l'archidiacre Lucien, comme nous l'avons vu n° 58, servit de père à tous ses enfants. Ses soins et ses économies rétablirent un peu les affaires de la famille que Charles avait fort dérangées soit par suite des luttes de la Corse, soit par le luxe et les dépenses que nécessitèrent les hautes missions dont il fut honoré. Il possédait, au degré le plus élevé, la dignité du courage civil, la pénétration dans les affaires politiques, la haute considération qui s'attache au mérite personnel. Son éloquence naturelle, ses intentions droites et pures l'eussent mis dans le premier rang des orateurs de l'Assemblée nationale (*). Il mourut avec des sentiments de piété, et entouré des secours de la religion.

61. Maria-Letizia BONAPARTE,

Mère de l'Empereur.

Maria-Letizia Ramolino, née le 4 août 1750, descendait, par son père, des comtes de Collato, génois d'origine, qui comptaient plusieurs doges dans leur parenté. Sa mère, mariée en secondes noces avec François Fesch, premier lieutenant du régiment suisse de Bonard, au service de France, en avait eu deux enfants : Catherine, décédée fort jeune, et Joseph Fesch, né le 3 janvier 1763. Celui-ci, ayant embrassé l'état ecclésiastique, fut fait cardinal, puis nommé à l'archevêché de Lyon. Le cardinal Fesch était donc le frère utérin de Mme Letizia, et l'oncle maternel de Napoléon.

Devenue l'épouse de Charles-Marie Bonaparte, Letizia, en partageant son amour, partagea aussi ses convictions politiques et son ardeur à défendre les libertés nationales. Aux charmes d'une rare beauté, elle joignait une âme forte et un caractère virilement trempé. Ce fut dans la lutte suprême qu'une poignée de montagnards soutenaient contre la France qu'apparurent dans tout leur éclat son courage et son dévouement pour sa patrie. On la vit, déjà grosse depuis plusieurs mois du héros qu'elle portait dans ses flancs, partager les périls de son époux

---

(*) Émile Bégin, *Histoire de Napoléon*.

à travers les gorges, les monts et les forêts, soutenant par sa présence les derniers efforts de ses malheureux concitoyens, et les engageant à sauver les jours de Paoli, leur immortel général [45].

Cependant, le 15 août 1769, Mme Letizia, déjà mère d'un fils, s'était rendue à la cathédrale d'Ajaccio pour assister à l'office divin et offrir ses hommages à la Reine du Ciel le jour de son Assomption. Aux premiers chants du prêtre, les douleurs de l'enfantement la saisissent. La souffrance devenant de plus en plus aiguë, elle se voit contrainte de sortir et de regagner en toute hâte sa demeure, dont elle ne peut atteindre la chambre à coucher. Ce fut au salon, sur un canapé, qu'elle mit au jour son second fils; Mammucia, vieille et fidèle servante, depuis longtemps attachée à la famille, reçoit l'enfant dans ses bras, et, triomphante, le présente à sa mère, augurant bien pour l'avenir du nouveau-né de ce que résolument il suçait son pouce. Quelques semaines après, la mère de Napoléon s'empressa de retourner au temple remercier la Vierge de son heureuse délivrance. Dans les effusions de sa pieuse gratitude, elle offrit au Seigneur sa famille entière, et promit d'appeler *Marie* chacune des filles qu'il plairait à la Providence de lui donner. Par autorisation de l'archidiacre Lucien Bonaparte, l'enfant fut ondoyé dans la maison paternelle, et la cérémonie baptismale, remise à l'époque du retour de Charles Bonaparte, eut lieu le 21 juillet 1771 [46].

Charles Bonaparte, en mourant, laissa son épouse chargée de huit enfants et dans une position de fortune des plus critiques. Son insouciante prodigalité, sa persistance à mener, en contractant des dettes, l'existence inoccupée des gentilshommes d'alors, les pertes qu'il

avait essuyées et les procès qu'il avait dû soutenir, avaient
singulièrement compromis l'avenir des siens. Au milieu
de cet état de gêne, Madame Letizia fit preuve d'une énergie
et d'une capacité dignes de tout éloge. Aidée de la protection bienveillante du comte de Marbœuf, gouverneur de
la Corse, elle obtint de faire entrer aux frais de l'État son
fils Napoléon à l'école de Brienne, et Marie-Anne-Élisa,
sa fille aînée, à l'école de Saint-Cyr, ce qui allégea les
charges qui pesaient sur la famille, et permit à Madame
Bonaparte d'espérer de meilleurs jours.

Mais huit ans après la mort de Charles Bonaparte,
Paoli, que la République française avait comblé d'honneurs, livra, en 1793, la Corse aux Anglais. Les principales familles de l'île, entraînées par l'espérance ou par
la peur, suivirent l'exemple que leur donnait leur ancien
général, et abandonnèrent la France, qui devait être
pour eux la patrie adoptive. Les Bonaparte et quelques
autres familles demeurèrent fidèles à leur serment, et se
mirent à la tête du parti français. Demeurée seule, avec
sa famille, environnée d'ennemis, Madame Letizia ne se
montra jamais au-dessous des circonstances, et déploya
partout l'énergie d'une femme de Sparte : elle contenait
les mutins, encourageait les faibles, soutenait les forts,
parcourait les rues d'Ajaccio, où sa présence produisait le
plus grand effet. Un jour elle apprend que les partisans
de Paoli marchent sur la municipalité pour en arracher le
drapeau de la France. Aussitôt, quittant sa demeure,
suivie d'amis dévoués, elle arrive sur la place, harangue
le peuple, et fait respecter les couleurs françaises, sur
lesquelles personne n'ose mettre la main.

Mais cette position isolée ne pouvait pas être gardée longtemps par Madame Bonaparte. Paoli ayant réussi à soulever

toute la Corse, avait formé le projet d'enlever la famille
Bonaparte et de la conduire prisonnière à Calvi. Avertie à
temps par une troupe de fidèles montagnards, Madame
Letizia quitte au milieu de la nuit sa demeure, et se met en
route, avec ses enfants, escortée de ses intrépides compagnons, à travers champs et forêts. Au point du jour, on
arrive au sommet d'une colline d'où l'on découvre la ville
d'Ajaccio. Du sein de la cité, s'élevaient dans les airs des
tourbillons de flammes et de fumée : « Voilà votre maison
qui brûle, Signora, s'écrie tout ému l'un des chefs de la
bande. — Eh! qu'importe, répond-elle sans émotion ; vive
la France! » Ainsi, la ruine de ses propriétés, l'incendie
de ses maisons, la proscription et l'exil furent le prix
d'un si noble dévouement. Madame Bonaparte fut réduite
à errer quelque temps sur la côte, se dérobant le jour à
la poursuite des partisans de l'Angleterre, et la nuit atten=
dant un vaisseau qui put la transporter en France. Elle y
réussit enfin, et, après avoir débarqué à Calvi, elle se
rendit à Marseille, emmenant avec elle l'abbé Fesch et
deux de ses filles. Ils vécurent là, pendant plusieurs
années, dans un état voisin de l'indigence [47].

Les succès de Napoléon changèrent bientôt la situation
de sa famille, et lorsqu'il devint premier Consul, en 1799,
sa mère et tous les siens se réunirent à Paris. Madame
Bonaparte continua à y mener une vie simple, qu'elle ne
changea pas même quand son fils fut parvenu à l'Empire.
On lui faisait des reproches sur sa parcimonie : « Qui
sait, répondit-elle, si je ne serai pas un jour obligée de
donner du pain à tous ces rois? » Dans le temps où, à
l'exception d'un seul, ses fils étaient sur le trône, elle ne
se lassait pas de solliciter le plus puissant de tous en
faveur de Lucien. « Vous l'aimez plus que tous vos autres

enfants, lui dit un jour Napoléon, avec quelque impatience? — *Celui de mes enfants que j'aime le plus,*
répondit-elle, *c'est toujours le plus malheureux.* »

Napoléon, devenu empereur, voulut que sa mère eût
sa maison, sa liste civile, et qu'elle portât le titre de
Madame-Mère. Il la nomma présidente et protectrice des
établissements de bienfaisance et de maternité, et l'on
sait combien Madame-Mère se fit bénir des malheureux
par sa tendre sollicitude et sa charité inépuisable envers
toutes les misères et toutes les infortunes.

Mais après tant de jours de gloire, les jours de revers
devaient arriver. Napoléon ayant abdiqué en 1814, Madame-Mère se réfugia dans les Etats du Pape, où elle fut
traitée par le vénérable Pie VII avec tous les égards dus à
son rang, à ses vertus et à ses malheurs. En lui faisant
un accueil tel que l'avaient déjà reçu de lui plusieurs
personnages détrônés, Pie VII a prouvé qu'il était véritablement vicaire de celui qui a dit : « Venez à moi, vous
tous qui êtes fatigués et qui êtes chargés, et je vous soulagerai. » En 1815, Madame-Mère aida autant qu'elle put
Napoléon à sortir de l'île d'Elbe; après le désastre de
Waterloo, elle se fût volontiers dépouillée de tous ses
biens pour secourir l'Empereur, et « se serait même
condamnée au pain noir sans murmurer, » disait Napoléon
à Sainte-Hélène.

A Rome, Madame Letizia mena une vie très-retirée,
employant sa fortune et ses loisirs à des œuvres de
charité. Elle admettait rarement des étrangers dans sa
société; son frère, le cardinal Fesch, était le seul dont
elle recevait chaque jour la visite. Elle soutint constamment sa haute infortune avec une dignité qui a touché
jusqu'aux ennemis de sa famille. Elle mourut en 1837,

au milieu de l'estime de tous, dans le palais qu'elle occupait à Rome, et qu'elle tenait avec une munificence digne de son rang. Par son testament fait en 1829, elle instituait Napoléon II, *duc de Reichstadt*, son héritier universel, laissait cinq cent mille francs à chacun de ses enfants, et pareille somme au cardinal Fesch ; elle léguait aussi de nombreuses pensions à tous ceux qui l'avaient servie ; et consacrait une somme considérable au soulagement des pauvres de la Corse [48].

Madame Bonaparte eut treize enfants, dont huit seulement ont survécu ; ce sont :

1° Joseph-Napoléon Bonaparte, né à Corte, le 7 janvier 1768 ;

2° Napoléon, né à Ajaccio, le 15 août 1769 ;

3° Lucien Bonaparte, né dans la même ville, en 1775 ;

4° Marie-Anne-Elisa Bonaparte, née dans la même ville, le 8 janvier 1776 ;

5° Louis-Napoléon Bonaparte, né dans la même ville, le 2 septembre 1778 ;

6° Marie-Pauline Bonaparte, née dans la même ville, le 20 octobre 1780 ;

7° Marie-Annonciade-Caroline Bonaparte, née dans la même ville, le 25 mars 1782 ;

8° Jérôme-Napoléon Bonaparte, né dans la même ville, le 5 novembre 1784.

62. Joseph FESCH,

ONCLE DE L'EMPEREUR, CARDINAL-ARCHEVÊQUE DE LYON, GRAND-AUMONIER DE L'EMPIRE.

Joseph Fesch naquit à Ajaccio, dans l'île de Corse, le 3 janvier 1763. Il eut pour père François Fesch [49], capitaine dans un régiment suisse au service de la république de Gênes, et pour mère dame Angèle-Marie Pietra-Santa, veuve en premières noces, de feu Ramolino, dont elle n'avait eu qu'une fille, la célèbre Letizia, mère de l'Empereur. La vertueuse mère de Joseph Fesch sut lui inspirer dès l'enfance des sentiments de foi et de piété profonde : son père se chargea de sa première instruction et l'initia aux études élémentaires. Plus tard, le jeune Fesch, placé dans le pensionnat dirigé par le père Michel-Ange Cunio d'Ornano, ancien jésuite, s'y distingua par son application au travail, ses sentiments religieux et les rapides progrès qu'il fit dans les lettres. Désigné, à cause de sa bonne conduite et de ses succès pour avoir une bourse au petit séminaire d'Aix, il alla terminer ses études dans cette maison, où il eut pour condisciple le jeune Xavier d'Isoard, — depuis archevêque d'Auch, — avec lequel il se lia de la plus étroite amitié.

De sa paisible solitude, le séminariste d'Aix entretenait une correspondance suivie avec ses neveux Joseph et Napoléon : le premier était alors au collège d'Autun, et le second à l'école de Brienne. Lorsque celui-ci dut faire sa première communion, il lui écrivit pour lui signaler la grandeur et l'importance de l'acte qu'il allait consommer. Napoléon en fut vivement touché, et répondit à son oncle par une lettre des mieux raisonnées sous le rapport de la foi et de la piété. Après trois ans de séjour au petit séminaire d'Aix, Joseph passa au grand séminaire de cette ville. Il avait, à cette époque, près de vingt ans. Il ne songea plus, dans ce noviciat du sacerdoce, qu'à se rendre digne d'une si sainte vocation, et se livra avec assiduité à l'étude de l'Ecriture-Sainte, de la théologie et des Pères. Puis, lorsqu'il eut terminé son cours de théologie, il retourna en Corse, et reçut les saints ordres des mains de son évêque.

Peu de temps après, il eut la douleur de perdre son protecteur, l'archidiacre Lucien Bonaparte, vieillard vénérable, qu'il assista dans ses derniers moments, et auquel il succéda en qualité d'archidiacre d'Ajaccio. Lorsque la Révolution éclata, Fesch se retira à la campagne, auprès de sa sœur, Madame Letizia Bonaparte. Là, il ne changea rien à ses pratiques et à ses habitudes religieuses; il célébrait la Messe tous les jours et continuait à porter l'habit ecclésiastique. Plus tard, la persécution contre le sacerdoce étant devenue plus cruelle, Fesch fut obligé de se réfugier à l'armée d'Italie, dont Napoléon, son neveu, venait de recevoir le commandement ; il y fut nommé commissaire des guerres. Ces fonctions étaient, sans doute, peu compatibles avec celles de son ministère ; mais il sut rendre utile la position que les malheurs des temps le forçaient à prendre auprès du jeune général, et l'on doit, en grande partie, attribuer à son influence et à ses conseils la modération du vainqueur et le respect qu'il montra pour la religion pendant la campagne d'Italie [50]. Après le traité de Campo-Formio, Fesch se rendit à Lyon, où l'appelait son emploi de commissaire des guerres : il était loin de prévoir alors que dans peu d'années il deviendrait le premier pasteur de cette antique métropole.

Cependant, le premier Consul, vainqueur à Marengo, avait compris que, pour consolider l'ordre en France, il était urgent d'y restaurer le culte et les autels de la religion catholique. A cette nouvelle, le cœur de l'abbé Fesch avait tressailli. « Quand me sera-t-il donné, se disait-il souvent, de reprendre mes livrées ! Non, je le sens, ma

place n'est point dans les camps ; j'ai un autre ministère
à remplir!... » Et ces pensées n'étaient point vagues et
fugitives dans son âme; il aimait à s'en nourrir, et appelait de tous ses vœux le jour où il pourrait les réaliser.
Mais auparavant, il avait des préalables à remplir ; il
sentait le besoin de faire un retour sur lui-même. Il alla
donc s'ensevelir un mois dans une retraite absolue, où il
se livra à la méditation et à la prière, sous la direction du
savant et pieux abbé Emery, qui devint dès-lors son
confesseur et son ami. Rendu aux fonctions sacerdotales,
Fesch ne prit pas une part directe à la conclusion du
Concordat; mais il exerça l'influence la plus heureuse
sur l'esprit du premier Consul, et l'aida à surmonter les
nombreuses difficultés que ne cessaient d'opposer les
hommes dont Bonaparte était entouré.

L'archevêché de Lyon était vacant par la mort de
Monseigneur de Marbœuf : le premier Consul désigna son
oncle pour occuper ce siége éminent ; la modestie de
l'abbé Fesch s'effraya d'une si haute dignité, et, malgré
les instances de sa famille, il refusa d'accepter un poste
dont il se croyait indigne. Après un délai de quelques
mois, l'abbé Emery intervint, et, par ses conseils, le
décida à donner son consentement. L'abbé Fesch fut
sacré à Paris, le 15 août 1802, par Monseigneur Caprara,
cardinal-légat du Saint-Père, et le 2 janvier 1803, il prit
possession de son siége. Peu de temps après, l'archevêque de Lyon, élevé au cardinalat, reçut la barrette des
mains du premier Consul, le 27 mars 1803. De retour à
Lyon, il porta ses premiers soins sur l'éducation cléri-
cale, en établissant les séminaires dont il avait besoin
pour le recrutement de la milice sacrée. Le modèle qu'il
s'était proposé au moment solennel de son sacre était

saint Charles Borromée, archevêque de Milan ; aussi
s'efforça-t-il de l'imiter par sa charité et son dévouement
à ses ouailles ; la haute influence dont il jouissait auprès
du premier Consul, son neveu, lui faisait obtenir facilement tout ce qui pouvait être utile à la religion et au bien
spirituel de ses diocésains. Sa sollicitude et son zèle ne
se bornèrent pas à l'Eglise de Lyon ; il s'efforça d'attirer
sur toute la France catholique les bienfaits d'un gouvernement réparateur. En avril 1803, Bonaparte le nomma
ministre plénipotentiaire près du Saint-Siège ; le vicomte
de Châteaubriand fut choisi pour son secrétaire de léga-
tion. Mais quelques démêlés s'étant élevés entre le
ministre et le secrétaire, celui-ci fut envoyé comme
chargé d'affaires près la république du Valais. En 1804,
le cardinal fut appelé à faire partie du Sénat conservateur. Ce fut à cette époque qu'il obtint du gouvernement
l'autorisation d'établir, à Lyon, les Frères de la doctrine
chrétienne, ces pieux et modestes instituteurs des enfants
du peuple.

A cette époque, la France, lasse du régime républicain,
venait de voter l'Empire par le suffrage libre des citoyens,
et le cardinal Fesch, dans son ambassade à Rome, avait
obtenu de Pie VII de venir sacrer, à Paris, le nouvel
Empereur. Le voyage du Pape en France fut un véritable
triomphe pour la foi catholique : le cardinal accompagna
partout le Souverain-Pontife, et assista au couronnement
de Napoléon. En 1805, il fut créé Grand-Aumônier de
l'Empire, grand-cordon de la Légion-d'Honneur, et reçut,
en outre, du roi d'Espagne le collier de la Toison-d'Or.
Lorsque Pie VII eut quitté la France et fut rentré dans sa
capitale, le cardinal reprit ses fonctions de ministre plénipotentiaire auprès de la cour de Rome ; il fut chargé

alors de plusieurs négociations délicates au sujet des
affaires de l'Eglise d'Italie et des rapports du gouvernement français avec le Saint-Siége. Sa sévérité de principes
le rendit bientôt suspect à l'Empereur, à cause de ses
sympathies secrètes pour la cause du chef de l'Eglise, et,
après la paix de Presbourg, il fut rappelé en France.

Heureux de revoir enfin son cher diocèse, le cardinal
Fesch lui consacra tous ses travaux et tous ses instants.
Il confia la direction de son séminaire aux Pères de la
Foi, mit à la tête des Missionnaires de France l'abbé
Rauzan, obtint un décret impérial qui autorisait et reconnaissait l'Institut des Frères de la doctrine, qui jusque-là
n'avait été que toléré, et prit une grande part à la publication du *Catéchisme de l'Empire*, qui établissait l'unité
d'enseignement dans tous les diocèses de la France.

Sur ces entrefaites, de regrettables démêlés s'élevèrent
entre le Souverain-Pontife et l'Empereur des Français.
Napoléon, vainqueur à la mémorable journée de Wagram,
croyait que le temps était venu où l'Europe ne devait plus
avoir qu'un seul maître. Le Pape était presque le seul
prince du continent qui n'entrait pas dans ses vues et
refusait de fermer aux Anglais les ports d'Ancône et
de Civita-Vecchia. Cette résistance irrita l'Empereur ; il
jura de s'emparer de Rome et d'y établir sa puissance.
Le cardinal Fesch, qui avait conservé son indépendance et son caractère, même vis-à-vis de son neveu,
ne lui cacha pas ce qu'il y avait d'imprudent et de
téméraire dans la conduite qu'il tenait envers le Saint-
Siége. Mais que pouvaient les conseils de la sagesse sur
l'esprit d'un potentat devant lequel tout s'inclinait? Napoléon n'écouta personne; il suivit obstinément la pensée
qui dominait son esprit. Ses troupes reçurent l'ordre

d'entrer dans la ville de Rome ; un décret daté du palais de Schœnbrunn abolit les Etats pontificaux et les réunit à l'Empire français. Bientôt, dans la nuit du 5 au 6 juillet 1809, le général Radet envahit le Quirinal, se saisit du Pape, qui est conduit d'abord à Grenoble, puis à Savone, où il fut détenu. Dans une circonstance aussi critique, le cardinal Fesch, sans oublier ce qu'il devait à l'Empereur, son neveu, ne dissimula pas la douleur que lui causaient les rigueurs exercées contre le chef de l'Eglise, et s'efforça par tous les moyens en son pouvoir d'adoucir sa pénible position.

Le cardinal du Belloy, archevêque de Paris, étant mort en juin 1808, Napoléon nomma son oncle à ce siége, en 1809 ; mais le cardinal Fesch refusa constamment de prendre en main l'administration de ce diocèse, et ne voulut même pas aller habiter le palais archiépiscopal. Irrité de cette résistance, l'Empereur lui en demande la raison. « J'attends, répond l'éminent prélat, que le Pape m'ait donné l'institution canonique. — Je saurai bien vous y forcer, reprend avec vivacité Napoléon. — Sire, *potius mori*, réplique tout ému le cardinal. » Napoléon, dit la chronique, jouant sur ces mots, *potius mori*, aurait terminé la discussion en ces termes : « Plutôt Maury !... Eh bien ! vous l'aurez Maury (*). » Alors, il nomma archevêque de Paris le cardinal Maury, qui, plus complaisant et moins scrupuleux, accepta et consentit à administrer quoique le Pape eut déclaré formellement qu'il ne lui expédierait pas ses bulles.

(*) *Le Cardinal Fesch*, par Mgr Lyonnet, évêque de St-Flour; Lyon, 1841.

En 1811, l'Empereur crut à propos de convoquer un concile à Paris, et chargea son oncle de présider cette vénérable assemblée. Dans cette difficile mission, le cardinal Fesch fit preuve de la même fidélité à ses devoirs et montra le même désir de concilier et de rapprocher les esprits. Mais ses efforts n'aboutirent à aucun résultat. Le concile fut dissout sans qu'on y eut rien terminé. Napoléon, courroucé de la résistance de l'Episcopat, ne garda plus dès-lors aucun ménagement : il commença par supprimer la congrégation de St-Sulpice, dont les enseignements lui paraissaient trop favorables au Saint-Siége, puis la maison de St-Lazare, celle des Missions de France et toutes les autres qui s'étaient formées sous le patronage du Grand-Aumônier, dans les différents diocèses ; il fit aussi fermer les petits séminaires, et ordonna que les élèves de ces établissements suivissent les cours des lycées de l'Empire. Le cardinal, justement alarmé des dangers qui menaçaient l'Eglise de France, se rend aux Tuileries, où depuis longtemps il n'avait pas paru, et ose interpeller vivement l'Empereur sur la persécution qu'il faisait subir au catholicisme. Napoléon, qui n'aimait pas à rendre compte de ses actes, lui imposa silence, en lui intimant l'ordre de retourner dans son diocèse : il alla encore plus loin, car il lui retira la grande Aumônerie, qu'il confia à M. de Pradt, archevêque de Malines.

Revenu dans son diocèse, au soin duquel il consacra toute sa sollicitude, l'archevêque de Lyon fut tracassé de nouveau au sujet d'une lettre qu'il avait écrite au Souverain-Pontife, pour lui témoigner l'intérêt qu'il prenait à ses malheurs. Du fond de la Russie, l'Empereur chargea le ministre des cultes, Bigot de Préameneu, d'en faire des reproches au cardinal, et de le menacer même d'une prison d'État, s'il n'était pas plus circonspect à l'avenir. Mais l'inébranlable et courageux prélat lui répondit : « Dites à mon neveu qu'il me serait doux de partager le sort de tant d'illustres confesseurs. » Cette noble réponse lui valut la supression d'une rente de trois cent mille francs, qu'il recevait en qualité de coadjuteur du prince-primat, archevêque de Ratisbonne. Le prélat se soumit avec [51] générosité à ce nouveau sacrifice et se livra tout entier à l'administration de son vaste diocèse jusqu'en 1814. A cette époque, les événements politiques l'ayant obligé de quitter la France, il se retira à Rome. Pendant les Cent-Jours, il revint à Lyon, et fut nommé ambassadeur près le Saint-Siége, mais la bataille de Waterloo changea de nouveau sa position, et après avoir espéré deux fois, sous Louis XVIII et sous Louis-Philippe, qu'il lui serait permis de résider dans son diocèse, il dut se conformer aux exigences de la politique et continuer à demeurer dans la capitale du monde chrétien. Là, sa vie fut ce qu'elle avait toujours été en France, celle d'un prélat vertueux et fidèlement attaché aux devoirs de son état. Sa grande fortune lui permit de conserver un train de maison en rapport avec la haute position qu'il avait occupée, et de répandre autour de lui de nombreux bienfaits. Ses anciens dissentiments avec l'Empereur, son neveu, n'avaient pas altéré la vive affection qu'il lui portait ; il lui en donna des marques bien dignes d'un évêque, en envoyant à Ste-Hélène deux prêtres qu'il chargea de lui porter les consolations de la religion.

En 1837, le cardinal perdit Madame Letizia, sa sœur, mère de Napoléon ; il en éprouva un profond chagrin, et, dès-lors les douleurs d'estomac qu'il ressentait depuis

quelque temps, s'accrurent et dégénérèrent en un squire, maladie de laquelle étaient morts Charles Bonaparte et Napoléon. Comme il n'avait pas attendu les derniers moments pour se préparer à la mort, il en vit les approches avec calme et résignation, et expira, le 12 mai 1839, dans les sentiments de la plus vive piété.

Prélat d'une vertu et d'une fermeté à toute épreuve, le cardinal Fesch fut toujours inaltérablement attaché à la cause de l'Eglise. Doué d'une nature forte, puissante et droite, il se distingua par ses idées d'ordre, de justice, d'honneur, par ses sentiments élevés, généreux, délicats. Son coup-d'œil dans les affaires était juste, sa prudence rare dans la manière de les conduire, sa volonté énergique et persévérante, jusqu'à ce qu'il fût arrivé à ses fins. Ne dirait-on pas qu'il y avait dans l'oncle quelque chose du neveu (*) ?

63. Joseph BONAPARTE,

FRÈRE DE L'EMPEREUR, D'ABORD ROI DE NAPLES, PUIS ROI D'ESPAGNE.

Joseph Bonaparte naquit en 1768, à Corte, dans l'île de Corse, et fut l'aîné de sa nombreuse famille. Il reçut les premières leçons de l'enfance sous le toit paternel, avec Napoléon, son frère, et Joseph Fesch, leur oncle maternel, à l'époque où la Corse, soumise par les Français, venait de perdre son indépendance et sa nationalité. Lié d'une étroite amitié avec le célèbre Paoli, le père de Joseph inspira de bonne heure à ses fils un dévoûment

---

(*) *Le Cardinal Fesch*, par Mgr LYONNET, évêque de St-Flour ; Lyon, 1841.

sans bornes au pays natal et l'espoir de lui voir reconquérir bientôt sa liberté. A l'âge de 14 ans, Joseph fut
placé au Collège d'Autun, en Bourgogne, où il fit ses
études avec beaucoup de distinction. Ses goûts naturels
le portaient à l'état militaire ; mais il céda aux dernières
volontés de son père, et retourna, en 1785, dans son
pays natal. En 1792, il était membre de l'administration
que Paoli présidait.

Les Anglais profitant des troubles de la France, s'étaient
rendus maîtres de la Corse. Joseph, ennemi déclaré des
oppresseurs de son pays, se retira à Marseille et s'y maria
le 1er août 1794, avec Marie-Julie Clary, sœur de l'un des
premiers négociants de cette ville, d'une famille esti-
mable et considérée à l'égal de la noblesse. Une des
sœurs de Mlle Clary, destinée au général Duphot, se maria
depuis au général Bernadotte, qui devint prince royal en
1810, puis roi de Suède, le 5 février 1818. L'épouse de
Joseph était simple, modeste et affable ; née pour les
grandeurs, elle ne les recherchait jamais et préférait son
intérieur de famille aux fêtes et aux réunions les plus
brillantes. Elle avait apporté une dot considérable à son
mari : ce fut ce qui permit à Joseph de secourir sa mère
et ses sœurs, qui, à cette époque, et par suite des révolutions de la Corse, étaient réduites à un état voisin de
la misère.

Quelque temps après, Napoléon Bonaparte fut nommé
général en chef des armées d'Italie. Joseph suivit son
frère dans ses campagnes, et après la prise de Milan,
séjourna dans cette ville, où il se fit estimer par son
caractère bon, aimant, spirituel. Passionné pour les
lettres, il cultiva, avec un égal succès, la littérature française et la littérature italienne, tout en remplissant des

fonctions importantes, militaires et politiques, et secon-
dant son frère dans la pacification et l'organisation de
l'Italie. Chargé de porter au Directoire exécutif les
instructions du général en chef, au sujet du traité de
paix à conclure avec le roi de Sardaigne, il refusa
l'ambassade de Turin, que les Directeurs voulaient lui
donner; mais quelque temps après, il fut nommé ministre
plénipotentiaire à Parme, mission temporaire, dans
laquelle il fit preuve de beaucoup d'habileté. En 1797, il
fut envoyé à Rome, comme ambassadeur de la République française. Ses vues libérales et la protestation
qu'il fit avec succès contre la nomination du général
Provera au commandement des troupes romaines, irri-
tèrent contre lui quelques hauts fonctionnaires du Saint-
Siége, qui, soulevant la populace, firent investir le
palais Corsini, qu'il habitait. Joseph se présente coura-
geusement aux assassins, et cherche, mais en vain, à
conjurer l'orage par une contenance ferme et résolue. Le
général Duphot, frappé de plusieurs balles, tombe mort
à ses pieds; l'imminence du péril seul força Joseph à
quitter Rome secrètement et à se retirer à Florence. Le
récit qu'il envoya de cette affaire, détermina le Directoire
à donner ordre à Berthier de marcher sur Rome, et le
15 février suivant, les troupes françaises s'emparèrent
de la ville sainte : la déchéance temporelle du chef de
l'Eglise y fut proclamée; Pie VI, qui, personnellement,
n'avait pas à se reprocher la révolte du peuple romain,
est conduit à Valence, en Dauphiné, et y meurt deux ans
plus tard 53.

Au Conseil des Cinq-Cents, où Joseph fut admis, le 24
janvier de l'an VI, il se fit remarquer par un esprit juste et
un caractère conciliant; il montra cependant une géné-

reuse fermeté, lorsqu'il eut à défendre Napoléon, son frère, alors en Egypte, contre lequel on portait de graves et injustes accusations. Ses brillantes qualités lui avaient fait de la plupart de ses collègues des amis et des partisans ; il sut profiter plus tard de ses nombreuses liaisons, et les fit tourner au succès de la journée du 18 brumaire, qui vit élever Napoléon aux honneurs du Consulat.

Joseph trouvait dans les lettres d'utiles distractions à ses travaux. Chénier, Volney, François de Neufchâteau, Andrieux, de Champagny, Maret, Rœderer, Cabanis, formaient l'âme des réunions littéraires qui se tenaient, ou dans sa charmante maison de la rue du Rocher, ou dans sa campagne de Morfontaine, l'une des plus agréables propriétés des environs de Paris. C'est là qu'il donnait souvent des fêtes auxquelles se rendaient avec empressement les hommes de l'ancien régime et ceux du nouveau, commençant ainsi, par son exemple, la réconciliation des partis que devait bientôt cimenter l'ère glorieuse de l'Empire.

En 1799, Joseph publiait un roman intitulé *Moina* (*). Cette œuvre se recommande par la naïveté du sujet, les grâces du style et la douceur des sentiments. Il composait aussi des poésies qu'il lisait dans un cercle d'intimes, se plaisant à entretenir auprès de lui, malgré les orages politiques, un agréable commerce avec les muses. Cette passion pour l'étude et la littérature portait naturellement Joseph à rester étranger aux affaires de la République. « Pourquoi Joseph, avec les talents qu'il a, est-il donc si

---

(*) Paris, in-18 ; réimprimé en 1814, dans le même format

paresseux? » disait quelquefois le Premier Consul, qualifiant de paresse l'éloignement de son frère, pour le brillant avenir que lui destinait la fortune. Joseph préférait les ombrages de Morfontaine aux lambris dorés des Tuileries ou du Luxembourg ; la paix et le calme des champs souriaient à la simplicité de ses habitudes et de ses inclinations. Aussi, lorsque les membres de la commission chargée d'élaborer la Constitution de l'an VIII, avisèrent aux moyens de donner un successeur au Premier Consul, en cas qu'il vînt à périr dans un combat, quelques-uns refusèrent leurs suffrages à Joseph, objectant sa trop grande modération, son éloignement pour les affaires et le défaut d'énergie de son caractère ; mais d'autres membres, qui le connaissaient mieux, répondirent de ses talents et de sa capacité, ajoutant que jamais il n'avait donné un mauvais conseil à Bonaparte ; que, dans ses missions diplomatiques, il avait toujours fait preuve d'habileté, de prudence et de fermeté..... Heureusement, la nouvelle des victoires du Premier Consul rendit inutile cette discussion que réclamaient une catastrophe possible et le salut de l'Etat.

Cependant l'Autriche reculait depuis longtemps devant les propositions de paix que Bonaparte lui faisait généreusement offrir ; loin de vouloir rien conclure, elle s'obstinait à courir ; mais en vain, la chance des combats. Enfin, lasse de nos succès et de ses revers, elle envoie en France le comte de Cobentzel, chargé de soutenir les conditions du traité. Lunéville est choisi pour la tenue du congrès. Joseph, nommé plénipotentiaire pour défendre les intérêts de la France, se rend dans cette ville, accompagné de son épouse, dont la grâce et l'esprit ne devaient pas être sans influence dans l'œuvre qu'on

désirait accomplir. La tâche était plus difficile qu'à
Léoben, l'Angleterre prétendait s'immiscer dans les conditions du traité. Mais la conduite habile de Joseph
Bonaparte triompha de toutes les résistances. Cobentzel
céda Peschiera, Ancône, Ferrare et Mantoue, et le 26
janvier 1801, la paix fut signée à Lunéville, grâce à la
sagesse de deux plénipotentiaires éclairés.

Au retour de Lunéville, Joseph, revenu à ses habitudes
chéries, continuait d'exercer à Morfontaine la plus affectueuse hospitalité, lorsqu'une naissance qu'il désirait
ardemment, celle de sa fille Zénaïde-Charlotte-Julie, vint
interrompre pour quelque temps les réceptions. Elles n'en
devinrent après que plus nombreuses et plus brillantes,
car c'était dans la famille un événement heureux ; Joseph,
depuis sept années de mariage, étant demeuré sans
postérité.

Sur ces entrefaites, l'Angleterre épouvantée des flottes
et des armements que la France faisait stationner sur les
côtes de la Normandie et dans les ports de l'Ouest, se
résolut à conclure la paix avec la République. Le 18
octobre, après six mois de négociations, on en signa les
préliminaires. En conséquence, les deux puissances
contractantes décidèrent qu'un congrès aurait lieu dans
la ville d'Amiens. La France y fut encore représentée par
Joseph Bonaparte ; l'Angleterre par lord Cornwallis. La
droiture, les manières ouvertes du diplomate anglais
sympathisaient parfaitement avec la probité et la modération de Joseph. Aussi, les conférences ouvertes au mois
de décembre, furent continuées sans interruption jusqu'au
mois de mars, avec une prudence et une sagacité que
rendaient nécessaires les exigences des deux gouvernements. Enfin, le 15 mars 1802, les deux plénipoten-

tiaires signent le traité et s'embrassent cordialement en présence du peuple d'Amiens, qui faisait retentir l'air de ses acclamations. L'aide-de-camp Lauriston, chargé de porter à Londres la ratification du traité, y est accueilli avec enthousiasme ; le peuple détèle les chevaux de sa voiture et le conduit triomphalement à l'hôtel Dowing-Street. Quant à Joseph Bonaparte, à l'habileté duquel la France devait une seconde fois la paix, il se dérobe le plus possible aux justes sentiments de gratitude qu'inspirait sa mission. Arrivé incognito à Paris, il se hâte de retourner à Morfontaine, où bientôt le premier Consul lui envoie le diplôme de sénateur ; deux mois plus tard, l'Ordre de la Légion-d'Honneur ayant été institué, il fut compris dans les premières promotions, avec ses frères Lucien et Louis.

Le 16 mai 1804, un sénatus-consulte déférait la dignité d'Empereur des Français à Bonaparte, premier Consul, et créait six grandes dignités de l'Empire : Joseph fut élevé à celle de Grand-Electeur. Un titre additionnel statuait que la proposition suivante serait soumise à l'acceptation du peuple : « Le peuple veut l'hérédité de la dignité impériale dans la descendance directe, naturelle, légitime et adoptive de Napoléon Bonaparte, et dans la descendance directe, naturelle et légitime de Joseph Bonaparte et de Louis Bonaparte. » Ainsi, Joseph fut appelé à succéder à l'Empereur, en cas que ce dernier mourut sans postérité, et c'est pour cette raison que Joseph, n'ayant laissé que deux filles de son mariage avec Marie-Julie Clary ; le fils de Louis Bonaparte, Louis Napoléon, — aujourd'hui Napoléon III, — hérita naturellement du droit de succession à l'Empire après la mort de Napoléon II, roi de Rome et duc de Reichstadt ; aussi Napoléon III est-il, à bien justes titres, appelé *l'héritier de l'Empereur*.

Cependant, une terrible coalition se formait dans les ténèbres contre l'Empire français : la Russie et l'Autriche, à l'instigation de l'Angleterre, venaient de déclarer la guerre, et le 24 décembre 1805, Napoléon, quittant Saint-Cloud pour se mettre à la tête de la *grande armée*, nommait son frère Joseph président du Sénat et son lieutenant pour les affaires administratives de l'Empire. Dans ce haut rang où la confiance de l'Empereur l'avait élevé, Joseph conserva toujours des formes simples et une grande popularité. Le peu de faste de sa maison mécontenta l'Empereur, qui voulait entourer son trône de tout l'éclat des anciennes cours. Déjà Joseph avait donné à Napoléon un premier sujet de mécontentement. Celui-ci lui ayant offert la couronne d'Italie, Joseph répondit qu'il ne l'accepterait qu'autant que ce pays serait affranchi de la domination française. Cette réponse détermina l'Empereur à se déclarer roi d'Italie.

Avant que les glorieux succès d'Austerlitz fussent connus du midi de l'Europe, la cour de Naples, aveugle dans sa haine, et foulant aux pieds le dernier traité conclu avec la France, avait ouvert ses ports à l'Angleterre. Napoléon s'y attendait : aussitôt, il ordonne au général Gouvion Saint-Cyr de diriger à grandes journées sa division sur le royaume de Naples, où des hostilités sérieuses venaient d'éclater contre nous; puis Joseph Bonaparte est nommé généralissime de l'armée qui, sous la conduite du général Masséna, devait chasser les Bourbons du territoire napolitain. Selon son habitude, Napoléon adresse une proclamation à ses soldats, et la termine par ces mots : « Soldats, mon frère marche à votre tête : il connaît mes projets; il est le dépositaire de mon

autorité ; il a toute ma confiance, environnez-le de toute
la vôtre. » En peu de jours, l'armée française s'empare du
royaume de Naples, et le 6 juin 1806 un décret impérial
déclare Joseph roi des Deux-Siciles. « En créant mon
frère Joseph roi de Naples, disait l'Empereur à Miot,
conseiller d'Etat, je lui fournis une belle occasion d'exercer son esprit et d'opérer le bien. Qu'il gouverne sage-
ment et avec fermeté ; qu'il parcoure ses États et se
montre souvent à la tête des troupes, c'est le moyen de
s'en faire aimer. » Le nouveau roi fit tout, en effet, pour
mériter l'affection de ses nouveaux sujets. D'abord, il
visita chaque province, afin de connaître les dispositions
et les besoins de son peuple : partout, sur son passage,
il fut accueilli avec enthousiasme.

Mais il ne se borna pas à de simples paroles. Pour
cicatriser le plus promptement possible les plaies que la
guerre et une mauvaise administration avaient faites à ses
sujets, il convoqua tous les notables, afin de préparer
avec eux et sous les inspirations de Rœderer et de
Pérignon, les lois et les constitutions que réclamait l'état
présent du royaume. Les principales opérations qui s'en-
suivirent furent la suppression d'une foule de monastères
relâchés dans leurs règles et possédant un nombre considérable de propriétés affranchies de tout impôt ; puis
l'établissement d'une contribution foncière proportion-
nelle pour tous les citoyens, et devant remplacer les
dîmes auxquelles les privilégiés avaient eu jusque-là le
moyen de se soustraire. Il organisa la garde nationale,
donna une meilleure direction à l'instruction publique,
en établissant dans chaque province un ou plusieurs
collèges pour les jeunes gens et un pensionnat pour les
jeunes filles ; il réforma les tribunaux et leur donna une

organisation plus simple et plus avantageuse aux justi-
ciables ; enfin, il supprima la féodalité, en conservant
toutefois les titres honorifiques.

Ce qui fait le plus d'honneur à l'administration de
Joseph, c'est que le bien-être de la nation ne fut acheté ni
par le sang, ni par les larmes, ni par la misère d'une
classe quelconque de ses sujets. Il évita autant qu'il put
les réactions : la sagesse, la modération et l'humanité
présidèrent constamment à tous les actes de son gouvernement. Ainsi, les intendants des provinces reçurent
l'ordre d'employer les moines dépossédés qui auraient du
talent et la volonté de se vouer à l'enseignement de la
jeunesse. Beaucoup d'entr'eux furent admis aux fonctions de curés dont il augmenta le nombre dans les
paroisses de campagne qui en étaient privées : les plus
invalides, qui avaient vieilli dans les cloîtres, furent
réunis dans de vastes retraites, où ils vécurent en
commun avec d'autres ecclésiastiques séculiers, auxquels l'âge et les infirmités ne permettaient plus d'exercer
le saint ministère. Quelques-uns des plus jeunes furent
nommés conservateurs des bibliothèques publiques ;
d'autres enfin peuplèrent deux grands établissements
formés sur le modèle du Saint-Bernard ; là, ils veillaient
à la sûreté des voyageurs dans des régions désertes,
entrecoupées de rochers et de précipices, et souvent
couvertes de neiges éternelles.

Une grande partie des *lazzaroni*, qui infestaient la
capitale de leur oisiveté et de leur misère, furent employés
à des entreprises d'utilité publique, et éloignés par-là de
toute idée de crime. Plusieurs milliers de ces malheureux furent réunis en corps d'ouvriers : habillés, nourris,
payés, ils contribuèrent à embellir Naples par leurs tra-

vaux ; de sorte que cette partie de la population, que l'on croyait incorrigible, devint active et industrieuse. Les délits particuliers cessèrent, dès qu'une administration paternelle s'occupa des malheureux et sut, en les tirant de la dégradation, les ennoblir par le travail.

Joseph se montra le protecteur éclairé des arts et des sciences : par ses ordres, des fouilles furent faites aux ruines de Pompeïa. Il institua un corps de savants, sous le nom d'*Académie royale,* divisé en quatre classes. Les Conservatoires de musique furent aussi libéralement encouragés, en même temps qu'il abolit un usage inhumain (*), que le goût de cet art ne saurait excuser. L'Académie de peinture compta bientôt douze cents élèves. Le culte qu'il avait voué dès sa jeunesse à la poésie et aux lettres, le porta à visiter la maison où le Tasse était né [54], à Sorrento ; et comme la route qui conduit à cette ville, à travers les monts et les précipices, n'était praticable qu'aux cavaliers et aux piétons, il en fit tracer une nouvelle, qui fut accessible aux voitures, du pied des montagnes jusqu'à Sorrento. Puis il ordonna de réunir dans l'enceinte qui avait vu naître le célèbre poëte toutes les éditions de ses œuvres immortelles, et voulut que le dépôt en fût confié à la garde de son descendant le plus direct, auquel il alloua un traitement annuel. Enfin, dans l'espace de moins de deux années, il acheva de chasser les Anglais du royaume, réorganisa toute l'administration, et donna un grand essor au commerce, aux routes et à tous les travaux d'utilité publique.

(*) Les *Castrati.*

Mais le manque d'argent, la nécessité de maintenir les impôts, des taxes et des réquisitions militaires levées dans les provinces, courroucèrent certaines classes d'habitants jusque-là privilégiés ; de sorte que trois mois ne s'étaient point écoulés depuis l'intronisation de Joseph, que des murmures éclatèrent de tous côtés contre lui. Bientôt même, à l'instigation de l'Angleterre et de la reine Caroline, épouse de l'ancien roi, une insurrection générale s'organisa, et les insurgés, soutenus par une armée anglo-sicilienne sous la conduite du général anglais Stuart, se flattaient de renverser le gouvernement napoléonien et de restaurer le trône de Ferdinand. Masséna et Régnier, malgré l'infériorité du nombre et les maladies qui souvent décimaient leurs soldats, finirent par triompher des Anglais et de l'insurrection. Ainsi, à force de persévérance et d'activité, Joseph rendait invulnérable son autorité, et affermissait entre ses mains le sceptre du royaume de Naples.

Pour parer à l'énorme déficit qu'offrait le trésor par suite du *blocus continental* [55], Joseph crut devoir négocier un emprunt. Il chargea donc Stanislas Girardin, son grand-écuyer, de cette mission, que rendait fort difficile la pénurie d'argent dont se ressentaient la plupart des États de l'Europe. L'envoyé napolitain se rend directement en Hollande, où il parvint à contracter l'emprunt désiré, grâce à l'estime et à la confiance dont jouissait le roi Louis Bonaparte dans ses États.

Une fois l'équilibre rétabli dans les finances, le roi Joseph, pour gagner l'affection de ses sujets et connaître leurs besoins, se mit à parcourir de nouveau les provinces de son royaume. Voyageant à petites journées, il s'infor-

mait partout des ressources du territoire, des moyens
d'existence qu'en pouvaient tirer les habitants : il admettait à son audience riches et pauvres, et plusieurs fois on
le vit, assis au milieu d'une foule d'humbles montagnards, écouter les plaintes des uns, juger les différends
des autres avec une bonté et une patience vraiment paternelles. Aussi, acquérait-il chaque jour des titres aux
sympathies et à l'estime générale de ses sujets. Malheureusement pour lui, comme pour le peuple napolitain,
son règne et les espérances qu'il faisait concevoir allaient
bientôt cesser.

Les notables d'Espagne et le Conseil de Castille, après
l'abdication des rois Charles IV et Ferdinand VII, venaient
d'accepter pour leur souverain Joseph-Napoléon, roi de
Naples ; et l'Empereur avait ordonné à son frère de se
rendre le plus tôt possible à Bayonne, pour, de là, entrer
de suite dans son nouveau royaume (mai 1808). Joseph
partit donc accompagné de quelques généraux et autres
grands officiers de sa cour. Il atteignit Bayonne le 7 juin,
le lendemain du jour où l'Empereur l'avait proclamé roi
des Espagnes et des Indes. Une junte extraordinaire et
presque tous les grands de Castille l'attendaient au château de Marac ; là, en présence de l'Empereur même, il
fut salué roi d'Espagne et accueilli avec autant d'estime
que de confiance. La junte s'occupa de rédiger un projet
de constitution, et quelques jours après (le 9 juillet),
Joseph partit de Bayonne pour prendre possession de sa
nouvelle couronne. L'Empereur accompagna son frère
jusqu'aux bords de la Bidassoa, où le roi prit ses propres
voitures pour se diriger vers Madrid. Partout, sur sa route,
il fut l'objet des hommages officiels : partout des arcs de
triomphe, des trophées, des guirlandes, mais peu ou point

d'acclamations; partout le caractère espagnol lui dévoila dans tout leur jour son indifférence et sa froideur.

Frappé d'une telle réception, le nouveau monarque ne tarde pas à apprendre que de tous côtés, dans les Asturies, la Galice, les royaumes de Léon, de Valence, dans la Catalogne, etc., l'insurrection marchait à *la guerre sainte*; que déjà beaucoup de Français avaient été pillés et massacrés par la populace, et que l'Angleterre venait de débarquer un corps d'armée pour aider à chasser les Français de l'Espagne. En de si tristes conjonctures, il fallut bien songer à la résistance. Aussi nos généraux ne tardèrent-ils pas à faire avancer leurs troupes contre les insurgés : Bessières, stationné à Burgos, marcha le premier; il fut suivi de Verdier, Lasalle, Frère, Duhesme. Lefebvre-Desnouettes culbute les insurgés à Tudella, et balaye la route de Pampelune à Saragosse; Moncey, parti de Tolède, s'empare de Valence, et revient sur Madrid après avoir pris l'artillerie des Espagnols. Dupont marche sur Cadix, s'empare de Cordoue; mais bientôt forcé d'évacuer cette ville devant l'armée de Castanos, il arrive aux pieds de la Sierra-Morena, sans vivres, et voyant chaque jour ses fourrageurs massacrés et brûlés impitoyablement par les *guerrillas*, il se porte de là sur la route, en arrière d'Andujar, où il reçoit ordre du général Savary, lieutenant de Murat, d'attendre la division Vedel. Cette division arrive : Dupont la renvoie au secours de la place de Baylen, lui enjoignant d'en repousser l'ennemi et de revenir au plus tôt. Vedel, ayant appris en route la mort du brave général Gobert, se porte, loin de Baylen, vers la Caroline. Dupont, courroucé, s'avance lui-même vers Baylen; mais il était trop tard : les Espagnols y avaient pris d'excellentes positions, sous le commandement du général suisse Reding, homme de talents et de résolution. Le 19, dès le matin, nos troupes engagent l'action et se battent avec acharnement. Vers midi, après dix heures de combat, accablées par la chaleur et par le nombre, elles commencent à se décourager, et défendent mal le champ de bataille. Dupont, ne comptant plus sur le retour de Vedel, et croyant sa division incapable de tenir plus longtemps, demande une suspension, et, le 22 juillet, signe une capitulation qui doit faire passer son armée sous les fourches caudines. Le traité portait cependant que les troupes françaises auraient les honneurs de la guerre, et la faculté de rentrer en France avec armes et bagages ; mais les Anglais se refusèrent, contre le droit des nations, à exécuter cet article, et nos malheureux soldats furent entassés sur des pontons, ou jetés dans la petite île de Cabrera.

Le désastre de Baylen accrut l'audace de l'insurrection : l'Aragon se soulève à la voix de don José Palafox. Resserré dans Saragosse, l'intrépide brigadier s'y défend avec une héroïque opiniâtreté.

Cependant Bessières, avec quatorze mille Français culbute quarante mille Espagnols et assure la marche du roi Joseph sur Madrid, où ce prince fait son entrée le 20 juillet au soir : dans les rues, les portes et les fenêtres sont fermées, et la population demeure muette et impassible. Chaque jour quelque illusion s'évanouit ; les grands d'Espagne disparaissent de Madrid ; le Conseil de Castille se refuse à approuver la constitution ; partout la trahison marche tête levée. Dans cet état de choses, le 31 juillet, à cinq heures du matin, Joseph-Napoléon quitte Madrid pour opérer le mouvement de retraite que les circonstances rendent nécessaires. « A votre place, Sire, lui dit

alors un officier-général de sa suite, j'aurais retenu pour
ôtages tous les grands d'Espagne et les membres de la
junte qui m'ont juré fidélité. — A quoi bon ? répliqua le
roi ; il m'eût fallu recourir à la violence, et prendre des
mesures qui répugnent à mes principes de modération.
Une couronne ne vaut pas les sacrifices qu'elle impose :
pour conserver celle d'Espagne, je ne veux point y être
considéré comme un tyran. » Retiré à Valladolid, Joseph y
organise sa résidence et sa cour, en attendant que l'épée
de Napoléon lui assure la possession de sa capitale[56].

Parti le 4 novembre du château de Marac, l'Empereur
arriva le lendemain au quartier-général de Vittoria, où il
eut avec Joseph un entretien très-vif, à la suite duquel le
roi d'Espagne offrit de résilier le pouvoir et de se retirer.
La présence de l'Empereur imprima la plus grande activité aux opérations militaires : les maréchaux Moncey,
Bessières, Soult, Lefebvre, Victor, Ney, sont chargés du
commandement des divisions de l'armée française qui se
monte à trois cent mille hommes. Le 10, Soult culbute
les Espagnols et entre dans Burgos, tandis que le général
Pacthod met en déroute, au pont d'Espinosa, quarante-
cinq mille Anglais et Espagnols commandés par Blake,
et que Moncey et Ney font expier à Castanos son triomphe
de Baylen, en passant sur le ventre à son armée composée de cinquante mille Espagnols. Les succès des
diverses divisions de l'armée française furent si rapides,
que le 2 décembre, anniversaire de la bataille d'Austerlitz, l'Empereur arriva sur les hauteurs d'où l'on découvre
Madrid. Ses vaillantes cohortes brûlaient de marcher en
avant et de forcer la ville ; mais l'Empereur ne voulut pas
y consentir ; après deux sommations, Madrid se rendit, et
le général Belliard en prit le commandement. Napoléon

proclama un pardon général ; il n'exigea des habitants aucune contribution de guerre, et, par un sentiment de convenance, ne voulut point pénétrer en vainqueur dans la capitale du royaume de l'un de ses frères.

Après l'occupation de Madrid, l'armée française se mit à la poursuite des bandes indisciplinées qui sillonnaient l'Estramadure, la Catalogne et autres provinces, pillant, saccageant et incendiant partout où elles passaient. Soult, avec vingt-quatre mille hommes seulement, suivit les traces de l'espagnol La Romana, qui avait fait sa jonction avec les corps anglais commandés par David Baird et John Moore. Les ayant atteints sous les murs de la Corogne, il leur livre un combat sanglant et les taille en pièces ; Baird eut un bras emporté, Moore reçut une blessure mortelle, et les Anglais eurent à peine le temps de fuir et de s'embarquer à la hâte, de sorte qu'on eût dit qu'ils ne s'étaient mis en campagne que pour défier les Français de les atteindre à la course.

Sur ces entrefaites, l'Empereur reçoit du ministre Champagny une lettre qui l'avertit de l'imminence d'hostilités nouvelles sur le Danube. Il nomme aussitôt le roi Joseph généralissime des troupes françaises dans la Péninsule, part de Valladolid le 17 janvier et arrive aux Tuileries le 23, quand tout le monde le croyait au-delà des Pyrénées. La veille, c'est-à-dire le 22 janvier, Joseph-Napoléon était rentré en grande pompe à Madrid. Une foule considérable remplissait les rues que tapissaient des tentures : le soir la ville fut illuminée, les spectacles jouèrent gratis, des danses s'établirent sur les places publiques ; mais il n'y eut aucun enthousiasme, aucune gaîté. Joseph cependant produisit un effet favorable ; il plut. Les mesures qu'il prit furent douces et conciliantes ; on

lui en sut gré. Après quelques mois de séjour dans sa
capitale, il se mit à parcourir la Castille à la tête de ses
armées, remporta plusieurs victoires qui lui ouvrirent les
portes des villes méridionales. D'un autre côté, les succès
des troupes françaises en Catalogne, en Aragon, en Estramadure, la prise de Saragosse, le rassurèrent sur l'avenir
de sa domination. Néanmoins, les guerrillas s'organisaient
incessamment jusqu'aux portes de Madrid, et déconcer-
taient nos meilleurs généraux. Pendant quelque temps
encore, le roi Joseph put se maintenir sur le trône d'Espagne, quoiqu'il eût constamment à combattre et les
peuples qu'il gouvernait, et les armées anglaises qui
venaient constamment à leur secours. Doué du courage
inné dans sa famille, souvent il répara par d'éclatants
succès les échecs que lui attiraient sa modération et sa
trop grande bonté, témoin cette célèbre victoire des
Arapiles qu'il remporta le 4 octobre 1812, et qui le fit
entrer triomphant dans Salamanque. Sans les désastres
de Russie, l'Espagne et le Portugal subissaient les destinées auxquelles Napoléon entendait les réduire. Mais le
roi Joseph, ayant reçu l'ordre de quitter Madrid, de
transporter sa cour à Valladolid, et d'affaiblir son armée
d'une cinquantaine de mille hommes, qui traversèrent les
Pyrénées, les troupes qui lui restaient ne purent résister
à l'armée nationale coalisée avec les Anglais, sous le
commandement de Wellington. Elles furent obligées
d'évacuer, non sans une noble et courageuse résistance,
le territoire espagnol, que la France n'eût jamais dû
envahir.

Joseph-Napoléon rentra en France à la fin de 1813.
L'Empereur, qui se préparait alors à rejoindre son armée
en Champagne, confia à l'Impératrice et à Joseph, sous

le titre de lieutenant-général de l'Empire et de comman-
dant-général de la garde nationale, le gouvernement de
l'État. Joseph fit alors tout ce qu'il pouvait faire pour
justifier la haute confiance dont il était investi. Il mit la
capitale en état de défense, passa plusieurs fois en revue
les troupes de la garnison et de la garde nationale, dont
il stimula le zèle et le patriotisme. Mais lorsque les ennemis furent aux portes de Paris, menaçant de brûler cette
capitale, si elle tardait à se rendre, Joseph, qui ne pouvait
disposer que de bien faibles moyens de résistance, pour
éviter une telle catastrophe, prit le parti de s'éloigner, et
se rendit à Blois, auprès de l'Impératrice, après avoir
remis le commandement-général à Marmont, duc de
Raguse.

Après l'abdication de l'Empereur, Joseph se retira en
Suisse, et y acheta la terre de Prangin, située dans le
canton de Vaud. Il resta là jusqu'au 19 mars 1815, jour
où il apprit l'arrivée de Napoléon à Grenoble. Il partit
alors, avec ses enfants, et arriva à Paris le 22 mars.

La perte de la bataille de Waterloo ayant ramené les
étrangers en France, Joseph se retira en Amérique, dans
l'espoir de se réunir à son frère Napoléon, qu'il avait
laissé à l'île d'Aix, faisant les dispositions de son embarquement pour le Nouveau-Monde. La politique anglaise ne
permit pas que ce dernier exécutât ce projet. Toutefois,
Joseph ne quitta la France qu'après avoir acquis la certitude que l'Empereur en était parti.

Arrivé dans le Jersey, l'une des provinces des États-
Unis d'Amérique, Joseph y fut accueilli par une loi faite
à son occasion, et qui lui permettait d'y jouir de tous les
droits civils, sans l'obliger à devenir citoyen américain
par la renonciation à son titre de citoyen français. Ce

message lui fut adressé avec une bienveillante courtoisie au nom du gouvernement de cet Etat, en 1817. Il se fixa dans les environs de Philadelphie, où, sous le nom de *comte de Survilliers*, il fit l'acquisition d'une propriété considérable, y fonda de grands établissements agricoles, s'occupant principalement de l'économie rurale et de la culture des lettres.

En 1832, il revint en Europe et résida en Angleterre pendant plusieurs années. Une maladie cruelle ayant altéré sa santé au point de nécessiter un climat plus doux, il obtint des cours étrangères de se fixer à Florence, au milieu de sa famille. C'est dans cette ville qu'il est mort, le 28 juillet 1844, avec calme et résignation, entouré des princes Louis et Jérôme, les seuls survivants des frères de l'Empereur.

De son mariage avec Marie-Julie Clary, Joseph a eu deux filles : Zénaïde-Charlotte-Julie Bonaparte, née le 8 juillet 1801, et Charlotte Bonaparte, née le 31 octobre 1802. (Voir les Nos 63 et 64.) Son épouse ne tarda pas à le suivre dans la tombe, car elle mourut à Florence, le 7 avril 1845.

NAPOLÉON BONAPARTE

EMPEREUR DES FRANÇAIS, ROI D'ITALIE, ETC.

I

DEPUIS SON ENFANCE JUSQU'AU 18 BRUMAIRE.

Napoléon Bonaparte naquit à Ajaccio, le 15 août 1769, au moment où Rousseau écrivait dans le *Contrat social* qu'il *avait un secret pressentiment que cette île un jour étonnerait le monde*. L'enfance de Napoléon se passa sans jeux, comme sa jeunesse sans plaisirs, mais non pas sans amitié. Une maturité précoce, fruit de son goût pour la méditation et de son ardeur pour l'étude, annonça de bonne heure l'homme de génie dont l'activité devait s'exercer sur les questions les plus graves, embrasser les intérêts les plus vastes et remuer le monde. Mme Bonaparte, en mère attentive, avait su reconnaître

9

l'entraînement secret de son fils vers les grandes choses ;
mais la fougue de son caractère et l'ascendant qu'il exerçait
sur ses frères et sur ses sœurs l'inquiétait ; aussi s'efforça-
t-elle d'adoucir les aspérités de ce caractère indomptable,
par les leçons d'une piété douce et persuasive , et par
l'habitude journalière des devoirs de la religion.

En 1779 , Charles Bonaparte , son mari , ayant été
nommé député de la noblesse des Etats de Corse , partit
pour Versailles, emmenant avec lui son fils Napoléon, alors
âgé de dix ans, et sa fille Marie-Anne-Elisa. Il devait à la
protection de M. de Marbœuf, gouverneur de la Corse , la
faveur de placer sa fille à Saint-Cyr, et son fils à l'Ecole
militaire de Brienne. Là , le caractère du nouvel élève
devient de plus en plus sérieux et réfléchi ; il repousse
comme des ennemis les frivoles amusements du jeune
âge. La littérature , les arts d'agrément , lui sont étrangers ; il les dédaigne et les néglige. Les sciences exactes,
la géographie et l'histoire seules lui paraissent utiles
pour la carrière qu'il se propose de parcourir ; aussi
absorbent-elles, avec Plutarque , tout son temps et son
application, dans la solitude qu'il recherche pour y étudier les modèles antiques, capables de le former. Il vit
en bonne harmonie avec ses condisciples , et se montre
toujours bon camarade ; on le voit même rester trois
jours entiers en prison plutôt que de désigner à des
punitions méritées ceux de ses condisciples qu'il est
chargé de surveiller en qualité de chef de peloton. Avec
ses maîtres, sa conduite est la même ; il obéit à leurs ordres, mais il ne peut subir les humiliations [57]. La sévérité
de ses mœurs était remarquable ; le jour de sa première
communion le trouva bien préparé ; et, au sortir de
l'église, il écrivit à son oncle , l'abbé Fesch , une lettre

dans laquelle il peignait, avec une pieuse exaltation, les joies ineffables que son jeune cœur venait de ressentir. Plus tard, sans doute, ces pieux sentiments s'altérèrent : au milieu du tumulte des camps et des splendeurs de la vie impériale, il parut les avoir oubliés. Ils ne périrent pas cependant ; le souvenir en resta toujours profondément gravé dans son âme, et se réveilla surtout à ses derniers instants, pour lui adoucir les terribles approches de la mort.

En 1784, Napoléon passa de l'Ecole militaire de Brienne à celle de Paris. Il avait alors quinze ans. Il y soutint des examens brillants [58], qui le firent nommer, en 1785, lieutenant en second au régiment d'artillerie de La Fère, alors en garnison à Grenoble. Sa joie fut grande le jour où, pour la première fois, il ceignit l'épée ; non pas qu'il présageât alors que cette épée dût lui donner l'empire du monde ; mais il savait que c'était par elle, et par elle seulement qu'il devait faire sa fortune, et, à son âge, cela suffisait pour le rendre heureux et fier de la porter.

Le jeune officier, désormais livré à lui-même, comprit que ce qu'il savait était peu de chose auprès de ce qui lui restait à apprendre ; aussi, pendant plusieurs années, se livra-t-il à des études longues et laborieuses. Son régiment était allé tenir garnison à Valence : il s'y rendit au mois d'octobre 1785. Au lieu de mener la vie oisive des officiers, il partagea son temps entre les distractions que lui offrait la société des premières famille de la ville [59] et un travail assidu. Il passait une partie de la journée dans la boutique d'un libraire, qui lui fournissait les livres dont il avait besoin. L'histoire, la philosophie et l'économie politique étaient l'objet de ses études. En 1786, des troubles ayant éclaté à Lyon, son régiment y fut appelé. L'Académie de cette ville venait, sur la proposition de l'abbé Raynal, de mettre au concours la question suivante : *Quels sont les principes et les institutions à inculquer aux hommes pour qu'ils soient le plus heureux possible?* Le jeune Bonaparte traita ce sujet dans un Mémoire remarquable par l'énergie du style, par la fermeté et la profondeur de la pensée : il avait alors à peine dix-huit ans. Cette circonstance le mit en rapport avec l'abbé Raynal, le trop célèbre auteur de l'*Histoire philosophique*. Pendant ses semestres, qu'il venait passer à Paris, il le voyait souvent, et en reçut des encouragements et des éloges. L'esprit du jeune officier fut d'abord imbu des idées de réformes qui prévalaient alors ; et, quand la Révolution éclata, elle le trouva tout disposé à en adopter les principes.

Au mois d'avril 1791, il fut nommé lieutenant en premier au 4ᵉ régiment d'artillerie ; et, le 6 février de l'année suivante, il obtint le grade de capitaine, n'ayant pas encore vingt-trois ans.

Il se trouvait l'année suivante à Paris, et y fut témoin de la révoltante saturnale du 20 juin, journée pendant laquelle la populace des faubourgs, excitée par la Gironde, avilit la royauté en plaçant le bonnet rouge sur la tête de l'infortuné Louis XVI. Bonaparte, voyant défiler ces hordes de misérables qui vociféraient des cris de mort, sentit son cœur se courroucer, et s'écria tout haut : « Comment a-t-on pu laisser entrer cette canaille ! Il fallait en balayer quatre ou cinq cents avec du canon et le reste courrait encore. » Ces paroles n'étaient-elles pas l'expression des instincts anti-révolutionnaires que plus tard lui-même devait manifester ? Le 10 août fut la conséquence terrible de l'insurrection non réprimée du 20 juin. « Cette

dernière catastrophe, dit M. de Bourrienne, jeta dans
l'esprit de Napoléon une étrange lumière. S'il avait été
général à cette époque, il se serait attaché au pouvoir
royal, et peut-être aurait-il fait alors pour la royauté ce
qu'il fit plus tard pour la Convention. » Son ambition,
sans doute, n'allait pas encore à rêver de s'asseoir sur ce
trône d'où la fureur populaire venait de renverser le vertueux Louis; mais il savait ce que peuvent, en temps de
révolution, l'audace, le génie, et surtout le grand art de
profiter des circonstances.

Bonaparte, ayant obtenu un nouveau congé, partit
pour la Corse, emmenant avec lui sa sœur, Marie-Anne-
Elisa, que la suppression des maisons royales forçait de
quitter Saint-Cyr. Il trouva son pays natal divisé par deux
partis, dont l'un tenait pour la France, et l'autre, qui
devait plus tard se rallier à l'Angleterre, affectait de ne
vouloir que l'indépendance de la Corse. Le vieux Paoli
était le chef de cette faction : Bonaparte, dès son
arrivée, se rangea sous le drapeau français; et lorsque
Paoli se fut enfin déclaré ouvertement en faveur de l'Angleterre, le jeune capitaine qui avait résisté à toutes les
instances que le général corse avait faites pour le gagner
à ses idées, se mit à la tête du petit nombre de ses compatriotes restés fidèles à la France, soutint un siége obstiné
dans Bastia, quitta momentanément l'île sous l'habit d'un
matelot, puis s'y fit de nouveau débarquer à la tête d'un
bataillon. Il venait de s'élancer le premier sur le rivage,
lorsqu'une brise força la frégate de gagner le large, et le
sépara ainsi de ses soldats. Mais lui, sans s'effrayer de ce
contre-temps, se retire avec quelques compagnons dans
une tour dont il s'empare, vis-à-vis d'Ajaccio, et s'y défend
pendant trois jours, n'ayant d'autre nourriture que la

chair d'un cheval tué en débarquant. La frégate vint enfin
le reprendre et le sauver d'une perte certaine. Les Corses
du parti contraire le punirent de cette courageuse résistance en pillant ses biens, en dévastant sa maison, qui
fut donnée pour caserne aux premiers soldats anglais
débarqués à Ajaccio. Sa famille fut obligée de fuir et de
quitter la Corse. Il eut alors la douleur de voir dans le
dénûment le plus complet sa mère et ses sœurs retirées
à Marseille par suite de ces événements. Lui-même, en
butte aux persécutions incessantes de ses ennemis, se
décide à abandonner l'île, et vient à Paris demander un
emploi où il puisse déployer cette activité qui le dévore.

C'était l'époque la plus désastreuse de la Terreur : la
Vendée était en feu, Lyon soutenait un siége terrible,
Toulon venait de se livrer aux Anglais. La Convention,
voulant à tout prix reprendre cette ville, avait donné
l'ordre au général Cartaux d'aller en former le siége.
Quatorze mille hommes défendaient les remparts ; des
postes retranchés commandaient les hauteurs voisines, et
l'amiral anglais Hood, avec vingt vaisseaux de ligne croi-
sait à l'entrée du port. Cartaux, aussi présomptueux
qu'inhabile, voulait bombarder pendant trois jours
Toulon, et ses batteries n'atteignaient pas même les
ouvrages les plus avancés. Bonaparte, envoyé à l'armée
de Toulon avec le grade de chef de bataillon, trouva cette
armée dépourvue du matériel et du personnel nécessaires
pour un siége aussi important. En quelques semaines sa
prodigieuse activité créa toutes les ressources qui manquaient, et cent pièces de gros calibre furent réunies.
Malheureusement ses plans les mieux conçus étaient
déjoués par l'orgueilleuse incapacité du général en chef
et de la plupart des commissaires de la Convention, aussi

ignorants que lui dans l'art militaire. Un jour, visitant les
travaux de l'artillerie avec l'un des commissaires, celui-ci
veut faire quelques observations sur la position d'une
batterie : « Mêlez-vous de votre métier de représentant,
lui répond le jeune officier, et laissez-moi faire le mien ;
cette batterie restera là, et je réponds du succès sur ma
tête. »

Cependant, l'impéritie de Cartaux faisait traîner en
longueur le succès de l'entreprise. Sur la demande du
commissaire Gasparin, le médecin Doppet, autre nullité
militaire, vint remplacer Cartaux, et, comme lui, ne fit
que des sottises. Enfin, mieux inspirée, la Convention
nomme au commandement le général Dugommier, l'un des
vétérans de la gloire française. Dès ce moment, commencèrent les véritables travaux du siége ; et Dugommier,
qui jugea promptement, ainsi que Gasparin, toute la
portée du génie militaire du commandant Bonaparte, lui
abandonna complètement la direction. Son plan d'attaque,
il l'avait conçu d'avance : la ville était défendue par le
fort Mulgrave ; là était la clé de Toulon [60]. Ce fort passait
pour imprenable ; n'importe, il le foudroie de son artillerie et s'en empare après un assaut meurtrier : dès-lors,
ainsi qu'il l'avait prévu, la ville ne put plus résister. Les
Anglais se hâtèrent de gagner le large sur leurs vaisseaux,
après avoir incendié treize navires français dans le port.
Sur les dix heures du soir, le même jour, l'armée française entra dans Toulon ; les représentants du peuple,
Barras, Fréron, Ricord, Salicetti et Robespierre jeune,
commissaires de la Convention, y exercèrent les plus
épouvantables représailles. Les ennemis de Bonaparte
essayèrent plus tard de diriger contre lui l'odieux de ces
atrocités ; mais il est aujourd'hui bien reconnu qu'il n'y

prit aucune part; il n'était que soldat, et laissait à
d'autres le rôle de juge. On sait, au contraire, qu'il profita de l'ascendant que lui avait acquis ses services pour
sauver un certain nombre de malheureuses victimes.

La nouvelle de la reprise de Toulon eut d'un bout de
la France à l'autre un glorieux retentissement : là commença la réputation de Bonaparte. Dugommier demanda
pour lui le grade de général de brigade, et eut la générosité de lui attribuer toute la gloire de cette expédition.
« Récompensez et avancez ce jeune homme, écrivait-il à
la Convention ; car, si on était ingrat à son égard, il
s'avancerait tout seul. » Ainsi se trouvaient dépassées les
premières espérances du jeune Bonaparte : au sortir de
l'Ecole, il avait borné son ambition au grade de colonel ;
à vingt-cinq ans il était général, et de plus, avait attiré
sur lui l'attention de la France entière. Peu de temps après
sa nomination au grade de général de brigade, il avait été
envoyé à l'armée d'Italie pour commander l'artillerie sous
les ordres du général en chef Dumerbion, et à l'attaque
de Saorgio avait déjà donné une preuve de sa haute capacité militaire. En quelques semaines, l'armée d'Italie
s'empare d'Oneille, du Col-de-Tende, de soixante pièces
de canon, et fait quatre mille Piémontais prisonniers.
« C'est au talent du général Bonaparte, écrivait aux commissaires le général Dumerbion, que je dois les savantes
combinaisons qui ont assuré notre victoire. » Bonaparte
voulait qu'on profitât de ces avantages pour se précipiter
sur le Piémont. Mais les représentants du peuple, qui
commandaient la campagne, se contentèrent de ce faible
résultat, et retardèrent d'un an la conquête de l'Italie.

Cependant, la violence du mouvement réactionnaire du
9 thermidor, faisant passer successivement les rênes de

l'État en des mains de plus en plus hostiles aux patriotes,
un transfuge de la Montagne, le député Aubry, se trouva
porté à la direction des affaires militaires. Bonaparte avait
trop laissé pressentir sa capacité pour ne pas exciter la
jalousie d'un homme aussi médiocre. Il est rappelé de
l'armée d'Italie, et destiné à celle de l'Ouest; mais, prévoyant les chances défavorables qu'un général, même
victorieux, peut courir dans une telle guerre, il refuse la
mission qui lui est proposée. On lui propose le commandement d'une brigade dans la ligne. Bonaparte persiste encore à repousser le perfide déplacement qu'on veut
lui imposer, et préfère rentrer dans la vie solitaire. Ce fut
alors qu'il adressa au Comité de salut public un Mémoire
dans lequel il demandait à être envoyé en Turquie avec
quelques officiers, pour y donner une nouvelle organisation aux troupes de l'empire ottoman. Ce projet resta sans
réponse, et les événements de vendémiaire vinrent lui
présenter de plus solides espérances. Les thermidoriens,
effrayés de la marche rapide de la contre-révolution dont
ils avaient eux-mêmes donné le signal, s'étaient empressés
de revenir sur leurs pas, en ordonnant le réarmement des
patriotes. Cette mesure, jointe aux décrets des 5 et 13
fructidor an III, jeta la division et l'alarme dans les sections de Paris : quelques-unes d'entr'elles se déclarèrent
en révolte ouverte contre la Convention. Le général
Menou, chargé de les réprimer, agit avec si peu de
vigueur que l'insurrection fit des progrès effrayants. Le
danger devenait de plus en plus grave : alors, des représentants qui avaient connu Bonaparte à Toulon ou à
l'armée d'Italie, le proposèrent pour le mettre à la tête
de l'armée conventionnelle. Après quelque hésitation, il
accepta et fut joint à Barras dans le commandement des

troupes. En quelques heures, tout fut disposé pour la victoire. Le canon délogea les sectionnaires, et leurs formidables colonnes furent dispersées et détruites avant la nuit. Cette journée valut au général Bonaparte, de la part des chefs du parti qu'il avait fait vaincre, le titre de général en chef de l'armée de l'intérieur. Quelques jours après, la Convention abdiqua, et, le 26 octobre, le gouvernement directorial fut inauguré.

Le 13 vendémiaire ne servit pas seulement à l'avancement de Bonaparte, il influa puissamment encore sur sa vie politique et privée par la connaissance qu'il lui procura de Madame de Beauharnais. Voici comment il s'exprime lui-même, sur cette circonstance, dans le *Mémorial de Sainte-Hélène* : « On avait exécuté le désarmement général des sections ; il se présenta à l'état-major un jeune homme de dix à douze ans, qui vint supplier le général en chef de lui faire rendre l'épée de son père, qui avait été général de la République. Ce jeune homme était Eugène Beauharnais, depuis vice-roi d'Italie. Napoléon, touché de la nature de sa demande et des grâces de son âge, lui accorda ce qu'il demandait. Eugène se mit à pleurer en voyant l'épée de son père. Le général en fut touché, et lui témoigna tant de bienveillance, que Madame de Beauharnais se crut obligée de venir, le lendemain, lui en faire des remercîments. Napoléon s'empressa de lui rendre visite. Chacun connaît la grâce extrême de l'Impératrice Joséphine, ses manières douces et attrayantes : la connaissance devint bientôt intime et tendre, et ils ne tardèrent pas à se marier [61]. »

Cependant Carnot, qui avait admiré le plan de campagne proposé un an auparavant par le jeune général d'artillerie, l'avait désigné au choix du Directoire pour remplacer Schérer au commandement en chef de l'armée d'Italie. Sa commission, signée le 22 février 1796, leva les dernières incertitudes de Madame de Beauharnais, et le 9 mars suivant, Marie-Joséphine-Rose de Tascher de la Pagerie, veuve du général vicomte Alexandre de Beauharnais, épousait, à la mairie du 2ᵉ arrondissement de Paris, le général Napoléon Bonaparte.

Douze jours après son mariage, celui-ci s'arrache des bras de son épouse pour aller prendre le commandement de l'armée d'Italie. Cette armée était dans le plus triste état : elle n'avait ni subsistances, ni vêtements, ni chaussures, ni argent. Avant d'agir, il fallait tout créer. D'habiles généraux, il est vrai, Masséna, Augereau, Laharpe, Serrurier, commandaient les quatre divisions de l'infanterie ; mais n'était-ce pas là une difficulté de plus ? Comment, en effet, ce jeune homme de vingt-six ans pourra-t-il se faire obéir par des généraux déjà vieillis par leurs victoires ? La supériorité de son mérite eut bientôt fait oublier sa jeunesse.

Arrivé à Nice, du haut de la crête des Alpes, il montre la féconde Italie à ses soldats, et leur adresse les paroles suivantes : « Camarades, vous manquez de tout au milieu » de ces rochers ; le gouvernement vous doit beaucoup, » il ne peut rien vous donner. Votre patience, le courage » que vous montrez sont admirables, mais ils ne vous » procurent aucune gloire. Je veux vous conduire dans » les plus fertiles plaines du monde : de riches provinces, » de grandes villes seront en votre pouvoir ; vous y trou- » verez honneur, gloire et richesses. Soldats d'Italie, » manqueriez-vous de constance ? » L'ouverture de la campagne justifia cette éloquente assurance. L'armée combinée des Autrichiens et des Piémontais, battue en cinq rencontres différentes, depuis le 11 jusqu'au 22 avril 1796, dans les combats de Montenotte, de Millesimo, de Dego, de Vico et de Mondovi, laissa occuper par les Français les forteresses de Coni, de Tortone, d'Alexandrie et de la Ceva. Le résultat de ce brillant début excita l'enthousiasme et l'admiration générale, non-seulement en France, mais dans l'Europe entière. Tout le monde se demandait avec étonnement quel était ce jeune conquérant qui, en quinze jours de campagne, s'était emparé d'un royaume défendu par les Alpes, par des forteresses inexpugnables, et par deux armées ayant à leur tête de vieux et habiles généraux. La rapidité des succès, le nombre des prisonniers, dépassaient tout ce qu'on avait vu jusque-là. Les Directeurs proclamèrent par cinq fois que l'armée d'Italie avait bien mérité de la patrie ; et, lorsque Murat, aide-de-camp de Bonaparte, arriva à Paris avec vingt-un drapeaux pris sur les ennemis, ce fut pour la capitale un vrai jour de triomphe, et le Directoire le reçut au milieu d'une fête imposante [62].

Maître du Piémont, Bonaparte s'avança vers la Haute-Italie, à la poursuite des Impériaux. « Je marche demain » sur Beaulieu, écrivait-il au Directoire ; je l'oblige à » repasser le Pô ; je le passe immédiatement après moi- » même, je m'empare de toute la Lombardie, et, avant » un mois, j'espère être sur les montagnes du Tyrol, » trouver l'armée du Rhin, et porter, de concert avec » elle la guerre dans la Bavière. » Tout ce qui dépendait de lui dans cette prédiction fut accompli. L'armée française força le passage du Pô à Plaisance, et s'assura la conquête de la Lombardie par la bataille et la prise de Lodi (10 mai 1796). Quelques jours après, Pizzighitone et Crémone tombent sous les armes de la République : le

15 mai Bonaparte fait son entrée solennelle à Milan, et va fièrement s'établir dans le palais des archiducs. Il organise aussitôt des gardes nationales dans toute la Lombardie, frappe cette province d'une contribution de vingt millions ; accorde la paix au duc de Modène à la condition qu'il paiera dix millions en argent, fournira des subsistances de toute espèce, des chevaux et des tableaux. Avec ces ressources, il établit de grands magasins, des hôpitaux pour quinze mille malades, habille ses troupes et remplit toutes les caisses de l'armée. Bien plus, il envoie dix millions au Directoire, et un million à l'armée du Rhin, pour l'aider à entrer en campagne. C'était chose toute nouvelle qu'un général nourrissant non-seulement son armée, mais encore son gouvernement.

Le lendemain de son entrée à Milan, il adressait à ses soldats la proclamation suivante :

« Soldats ! vous vous êtes précipités comme un torrent
» du haut de l'Apennin ; vous avez culbuté, dispersé tout
» ce qui s'opposait à votre marche. Le Piémont, délivré
» de la tyrannie autrichienne, s'est livré à ses sentiments
» naturels de paix et d'amitié pour la France. Milan est à
» vous, et le pavillon républicain flotte dans toute la
» Lombardie. Les ducs de Parme et de Modène ne doivent
» leur existence politique qu'à votre générosité. L'armée
» qui vous menaçait avec orgueil ne trouve plus de bar-
» rières qui la rassurent contre votre courage ; le Pô, le
» Tésin, l'Adda, n'ont pu vous arrêter un seul jour : ces
» boulevards de l'Italie ont été insuffisants ; vous les avez
» franchis aussi rapidement que l'Apennin. Tant de succès
» ont porté la joie dans le sein de la patrie ; vos repré-
» sentants ont ordonné une fête dédiée à vos victoires,
» célébrée dans toutes les communes de la République.

» Soldats ! quand vous rentrerez dans vos foyers, vos con-
» citoyens diront en vous montrant : *Il était de l'armée*
» *d'Italie.* »

Ces proclamations de Bonaparte étaient écoutées avec
enthousiasme et relues avec avidité par les soldats et par
les officiers. Son armée lui devenait de plus en plus
dévouée ; il eut été difficile à un autre de la commander avec succès.

Mais Bonaparte s'était montré plus que militaire au
milieu des prodiges qu'il venait d'opérer : le Directoire
avait vu dans sa conduite la révélation d'une capacité
politique égale à sa capacité guerrière, et peut-être
aussi les symptômes de ses projets ambitieux. Pour
l'empêcher de se constituer l'arbitre unique des destins
de l'Italie, et de passer de ses triomphes à l'exercice du
pouvoir suprême, on conçut le dessein de partager
le commandement de l'armée entre lui et Kellermann.
Prévenu de cette mesure, le vainqueur de Lodi s'en
offensa, et confia son mécontentement à Carnot. « Je
» crois, lui écrivit-il, que réunir Kellermann à moi en
» Italie, c'est vouloir tout perdre. Je ne puis pas servir
» volontiers avec un homme qui se croit le premier
» général de l'Europe ; et, d'ailleurs, je crois qu'un mau-
« vais général vaut mieux que deux bons, etc. » Puis,
s'adressant au Directoire, il lui écrivait : « J'ai fait la
» campagne sans consulter personne ; je n'eusse rien
» fait de bon, s'il eût fallu me concilier avec la manière
» de voir d'un autre. J'ai remporté quelques avantages
» sur des forces supérieures, et dans un dénûment absolu
» de tout, parce que ma marche a été aussi prompte
» que ma pensée. Si vous m'imposez des entraves, n'at-
» tendez plus rien de bon. Si vous rompez en Italie

» l'unité de la pensée militaire, vous aurez perdu la belle
» occasion d'imposer des lois à l'Italie. » Le bon sens
de ces paroles, la menace d'une démission qui eût mécon-
tenté l'esprit public, déjà favorable au jeune général,
émurent le Directoire et le firent changer de résolution.
Bonaparte fut maintenu à la tête de l'armée d'Italie; et,
dès le 27 mai, après avoir donné huit jours de repos à
ses soldats, il porte son quartier-général à Lodi, et
s'avance de là vers l'Adige.

Tandis qu'il poursuit sa marche, un événement inattendu le rappelle tout-à-coup à Milan. Une insurrection
populaire venait d'éclater contre les Français dans la
Lombardie. Le foyer du soulèvement était à Pavie : les
insurgés s'étaient retranchés dans cette ville et avaient
forcé la garnison de trois cents Français à mettre bas les
armes. Le tocsin sonnait dans toute la campagne, appelant les paysans aux armes, et les invitant à se porter sur
Milan, pour s'en emparer. Bonaparte, comprenant qu'une
telle audace pouvait compromettre l'existence de son armée, se vit forcé de la châtier avec la plus grande sévérité :
l'avenir de sa conquête lui en faisait une loi. Il marche
donc lui-même contre les insurgés, brûle le bourg de
Binasco, et s'empare de Pavie, qu'il abandonne pendant
trois heures au pillage des Français [64]. Toutefois, dans sa
vengeance calculée, le vainqueur ordonne à ses soldats
de respecter l'Université et les maisons de Spalanzoni et
de Volta, deux noms chers à la science. Ainsi l'on vit jadis
le héros de la Macédoine, Alexandre, épargner, dans le
sac de Thèbes, la maison où le poète Pindare avait reçu
le jour. Bonaparte profita du retour du calme pour organiser la Lombardie en une république qui prit le nom de
Cisalpine.

Pendant ce temps, le mouvement général de l'armée s'était opéré sous le commandement de Berthier : Bonaparte ne tarda pas à la rejoindre, et à entrer sur le territoire de l'antique république de Venise, qui n'osa lui opposer aucune résistance ouverte. De Brescia, l'armée française se dirigea sur le Mincio, et le franchit à Borghetto, à la suite d'un combat qui rappelait celui de Lodi. Beaulieu, général des Autrichiens, partout battu et tourné, se retira sur le Tyrol, après avoir évacué Peschiera. Bonaparte profite de ces avantages pour asseoir ses opérations sur la ligne de l'Adige. Après avoir ordonné à Masséna d'occuper Vérone, il songe à presser le siége de Mantoue, où s'étaient réfugiés treize mille Autrichiens, débris de l'armée de Beaulieu. Cette forte garnison pouvait, en outre, disposer de quatre cents pièces de canon. Bonaparte avait un très-grand intérêt à s'emparer le plus tôt possible de ce boulevard de l'Autriche. Mais le cabinet de Vienne, qui sentait toute l'importance de sa conservation, envoya Wurmser à la tête de soixante mille hommes pour le secourir. Les Français étaient à peine quarante mille, tant pour contenir les assiégés que pour faire face à la formidable armée chargée de leur délivrance. Bonaparte a vu le danger : sans hésiter, il ordonne qu'on lève le siége de Mantoue, fait détruire ses ouvrages et enclouer les pièces, rassemble son armée disséminée dans les forteresses, où il ne laisse que ses malades et ses convalescents ; puis, avec toutes ses forces, il va à la rencontre de l'ennemi, atteint et bat son avant-garde, le 31 juillet, à Salo, se porte sur le centre, qu'il culbute, le 3 août, à Lonato ; et, deux jours après, à Castiglione[65], il fait achever par Augereau, son lieutenant, la déroute de l'armée autrichienne. La *campagne des cinq jours*, —

c'est ainsi que les soldats l'appellent, — a fait perdre à Wurmser vingt mille hommes et cinquante pièces de canons : le vieux général, fuyant devant son jeune adversaire, regagne avec peine le Tyrol et la ville de Trente.

Content de ces succès, Bonaparte se rend à Milan, où sa perspicacité lui disait qu'une insurrection nouvelle se préparait. Des troubles sérieux grandissaient dans les fiefs impériaux : Gênes surtout, cette république aristocratique et marchande, était le rendez-vous de tous les audacieux, de tous les assassins soudoyés, qui infestaient les routes et égorgeaient les détachements français. Bonaparte, indigné de l'odieuse conduite des Génois, envoie Murat, son premier aide-de-camp, porter au Sénat de cette ville un message foudroyant. Les sénateurs s'excusent avec hypocrisie, et promettent de soutenir les intérêts de la France. Pendant ce temps-là, le général en chef conclut un armistice avantageux avec la cour de Naples ; puis il court à Bologne, où il reçoit la reddition d'Urbin, ville des Légations ; et, pour ne point trop humilier le St-Siége, proclame, au nom du pape, l'indépendance de Ferrare et de Bologne, qui depuis longtemps étaient un embarras pour l'autorité pontificale. Il traite avec l'ambassadeur d'Espagne, envoyé auprès de lui par Pie VI, lui parle du Saint-Père avec le plus grand respect, rejetant ses exigences sur l'époque et sur la nécessité de faire des concessions aux idées du siècle, et obtient du pape cinquante millions en argent et en subsistances de tout genre, et l'occupation d'Ancône par une garnison française. Ainsi assuré de l'Italie méridionale, il vient à Livourne pour y paralyser l'influence anglaise et y consolider les intérêts français. Bientôt, invité par le grand-duc Ferdinand-Joseph à se rendre à Florence, où la cour de ce prince est

fière de le recevoir, il se rend dans la capitale de la
Toscane, et y est traité en véritable souverain [66]. Il part
ensuite de Florence, et vient reprendre l'investissement
de Mantoue.

La cour de Vienne avait eu le temps de se préparer à
une résistance opiniâtre, et d'envoyer de nouvelles
troupes à Wurmser. Prompt comme l'éclair, Bonaparte se
porte aussitôt sur le Tyrol pour couper Wurmser, le
séparer de l'Autriche et le pousser au midi, sur Mantoue.
Il s'avance donc le long des rives de la Chieza, remporte,
le 4 septembre, à Roveredo une victoire longtemps
disputée, occupe la ville de Trente et le pays environnant,
l'organise, puis revient en toute hâte sur Wurmser, qu'il
bat en plusieurs rencontres, et qu'il force à se retirer dans
Mantoue.

Victorieuse en Allemagne sur Jourdan et Moreau, l'Autriche conçoit encore l'espoir d'obtenir également des
succès en Italie : elle recrute une armée de 45 mille
hommes dont elle confie le commandement à Alvinzi. Les
Français, épuisés par une longue série de victoires, sont
réduits à trente-trois mille hommes ; mais ils ont
Bonaparte pour chef, et des Autrichiens pour ennemis.

Alvinzi, comme ses prédécesseurs, divise son armée
en deux corps : l'un de trente mille hommes qui, sous
son propre commandement, traverse le Véronais pour
gagner Mantoue ; l'autre de quinze mille hommes, sous
la conduite de Davidowich, s'étend sur l'Adige. Il ne faut
que quelques jours à Bonaparte pour détruire ces deux
colonnes. Secondé par Masséna, Lannes, Augereau,
Murat, etc., il obtient à Arcole, après une bataille de
trois jours, l'un des plus mémorables succès qui ait fait
resplendir son génie et sa fortune. C'est là que voyant

chanceler un instant ses intrépides grenadiers sous la mitraille ennemie, il descend de cheval, saisit un drapeau, et s'élance, à l'exemple d'Augereau, sur le pont que les cadavres encombraient, en s'écriant : « Soldats, n'êtes-vous plus les braves de Lodi? suivez-moi. » Ces paroles ont rendu tout leur héroïsme aux soldats de la France : l'aigle de l'Autriche est encore en fuite devant l'étendard de la république. Alvinzi a perdu trente pièces de canon, cinq mille morts et huit mille prisonniers; Davidowich est rejeté dans le Tyrol, et Wurmser dans Mantoue.

Vaincue, mais non encore terrassée par ce troisième désastre, l'Autriche envoie aussitôt de nouvelles forces sur l'Adige, et Alvinzi débouche avec Provera par les gorges du Tyrol pour fondre sur Joubert, qui gardait la ligne de la Corona. Bonaparte était à Bologne : averti de ce mouvement, il a bientôt reparu devant l'ennemi; et le 14 janvier 1797, il s'avance au-devant d'Alvinzi, qu'il rencontre sur le plateau de Rivoli, où il remporte une éclatante victoire : puis, laissant à Joubert et à Rey le soin de poursuivre l'ennemi, il rallie en toute hâte la division Masséna pour atteindre Provera qui, par la Basse-Adige, se dirigeait sur Mantoue; il l'attaque au faubourg de Saint-Georges, le force à mettre bas les armes et à se rendre avec six mille prisonniers, tandis que Serrurier, dans la journée de la Favorite, force Wurmser à rentrer dans Mantoue. Quelques jours après, le vieux général, réduit par la famine et n'espérant pas recevoir de secours, se voit contraint de livrer aux Français le boulevard de la puissance autrichienne en Italie : le 2 février, il sort de la place avec les honneurs de la guerre. Quant à Bonaparte, il était déjà parti

pour la Romagne : bien différent des vainqueurs ordinaires, il aima mieux être absent que présent sur le
lieu du triomphe , et ménager l'amour-propre d'un
guerrier dont il estimait le caractère. Wurmser fut sensible à cette attention, et plus tard en témoigna sa reconnaissance à Bonaparte , en lui dévoilant un complot
d'empoisonnement tramé contre sa personne.

La reddition de Mantoue achevait la conquête de
l'Italie ; cependant la guerre n'était pas encore terminée dans cette malheureuse contrée.

Pie VI, affaibli par l'âge, entouré des partisans de
l'Autriche, tout en appréciant la droiture de Bonaparte,
ne pouvait se résoudre à traiter avec une république qui
faisait la guerre à la religion chrétienne ; encouragé par
la cour de Vienne, qui lui envoyait des généraux, des
soldats et des armes, le souverain pontife se préparait à
la résistance, au mépris de la capitulation signée à Rome
le 27 juin 1796. En vain, Bonaparte avait plusieurs fois
témoigné, dans ses lettres au cardinal Mattei, les intentions les plus pacifiques à l'égard du pape, lorsque nos
avant-postes arrêtèrent un message adressé au nonce à
Vienne, et qui renfermait le plan d'une alliance entre
Pie VI et l'empereur d'Allemagne. Alors le général en
chef n'hésite plus ; il fait marcher en avant la division
Victor, dont Lannes commandait l'avant-garde. En
quelques jours, nos troupes se sont emparées d'Imola,
de Faenza, d'Ancone. Marmont, de son côté, se dirige
sur Lorette, où il espérait s'emparer du trésor de ce
pélerinage si célèbre ; mais il arrivait trop tard, le trésor
avait disparu. Il enleva cependant la statue de la Vierge
et l'envoya à Paris. Ce fut plus qu'un tort ; les objets du
culte doivent être sacrés, même pour ceux qui ne

croient pas, quand ce ne serait que par égard pour les populations qui les révèrent. Une conduite contraire est toujours digne de blâme et trouve tôt ou tard son châtiment.

Au 15 janvier, les Français étaient maîtres de la plus grande partie des États de l'Église. Du quartier-général de Macerata, Bonaparte écrivait au cardinal Mattei : « Je veux encore prouver à l'Europe entière la modération du Directoire, en accordant cinq jours à Sa Sainteté pour m'envoyer un négociateur à Foligno, où je désire pouvoir contribuer, en mon particulier, à donner une preuve éclatante de la considération que j'ai pour le Saint-Siége. » Et, en même temps, le général vainqueur plaçait sous sa protection les prêtres français émigrés qui se trouvaient dans les États du Saint-Père.

Bientôt, le vénérable pontife, abandonné de ses grands officiers et de ceux qui l'avaient poussé à se déclarer contre la France, reconnut que Bonaparte seul pouvait le sauver. Il lui envoya donc des plénipotentiaires chargés de lui remettre une lettre pleine de bienveillance, et de s'entendre avec lui pour traiter de la paix. Ce traité fut signé à Tolentino, le 5 février 1797, et les troupes françaises évacuèrent les États pontificaux, après l'accomplissement des principaux articles. Quelques jours s'étaient à peine écoulés, que Bonaparte quitta Tolentino, sans entrer dans cette Rome qu'il n'avait pas voulu prendre, et où l'attendait une ovation au Capitole [67].

Cependant l'Autriche, depuis ses derniers succès sur le Rhin, avait pu diriger ses meilleures troupes sur l'Italie, et reformer une cinquième armée, dont l'archiduc Charles, frère de l'empereur prenait le commandement. Le prince Charles jouissait d'une haute réputation mili-

taire justement méritée; mais à la fin d'une campagne
qui n'a été pour l'Autriche qu'une longue déroute, il ne
peut lutter à la fois contre le génie de Napoléon et contre
la démoralisation de ses troupes. En peu de temps, les
combats de Puféro, de Tarvis, de la Chiusa et de Camigna,
où les Français remportent des avantages signalés,
forcent l'archiduc à la retraite. Nos colonnes victorieuses,
laissant alors derrière elles l'Italie soumise, s'avancent
jusqu'au cœur des États héréditaires de l'empire d'Autriche, et bientôt même ne sont plus qu'à vingt lieues de
Vienne. La cour impériale comprend enfin qu'une lutte,
plus longtemps prolongée, peut compromettre jusqu'à
l'existence de la monarchie, et des paroles de paix sont
échangées; Léoben en voit poser les premières bases le
7 avril 1797, et le 19 octobre suivant, la paix est signée à
Campo-Formio. Par ce traité, la République était consti-
tuée dans ses limites naturelles, le Rhin, les Alpes, la
Méditerranée, les Pyrénées et l'Océan; la Lombardie,
érigée en république Cisalpine, échappait au joug de
l'Autriche et restait soumise à notre influence : la France
avait reconquis en Europe son ascendant moral et sa
suprématie. A son retour, Bonaparte fut accueilli avec un
enthousiasme difficile à dépeindre. Le nombre et la rapidité de ses victoires, le génie de l'homme de guerre et du
négociateur qu'il venait de déployer, si jeune encore,
l'entourait d'un prestige qui commandait l'admiration de
tous les Français; la nation, fière de sa gloire, se sentait
encore grande de sa grandeur. Ce ne fut partout qu'ova-
tions et fêtes, à l'Opéra, aux Conseils législatifs, aux
Ministères, à l'Institut. La proscription de Carnot, ayant
rendu vacant un fauteuil à l'Académie des Sciences, on
l'offrit à Bonaparte, qui l'accepta volontiers : du fond de

l'Italie, il avait nourri l'espérance d'être un jour associé
au premier corps savant de l'Europe.

La paix de Campo-Formio aigrissait encore davantage
l'Angleterre contre nous ; elle voyait avec peine un traité
qui nous laissait beaucoup plus grands et plus redoutables qu'avant la lutte. De son côté, le Directoire,
convaincu qu'un retour à des relations d'amitié devenait
désormais impossible entre la France et sa haineuse
rivale, conçut la pensée d'une expédition destinée à
blesser au cœur cette puissance altière. Bonaparte accepta
ce nouveau commandement ; mais déjà il avait d'autres
vues que bientôt il fit partager au Directoire. C'est par le
commerce que vit l'Angleterre, c'est dans son commerce
qu'il veut la frapper ; en l'attaquant dans ses possessions
de l'Inde, il l'attaquait dans les sources mêmes de sa
force et de sa prospérité. Les regards de Bonaparte se
portèrent sur une contrée admirablement située pour
nous conduire à ce but. C'était l'Egypte. Ce plan obtint
l'assentiment des Directeurs, qui y trouvaient le double
avantage de réaliser leurs projets contre l'Angleterre, et
d'éloigner de la France , un homme dont l'ascendant
commençait à leur donner de sérieuses inquiétudes.

Le rendez-vous général fut fixé à Toulon. Le 29 mai
1798, la flotte lève l'ancre, s'empare de Malte dans la
traversée, et cinq semaines après leur départ, nos soldats
débarquent sur la plage d'Alexandrie. En vain les Mame-
louks essaient de nous en fermer l'accès : le combat de
Chébreis, et, huit jours après (21 juillet 1798), la bataille
des Pyramides, anéantissent cette milice valeureuse et en
refoulent les débris dans le désert. Le lendemain, les
Français prennent possession de la ville du Kaire. Cependant une affreuse catastrophe , la destruction, par une

escadre anglaise, de notre flotte restée dans la rade d'Aboukir, pouvait amener notre perte. Mais l'énergie de Bonaparte eut bientôt relevé les courages abattus ; la perte de nos vaisseaux, en nous fermant tout espoir de retour immédiat, n'eut d'autre résultat que de nous faire redoubler de vigueur pour achever notre conquête. Il fallait reconstituer l'administration du pays et en organiser les ressources. Bonaparte se voua tout entier à cette tâche difficile : il établit dans chaque ville des Divans ou conseils particuliers, qui envoyaient chacun un membre au Divan général du Kaire. De cette manière, le général en chef connaissait à chaque instant l'état et les dispositions des différentes villes et provinces de l'Egypte.

Dans cet intervalle, la Porte-Ottomane, stimulée par l'Angleterre, avait fait de grands préparatifs pour venir nous attaquer en Egypte. Les forces musulmanes s'avançaient, et l'avant-garde était déjà campée près de la forteresse d'El-Arich. Il fallait, sans perdre une minute, frapper un coup décisif. Reynier se met aussitôt en marche avec 13,000 hommes, s'empare d'El-Arich et taille en pièces les troupes d'Ibrahim. Bonaparte le rejoint, se rend maître de Gaza, emporte Jaffa d'assaut, culbute au Mont-Thabor l'armée turque, et vient faire le siége de Saint-Jean-d'Acre. Mais cette place, défendue par le féroce Djezzar et par des troupes non moins déterminées que lui, pourvue, d'ailleurs, de munitions par la flotte anglaise, résiste aux efforts des Français et à cinq assauts meurtriers. Pendant deux mois, le courage surhumain de nos braves soldats se consume en vain contre cette barrière ; leur intrépidité ne peut suppléer à l'absence d'un matériel de siége. Nos rangs s'éclaircissent, et déjà la peste s'est déclarée dans nos ambulances ; un plus long retard peut compromettre la sûreté du retour. Bonaparte donne le signal de la retraite, et renonce à regret aux grands résultats qu'il avait espéré de cette expédition en Syrie.

De retour à Alexandrie, il apprend que les Turcs venaient de débarquer une armée de 18 mille hommes. Heureux de trouver l'occasion de réparer l'échec qu'il venait d'éprouver, il court à leur rencontre, détruit l'infanterie musulmane à la bataille d'Aboukir, et fait le pacha prisonnier. Content de ce dernier succès, il retourne au Kaire, où il fait son entrée triomphale, et donne du repos à ses valeureux soldats.

Des nouvelles de France, de la nature la plus grave, l'attendaient à son arrivée dans cette ville. L'administration du Directoire n'avait été marquée que par des désastres : nos troupes n'avaient éprouvé que des défaites en Allemagne et en Italie; ce dernier théâtre des exploits de Bonaparte avait été abandonné, et nos armées se trouvaient rejetées sur le Var; nos propres frontières étaient de nouveau menacées. Pour comble de maux, la République elle-même, livrée à un gouvernement sans force, était encore une fois exposée à tous les déchirements de l'anarchie et de la guerre civile. Ces nouvelles changèrent subitement les desseins de Bonaparte. De cet instant, son retour immédiat est décidé : il le tient secret, et n'en fait part qu'à un petit nombre d'amis dignes de sa confiance. Il remet à Kléber le commandement de l'armée, et le 22 août 1799, s'embarque avec quelques-uns de ses officiers les plus intimes, Lannes, Murat, Berthier, Junot, etc. Après quarante-huit jours d'une navigation contrariée par les vents, sur une mer couverte de vaisseaux anglais, il débarque heureusement le 9 octobre, sur les côtes de la Provence. De Fréjus à Paris, son voyage fut un triomphe continuel. Le 16, il arrive et descend dans sa modeste habitation de la rue de la Victoire. Ce jour même, il se rend au Directoire, sans prendre la peine de se faire annoncer : la garde du gouvernement le reconnaît et le salue du cri de *Vive Bonaparte !* ce cri est bientôt répété dans tout Paris. Ses explications aux Directeurs sont courtes : il avait cru la France perdue, il arrivait pour la sauver. Le président Gohier le complimenta, et l'on s'embrassa de part et d'autre, quoique on eût réciproquement aucune sympathie.

En voyant l'enthousiasme qu'il excitait et le mépris où le Directoire était tombé, Bonaparte fut confirmé dans sa résolution de s'emparer du pouvoir. Les généraux le pressaient d'en finir avec les *avocats ;* on lui proposa même de le nommer membre du Directoire, mais il rejeta cet offre : ce qu'il voulait c'était la dictature, seul moyen à ses yeux de reconstituer la société, et de donner à la France une force et une vie nouvelles. Pour réussir dans ses projets, il s'attache à la partie modérée des Conseils et du Directoire : Sieyès et Roger-Ducos sont les seuls membres du gouvernement qu'il juge dignes d'en recevoir la confidence. Tous deux étaient chefs du parti modéré qui dominait dans le Conseil des *Anciens*, et opposés au parti Jacobin formant la majorité du Conseil des *Cinq-Cents* [68]. Sieyès avait beaucoup d'amis dans les deux Conseils, surtout dans celui des *Anciens* ; il les initia dans une partie des projets de Bonaparte : celui-ci en fit autant à un grand nombre de généraux qui lui étaient dévoués. Les ministres Fouché, Talleyrand et Bruix, Lucien Bonaparte, président des *Cinq-Cents* furent aussi partie du complot. On convint qu'en vertu d'un article de la Constitution, le Conseil des Anciens

transférerait le Corps législatif à Saint-Cloud, afin d'opérer le coup d'état sans violence et sans appréhender
quelque soulèvement dans Paris; que Sieyès et Roger-
Ducos donneraient leur démission, et qu'ainsi la majorité
du Directoire étant détruite, on nommerait à sa place
trois consuls, Bonaparte, Sieyès et Roger-Ducos qui,
d'accord avec une commission législative, remplaceraient
par une nouvelle constitution, celle de l'an III, reconnue
vicieuse et impraticable. L'exécution de ce projet est fixée
au 18 brumaire.

Ce jour-là, les salons de Bonaparte sont remplis
de bonne heure de tous les officiers-généraux qui se
trouvent à Paris. A huit heures, le Conseil des Anciens
lui envoie le décret par lequel les Conseils sont transférés
à Saint-Cloud, et l'investit en même temps d'un pouvoir
dictatorial que tous les citoyens modérés étaient appelés
à seconder. Bonaparte en donne aussitôt lecture aux
généraux qui l'entourent; et, montant à cheval, il se rend
au Conseil des Anciens siégeant aux Tuileries. Admis
dans la salle des séances avec son état-major, il ne prononce que ces mots : « La République périssait, vous
l'avez su, et votre décret vient de la sauver. Malheur à
ceux qui voudraient la discorde et l'anarchie! » Bientôt
après, il sort pour disposer ses troupes. Dix mille hommes,
sous le commandement de Lefebvre, sont aux Tuileries;
Moreau commande au Luxembourg; Lannes veille au
Corps-Législatif; Murat occupe avec sa cavalerie la commune de Saint-Cloud, et Morand commande la place de
Paris. Enfin, les Directeurs connaissent toute la vérité :
Moulin, l'un d'eux, parle de faire fusiller Bonaparte; un
détachement cerne le Luxembourg, et ils sont trop heureux d'en sortir sains et saufs.

Le 19, Bonaparte se porte à Saint-Cloud avec un corps de vieux grenadiers de l'armée d'Italie : les Cinq-Cents étaient réunis dans l'Orangerie sous la présidence de Lucien ; les Anciens, dans la galerie du palais, sous celle de Gornet. Il se rend près de ceux-ci. En le voyant, une faible minorité veut invoquer la Constitution ; mais Bonaparte les foudroie par cette réplique terrible :

« La Constitution ! osez-vous l'invoquer ! vous l'avez
» violée au 18 fructidor, au 22 floréal, au 30 prairial ;
» vous avez violé en son nom tous les droits du peuple.....
» Je n'ai compté que sur le Conseil des Anciens, et nul-
» lement sur le Conseil des Cinq-Cents qui voudraient
» nous rendre la Convention, les échafauds, les comités
» révolutionnaires. Je vais m'y rendre ; et si quelque
» orateur, payé par l'étranger, me menaçait de me
» mettre hors la loi, qu'il prenne garde de porter cet
» arrêt contre lui-même..... » Le Conseil des Anciens était conquis.

Bonaparte ne perd pas de temps, il se dirige vers le Conseil des Cinq-Cents, et entre dans la salle. A sa vue, les imprécations de la fureur éclatent sur tous les bancs. Bonaparte veut parler ; des cris confus, *à bas le tyran ! hors la loi le dictateur !* couvrent sa voix : des députés aux gestes menaçants l'entourent et l'injurient..... Alors les soldats, voyant la vie de leur général en danger, se précipitent dans la salle, repoussent ceux qui s'apprêtent à lui faire violence, et l'entraînent dehors. Lucien, que l'on veut contraindre à mettre aux voix le décret de proscription de son frère, donne sa démission et se rend vers Bonaparte. Bientôt Murat entre dans la salle à la tête des grenadiers, et tous les exaltés se retirent, non sans protester contre ce qu'ils appellent l'abus de la force. Un

nouveau Conseil est constitué ; dans sa première séance,
il déclare que Bonaparte a bien mérité de la patrie.

Ainsi s'accomplit l'événement mémorable du 18 brumaire ; il fut, pour la société violemment ébranlée, le point
de départ d'une ère nouvelle. En quelques années, la
Révolution avait renversé religion, monarchie, institutions, fortune publique et particulière, tout, en un mot,
ce qui faisait ombrage à sa sanglante égalité, et pouvait
l'arrêter dans sa course fougueuse. Réduite au silence
par la crainte de l'échafaud et de la Terreur, dévorée
d'anarchie, épuisée de sacrifices, devenue le jouet
d'ambitions impuissantes, la France devait naturellement
soupirer après le génie tutélaire qui, l'ayant déjà couverte
de gloire, s'apprêtait à lui rendre le repos et la paix. Ce
génie, elle l'avait reconnu dans le jeune héros d'Italie :
aussi s'empressa-t-elle de le saluer comme le libérateur
que ses vœux appelaient. Avec quelque sévérité qu'ait été
appréciée, par certains écrivains, l'ambition de Bonaparte,
les hommes exempts de passions politiques récon-
naîtront toujours que si le sous-lieutenant de 93 devint
en six ans l'arbitre souverain des destinées de la France,
il ne fit qu'obéir à ces hautes inspirations que Dieu souffle
dans les grandes âmes, lorsqu'il veut, par leur entremise, ramener un grand peuple dans les voies de sa
justice. Bonaparte lui-même l'avait bien reconnu, quand
il disait au duc d'Istrie : « *Je ne suis que l'instrument
de la Providence.* » Après tout, être ambitieux à la
façon de Bonaparte n'est pas chose aussi facile qu'on le
pourrait penser ; car attacher son nom et vouer sa destinée au salut de ses concitoyens ; s'élever pour dominer
les factions qui conspirent ; attirer à soi la puissance
pour étouffer les passions qui s'agitent et travailler sans

entraves à l'œuvre de la reconstitution sociale, se faire grand et redoutable aux yeux des nations étrangères pour grandir en soi sa propre nation et courber sous son épée victorieuse le front des ennemis de sa patrie : c'est là une noble et magnanime ambition que les utopistes s'efforceront en vain de flétrir; et ce fut celle qui, au 18 brumaire, remplissait l'âme de Napoléon. Heureux si plus tard il eût su la modérer, et ne la pas faire servir aux vues d'une puissance démesurée et [d'une élévation personnelle sans limites et sans bornes !

II

CONSULAT.

L'expulsion des Cinq-Cents avait donné victoire complète à Bonaparte; il eut hâte de la mettre à profit. Lucien réunit pendant la nuit tous les députés qui étaient entrés dans ses projets et leur fit prononcer l'abolition du Directoire, l'ajournement de la législature à trois mois, la nomination de deux commissions temporaires pour reviser la Constitution, et enfin la remise du pouvoir exécutif aux mains de trois consuls provisoires, Sieyès, Roger-Ducos et le général Bonaparte. Dès la première séance des consuls, les deux collègues de Bonaparte s'aperçurent que l'homme dont ils n'avaient bien connu jusque-là que les talents militaires, apportait une égale supériorité dans toute les branches de l'administration et du gouvernement civil, en finances, en politique, en jurisprudence, etc. « Messieurs, nous avons un maître, dit Sieyès à la sortie de ce premier conseil ; Bonaparte veut, sait et peut tout faire. » De ce moment, nul ne songea plus à disputer au général une prépondérance que l'assentiment universel lui avait déjà décernée ; il fut de fait le seul chef du gouvernement, et c'est à lui que l'on doit rapporter tous les actes du consulat provisoire.

Il commença par proclamer le 18 brumaire comme la réparation de toutes les injustices de la révolution : oubli du passé, fusion des partis, conciliation universelle, tel fut le but auquel il travailla avec une activité qui acheva de lui concilier l'opinion publique. « Qu'il n'y ait plus, disait-il, de jacobins, ni de modérés, ni de royalistes ; mais partout des Français. J'ai ouvert un grand chemin, disait-il ailleurs : qui marchera droit sera protégé ; qui se jettera à droite ou à gauche sera puni. » L'odieuse loi des ôtages, celle de l'emprunt forcé, celle qui excluaient les nobles et les parents des émigrés des fonctions publiques, furent rapportées ; les prêtres emprisonnés pour refus de serment furent délivrés ; les déportés et les émigrés eurent la permission de rentrer ; on rendit au culte les édifices qui lui étaient destinés, et l'on ne connut d'autres titres à la faveur que la probité, l'expérience et le talent, sans faire distinction entre les hommes de la révolution et ses adversaires. Ce début fit beaucoup de partisans au gouvernement consulaire, et surtout à Bonaparte de qui émanaient toutes ces mesures de réorganisation sociale.

La nouvelle constitution, élaborée par les Conseils, confia le pouvoir exécutif à trois consuls dont l'autorité n'était pas égale ; le premier et le second consul devaient être nommés pour dix ans, le troisième pour cinq ans seulement. Sieyès et Roger-Ducos, dont le rôle se trouvait ainsi singulièrement restreint, prirent le parti de se

retirer. Bonaparte fit donner à Sieyès la terre de Crosne,
estimée un million, à titre de récompense nationale.
Cette donation fut la pierre tumulaire sous laquelle l'existence politique de l'égoïste fabricateur de constitution [69]
fut à jamais ensevelie. Roger-Ducos reçut pour sa part
une somme considérable, et tous deux furent remplacés
par Cambacérès et par Lebrun. Ainsi fut décrétée la
Constitution de l'an VIII, que l'on soumit plus tard à
l'acceptation du peuple. Le *Conseil d'État* fut organisé
pour préparer les lois que le *Tribunat* discutait, et qu'il
proposait ensuite à l'adoption ou au rejet du *Corps
législatif*. Au-dessus du Tribunat et du Corps législatif,
fut établi un *Sénat conservateur*, qui devait, comme
l'indiquait son nom, exercer une surveillance conservatrice
sur la Constitution du pays : Sieyès fut promu à la
présidence du Sénat. Enfin, l'institution des préfets et
l'organisation hiérarchique de l'administration des départements et des communes acheva de donner au gouvernement établi par Bonaparte, l'unité, la force et la
rapidité d'action si nécessaire dans un grand État [70].

L'année 1800 s'ouvrait pour le premier Consul sous les
plus heureux auspices : au-dedans, l'ordre était partout
rétabli, son pouvoir obéi et respecté, sa personne aimée
et applaudie ; lorsqu'il paraissait en public, partout la
multitude se pressait sur ses pas, et faisait entendre des
acclamations d'enthousiasme et de reconnaissance. Au
dehors les désastres de l'année précédente avaient été en
partie réparés par Masséna en Suisse, par Brune en
Hollande. La guerre, il est vrai, durait toujours, et
l'Angleterre avait même repoussé avec dureté les offres
de paix qui lui avaient été faites. L'Autriche, de son côté,
refusait d'entrer en négociation, ne voulant à quelque

prix que ce fût céder l'Italie aux Français. Mais le premier
Consul, dont la valeur avait déjà une première fois
soumis l'Italie à nos lois, prétendait justement consacrer
et consolider son nouveau pouvoir par la conquête
définitive de cette belle contrée. Toutefois, avant d'entrer
en campagne, il voulut assurer la tranquillité intérieure,
et à l'aide d'habiles négociations, plus encore que par la
force des armes, il pacifia la Vendée. Ensuite, après avoir
distribué ses armées selon le plan qu'il avait conçu, il
partit pour son expédition au-delà des Alpes, sans que
personne se doutât par quel point il allait pénétrer en
Italie. Il se rend d'abord à Genève, puis à Lausanne avec
son avant-garde commandée par Lannes. Le gros de
l'armée longe le bord septentrional du lac de Genève,
et se réunit bientôt à l'avant-garde au bourg de Saint-
Pierre : c'est là que l'attendait Bonaparte pour franchir
le mont Saint-Bernard.

Sur un espace d'environ dix kilomètres, de Saint-
Pierre au sommet du Saint-Bernard, nos soldats ont
à gravir l'étroit sentier qui borde le torrent, toujours
raide et périlleux, encombré de rochers et de monceaux
de glaces.... Ils se mettent en marche cependant accablés
sous le poids de leurs bagages et de leurs armes, s'excitant
par des chants guerriers et faisant battre la charge. Après
six heures d'efforts et de travail, ils arrivent à l'hospice,
y prennent quelques heures de repos, et redescendent,
comme une avalanche, les pentes rapides qui regardent
le Piémont. Le 21, Bonaparte avait son quartier-général
à Aoste. Après avoir tourné le fort et la ville de Bard par
un sentier presque impraticable, l'avant-garde arrive le
26 à quelques kilomètres de Turin. Bientôt renforcée par
différents corps qui débouchent par le Simplon, le Mont-

Cenis et le Mont-Genèvre, notre armée, au nombre de 60,000 hommes, va se précipiter sur les flancs de l'armée impériale.

Dans les derniers jours du mois, Bonaparte, déployant son activité accoutumée, s'empare de Verceil, Novare, Pavie, et le 2 juin fait son entrée à Milan au milieu d'acclamations enthousiastes. Lannes, quelques jours après, tombe à l'improviste sur 25,000 Autrichiens commandés par Ott, et les met en déroute à Montebello. Rien, dès-lors, ne peut plus arrêter le premier Consul ; il fait passer le Pô à son armée, et rencontre dans les plaines de Marengo, Mélas qui, après avoir pris Gênes, revient sur Milan, et s'étonne de trouver là son adversaire qui l'a devancé. L'armée autrichienne est forte de 40,000 hommes ; l'armée française n'en compte que 30,000. Mais Bonaparte a confiance dans le courage de ses soldats, dans l'habileté de ses lieutenants et dans la hardiesse de ses dispositions et de son plan.

Le 14, à l'aube du jour, une vive canonnade lui apprend que les Autrichiens attaquaient avec fureur le bourg de Marengo ; déjà les soldats de Victor se voyaient contraints à abandonner cette position. La brigade de Lannes accourt ; mais, accablée par le nombre, elle ne peut résister longtemps. Alors le premier Consul se porte de de sa personne au fort de l'action et, pour éviter une déroute, oppose pendant trois heures sa garde consulaire *comme une redoute de granit* (*) aux assauts multipliés des colonnes de Mélas. A deux heures, les Impériaux avaient l'avantage : Mélas, croyant la victoire assurée,

---

(*) Bulletin du 26 prairial.

quitte le champ de bataille et rentre dans Alexandrie. Mais, vers trois heures, Desaix arrive soudain avec sa division. « Soldats, c'est assez reculer ! s'écrie Bonaparte, marchons en avant ! Vous savez que je couche toujours sur le champ de bataille. » Les soldats de Victor se rallient ; Desaix se précipite sur une colonne de six mille grenadiers ennemis ; mais une balle le frappe au cœur, et il meurt avant d'avoir vu le triomphe de l'armée française. Kellermann vient à son tour, et culbute, avec deux régiments de cavalerie, la colonne autrichienne qui se croyait victorieuse. Bientôt, le centre de l'ennemi, cerné par deux divisions, est obligé de mettre bas les armes : dès-lors le succès de la journée est assuré, et Mélas, qui s'était flatté d'avoir vaincu l'armée française, apprend sa propre déroute dans les murs d'Alexandrie.

La bataille de Marengo eut les résultats les plus décisifs : le général autrichien se retira derrière le Mincio, et signa un armistice qui restituait à la France Gênes, Nice, la Savoie, l'Italie moins Mantoue. Bonaparte, rentré dans Milan au milieu de l'allégresse et des cris de *vive le libérateur de l'Italie !* y consacra six jours à régler les affaires de la Péninsule. Il rétablit la république cisalpine, dont il fut nommé président ; réorganisa la république ligurienne, et donna un gouvernement provisoire au Piémont ; puis il quitta l'armée, et, deux mois après son départ, il revint coucher aux Tuileries, où il s'était installé. Il fut reçu dans la capitale avec un délire difficile à dépeindre ; comme César, il aurait pu dire : *Veni, vidi, vici, Je suis venu, j'ai vu, j'ai vaincu.* Il s'était contenté d'adresser aux consuls, ses collègues, ces simples paroles : « J'espère que le peuple français sera content de son armée. »

Aussitôt il reprit ses travaux de réorganisation intérieure, fortifia son administration, fit préparer un projet
de Code civil, régularisa le système financier, releva le
crédit. Lui-même présidait le Conseil d'État, où il avait
appelé les hommes les plus instruits, les esprits les plus
éminents. Il prenait part aux délibérations et étonnait
tous les membres du Conseil par la justesse des ses vues,
l'élévation de ses idées, la lucidité et souvent l'éloquence
de son langage. Rien ne paraissait étranger à ce jeune
guerrier, dans lequel on n'avait vu d'abord qu'un soldat
heureux, et qui se révélait tout-à-coup savant administrateur, politique profond, jurisconsulte judicieux, adroit
et habile diplomate.

Cependant quelques symptômes graves se produisirent
dans les derniers mois de l'année 1800 : les partis, d'abord
étonnés, abattus, commençaient à relever la tête ; ils ne
pouvaient plus attaquer le gouvernement par leurs écrits,
car une censure rigoureuse, mais nécessaire, pesait sur la
presse [71] ; ils se mirent à conspirer. Deux conjurations,
l'une républicaine, l'autre royaliste, éclatèrent successivement. La première fut déjouée ; l'adjudant-
général Aréna, le sculpteur Cerrachi, Topino-Lebrun
et Démerville, payèrent de leur tête leur criminelle
tentative. La seconde échoua aussi, mais par l'effet d'un
hasard providentiel. Le 24 décembre, le premier Consul
se rendait le soir à l'Opéra ; comme il passait dans la
rue Saint-Nicaise, une explosion effroyable eut lieu ;
c'était un baril de poudre cerclé de fer, chargé de
mitraille, auquel on a donné depuis le nom de *machine
infernale*, qui venait d'éclater. Bonaparte avait échappé
comme par miracle ; son cocher était ivre, et l'avait mené
avec tant de rapidité que la voiture avait déjà outre-passé,

lorsque la poudre prit feu ; mais de nombreuses victimes furent frappées, dix-sept personnes avaient péri, d'autres, en plus grand nombre, étaient blessées. Malgré le danger, le premier Consul avait continué sa route, et était allé rejoindre Joséphine à l'Opéra : son visage ne trahissait nulle émotion, et il salua, comme de coutume, avec calme et dignité, la foule qui l'applaudissait. Cependant, le soir, rentré aux Tuileries, il appela Fouché, le ministre de la police : « Voilà l'œuvre des Jacobins, s'écria-t-il ; ce sont les buveurs de sang de septembre, les assassins de Versailles ! » Il se trompait : la machine infernale était l'œuvre du parti royaliste et du cabinet de Londres ; on le sut plus tard. Carbon et Saint-Régent, les principaux coupables, furent condamnés à mort et exécutés. Les jacobins, toutefois, eurent leur part dans le châtiment ; un sénatus-consulte en condamna cent trente-trois à la déportation, tous pour la plupart sicaires habituels des partis violents, qui avaient joué un rôle actif dans les scènes les plus hideuses de la Révolution. Cette mesure injuste et arbitraire, — puisqu'ils étaient étrangers à la conspiration, — ne fut cependant point blâmée par l'opinion publique, qui regardait leur éloignement comme une garantie de sécurité. Malheureux arbitraire, auquel cependant le pouvoir est forcé d'avoir recours dans des temps de troubles, sous peine de voir périr l'ordre social, que le silence ou la faiblesse des lois ne peut suffisamment sauvegarder.

Du champ de bataille de Marengo, le premier Consul avait offert à l'Autriche de traiter sur les bases de Campo-Formio ; mais les négociations ayant été rompues à l'instigation de l'Angleterre, la guerre recommença sur le Rhin. Bientôt les victoires de Hochstett et d'Hohenlinden,

conduisent Moreau et son armée à vingt lieues de Vienne ;
les succès d'Augereau au nord de l'Allemagne, ceux de
Brune en Italie, ne laissent plus à l'Autriche d'autres
ressources qu'une prompte paix. Les négociations entamées à Lunéville entre Joseph Bonaparte et le comte de
Cobentzel, amènent la paix définitive. La rive gauche du
Rhin, la Belgique restent à la France ; les républiques
cisalpine, ligurienne, helvétique et batave sont reconnues
indépendantes ; le pape rétabli dans ses États, tels qu'ils
étaient limités dans le traité de Campo-Formio ; enfin, la
Toscane enlevée au grand-duc et cédée à la France, qui
en fait le royaume d'Étrurie en faveur du fils du duc de
Parme (9 février 1801). Le roi de Sardaigne fut dépossédé
du Piémont et de la Savoie ; quant au roi de Naples, il fit
sa paix avec la France, par le traité de Florence, qui
confirma simplement l'armistice de Foligno.

Ces divers traités furent suivis d'une négociation plus
importante encore, puisqu'elle devait donner au pays la
paix religieuse. Bonaparte avait compris qu'une société
sans religion est un édifice sans bases ; et, comme il
voulait sérieusement reconstruire l'ordre social, il songea
d'abord à rétablir la religion, comme le plus solide appui
des institutions civiles qu'il venait de fonder. Le pape
Pie VII adhéra avec empressement aux propositions du
premier Consul, et envoya à Paris le cardinal Gonsalvi,
qui conclut, avec Joseph Bonaparte, le Concordat de
1801, signé le 15 août, jour de l'Assomption et anniversaire de la naissance de Bonaparte [72]. Le Concordat
fut inauguré à Notre-Dame, le jour de Pâques, 9 avril
1802 ; les Consuls y assistèrent à la Messe et au *Te Deum*,
avec toutes les autorités et les corps constitués, au bruit
de l'artillerie et au son de ces cloches, que la révolution

avait fait taire pendant dix ans. La presque totalité de la
nation bénit avec reconnaissance cet acte qui répondait
si bien à ses sentiments, à ses mœurs, à ses habitudes;
et le christianisme, à qui le philosophisme croyait avoir
donné la mort, reparut avec le plus grand éclat, surtout
au sein des provinces, que les excès de l'impiété avaient
attachées encore davantage à la croyance de leurs
pères [73].

Cependant, l'Angleterre, seule dans l'Europe pacifiée,
continuait la lutte qu'elle avait excitée contre la France.
Bonaparte, n'ayant plus que ce seul ennemi à combattre,
résolut d'aller le chercher dans son île. Toutes les côtes
de la France furent donc armées de batteries; on construisit une multitude de bâtiments légers, de chaloupes
canonnières, de bateaux plats; une immense flotte se
rassembla du Hàvre à Anvers, ayant son centre à Boulogne. L'Angleterre prit l'alarme, et commença à parler de
paix. Un congrès s'ouvrit à Amiens; et, après cinq mois
de négociations pendant lesquels le premier Consul fit la
paix avec la Russie, la Turquie et le Portugal, le traité
définitif fut conclu, le 25 mars 1802, par Joseph Bonaparte, représentant la France, et lord Cornwalis, repré-
santant l'Angleterre. L'Egypte fut restituée à la Porte-
Ottomane; l'île de Malte, dont l'Angleterre s'était emparée,
rendue à l'ordre de Saint-Jean de Jérusalem; le roi de
Sardaigne et le stathouder de Hollande furent dépouillés
de leurs États, qui restèrent à la France, et la plupart de
nos colonies nous furent rendues.

Le traité de paix avec l'Angleterre rendait la liberté de
la mer à nos vaisseaux; le premier Consul en profita pour
rappeler en France l'armée d'Egypte, qui, depuis la mort
de Kléber, se trouvait dans le plus triste état, et pour

envoyer une expédition contre l'île de Saint-Domingue, sous les ordres du général Leclerc. Cette entreprise réussit d'abord ; l'île fut soumise à nos armes, et le chef des nègres, Toussaint-Louverture, fait prisonnier, fut envoyé en France. Mais des revers suivirent bientôt : la fièvre jaune, ayant moissonné la plus grande partie de l'armée, l'année suivante, le reste de nos troupes fut obligé d'abandonner sa conquête et de regagner le continent. Toutes les expéditions lointaines de Bonaparte, d'abord commencées sous d'heureux auspices, ont été frappées de la même fatalité : l'Égypte, Saint-Domingue et Moscow, sont à jamais de déplorables monuments de son histoire et de la valeur des armées françaises.

Pendant que la France atteignait, par les traités de Lunéville et d'Amiens, la plus haute position politique, elle prenait à l'intérieur un aspect tout nouveau. La prodigieuse activité du premier Consul se multipliait pour réparer les malheurs d'une longue et sanglante anarchie : percer des routes, creuser des canaux, encourager le commerce, établir l'exposition des produits de l'industrie, instituer l'Ordre de la Légion-d'Honneur, organiser les finances, la justice et l'instruction publique[74], rouvrir la France à tous les exilés ; telles furent ses grandes conceptions de l'année 1802. Mais la plus remarquable de toutes, fut, sans contredit, la rédaction du Code civil, ou recueil des lois qui régissent la famille et la propriété. Il confia d'abord cet important travail aux hommes les plus capables, sans distinction d'opinions politiques ; puis il en suivit lui-même la discussion devant le Conseil d'État, qui l'entendit avec étonnement traiter de la manière la plus lucide des matières auxquelles son éducation semblait le rendre complètement étranger.

Tant de prospérité, d'ordre et de repos, succédant à tant d'atonie et de calamités, exaltaient la reconnaissance des Français pour le premier Consul, et permettait à celui-ci de marcher à grands pas vers le pouvoir absolu. Il était d'autant plus sûr, en effet, de ne rencontrer aucune opposition à ses projets, qu'il venait d'augmenter encore sa puissance à l'extérieur, en attachant à la France la république Batave (la Hollande) par une nouvelle constitution. La *consulta*, tenue à Lyon par les députés lombards, en janvier 1802, lui avait décerné le titre de Président de la république italienne.

Il ne lui manquait plus que de voir se perpétuer dans ses mains le pouvoir temporaire qu'il tenait de la constitution. Tous les esprits sages comprenaient qu'un gouvernement stable et à l'abri des changements, pouvait seul fermer les plaies à peine cicatrisées de nos dix années de tourmente, et assurer l'avenir tout à la fois contre les tentatives de la contre-révolution, et les sourdes machinations de l'esprit révolutionnaire. Cette opinion, qui était le vœu général de la France, à part quelques protestations inaperçues, facilita singulièrement la marche du premier Consul vers l'autorité suprême. On peut croire, sans doute, qu'il désirât lui-même le rétablissement, dans sa personne, d'un pouvoir à vie substitué aux chances incertaines d'une magistrature temporaire. Mais la nation l'y appelait en reconnaissance de ce qu'il avait rendu la paix au pays, l'ordre à la société, la sécurité aux familles. Ce fut du Tribunat que partit l'initiative, et Bonaparte fut d'abord réélu premier Consul pour dix ans par le Sénat, le Corps-Législatif et le Tribunat. Cette démarche ne répondait qu'à demi aux vues du premier Consul. Il prétendit que « le peuple, l'ayant appelé à la suprême magistrature dans des circonstances difficiles où il n'avait pu peser le mérite de son choix, il était juste que ce même peuple manifestât aujourd'hui sa volonté avec calme et dans toute son indépendance.» En consultant le vœu de la nation, il ne doutait pas quelle serait sa réponse. Des registres furent donc ouverts dans toutes les communes de la République; les citoyens vinrent y déposer leur vote. Sur 3,577,259 votants, 3,568,885 se prononcèrent pour le *Consulat à vie*; il n'y avait donc eu que 8,374 opposants. Bientôt les grands corps de l'État, les tribunaux, les autorités civiles, s'empressèrent d'adhérer au vœu national.

Ainsi maître du pouvoir suprême à vie, Bonaparte comprit qu'il fallait apporter des modifications à la constitution de l'an VIII, dont deux années d'essai avaient suffisamment fait connaître les défauts. « Tous les pouvoirs y étaient en l'air, disait-il; ils ne reposaient sur rien. Il fallait établir leurs rapports avec le peuple.» Il s'appliqua d'abord à organiser les collèges électoraux, qu'il distingua en collèges d'arrondissement et collèges de département; ils étaient élus par les assemblées de canton, qui choisissaient leurs candidats parmi les citoyens les plus imposés; de cette manière, la propriété était représentée. Les collèges d'arrondissement désignaient les candidats pour les Conseils d'arrondissement et pour le Tribunat; ceux de département nommaient les candidats des Conseils départementaux et du Sénat. Les deux collèges réunis désignaient les candidats aux Corps-Législatif. Toutes les nominations appartenaient au premier Consul. Ainsi les collèges électoraux étaient des corps intermédiaires entre les pouvoirs et le peuple, une classification des citoyens, une organisation nationale.

Il procéda ensuite à l'organisation du Pouvoir. Les trois consuls étaient à vie ; le second et le troisième étaient nommés par le Sénat, sur la présentation du premier Consul, qui avait, en outre, le droit de désigner son successeur. Le Sénat réglait par des sénatus-consultes, dont le gouvernement avait l'initiative, tout ce que la constitution n'avait pas prévu ; il expliquait aussi les articles diversement interprétés ; il avait encore le droit de dissoudre le Corps-Législatif et le Tribunat. Enfin, le droit de grâce était attribué au premier Consul.

Ce système d'organisation gouvernementale centralisait le pouvoir, et donnait au chef de l'État toute facilité pour constituer la nation sans secousses et sans troubles. Le commerce, l'industrie et tout ce qui touchait à la prospérité intérieure de la France ne lui demeurait pas étranger. Il visitait les ateliers et les manufactures, distribuait des récompenses et des encouragements, fondait des prix pour les découvertes utiles, établissait des chambres de commerce dans les principales villes, et donnait l'essor à tous les travaux d'utilité publique. Ce fut alors aussi qu'il entreprit et termina la route du Simplon, monument gigantesque, d'une époque de prodiges ; et qu'après avoir jeté en Suisse une armée de trente mille Français pour rétablir la paix parmi les cantons, il fut nommé *Médiateur* de la Confédération Helvétique.

Mais l'Angleterre, jalouse de tant de prospérité, et effrayée de la puissance que la paix donnait au premier Consul, résolut de troubler l'établissement d'un pouvoir que le dernier sénatus-consulte avait révélé à l'Europe. Elle prétendait d'ailleurs voir une infraction au traité d'Amiens dans l'incorporation et l'occupation du Piémont, de l'île d'Elbe et des États de Parme, ainsi que dans la médiation armée du gouvernement français en Helvétie. Lord Withworth, ambassadeur d'Angleterre à Paris, fut chargé de faire à Bonaparte des propositions que, sans aucun doute, il ne pouvait accepter. Il demanda donc, par un *ultimatum*, la possession pendant dix ans de l'île de Malte, qui avait été déclarée indépendante par le traité d'Amiens, ainsi que l'évacuation de la Hollande par la France. Ces propositions furent rejetées. L'ambassadeur quitta Paris le 13 mai, et le 22 l'Angleterre reprit les armes qu'elle ne devait plus déposer qu'après la chute de son ennemi. Huit jours après, l'armée française avait conquis l'électorat de Hanovre, et fait prisonnière l'armée anglaise, commandée par le duc de Cambridge. A cette époque commencèrent ces mémorables travaux de la défense des côtes de France, de la Belgique et de la Hollande. Bonaparte y fit deux voyages dans le courant de cette année, et rendit plus redoutable aux Anglais ses projets de descente par les travaux des ports de Boulogne, de Calais, d'Ambleteuse, et par la construction d'innombrables bâtiments qui devaient transporter une armée française sur le territoire britannique. L'amiral Bruix commandait alors l'armée navale de l'Océan.

A la même époque, se tramait une grande conspiration, dont le but était l'enlèvement ou l'assassinat du premier Consul. La police suivit avec une adresse infatigable ce nouveau complot, et parvint à en découvrir les auteurs par les révélations que fit Querel, l'un des conjurés, ancien chirurgien des armées d'Italie. Ce fut par lui qu'on apprit la présence de Pichegru et de Georges Cadoudal dans Paris, ainsi qu'une complicité moins positive que d'intention chez Moreau. Georges, Moreau et Pichegru se voyaient souvent avec d'autres conjurés, au nombre desquels étaient Armand de Polignac. Ces réunions étaient tenues si secrètes que pendant plusieurs mois la police ne put découvrir le lieu de leurs rendez-vous. Cependant, on apprend que les principaux conjurés venaient de se réunir près de la Madeleine, et qu'ils devaient se porter le lendemain, au nombre de douze cents, sur Saint-Cloud pour y enlever le premier Consul. L'exécution de ce projet, ayant été remis à quatre jours, la police mit la main sur les chefs. Pichegru fut livré par un de ses amis pour 300,000 f.; le 9 mars, Cadoudal fut saisi et conduit à la prison du Temple, et Moreau fut arrêté le 15 février (1804). Le premier Consul ne sévissait qu'à regret contre ce dernier, qui avait de belles pages dans son histoire militaire : sa victoire de Hohenlinden et les grands services qu'il avait rendus à la France lui avaient acquis de nombreux partisans dans l'armée. On pouvait craindre que sa mise en jugement ne devînt l'occasion de quelques démonstrations dangereuses. Bonaparte fit donc dire à Moreau qu'il désirait le voir et lui parler pour terminer cette affaire à huis-clos entre eux deux. Moreau s'y refusa. Plus tard, ayant la certitude que des révélations avaient été faites, il écrivit de son propre mouvement au premier Consul une lettre où perçaient à chaque ligne les craintes dont il était agité. L'instruction de l'affaire était trop avancée : Bonaparte ne fit pas de réponse, et renvoya la lettre aux magistrats.

Malheureusement cette étrange affaire vint encore se compliquer d'un incident tragique, qui attira sur la tête du premier Consul les malédictions des royalistes et l'improbation de tous les gens modérés. Un ordre, parti de Londres, avait enjoint à tous les émigrés non rentrés en France de se réunir sur le Rhin, à trois lieues de la

rive droite du fleuve. Le duc d'Enghien , petit-fils du
prince de Condé, se trouvait au milieu d'eux, au château
d'Etteinheim, où il avait établi sa résidence provisoire.
Le jeune prince se rendait souvent incognito à Strasbourg ;
des révélations mensongères avaient même signalé sa
présence à Paris dans les conciliabules de Georges et de
Pichegru. Au récit de ces détails, Bonaparte, saisi d'un
mouvement de colère, s'écria : « Suis-je donc un chien
» qu'on peut assommer dans la rue, tandis que mes
» meurtriers seront des êtres sacrés ! On m'attaque corps
» à corps, eh bien , je rendrai guerre pour guerre ! » En
fallait-il davantage pour pousser aux extrémités un esprit
prévenu ? Bonaparte enjoint de suite au ministre de la
guerre de faire enlever le prince et de l'amener à Paris.
En conséquence, Berthier commande à Ordener et à
Caulaincourt de se rendre sur-le-champ dans l'État de
Bade, et d'y arrêter le duc d'Enghien. Le 14 mars , au
milieu de la nuit, la demeure du prince est investie ; une
troupe de gendarmes y pénètre le pistolet au poing.
L'officier qui les guide demande le duc d'Enghien ; alors
le prince se nomme , s'habille et se laisse conduire à
Strasbourg. Le 20, il arrive à Paris , est emprisonné au
fort de Vincennes , où une Commission militaire l'inter-
roge, le juge , le condamne en quatre heures , et le fait
fusiller avant le jour dans les fossés du château. Le
dernier descendant du grand Condé reçut la mort en
héros chrétien. Quelques minutes avant son exécution, il
demanda un prêtre à un des gendarmes qui l'accompagnaient ; celui-ci opposa un refus, en ajoutant : « Vous
voulez donc mourir en capucin? » Le prince ne répond
rien ; mais s'agenouillant aussitôt, il adresse à Dieu sa
dernière prière, puis se relève avec fermeté, met la main

sur son cœur, comme pour le désigner aux balles qui vont
le frapper, et tombe percé de plusieurs coups..... Il était
âgé de trente-deux ans.[75]

Cependant tous les conspirateurs que la police avait
jetés dans les fers venaient d'être jugés. Pichegru, pressentant le sort qui l'attendait, et voulant éviter la honte
du supplice, s'étrangla dans la prison. La veille, il avait
fait demander à Réal de lui envoyer les Œuvres de Séné-
que; il y lut le chapitre où ce philosophe recommande
aux conspirateurs de s'ôter la vie, et le lendemain le
général avait obéi à la maxime anti-chrétienne du philosophe païen. Les ennemis du premier Consul ne manquèrent pas de lui imputer d'avoir secrètement fait mettre à
mort le général qu'il redoutait ; cette calomnie a été
longtemps accréditée. Mais la culpabilité de Pichegru
était reconnue, il conspirait depuis dix ans ; les tribunaux
suffisaient donc pour faire justice, et il n'y avait aucune
urgence pour Bonaparte à ordonner un crime inutile.
Georges Cadoudal et dix-neuf autres conjurés furent
condamnés à mort ; onze furent exécutés. Moreau, d'abord
condamné à deux ans de détention, vit sa peine commuée
en un exil au-delà des mers ; il partit pour les États-
Unis. Neuf ans plus tard, il mourut frappé par un boulet
français dans les rangs des ennemis de la patrie !

Une grande révolution politique s'était opérée en
France dans l'intervalle qui sépare la découverte de la
conspiration du jugement des conspirateurs. Les grands
corps de l'État et la nation, alarmés des dangers que
venait de courir le premier Consul, inquiets sur l'avenir
et le peu de stabilité qu'offrait le Consulat, si Bonaparte
venait à manquer, cherchèrent dans le *pouvoir héréditaire* des institutions qui survécussent à leur auteur, et

*prolongeassent pour les enfants ce que son génie
avait fait pour les pères*[76].

Le 27 mars 1804, les membres du Sénat conservateur
présentent d'abord leur *adresse* au premier Consul ;
ensuite, le Tribunat, en vertu du droit que lui attribue
l'article 29 de la constitution, émet le vœu :

« 1° Que Napoléon Bonaparte, premier Consul, soit
proclamé empereur des Français, et, en cette qualité,
chargé du gouvernement de la République française ;

» 2° Que le titre d'empereur et le pouvoir impérial
soient héréditaires dans sa famille, de mâle en mâle, par
ordre de primogéniture. »

Ce vœu, présenté à la sanction du Sénat, est immédiatement approuvé. Convoqués par Fontanes, président du
Corps-Législatif, les députés présents à Paris se réunissent
de leur côté, et rédigent une adresse approbative comme
celle du Sénat. Bientôt les autorités départementales, les
tribunaux, sont consultés sur le vœu émis par les grands
corps de l'État. Dans le Tribunat, Carnot seul, qui avait
déjà repoussé le Consulat à vie, se leva contre l'Empire.
Au Conseil d'État, Lanjuinais et Boulay de la Meurthe,
furent les seuls qui témoignèrent leurs scrupules pour le
nouveau mode de gouvernement.

Le 18 mai, le Sénat déclara Napoléon Bonaparte *Empereur des Français* par un sénatus-consulte qui reconnaissait la dignité impériale héréditaire de mâle en mâle,
et par ordre de primogéniture. À défaut d'héritiers directs,
Joseph et Louis Bonaparte étaient appelés à succéder à
Napoléon. Le même sénatus-consulte créait aussi six
grands dignitaires de l'Empire. Le nouvel empereur, par
un décret, nomma Joseph Bonaparte grand électeur,
Louis Bonaparte connétable, Cambacérès archichancelier,

Lebrun architrésorier , et maréchaux de l'Empire : Berthier, Murat, Jourdan, Moncey, Masséna, Augereau, Bernadotte, Brune , Soult, Mortier , Lannes , Davoust, Ney , Kellermann , Bessières , Lefebvre , Pérignon et Serrurier.

Le gouvernement consulaire avait duré quatre ans et cinq mois. Cette période est sans contredit la plus belle de la vie de Bonaparte. Avant lui, « l'ouragan révolutionnaire avait rompu tous les liens qui réunissaient autrefois entr'elles les diverses parties de la nation. Il avait tout isolé, tout individualisé. Aux institutions brisées, aux traditions effacées, aux croyances proscrites de l'ancienne monarchie, il n'a substitué jusqu'ici rien qui ait force de vie. La démagogie déchaînée n'a su que renverser et détruire ; elle n'a su rien relever ni fonder. Bonaparte a été frappé de cette dissolution universelle ; il a compris que sur ce terrain balayé par la tempête, son rôle, à lui, est de réédifier... Modérateur suprême de la grande cause nationale, son but est de concilier les intérêts, de calmer les passions , d'éteindre les haines , de fondre les partis. Il sait que dans un pays comme le nôtre, où tout remonte aux temps anciens , les mœurs, les habitudes , les lois, rien de stable ne peut s'improviser ; il sait ce qu'ont duré ces essais d'institutions démocratiques étrangères au passé de la France, enfantés depuis dix ans au fort de la crise révolutionnaire. Sa haute raison, appuyée sur l'histoire de tous les peuples et de toutes les époques, a compris que chez une nation vieillie toute institution, qui n'a pas ses racines dans le passé, reste sans force et sans avenir, et que le premier vent l'arrachera du sol où on l'a jetée.... Telle est la haute pensée qui préside aux rudes labeurs du premier Consul, pensée que si peu de ses

12

contemporains ont pleinement comprise, et à laquelle, aujourd'hui encore, l'histoire est loin d'avoir complètement rendu justice.... Bonaparte, général ou consul, voulait être grand, parce qu'il fallait un chef à la nation, et qu'il avait vu que lui seul était à la hauteur du rang suprême ; il voulait concentrer dans ses mains une autorité forte, parce qu'il avait à surmonter d'opiniâtres résistances et qu'il lui fallait une dictature contre laquelle ces résistances vinssent se briser. Mais cette autorité absolue qu'il a voulu et qu'il a prise, il ne l'a fait servir qu'au salut de la France et à l'affermissement des conquêtes de la Révolution. La nation, crainte et respectée au-dehors ; au-dedans, les dernières agitations révolutionnaires comprimées, les factions anarchiques vigoureusement contenues, l'ordre raffermi, les lois remises en vigueur, la société soustraite, en un mot, à la funeste action des passions individuelles : telles sont, après deux années à peine, les admirables résultats de l'avénement de Bonaparte au pouvoir consulaire. Ambition ou dévoûment, le mobile qui a produit de si grandes choses aura toujours droit au respect et à la reconnaissance des hommes : — ou plutôt une pareille ambition n'est elle-même qu'un grand dévoûment (*).

L'adresse que le Sénat présenta dans cette occasion au premier Consul, était un triste témoignage de la confusion qui régnait dans les idées sur les principes fondamentaux du gouvernement ; d'un côté, elle demandait l'établissement d'un pouvoir *limité par la loi*, ce qui est la meilleure expression de l'autorité monarchique ; et,

---

(*) L. Vivien, *Histoire de Napoléon*, i, 156 et 157.

de l'autre, elle proclamait la *souveraineté du peuple*, négation de toute autorité dans l'acception révolutionnaire qu'on y attache. Elle avait aussi un autre tendance évidente, celle de fortifier les attributions des sénateurs, et de les constituer en même temps législateurs, électeurs et juges. Le premier Consul n'était pas homme à partager ainsi le pouvoir, ou plutôt à créer dans l'État un corps qui, profitant un jour de la faiblesse du prince, pourrait s'emparer des rênes du gouvernement et pactiser avec les ennemis de la France aux dépens des libertés nationales. Dans la position prospère où il venait de replacer la nation, et pour continuer avec succès l'œuvre de sa régénération, il ne voulait être exposé à éprouver aucune résistance : à l'armée, comme dans le gouvernement, il exigeait, avant tout, de l'unité et une prompte exécution; tout ce qui était réminiscence des assemblées délibérantes et constituantes de la Révolution ne convenait ni à sa haute conception, ni à son énergique initiative. « Les » prétentions du Sénat, disait-il, sont des réminiscences » de la constitution anglaise; comme si des institutions » identiques pouvaient convenir à deux pays aussi profondément différents que la France et l'Angleterre, où » rien ne se ressemble, ni le climat, ni les habitudes, ni » la religion, ni la constitution physique, ni le caractère, » ni les mœurs, ni l'organisation sociale, ni les traditions. » Aussi, pour couper court à tout débat, voulut-il que le Sénat n'eût à se prononcer que sur la substitution du titre d'*Empereur* à celui de *premier Consul*, laissant à la décision de la nation régulièrement consultée, la question d'hérédité dans sa famille. Cette expression du vœu national ne se fit pas attendre longtemps. Le 1er décembre 1804, une députation du Sénat vint présenter

à l'Empereur le résultat du vote de la France. Sur
3,574,808 votants, 3,572,329 avaient adhéré à l'initiative
des grands corps de l'État, et avaient de plus sanctionné
l'hérédité dans la descendance ou la famille de Napoléon
Bonaparte. Le Consulat à vie avait rencontré 8,374 opposants, l'Empire n'en trouvait que 2,569. Napoléon répondit
à la harangue de l'orateur du Sénat : « Je monte au trône
» où m'ont appelé les vœux unanimes du Sénat, du
» peuple et de l'armée, le cœur plein du sentiment des
» grandes destinées de ce peuple, que, du milieu des
» camps, j'ai le premier salué du nom de *Grand*. Depuis
» mon adolescence, mes pensées tout entières lui sont
» dévolues ; et, je dois le dire ici, mes plaisirs et mes
» peines ne se composent plus aujourd'hui que du
» bonheur ou du malheur de mon peuple. Mes descendants
» conserveront longtemps le trône.... Ils ne perdront
» jamais de vue que le mépris des lois et l'ébranlement
» de l'ordre social ne sont que le résultat de la faiblesse
» et de l'incertitude des princes. »

A chaque nouvelle modification du gouvernement
consulaire, une modification analogue avait dû s'opérer
dans les institutions fondamentales de la France. L'Empire
étant proclamé, la constitution devait encore cette fois
être appropriée à la nouvelle forme de gouvernement,
tout devait y aboutir à la personne du chef de l'État ; tout
devait y tendre à la force et à la splendeur de la monarchie impériale. Le centre de tous les pouvoirs, c'est
l'Empereur ; les divers corps de l'État, le Sénat, le Conseil
d'État, le Corps-Législatif, sont tous placés sous sa main
et subordonnés à son autorité suprême. Cette constitution,
dite de l'an XII, ne fut autre chose que l'organisation
d'une immense dictature, qui elle-même devait, à un

moment donné, faire place à des institutions présentant
d'autres garanties que la volonté d'un seul homme.
Napoléon l'avait bien senti : cette dictature ne devait avoir
qu'un temps ; et le moment étant venu, des limites devaient
être mises à l'exercice du pouvoir souverain, sans en
affaiblir l'action tutélaire, sans ouvrir la porte aux abus
pernicieux de l'esprit démocratique. Recueillons ce que,
quinze ans plus tard, il a dit à Sainte-Hélène sur ce sujet :
« On aurait voulu que Bonaparte fut un Washington : on
» ne faisait pas attention à la différence des temps, des
» lieux, des hommes et des choses. En France, avec
» la dissolution au-dedans et l'invasion au-dehors,
» Washington n'aurait été qu'un niais, s'il s'était conduit
» comme en Amérique. *Napoléon ne pouvait être*
» *qu'un Washington couronné* ; il ne pouvait imiter
» la modération du président américain qu'après avoir
» passé par la dictature. Les fondements sur lesquels
» bâtissait Napoléon, ne reposaient que sur du sable ; il
» avait la grande charge, l'immense difficulté de tout
» établir. Il épurait une révolution en dépit des factions
» déçues. Il avait réuni en faisceau tout le bien épars
» qu'on devait en conserver ; mais il était obligé de le
» couvrir de son bras vigoureux pour le sauver des
» attaques de tous. Il avait donc fait de l'organisation
» impériale le gouvernement le plus compact, le plus
» nerveux qui eût jamais existé. La force des circons-
» tances le voulait ainsi. Il fallait que tous les fils qui
» aboutissaient à lui se trouvassent en harmonie avec la
» cause première, sous peine de manquer le résultat.
» La plupart de ses ressorts n'étaient dans sa pensée que
» des institutions de dictature, des armes de guerre.
» Quand le temps serait venu de relâcher les rênes, tous

» les fils auraient été détendus. On aurait alors procédé
» à l'établissement de la paix, aux institutions locales. A
» l'origine, la situation ne les admettait pas. Et puis, il
» faut le dire, la France n'était pas mûre pour en faire
» un bon usage. Il ne faut pas croire que la nation fût
» déjà prête à manier dignement sa liberté.... Cela serait
» venu : on se formait chaque jour ; mais on avait encore
» beaucoup à faire et besoin de grandir dans cette belle
» et glorieuse route.... »

III

L'EMPIRE.

L'avénement de Napoléon au trône impérial fut proclamé dans toute la France et annoncé à toutes les
autorités et aux puissances étrangères avec grande
solennité. Tous les souverains, à l'exception de ceux de
Russie, de Suède et d'Angleterre, s'empressèrent de
saluer et de reconnaître le nouvel Empereur. Le roi
d'Espagne donna l'exemple ; le roi de Prusse le suivit ;
bientôt l'Autriche en fit de même. Cependant le comte de
Lille (Louis XVIII), qui continuait de résider à Varsovie,
regardant ce fait comme une usurpation des droits dynastiques qu'il tenait de ses ancêtres, fit contre la nouvelle
dignité de Napoléon une protestation qu'il adressa aux
souverains de l'Europe, et qui ne fut accueillie, du moins
ouvertement, par aucune cour. Pour toute réponse,
Napoléon fit imprimer textuellement cette protestation
dans le *Moniteur*.

L'esprit public fut beaucoup moins ému des plaintes du comte de Lille, que des suites du procès de la conspiration de Pichegru : l'exil de Moreau surtout attristait les vieux soldats qui avaient cueilli avec lui des lauriers en Allemagne; d'un autre côté, la haute noblesse de France comptait parmi les condamnés des hommes de la première distinction, tels que MM. Armand de Polignac, le marquis de Rivière, etc. L'épouse de M. de Polignac, conseillée et conduite par l'Impératrice Joséphine, vint se jeter aux pieds de l'Empereur et demander la grâce de son mari. Napoléon, après l'avoir considérée avec attention, la releva et lui dit : « J'ai été étonné, Madame, de trouver » votre mari impliqué dans une affaire aussi odieuse. » — « Non, Sire, jamais, répondit-elle, mon époux n'a » conçu l'idée d'un crime que l'honneur réprouve encore » plus fortement que les lois. » La douloureuse situation de cette femme et les larmes qu'elle versait émurent profondément Napoléon : « Je puis, reprit-il aussitôt, » pardonner à votre mari, car c'est à ma vie qu'on en » voulait; je vous accorde sa grâce. » Puis il ajouta : « Qu'ils sont coupables ceux qui engagent leurs plus » fidèles serviteurs dans des entreprises aussi criminelles, » aussi follement conçues, et dont eux-mêmes ne par- » tagent pas les périls. » Cette grâce ne fut pas la seule : il pardonna aussi à Bouvet de l'Hozier, Lajollais, Rochelle, Gaillard, Russillon, Charles d'Hozier, et au marquis de Rivière. Ce fut ainsi que, par l'inspiration et l'entremise de la bonne Joséphine, Napoléon signala par la clémence son avénement à l'Empire.

Cependant au milieu des soins multipliés qu'exigeait l'inauguration du pouvoir impérial, Napoléon poursuivait activement ses projets contre l'Angleterre. Pour accélérer,

par sa présence sur les côtes, l'entreprise qu'il voulait
accomplir, il quitta Paris le 18 juillet 1804. Le lendemain,
il passait en revue les troupes rassemblées sous Boulogne,
et faisait manœuvrer différentes divisions de la flotte.
Après avoir visité Calais, Dunkerque, Ostende, il revient
à Boulogne, et le 15 août suivant, il fit avec le plus grand
appareil une distribution considérable de croix de la
Légion-d'Honneur, non-seulement à l'armée, mais encore
à de nombreux fonctionnaires civils. Parti de Boulogne le
lendemain, il visita les ports et les villes de la Belgique,
et se rendit à Aix-la-Chapelle, comme s'il eut voulu,
nouveau Charlemagne, déposer le tribut de ses hommages
au tombeau de son glorieux prédécesseur. De là, il visite
Cologne, Mayence, Trèves, puis il revient à Paris où il
arrive le 12 octobre. L'imagination encore toute pleine
des souvenirs de Charlemagne, Napoléon avait écrit de
Mayence au souverain pontife Pie VII, pour le prier de
renouveler en faveur du chef de la dynastie nouvelle ce
que Léon III avait fait jadis pour le chef de la dynastie
carlovingienne.

   « Le moment est venu, lui disait-il, où la réconciliation
» de l'Eglise et de l'Empire va recevoir la sanction la plus
» auguste. Le premier effet de votre condescendance,
» Très-Saint Père, sera de consacrer la réconciliation du
» peuple français avec la monarchie, qui est nécessaire
» à son repos; de prévenir tous les prétextes de guerre
» civile, d'aplanir tous les différents qui conduisent à un
» schisme, en établissant d'une manière fixe les rapports
» de la religion avec l'État et de l'État avec la religion.
» La France, d'ailleurs, mérite cette faveur particulière.
» Son Église est la fille aînée de l'Église romaine : il s'agit
» de dissiper tous les nuages qui ont obscurci les derniers

» jours de leur union, et cette union en deviendra plus
» sainte, et les jours qui suivront en seront plus sereins.
» Nous nous proposons, de notre côté, de réparer toutes
» les ruines de l'Église, de rendre au culte son antique
» splendeur, et à ses ministres toute notre confiance, si
» si Votre Sainteté répond à nos vœux par l'inspiration
» du Très-Haut, dont elle est l'organe sur la terre. Sous
» tous les rapports religieux, moraux et politiques,
» l'univers chrétien recueillera des avantages immenses
» du voyage que je supplie Votre Sainteté de faire à Paris ;
» de ce voyage que, malgré la saison, la distance et les
» difficultés, elle ne doit pas hésiter à entreprendre, si
» l'intérêt de la religion en prescrit la nécessité. Les
» concerts de la reconnaissance s'unissent déjà dans le
» cœur de tous les Français à la vénération qu'ils
» ressentent pour celui que ses lumières et ses vertus
» ont appelé au gouvernement de l'Église. Des hommages
» universels accompagneront tous les pas du Saint-Père,
» à qui nous voulons qu'on décerne les mêmes honneurs
» que Léon III reçut de Charlemagne, notre glorieux
» prédécesseur. »

Caffarelli, aide-de-camp de Napoléon, fut chargé de
cette dépêche. Secondé par le cardinal Fesch, il n'eut
point de peine à obtenir du souverain pontife l'acquies-
cement à un acte qui, consolidant le trône impérial,
tournait au bénéfice de la religion elle-même. Le 29
octobre, dans le sein du conclave, Pie VII fit connaître de
la manière suivante sa pieuse résolution.

...... « La demande de S. M. l'Empereur des Français
» n'est pas seulement un témoignage authentique de la
» religion de l'Empereur et de sa piété filiale pour le
» Saint-Siège ; mais elle se trouve encore appuyée de

» déclarations positives que sa volonté ferme est de
» protéger de plus en plus la foi sainte, dont il a jusqu'ici
» travaillé à relever les ruines par tant de généreux
» efforts. Ainsi, Vénérables Frères, vous voyez combien
» sont justes et puissantes les raisons que nous avons
» d'entreprendre ce voyage. Nous y sommes déterminé
» par des vues d'utilité pour notre sainte religion et par
» des sentiments particuliers de reconnaissance pour le
» très-puissant Empereur qui, après avoir rétabli la
» religion catholique en France, nous témoigne le désir
» de favoriser ses progrès et sa gloire. A ces causes,
» Vénérables Frères, marchant sur les traces de nos
» prédécesseurs, qui se sont quelquefois éloignés de leur
» siége et se sont transportés pour le bien de l'Église
» dans des régions lointaines, nous entreprenons ce
» voyage, sans nous dissimuler que sa longueur, une
» saison peu favorable, notre âge avancé et notre faible
» santé auraient dû nous en détourner; mais nous comp-
» tons pour rien ces obstacles, pourvu que Dieu nous
» accorde ce que notre cœur lui demande (*). »

Le souverain pontife partit de Rome le 5 novembre,
et, marchant à petites journées, rencontra à Fontainebleau, le 25 du même mois, Napoléon et sa cour qui
l'attendait sous un arc triomphal. Descendu de voiture,
les deux souverains s'embrassèrent et revinrent aux
Tuileries où l'Empereur avait fait préparer un magnifique
appartement au Saint-Père. Pendant les jours qui précé-
dèrent le couronnement, le pape reçut les hommages de
toutes les autorités de la capitale, et fut touché de

(*) E. Bégin, III, 530.

l'empressement que le peuple mettait à jouir de la vue du père commun des fidèles [77].

La cérémonie du sacre eut lieu le 2 décembre dans l'antique cathédrale de Paris, avec une pompe et une magnificence qui surpassèrent tout ce qu'avaient pu étaler les splendeurs de Louis XIV et de François Ier. Après que l'Empereur eut prononcé le serment prescrit, la main sur le livre des Évangiles, il saisit la couronne sur l'autel, où le pape venait de la bénir, et la pose lui-même sur sa tête. Puis, prenant la couronne de l'Impératrice, il la place sur le front de Joséphine. Alors les acclamations s'élèvent de toutes parts et font retentir, pendant dix minutes, les voûtes de Notre-Dame : la foule innombrable qui se presse autour de l'auguste basilique y répond par mille cris de joie.... La quatrième dynastie française était dès-lors inaugurée : la religion venait de la consacrer, et la France dans l'ivresse déposait aux pieds de Napoléon ses vœux et ses espérances.

Le nouvel Empereur crut devoir inaugurer son règne, en donnant à la France un gage authentique de ses dispositions pour la paix. La rupture de l'Angleterre n'avait été basée sur aucun motif plausible : Napoléon pensa qu'en s'adressant directement à Georges III, souverain de ce royaume, il pourrait le ramener à l'observation du traité d'Amiens, et éloigner ainsi les chances de la guerre. Le 14 janvier 1805, il lui écrivit donc la lettre suivante :
« Je n'attache pas de déshonneur à faire les premiers
» pas ; j'ai assez, je pense, prouvé au monde que je ne
» redoute aucune des chances de la guerre. La paix est
» le vœu de mon cœur ; mais la guerre n'a jamais été
» contraire à ma gloire. Je conjure Votre Majesté de ne
» pas se refuser au bonheur de donner la paix au monde.

» Qu'elle ne laisse pas cette douce satisfaction à ses
» enfants. Une coalition ne fera jamais qu'accroître la
» prépondérance et la grandeur de la France. »

Le roi d'Angleterre ne répondit pas lui-même à cette
importante démarche ; mais, se mettant au-dessus des
règles de la bienséance la plus ordinaire, il donna ordre
à lord Malgrave d'adresser une réponse vague et négative
à M. de Talleyrand. L'Empereur, indigné de ce manque
d'égards, communique aussitôt cette réponse aux trois
grands corps de l'État. La franchise de cette communication excita au plus haut degré l'enthousiasme public
déjà exalté par la générosité de la démarche faite par
Napoléon auprès du roi Georges. La guerre, ainsi sanctionnée par l'opinion, prit un caractère plus national,
et acquit à l'Empereur les sympathies de la France
entière.

Cependant, au milieu des immenses préparatifs de
cette guerre, une nouvelle couronne, la couronne de fer
des rois Lombards, vint se poser sur le front du glorieux
Empereur des Français. Napoléon, s'étant rendu en Italie
avec l'Impératrice, fit son entrée solennelle à Milan le
8 mai 1805, et le 26 eut lieu le second couronnement.
Ainsi qu'à Paris, Napoléon prit la couronne sur l'autel, et
la plaçant sur sa tête : « *Dieu me la donne*, dit-il à
haute voix, *gare à qui la touche.* » L'Ordre de la
Couronne de fer, institué immédiatement par l'Empereur,
prit ces mots pour sa devise.

Mais, tandis que Napoléon s'occupait à organiser son
royaume d'Italie, l'Autriche, poussée par les efforts de
l'Angleterre, s'était déterminée à mettre ses armées en
mouvement avant même l'arrivée des troupes auxiliaires
de la Russie. La Suède devait attaquer la Hollande ; le

roi de Naples faire une diversion sur les États romains, pendant que l'archiduc Charles descendrait sur le Tyrol.

De retour en France [78], Napoléon apprend que l'Autriche avait envahi la Bavière. Rapide comme l'éclair, il lève aussitôt le camp de Boulogne, et se précipite à la tête de son armée sur les bords du Rhin, avec celles de Hanovre et de Hollande. Le 1er octobre 1805, les positions des Autrichiens étaient déjà tournées et enfoncées à Wertingen, à Guntzbourg, à Memmingen ; le pont d'Elchingen était emporté par le maréchal Ney ; le 12, l'Empereur entrait dans la capitale de la Bavière, délivrait les États de son fidèle allié, et contraignait le général Mack à se renfermer dans Ulm et à se rendre, le 20 octobre, après quelques jours de blocus [79]. Bientôt Marienzel, Prossling, Lintz et Inspruck tombent en notre pouvoir. « Nous ne nous arrêterons plus, avait dit » Napoléon en ouvrant la campagne, que nous n'ayons » assuré l'indépendance du corps germanique, secouru » nos alliés et confondu l'orgueil de nos injustes agres- » seurs. Nous ne ferons plus de paix sans garantie ; » notre générosité ne trompera plus notre politique. » De si brillants résultats, dus aux savantes combinaisons de l'Empereur et à la bravoure de ses soldats, ne coûtèrent à la grande armée que deux mille hommes tués ou mis hors de combat.

En recommençant la guerre, l'Autriche avait l'intention de porter la plus grande partie de ses forces en Italie ; mais la rapidité de la marche de Napoléon déconcerta ses mesures. Masséna, qui commandait l'armée française en Italie, battit l'ennemi en cinq rencontres, et vers la fin de novembre fit sa jonction à Klagenfurth avec le corps du maréchal Ney qui venait de s'emparer d'Inspruck.

Le lendemain de la prise d'Ulm, l'Empereur ayant appris que les Russes s'avançaient à grandes journées au secours de l'Autriche, adressa l'ordre du jour suivant à ses soldats : « Soldats de la Grande Armée, nous avons » fait une campagne de quinze jours ; vous ne vous » arrêterez pas là : cette armée russe, que l'or de l'Angle- » terre a transportée de l'extrémité de l'univers, nous » allons l'exterminer. »

Aussitôt, concentrant ses forces en Bavière, il passe l'Inn le 28 octobre, force à la retraite les Russes qui venaient se joindre aux Autrichiens, et entre dans Vienne le 13 novembre. Mortier, deux jours auparavant, avait battu sur le Danube Kutusow, général en chef de l'armée russe. L'armée française ne s'arrête pas à Vienne ; elle se précipite sur les Russes, et les refoule jusqu'à Brünn, où ils font leur jonction avec le second corps d'armée à la tête duquel se trouve l'empereur Alexandre lui-même. Ainsi renforcés, les Russes se trouvaient au nombre de quatre-vingt mille hommes ; mais harassés de fatigue, ils se retirent jusqu'à Olmutz pour y attendre de nouveaux renforts. Napoléon porte son quartier général à Brünn en Moravie, près du lieu où il avait prévu qu'une bataille décisive allait être livrée. Ses forces étaient numérique-ment inférieures à celles de l'ennemi ; il n'avait pas 70,000 hommes à mettre en ligne, et les deux empereurs alliés lui en opposaient près de cent mille. Avec un autre chef, la position des Français, ainsi enfoncés au cœur d'un pays ennemi, et ayant en tête des forces supérieures, eût pu sembler critique. Mais Napoléon avait tout prévu et paré à tout pour un dénouement que rien ne pouvait plus retarder. Comme le grand Frédéric à Friedberg, il avait reconnu d'avance la position où il voulait combattre,

et il y avait attiré ses ennemis avec beaucoup de tactique
et d'adresse. La veille, l'Empereur parcourut toute la
ligne adressant la parole aux soldats qu'il reconnaissait :
« Soyez demain, mes braves, tels que vous avez toujours
» été, leur disait-il, et les Russes sont à nous, nous les
» tenons..... » Et l'air retentissait des cris de *Vive
l'Empereur !*

Napoléon revint se coucher sur la paille, et dormit
jusqu'à trois heures du matin. Il attend alors pour donner
ses derniers ordres, que l'horizon soit tout-à-fait éclairci.
Le 2 décembre, jour anniversaire du couronnement de
l'Empereur, le soleil se leva radieux et dissipa les
brouillards du matin ; Napoléon monte à cheval, et
parcourant au galop le front de bandière de ses braves
régiments : « Soldats, il faut finir cette campagne par un
coup de tonnerre. » L'armée électrisée, lui répond par
mille cris d'enthousiasme, et le combat s'engage sur toute
la ligne. Pour être plus sûr de la victoire, l'Empereur fait
battre en retraite pendant trois heures, jusqu'à une position dont, quelques jours auparavant, il avait calculé
l'avantage. Les ennemis, pensant profiter de ce mouvement, dirigent précipitamment leurs masses vers le centre
de l'armée française pour l'écraser et dans l'espoir de
séparer ses deux ailes. Mais c'est là que le choc fut le
plus terrible ; la garde impériale russe se mesure pour
la première fois avec la garde impériale française. Après
des efforts héroïques de part et d'autre, l'avantage
demeure aux Français : les Russes fléchissent, cèdent,
se débandent, et bientôt notre cavalerie pousse devant
elle leurs masses enfoncées. Aux deux ailes, la fortune ne
nous était pas moins favorable : Lannes et Murat à la droite,
Soult à la gauche, se signalent par des prodiges de valeur,

sur tous les points l'ennemi est en déroute. Acculés à l'étang de Sokolnitz, six milles Autrichiens y trouvent la mort; vingt mille autres tombent dans les lacs glacés de Monitz. Les Français sont vainqueurs sur toute la ligne; le prince Constantin est fait prisonnier; le reste des ennemis ne dut son salut qu'à la protection des ténèbres.

Telle fut la bataille d'Austerlitz [80] que la présence de Napoléon, d'Alexandre et de François sur le théâtre de l'action, fit aussi nommer *Bataille des trois Empereurs.* Les alliés y perdirent 50,000 hommes tués ou mis hors de combat; quinze généraux et plus de quatre cents officiers russes furent faits prisonniers. Quarante drapeaux, les étendards de la garde impériale russe, cent-vingt pièces de canon furent les trophées de cette victoire mémorable. La perte des Français fut évaluée à deux mille morts, et cinq mille blessés.: la réserve, composée de vingt mille soldats, n'avait pas brûlé une amorce. Toute l'armée française avait si bien fait son devoir, que Napoléon, au milieu des élans de sa reconnaissance, s'écria : « Il faudrait une puissance encore plus grande que la mienne pour récompenser dignement tous ces braves. »

La France se montra généreuse envers les vainqueurs d'Austerlitz : des pensions furent accordées aux veuves des officiers et des soldats ; leurs enfants, adoptés par la patrie, reçurent une éducation gratuite, leurs filles furent dotées aux frais de l'État ; et Napoléon, fier des succès de son armée, prononça ces paroles dignes d'être à jamais retenues par les Français : « Soldats, lorsque vous retour- » nerez en France, il vous suffira de dire : *J'étais à la* » *bataille d'Austerlitz*, pour que l'on vous réponde : » *Voilà un brave !* »

Cependant les restes de l'armée austro-russe se virent

bientôt enveloppés de toutes parts : Alexandre et François
ayant même couru risque d'être faits prisonniers, l'empereur d'Autriche sentit le premier s'évanouir ses dispo
sitions belliqueuses. Le 24 décembre, il arriva lui-même
au camp des Français. Napoléon le reçut à son bivouac :
« Je n'habite pas d'autres palais depuis six mois, lui
dit-il. — Vous savez si bien tirer parti de cette habitation,
répondit François, qu'elle doit vous plaire. » Un généreux
armistice fut accordé ; les Russes obtinrent la faveur de
quitter les États autrichiens et de rentrer dans leur
pays [81]. Napoléon, peu de temps après, se repentit de sa
bonté ; car Alexandre, une fois rentré dans les limites de
son empire, engagea la Prusse à se maintenir pour le
moment dans une neutralité hypocrite et simulée [82], et
refusa lui-même de donner son assentiment au traité de
paix qui fut signé à Presbourg le 26 décembre.

La brillante campagne d'Austerlitz, qui venait de
s'accomplir en deux mois, avait ressuscité le vieil empire
d'Occident et soumis à la puissance de Napoléon la plus
grande monarchie qui se fût élevée depuis la mort de
Charlemagne. Tout jusque-là avait réussi à l'Empereur ;
mais la fortune lui avait été contraire sur les mers : dix-
huit vaisseaux français et quinze vaisseaux espagnols,
commandés par les amiraux Villeneuve et Gravina,
rencontrèrent la flotte anglaise près du cap de Trafalgar.
L'amiral Nelson, sous les ordres duquel elle était placée,
ne se laissa point intimider par le nombre de ses adversaires ; il engagea un combat formidable, à la suite duquel
les deux flottes combinées de France et d'Espagne furent
détruites : vingt vaisseaux tombèrent aux mains des
Anglais ; deux jours après, la plupart des autres eurent
le même sort, et le reste fut englouti par la tempête. Les

équipages seuls furent faits prisonniers et conduits en Angleterre ; là, jetés sur des pontons, ils eurent à souffrir tous les maux du plus dur esclavage. L'Angleterre paya chèrement la victoire de Trafalgar par la mort de l'habile et brave Nelson, dont le bras venait d'arracher son pays aux dangers de l'invasion et aux menaces du belliqueux Empereur des Français.

La nouvelle de cette catastrophe fut portée à Napoléon quelques jours après la reddition d'Ulm ; c'était la dure contre-partie de tant de succès ; il se garda bien de faire connaître la funeste dépêche, et en poursuivit avec plus d'activité sa marche triomphante contre les austro-russes jusqu'à la journée d'Austerlitz qui lui fit oublier nos désastres sur mer.

Par le traité de Presbourg, l'Autriche avait reconnu Napoléon comme roi d'Italie ; elle lui cédait l'État de Venise, l'Istrie, la Dalmatie et l'Albanie. Les électeurs de Bavière et de Wurtemberg, restés fidèles à la France, recevaient le titre de rois avec un agrandissement de territoire. Murat, beau-frère de Napoléon, recevait le grand-duché de Berg et de Clèves ; le maréchal Berthier, la principauté de Neufchatel, enlevée au roi de Prusse ; le prince-Eugène, devenu l'époux de la fille du roi de Bavière, était déclaré héritier présomptif de la couronne d'Italie, dans le cas où Napoléon mourrait sans postérité. La princesse Pauline, sœur de l'Empereur, avait pour sa part les duchés de Lucques, de Massa et de Carrara, et le prince Borghèse, son époux, la principauté de Guastalla. Tous ces décrets furent signés à Vienne au commencement de janvier 1806. L'Empereur quitta quelques jours après la capitale de l'Autriche, et rentra en France, où il fut reçu avec un enthousiasme qui tenait du délire. Le 27 janvier, le Sénat et le peuple lui décernèrent le surnom de *Grand*, que la postérité a ratifié par un assentiment universel. Cinq jours auparavant, mourait à Londres Pitt, ministre du cabinet anglais, l'ennemi le plus acharné et le plus déloyal de la France et de l'Empereur. Le célèbre Fox, homme intègre et pur, lui succéda aux affaires; mais la mort l'emporta trop tôt pour la paix du monde et l'honneur de sa patrie.

Les succès de la bataille d'Austerlitz ne furent pas moins profitables à Napoléon dans l'Italie méridionale. Au moment de se mettre en campagne, il avait ordonné à Gouvion Saint-Cyr, qui occupait quelques points du royaume de Naples, de revenir dans la Haute-Italie, pour couvrir les derrières de Masséna, menacés par l'armée du prince Charles. Gouvion, avant d'exécuter ses ordres, avait conclu avec la cour de Naples un traité par lequel le roi Ferdinand promettait de se maintenir dans la plus stricte neutralité: ce traité fut signé le 21 septembre 1805. Mais, quand les Français eurent évacué le royaume de Naples, ce prince appela les Anglo-Russes, mit à leur disposition vingt-cinq mille hommes, et menaça le territoire romain. Dès le lendemain de la paix de Presbourg, Napoléon voulut venger cette infraction au traité du 21 septembre: Gouvion Saint-Cyr eut ordre d'envahir le royaume de Naples, et le 37e bulletin de la grande armée annonça à l'Europe que la dynastie de Naples avait cessé de régner. Quarante-cinq mille Français entrèrent dans ce royaume, s'emparèrent de sa capitale sans résistance, le 8 février 1806. Ferdinand et sa cour se retirèrent en Sicile. Aussitôt, Napoléon déclara que « voulant assurer le sort des peuples de Naples et de Sicile, tombés en son pouvoir par droit de conquête, il reconnaissait pour roi

de Naples son bien-aimé frère Joseph ; » de plus, il instituait dans ces deux royaumes six duchés grands fiefs de
l'empire, pour être à perpétuité à sa nomination et à celle
de ces successeurs (30 mars). Trois mois après, le maréchal Bernadotte et M. de Talleyrand étaient nommés, le
premier prince de Ponte-Corvo, le second prince de
Bénévent dans le pays de Naples.

Dans la même année, Napoléon créa son frère Louis
roi de Hollande. De grands motifs politiques justifiaient à
ses yeux cette importante mesure : d'abord, sous le point
de vue militaire, la Hollande possédant toutes les places
fortes qui garantissent notre frontière du Nord, il était
essentiel à la sûreté de l'Empire que la garde en fût
confiée à des mains sûres; puis, sous le point de vue
commercial, la Hollande étant située à l'embouchure des
grandes rivières qui arrosent une partie considérable de
notre territoire, son alliance intime et assurée ne nous
était pas d'une moindre utilité. Aussi Napoléon terminait-il
son message au Sénat par ces mots, d'une haute portée :
« La Hollande est le premier intérêt politique de la France. »

L'année 1806 vit rétablir le calendrier grégorien et
abolir les dénominations que la République avait substi-
tuées aux jours et aux mois de l'année. Les canons
conquis dans la campagne d'Austerlitz furent fondus pour
élever à la gloire de la grande armée la magnifique
colonne de la place Vendôme; la basilique de Sainte
Geneviève fut rendue au culte catholique, celle de Saint-
Denis fut consacrée à la sépulture des empereurs; et, à la
place des ossements de nos rois, que la fureur révolutionnaire avait jetés aux vents, Napoléon fit ériger trois
autels expiatoires, honneur funèbre rendu à nos trois
dynasties. Cette époque, signalée par des grandes amélio-

rations, fut aussi celle où Napoléon fit le plus de progrès dans l'opinion publique, et augmenta le nombre de ses partisans et de ses admirateurs. Ce fut alors qu'il organisa la banque de France, qui avait subi une grande crise en 1805; qu'il créa le corps des ingénieurs des ponts-et-chaussées, des maisons d'éducation pour les filles des membres de la Légion-d'Honneur, des Conseils de prud'hommes pour régler les différends entre les fabricants et les ouvriers; il construisit les routes du Mont-Cenis et de la Corniche; il améliora la navigation de dix-huit rivières; enfin, il embellit Paris, dont il voulait faire la capitale de l'Europe, « quelque chose de fabuleux, disait-il, de colossal, d'inconnu jusqu'à nos jours. »

Pendant l'espèce d'armistice que le ministère Fox, favorable à la France, avait conclu avec Napoléon pour en venir à des négociations pacifiques, l'Empereur avait réussi à créer une barrière contre les puissances du Nord par le renouvellement de la *ligue du Rhin*, conçue par Mazarin en 1658. Après des conférences longtemps tenues secrètes à ce sujet, un traité avait été signé le 12 juillet 1806, par lequel les rois de Bavière et de Wurtemberg, les grands-ducs de Bade et de Berg, l'électeur de Ratisbonne, le landgrave de Hesse-Darmstadt et dix autres princes se séparèrent pour toujours de l'empire germanique, et s'unirent entr'eux par une confédération, sous la protection de l'Empereur des Français. Une alliance était signée entre la Confédération du Rhin et la France; en cas de guerre, celle-ci fournissait un contingent de deux cent mille hommes, et les princes allemands confédérés soixante-trois mille. Le 1er août, ils notifièrent leur séparation définitive de l'empire germanique, et décidèrent ainsi François II à renoncer à son titre d'empereur d'Allemagne et de roi des Romains : dès-lors, ce prince commença, sous le nom de François Ier, la série des empereurs d'Autriche, et l'Empire créé par Charlemagne, après mille six ans de durée, cessa d'exister.

L'Autriche, humiliée, dissimula son dépit, et se prépara de nouveau à la guerre : la Saxe et les autres principautés du nord de l'Allemagne en firent autant. La Prusse surtout, gouvernée par deux factions, l'une dévouée à la Russie et l'autre à l'Angleterre, mécontente d'ailleurs de ce que Napoléon, dans ses négociations avec Fox, avait offert à cet homme d'État de lui rendre le Hanovre, naguère annexé au territoire prussien, se hâta de traiter avec la Russie, l'Angleterre et la Suède : alors poussant tout-à-coup ses armées sur la Saxe, elle s'empara de cette province. Frédéric-Guillaume, tout fier de son armée de deux cent quatre-vingt mille hommes, se croyait déjà sûr de la victoire. Malheureusement pour lui, le vieux duc de Brunswick, investi du commandement général, n'avait rien de ce qu'il fallait pour se mesurer avec le vainqueur de Rivoli, de Marengo et d'Austerlitz.

Le 8 octobre, l'armée française se mit en mouvement, et, tandis que dans le camp prussien généraux et soldats la croyaient immobile en avant de Wurtzbourg, nos phalanges, aussi promptes que l'éclair, filaient rapidement à l'extrême gauche de l'armée prussienne, et pénétraient en Saxe par la vallée de la Saale. C'en était fait de cette armée : elle allait être enveloppée, coupée de sa ligne de retraite et séparée de ses magasins. Dans cette fausse position, Brunswick ordonne aussitôt de concentrer ses deux ailes sur Weimar pour marcher en masse à la rencontre des Français. Mais ce mouvement rétrograde, opéré avec confusion, fut le commencement des désastres de l'armée prussienne. Le prince Louis, qui s'était porté à l'avant-garde, fut tué dans une charge de hussards : premier provocateur de la guerre, il en fut la première victime. Le 12, nous avions dépassé Iéna, et nous nous trouvions entre l'armée prussienne et Berlin ; l'ennemi n'avait donc de salut que dans la victoire. Cependant, Napoléon, quoique sûr de vaincre voulut tenter une dernière démarche de paix : le 12, il écrivit au roi de Prusse pour l'engager à ne pas faire couler inutilement tant de sang. Mais, retenue aux avant-postes par une suite de malentendus, cette lettre ne fut remise à Frédéric-Guillaume que le surlendemain, au moment où les deux armées étaient aux prises.

Le 14, à la pointe du jour, le combat s'engagea. L'armée prussienne, supérieure en nombre à l'armée française, et se déployant sur une grande étendue de terrain, changea cette bataille en deux batailles simultanées : l'une près d'Iéna, où l'Empereur avait devant lui le prince de Hohenlohe et quarante mille Prussiens ; l'autre aux environs du village d'Auerstaedt, où le maréchal Davoust, avec moins de trente mille hommes, eut à soutenir le choc de forces plus que doubles. Ni à Iéna, ni à Auerstaedt la victoire ne fut pour nous un instant douteuse. Nos pertes furent grandes, mais celles de l'ennemi le furent encore bien davantage : trente mille Prussiens restèrent sur les deux champs de bataille, vingt mille prisonniers tombèrent entre nos mains, ainsi qu'un matériel immense. La défaite se changea en une déroute complète : Brunswick fut blessé mortellement, et 14,000 fuyards, qui s'étaient jetés dans Erfurth, se rendirent le lendemain sans opposer aucune résistance. En quelques jours, toutes les places fortes de la Prusse occidentale étaient en notre pouvoir ; Frédéric-Guillaume, après avoir traversé Berlin sans s'y arrêter, s'était hâté de chercher un refuge derrière l'Oder. Ce fut là que le malheureux prince, se souvenant de la lettre que Napoléon lui avait adressée la veille de la bataille, s'empressa de demander un armistice à son vainqueur. Cette proposition ne pouvait ni ne devait lui être accordée ; l'Empereur n'était pas d'humeur de perdre ainsi les fruits de sa victoire. Déjà le gros de l'armée française se dirigeait rapidement sur Berlin ; Davoust, le premier, y entra le 25, et l'Empereur l'y suivit le 27, entouré des vieilles légions de sa garde [83].

Ce fut de Berlin que Napoléon adressa au Sénat, le 21 novembre, son fameux décret du *blocus continental* contre l'Angleterre, décret terrible qui fit trembler au fond de son île la superbe dominatrice des mers. Quoique cette mesure violente fût, en quelque sorte, contraire à l'équité naturelle, parce qu'elle froissait les intérêts privés des populations européennes, tout l'odieux devait naturellement en retomber sur la puissance implacable dont l'opiniâtreté perpétuait sur le continent les calamités de la guerre, dans la seule vue d'humilier et de ruiner la France.

Après le refus de Napoléon d'accorder l'armistice demandé par le roi de Prusse, ce prince avait eu hâte d'envoyer au quartier-général français un plénipotentiaire chargé d'entamer sur-le-champ des négociations de paix. L'Empereur accéda à cette avance, mais il exigeait des conditions telles que Frédéric-Guillaume ne crut pas pouvoir les accepter. Dès-lors, une seconde campagne dut s'ouvrir immédiatement.

Napoléon n'avait pas encore quitté Berlin [84], d'où il

dirigeait toutes les opérations militaires et l'administration intérieure de son vaste empire, lorsqu'il apprit que
les armées russes s'avançaient pour venger la défaite
d'Iéna. Sans plus tarder, il s'élance vers la Pologne avec
des troupes plus formidables que celles qu'il avait au
moment où s'ouvrit la campagne, et porte son quartier-
général à Posen ; là, il réunit les divers corps de la grande
armée. Mais déjà Murat, Lannes, Davoust, Augereau,
avaient chassé les Russes de Varsovie. Les Français avaient
été reçus dans cette grande ville comme des libérateurs
et des frères. Les seigneurs polonais quittaient leurs
châteaux, et accouraient à Varsovie demander avec
d'instantes prières le rétablissement de leur nation, si
indignement partagée sur la fin du XVIII° siècle. Napoléon,
qui voulait ménager la susceptibilité de l'Autriche et de la
Russie, évita de prendre des engagements avec les Polonais russes et autrichiens, et se contenta d'écrire dans
un de ses bulletins : « Le trône de Pologne se rétablira-t-il,
et cette nation reprendra-t-elle son existence et son indépendance ?... Dieu seul, qui tient dans ses mains les
combinaisons de tous les événements, est l'arbitre de ce
grand problème politique. » De l'aveu de toute l'Europe
occidentale, ce fut une faute. En rétablissant le royaume
de Pologne, Napoléon opposait un rempart formidable
aux envahissements de la Russie, affaiblissait l'Autriche
et la Prusse, et se créait un allié fidèle et puissant pour
l'avenir ; 1812 et la retraite de Moscou eussent été bien
moins funestes à la grande armée, si la Pologne, fortement
reconstituée depuis 1807, nous eût offert des quartiers
d'hiver sûrs et le secours de son peuple brave et généreux.

Pendant que les corps de l'armée française passaient
successivement la Vistule, Napoléon signait à Posen la

paix avec l'électeur de Saxe, qu'il créait roi ; il admettait
cinq autres princes de la maison de Saxe dans la confédération du Rhin, et renforçait ainsi l'armée française des
contingents de leurs troupes.

Arrivé à Varsovie le 19 décembre, l'Empereur résolut,
malgré la saison, d'en finir au plus tôt avec les Russes.
L'armée, mise en mouvement, les atteint et les bat successivement à Czarnovo, le 23 décembre ; à Nasielsk, le 26 ; à
Pultusk et à Golymin, le même jour ; à Mohringen, le
26 janvier 1807 ; à Berifried, le 3 février, et les force à se
retirer sur Ostrolenka. Mais ces divers combats ne servent
que de prélude à l'une des plus sanglantes batailles dont les
annales de la guerre fassent mention. Le 9 février, dix
mille Russes et trois mille Français tombèrent sur le
plateau d'Eylau. Seize mille blessés du côté des ennemis,
six à huit mille du nôtre ; les généraux Corbineau et
d'Hautpoul tués sur le champ de bataille, le maréchal
Augereau, les généraux Heudelet, Desjardins, Suchet,
Dallemagne dangereusement blessés, telles furent, en
résumé, les pertes qui attristèrent le cœur de Napoléon.
« Cette journée, écrivait-il à Joséphine, m'a coûté bien
des braves... Ce n'est pas la belle partie de la guerre : on
souffre, et l'âme est oppressée de voir tant de victimes [85]. »
Malgré la déroute de son armée mise en fuite, Alexandre
s'attribua la victoire, et ordonna des actions de grâces
pour une journée où il avait encore laissé quinze mille
prisonniers, quarante pièces de canon et seize drapeaux
entre les mains de ses ennemis. Après la bataille d'Eylau,
l'armée reprit ses quartiers d'hiver.

Cependant les hostilités n'avaient pas cessé sur tous
les points. En Silésie, Vandamme prenait Brèslaw, Brieg
et quatre autres places en huit mois. Dans la Poméranie,

Mortier resserrait Stralsund, battait les Suédois, et forçait leur roi Gustave à un armistice, que Napoléon s'empressa d'approuver. Enfin, Dantzig, après cinquante-un jour de tranchée, ouvrait ses portes, le 26 mai, au maréchal Lefebvre : huit cents pièces de canons cinq cent mille quintaux de grains, furent les fruits de cette conquête. Napoléon récompensa Lefebvre par le titre de duc de Dantzig. L'Empereur se rendit dans cette place le 1er juin, et vint de là présenter de nouveau le combat aux Russes qui, défaits à Spanden et à Domitten, furent définitivement écrasés le 14, à Friedland. Alexandre y perdit soixante mille hommes, tués, blessés ou prisonniers. Cette dernière victoire ouvrit aux français les portes de Kœnisberg, où ils entrèrent le 16 juin, et y trouvèrent des richesses immenses : 300 gros navires chargés de toutes espèces de munitions, et 160,000 fusils que l'Angleterre envoyait à Alexandre. Contraint dès-lors de revenir à des sentiments pacifiques, le czar signa le 20 un armistice avec Napoléon, qui deux jours après adressa à son armée une proclamation où l'on remarquait les passages suivants : « Des bords de la Vistule, nous sommes arrivés » sur ceux de Niémen avec la rapidité de l'aigle. Vous » célébrâtes à Austerlitz l'anniversaire du couronnement; » vous avez, cette année, dignement célébré celui de » Marengo, qui mit fin à la guerre de la seconde coalition. » Français, vous avez été dignes de vous et de moi; vous » rentrerez en France couverts de tous vos lauriers, et » après avoir obtenu une paix glorieuse qui porte avec » elle la garantie de sa durée. »

Des négociations s'ouvrirent en effet, à Tilsitt, entre Napoléon et Alexandre. De part et d'autre, on décida que, le 25, une entrevue des deux empereurs aurait lieu sur un radeau dont on avait fait une île flottante au milieu du Niémen. Au centre du radeau s'élevait le pavillon destiné à recevoir les monarques avec leur suite. Les deux armées, en grande tenue, couvraient l'une et l'autre rive. Au jour fixé, Napoléon est reçu avec son état-major dans une barque pavoisée qui le conduit au radeau, tandis qu'Alexandre part de l'autre rive. Arrivé le premier, Napoléon traverse le pavillon et s'avance au-devant d'Alexandre qu'il embrasse avec cordialité. Ce fut un beau moment : deux armées, deux peuples répondaient par leurs vivats à la réconciliation des deux plus puissants souverains de l'Europe. Dans la soirée, la moitié de la ville fut neutralisée, pour que les cours de Russie et de Prusse y prissent leur logement. Tous les jours, les trois monarques faisaient ensemble des promenades à cheval, passaient des revues ; souvent même ils dînaient chez Napoléon, et assistaient à toutes les fêtes auxquelles l'Empereur des Français les invitait avec une exquise courtoisie. Enfin, le 12 juillet eut lieu l'échange des ratifications du traité de Tilsitt, par lequel le roi de Prusse recouvra sa couronne et la possession de ces États. On en détacha seulement la partie polonaise [86] donnée au roi de Saxe, sous le titre de grand-duché de Varsovie, ainsi que les provinces situées sur la rive gauche de l'Elbe [87], qui furent réunies au royaume de Westphalie, en faveur de Jérôme Bonaparte, à l'avénement duquel les souverains du Nord consentirent : ils reconnurent de même l'élévation de Joseph et de Louis-Napoléon aux trônes de Naples et de Hollande.

Les trois souverains se séparèrent au milieu des protestations mutuelles d'estime et d'amitié. Le roi de Prusse se rendit à Memel ; Alexandre rentra dans ses États, promettant sa médiation entre la France et l'Angleterre, et Napoléon, après avoir visité Kœnisberg, regagna la France, en passant par Dresde, et fut de retour à Saint-Cloud le 27 juillet.

Cette époque peut, sans contredit, être regardée comme la plus brillante de l'ère impériale : les hautes puissances continentales, l'Autriche, la Russie et la Prusse, réduites à déposer leur orgueil aux pieds d'un monarque nouveau qu'éleva cette révolution contre laquelle se brisèrent tous leurs efforts, ont accédé par des traités au *blocus* des îles britanniques ; et l'Europe entière est saisie de respect et d'admiration au seul nom de Napoléon, dont la volonté régit vingt nations différentes.

Peu de temps après son retour, Napoléon supprima le Tribunat, comme « n'offrant plus, dans l'édifice public, qu'une pièce inutile, déplacée et discordante ; » il fut remplacé, pour la discussion des lois, par trois commissions du Corps-Législatif. Par un décret du 1er mars 1808, il organisa une nouvelle noblesse [88] française : les grands dignitaires de l'empire furent décorés du titre de *princes ;* les ministres, sénateurs, archevêques, conseillers d'état, eurent celui de *comtes ;* les présidents des cours de cassation, les évêques et les maires des trente-sept *bonnes-villes,* eurent celui de *barons ;* enfin, les membres de la Légion d'Honneur, celui de *chevaliers.* Ainsi Fouché devint duc d'Otrante, Cambacérès, duc de Parme, Monge, comte de Péluse, etc.

Cependant le calme que le traité de Tilsitt avait rendu au continent, fut troublé par un acte inqualifiable de piraterie de la part du gouvernement anglais, habitué à fouler aux pieds les droits des peuples et le respect de l'humanité. Au milieu du mois d'août, une escadre anglaise portant 30,000 hommes de débarquement, paraît tout-à-coup devant Copenhague et somme le gouverneur danois de livrer ses vaisseaux. Le Danemark ne s'attendait pas à une si insolente agression de la part d'une puissance avec laquelle, comme État neutre, il était en pleine paix. Quoique dépourvu de tous préparatifs de défense, le prince-régent n'en repoussa pas moins cette sommation barbare. Alors les Anglais investissant Copenhague par mer et par terre, bombardent cette malheureuse ville, et en trois jours la réduisent presque en cendre. Privés de tout secours, les Danois se virent contraints de capituler et de livrer leurs vaisseaux. L'Europe entière protesta hautement contre cet odieux brigandage. La France fit avec le Danemarck une alliance offensive et défensive; la Russie rompit toute communication avec l'Angleterre et se rattacha plus étroitement au système continental. Elle fit plus encore; pour punir la Suède, qui refusait d'adhérer à la ligue du continent, elle envahit la Finlande, en février 1808, tandis que Bernadotte, avec 30,000 français, marchait au secours des Danois attaqués en Norvége par Gustave IV, roi de Suède.

Pendant que ces choses se passaient dans le nord de l'Europe, l'Italie devenait le théâtre d'une lutte regrettable entre le puissant Empereur des Français et le Pontife romain, vieillard désarmé, mais capable d'affronter tous les périls pour la défense de l'Église confiée à sa vigilance et à ses soins. Comme catholique et comme Français, nous voudrions ne point exhumer de si douloureux souvenirs. Mais l'historien a ses droits et ses devoirs, et nous ne pourrions, sans oublier les uns et les autres, passer sous silence des faits qu'ont également désapprouvés la religion et la politique, les contemporains et la postérité. Parvenu au faîte de la puissance et de la gloire, Napoléon Ier crut que certaines raisons d'État l'autorisaient à s'emparer des possessions du Saint-Siége, malgré la sanction des siècles et des peuples, au mépris de la donation solennelle que Pépin et Charlemagne en avaient faite aux papes Etienne et Léon III. Plus heureuse que la France impériale de 1808, la France de 1848 a vu l'héritier de l'Empereur, alors qu'il n'était que chef temporaire d'une république, répudier par sa noble conduite envers Pie IX, l'erreur dans laquelle le chef de sa race s'était laissé entraîner, et restaurer en dépit des factions, le trône pontifical menacé par d'aveugles novateurs. L'univers catholique a applaudi à cette courageuse politique de Napoléon III, et lui a rendu en estime et en sympathies le bien qu'il a fait à la religion.

Depuis longtemps, la bonne harmonie n'existait plus entre le Pape et l'Empereur. Celui-ci avait, sans en prévenir le Pontife, changé en Italie certaines circonscriptions diocésaines, supprimé des couvents et introduit le concordat français dans les États italiens. Pendant la campagne de 1805, il avait encore demandé au Pape qu'il fermât ses ports aux Russes et aux Anglais, et, sans attendre de réponse, il avait fait occuper Ancône. Pie VII se plaignit vivement de cet attentat à son indépendance. Le 13 février 1806, l'Empereur lui répondit : « Je me suis considéré comme le protecteur du Saint-Siége, et j'ai occupé Ancône à ce titre.... Votre Sainteté est souveraine de Rome, mais j'en suis l'Empereur.... » — « Le souverain pontife, répondit le pape, n'a jamais reconnu et ne reconnaît point dans ses États de puissance supérieure à la sienne ; aucun empereur n'a le moindre droit sur Rome ; l'empereur de Rome n'existe point. » Et il persista dans sa neutralité, en disant que « le vicaire de Jésus-Christ

devait conserver la paix avec tous, sans distinction de catholiques et d'hérétiques. » Napoléon irrité intima l'*ultimatum* suivant au souverain pontife. « Une alliance
» offensive et défensive sera conclue entre le pape et les
» rois d'Italie et de Naples contre les Anglais et les Turcs ;
» le pape adhérera complètement au blocus continental ;
» les forteresses romaines seront occupées par les troupes
» françaises, dès qu'une armée anglaise aura menacé de
» débarquer en Italie ; le pape reconnaîtra Joseph comme
» roi de Naples ; le tiers des cardinaux sera français ; le
» concordat sera admis dans les provinces italiennes. »
Pie VII ne voulut s'engager qu'à fermer ses ports aux Anglais ; il demanda à négocier sur le reste. Napoléon aurait dû se contenter de cette concession ; il y avait sagesse à ne pas s'engager dans des difficultés spirituelles, et la reconnaissance exigeait au moins des ménagements pour le pontife qui l'avait sacré. Mais, cédant à l'exaltation de sa puissance et aux illusions de sa monarchie universelle, il fit occuper Rome par un corps d'armée, le 2 février 1808, et déclara les 4 provinces d'Urbin, d'Ancône, de Macerata et de Camérino, réunies au royaume d'Italie. On incorpora les troupes pontificales dans l'armée française ; on désorganisa le gouvernement romain en enlevant les cardinaux et en les transportant dans leurs diocèses, on enchaîna l'autorité du pape, qui dès-lors déclara qu'il se considérait comme prisonnier. L'opinion publique se prononça pour le pape, parce que c'était le faible qui résistait au fort, et que le vainqueur des rois avait trouvé une puissance qu'il ne pouvait ni entamer ni abattre [89]. Pie VII fit preuve, dans toute cette lutte, d'une résignation chrétienne et une énergie d'autant plus inébranlable qu'il la puisait dans sa conscience, pendant que Napoléon

montra tour-à-tour de la violence et de la modération,
des accès de colère et des hésitations qui n'allaient pas à
son caractère, et dévoilaient son embarras [90]. Ce fut
un commencement de décadence morale ; elle allait
continuer par l'accomplissement de ses projets sur
l'Espagne (*) et sur toute la Péninsule ibérique.

Le décret du blocus continental était, à cette époque,
strictement observé depuis les côtes du Holstein jusqu'au
détroit de Messine. Mais sur les rivages de l'Océan Atlan-
tique se trouvait un pays que les liens d'une longue
dépendance commerciale enchaînait invinciblement aux
intérêts anglais : c'était le Portugal, d'où les marchandises
de l'Angleterre se répandaient dans toute la Péninsule.
L'Empereur résolut de ranger ce royaume sous sa domination, pour le soustraire à celle de son éternelle ennemie. Dès le 12 août, il somma le prince-régent de Portugal
d'adhérer entièrement au système continental : l'hésitation
de la cour de Lisbonne fut le signal d'une guerre immédiate. Un traité secret fut conclu avec le roi d'Espagne, le
17 octobre 1807, par lequel il était stipulé que vingt-cinq
mille Français feraient la conquête du Portugal, assistés
de vingt-quatre mille Espagnols, qui entreraient par le
nord et le midi, et seraient soutenus, au besoin, par
quarante autres mille Français rassemblés sur les Pyrénées. Le Portugal serait partagé en trois parties : le nord
devait être donné au jeune prince espagnol, le roi
d'Etrurie, qui céderait la Toscane à la France ; le midi
serait érigé en souveraineté pour Manuel Godoï, prince
de la Paix, ministre et favori du roi d'Espagne ; le reste

(*) LAVALLÉE, *Histoire des Français*, t. IV.

demeurerait en dépôt entre les mains de l'Empereur jusqu'à la paix générale.

À peine ce traité avait-il été signé, que le corps expéditionnaire passait la Bidassoa ; le commandement en avait été confié à Junot, à qui cette campagne devait valoir le titre de duc d'Abrantès. En moins d'un mois, les Français traversent l'Espagne et arrivent devant Lisbonne, avant même que la cour de Portugal eût eu connaissance de leur marche et de leurs projets. Le 29 novembre, la famille royale et presque toute la noblesse du pays s'embarquent pour le Brésil ; Lisbonne nous ouvre ses portes le lendemain, et le drapeau français flotte sur ses forts à la place de l'étendard de la Lusitanie. Pendant ce temps, les troupes espagnoles s'étaient portées sur le Douro et dans les Algarves dont elles s'étaient emparées, selon les stipulations du traité.

Nous étions maîtres du Portugal. Pour consolider notre conquête, la possession de l'Espagne devenait indispensable. Napoléon avait un motif plausible de déclarer la guerre à cette puissance : avant la victoire d'Iéna, Manuel Godoï, sollicité par les intrigues de l'Angleterre, et alarmé de la déchéance des Bourbons de Naples, s'était lié secrètement à la coalition contre la France, et avait publié une proclamation où il appelait les Espagnols à se lever en masse. Mais, depuis lors, il s'était humilié pour obtenir son pardon de l'Empereur, et le traité du 17 octobre avait paru l'effet d'une franche réconciliation. Le dévouement sans bornes que le prince de la Paix affectait depuis lors de porter à Napoléon, l'avait rendu suspect aux Espagnols, qui ne voyaient dans ce favori qu'un traître disposé à vendre l'Espagne à la France. D'un autre côté, l'astucieux ministre, disposant de la volonté du faible Charles IV et plus encore des faveurs de la reine, avait réussi à semer des ferments de discorde au sein de la famille royale, et à exciter le courroux du roi contre Ferdinand, prince des Asturies, héritier présomptif de la couronne. Les grands et le peuple avaient pris le parti de ce jeune prince en haine du favori, dont ils ne supportaient qu'avec impatience le joug humiliant.

Sur ces entrefaites, on apprend que dans le but d'aller attaquer en Portugal la puissance anglaise, Napoléon avait fait entrer en Espagne ses troupes qui s'avançaient à marches forcées sur Madrid. A cette nouvelle, la cour, alarmée, se dispose à partir pour Séville. Le peuple, ne voyant dans ce départ qu'un moyen imaginé par Godoï pour livrer l'Espagne aux Français, se porte sur Aranjuez, pille les appartements du prince de la Paix, et allait l'immoler lui-même à sa vengeance, si Ferdinand ne l'eût arraché tout sanglant à leur fureur et jeté dans une étroite prison. Ce ne fut pas gratuitement que le prince des Asturies sauva ainsi les jours de l'homme qu'il détestait le plus au monde : égaré par la douleur, son vieux père et la reine éplorée lui ont promis le trône en échange de la vie du favori. — Sauve Godoï, lui crient-ils, et la couronne est à toi ! Charles IV signa en effet son abdication [91] le 19 avril, et dès ce jour Ferdinand fut proclamé roi d'Espagne par l'émeute apaisée.

Mais le 24 mars, Charles IV écrivait contre cette abdication forcée une double protestation, dont il transmettait l'une à Murat, qui avait le commandement des troupes françaises en Espagne, et l'autre était expédiée à Paris pour être remise à Napoléon. « Votre Majesté, disait » Charles IV à l'Empereur, ne verra pas sans quelque » intérêt un roi qui, forcé d'abdiquer la couronne, vient

» se jeter dans les bras d'un monarque, son allié, se
» remettant en tout à sa disposition... Je n'ai déclaré me
» démettre de la couronne en faveur de mon fils que par
» la force des circonstances, et lorsque les clameurs d'une
» garde insurgée me faisait assez connaître qu'il fallait
» choisir entre la vie et la mort, qui aurait été suivie de
» celle de la reine, etc. »

Ferdinand, de son côté, s'était hâté, dès le 20 mars,
d'informer l'Empereur de son avénement au trône, en
l'assurant de l'estime et de l'admiration qu'il avait pour
sa personne, et lui promettant de coopérer de tous ses
efforts aux plans qu'il concevrait contre l'Angleterre, leur
ennemie commune. Ces deux dépêches et les événements
d'Aranjuez mirent Napoléon dans un grand embarras. Il
était loin alors de vouloir détrôner les Bourbons d'Espagne, car, le 28 mars, lorsque l'avénement de Ferdinand
lui fut notifié d'une manière officielle, Talleyrand venait
de remettre à l'envoyé d'Espagne les préliminaires d'un
traité qui cimentait de nouveau l'alliance offensive et
défensive des deux États. D'autre part, l'Empereur disait
à son ambassadeur (*) : « Je crains tout d'une révolution
» (celle d'Aranjuez) dont je ne connais bien ni la direction,
» ni l'intrigue. Le mieux serait d'éviter une guerre avec
» l'Espagne. Cette guerre serait une sorte de sacrilége ;
» toutefois, je ne balancerais pas à la faire si le nouveau
» roi adoptait une politique qui me fût contraire. Ma
» position serait alors semblable à celle où se trouva
» Louis XIV lors de la succession de Charles II. Fut-ce
» l'ambition qui dirigea sa politique? Non : c'est que s'il

(*) Mémoires du duc de Rovigo, III, 256.

» n'avait pas mis un de ses petits-fils sur le trône
» d'Espagne, un archiduc d'Autriche y eût été appelé.
» Dès-lors, l'Espagne devenait l'alliée de l'Angleterre, et
» Louis XIV, dans toutes les guerres qu'il aurait eues avec
» l'une ou l'autre de ces deux puissances, aurait eu
» bientôt les deux ensemble à combattre. Ici, le cas n'est
» pas exactement le même, en ce sens que Louis XIV
» avait pour lui le testament de Charles II, et qu'aujour-
» d'hui le trône est occupé par l'héritier de Charles IV;
» mais cela ne change rien à la nature des choses, et la
» France, aujourd'hui, comme alors, a besoin de rester
» avec l'Espagne dans une étroite alliance d'intérêts et
» de politique. »

Dans la lettre que Napoléon écrivit à Murat, son beau-
frère, ses appréciations sont encore plus remarquables
par leur justesse et leur solidité. « L'affaire du 19 mars,
» dit-il, a singulièrement compliqué les événements; je
» reste dans une grande perplexité. Ne croyez pas que
» vous attaquiez une nation désarmée, et que vous n'ayez
» que des troupes à montrer pour soumettre l'Espagne.
» La révolution du 20 mars prouve qu'il y a de l'énergie
» chez les Espagnols. Vous avez affaire à un peuple neuf;
» il a tout le courage, il aura tout l'enthousiasme que l'on
» rencontre chez les hommes que n'ont point usés les
» passions politiques. L'aristocratie et le clergé sont les
» maîtres de l'Espagne. S'ils craignent pour leurs privi-
» léges et leur existence, ils feront contre nous des levées
» en masse qui pourront éterniser la guerre. J'ai des
» partisans; si je me présente en conquérant, je n'en
» aurai plus. Le prince de la Paix est détesté parce qu'on
» l'accuse d'avoir livré l'Espagne à la France. Voilà le
» grief qui a servi l'usurpation de Ferdinand. Le prince

» des Asturies n'a aucune des qualités qui sont néces-
» saires au chef d'une nation : cela n'empêche point que,
» pour nous l'opposer, on en fasse un héros. Je ne veux
» pas que l'on use de violence envers les personnages de
» cette famille ; il n'est jamais utile de se rendre odieux
» et d'enflammer les haines. L'Espagne a plus de cent
» mille hommes sous les armes : c'est plus qu'il n'en
» faut pour soutenir avec avantage une guerre intérieure.
» Divisés sur plus d'un point, ils peuvent servir de noyau
» au soulèvement total de la monarchie. L'Angleterre ne
» laissera pas échapper cette occasion de multiplier les
» embarras... Irai-je à Madrid? exercerai-je l'acte d'un
» grand protectorat, en prononçant entre le père et le
» fils? Il me semble difficile de faire régner Charles IV.
» Son gouvernement et son favori sont tellement dépo-
» pularisés, qu'ils ne se soutiendraient pas trois mois.
» Ferdinand est l'ennemi de la France, c'est pour cela
» qu'on l'a fait roi. Le placer sur le trône sera servir les
» factions qui depuis vingt-cinq ans veulent l'anéantisse-
» ment de la France. Une alliance de famille serait un
» faible bien. La reine Élisabeth et d'autres princesses
» françaises ont péri misérablement, lorsqu'on a pu les
» immoler impunément à d'atroces vengeances. Je pense
» qu'il ne faut rien précipiter, qu'il convient de prendre
» conseil des événements qui vont suivre.... C'est à la
» politique et aux négociations qu'il appartient de décider
» des destinées de l'Espagne ; *si la guerre s'allumait*
» *dans cette contrée, tout serait perdu.* Au reste, vous
» ferez en sorte que les Espagnols ne puissent soupçon-
» ner le parti que je prendrai. Cela ne vous sera pas
» difficile : *je n'en sais rien moi-même.* »

Comment le grand génie qui a écrit de telles vérités

a-t-il pu se laisser entraîner dans la route funeste dont lui-même, avec tant de sagacité, signale les dangers? Mais les incidents qui suivirent changèrent la face des choses et firent bientôt cesser ces irrésolutions. Pour se rapprocher du théâtre des événements, et être mieux à portée d'en étudier les acteurs, Napoléon se rendit à Bayonne. Ferdinand ne tarda pas de venir l'y trouver, pour le disposer en sa faveur. Dans plusieurs conférences que les deux princes eurent ensemble, l'Empereur jugea de l'incapacité et des dispositions de Ferdinand, et le trouva imbu de préventions hostiles à la France. Son parti fut dès-lors irrévocablement pris : il s'en expliqua sans détours avec les conseillers du prince espagnol. « Tant » qu'il existera, leur dit-il, des Bourbons sur le trône » d'Espagne, je n'aurai avec cette puissance aucune » alliance sincère. Ils sauront feindre tant qu'ils seront » isolés et dans l'impuissance de me nuire ; mais lors- » qu'ils me verront occupés dans une guerre du Nord, » qui ne peut manquer d'avoir lieu, ils se réuniront à » mes ennemis. Rappelez-vous la perfidie de Charles IV » lui-même, qui, au mépris de notre alliance, voulut me » faire la guerre, lorsqu'il me crut tout occupé de celle » de Prusse, peu avant la bataille d'Iéna. Il profita de » mon prétendu danger pour faire circuler dans son » royaume une proclamation, afin d'armer tous ses sujets » contre moi. Jamais, je le répète, je ne compterai sur » l'Espagne tant que les Bourbons y régneront. »

En même temps, l'Empereur ordonnait à M. de Champagny, son ministre des relations extérieures, de rédiger un rapport destiné à servir de manifeste vis-à-vis de l'Europe. Ce rapport rappelait que de tous les États européens, il n'en était aucun dont le sort fût plus néces-

sairement lié à celui de la France que l'Espagne. La rivalité
de François Ier et de Charles-Quint, et les guerres qui en
avaient été la suite, démontraient l'évidence de cette
vérité politique. La prévoyance de Louis XIV, en faisant
passer la couronne d'Espagne sur la tête de son petit-fils,
a valu aux deux contrées un siècle de paix après trois
siècles de guerre... C'est donc l'ouvrage de Louis XIV qu'il
faut recommencer. La politique le conseille, la justice
l'autorise, les troubles de l'Espagne en imposent la nécessité : Napoléon doit pourvoir avant tout à la sûreté de
son empire, et sauver pour toujours l'Espagne de l'influence
de l'Angleterre.

Sur ces entrefaites, le vieux roi, accompagné de la reine
et du prince de la Paix, se rendit lui-même à Bayonne
auprès de Napoléon. Une émeute venait d'ensanglanter les
rues de Madrid : cinq cents Français y avaient succombé
non sans de terribles représailles ; cet incident précipita
le dénouement. Ferdinand, accusé par son père d'avoir
provoqué cette explosion populaire, fut contraint de signer
sa renonciation à la couronne d'Espagne. La veille,
Charles IV avait souscrit un acte par lequel il transmettait
à l'Empereur des Français tous ses droits sur le trône
d'Espagne et des Indes. Il recevait en compensation une
pension de deux millions de francs et la propriété du
domaine de Chambord. Quant à Ferdinand, le château
de Valençay, près des rives du Cher, lui était assigné pour
résidence. Les choses étant ainsi réglées, Napoléon déféra
la couronne d'Espagne à son frère Joseph, qui, depuis un
an, occupait le trône des Bourbons de Naples.

Mais la fierté espagnole, profondément blessée par
l'intrusion d'un pouvoir étranger, avait excité dans la
Péninsule entière un ressentiment qui ne pouvait être

assouvi que par du sang. De toutes parts, les Espagnols
courent aux armes ; les armées s'organisent, les guer=
rillas sillonnent les provinces en poussant le cri de : Guerre
à mort ! C'est en même temps la guerre sainte, car chez
l'Espagnol la patrie et la religion ne se séparent jamais.
Ce fut au milieu d'un soulèvement général contre les
Français que Joseph pénétra dans le royaume dont
l'Empereur lui imposait la couronne : il fallut que les
baïonnettes françaises lui frayassent par la force le chemin
de la capitale. La victoire de Médina=de=Rio=Seco lui
ouvrit les portes de Madrid ; mais huit jours après, il
fallait se résoudre à en sortir pour revenir sur l'Ebre. Le
désastre de Baylen venait d'imprimer au drapeau fran=
çais une tache honteuse, la première qu'il eût connue
depuis quinze ans.

L'Angleterre, toujours prête à profiter de nos fautes
comme de nos défaites, se hâta de jeter sur la côte portu=
gaise une armée de vingt=deux mille hommes, comman=
dés par lord Wellesley, qui s'illustra plus tard sous le
nom de Wellington. L'insurrection des provinces espa=
gnoles s'était tout=à=coup propagée dans le Portugal.
Junot, craignant d'être bloqué par les insurgés réunis aux
Anglais, s'avança contre Vellesley à la tête de treize mille
hommes, et lui offrit le combat à Vimeiro, malgré l'énorme
inégalité de ses forces. Terrassé par le nombre, il se retira
à Torres-Vedras, et signa, peu de jours après, l'honorable
capitulation de Cintra.

Pour la première fois depuis que Napoléon présidait
aux destinées de la France, la victoire n'avait pas été fidèle
à nos armes : Baylen et Vimeiro avaient détruit le prestige
attaché jusqu'alors aux aigles françaises. L'Empereur
regrettait déjà de s'être enfoncé dans une entreprise dont

il apercevait maintenant les dangers et les difficultés sans nombre. A Sainte-Hélène, dix années plus tard, il était encore péniblement affecté au souvenir de cette guerre désastreuse, qui avait eu sur son avenir une si fatale influence. Il ne cherchait alors à dissimuler ni sa faute, ni ses regrets [92]. Nos revers en Espagne ranimèrent tous les ennemis de la France et préparèrent la cinquième coalition contre elle : ce fut une des causes éloignées de la chute de l'Empire ; ses résultats furent désastreux.

Napoléon comprit que sa présence en Espagne pouvait seule y rétablir l'honneur de nos armées et la prépondérance morale du nom français. Mais avant de s'enfoncer ainsi dans la Péninsule avec ses troupes les plus aguerries, il fallait s'assurer de la tranquillité de l'Europe du Nord, et celle-ci était pleine de haines et de menaces. Le roi de Prusse, en effet, après un voyage à Saint-Pétersbourg, où il avait été favorablement accueilli, négociait avec l'Angleterre et l'Autriche pour former une nouvelle coalition ; la Russie elle-même n'était pas étrangère à ces projets et y prêtait secrètement la main. L'Empereur, qui avait les yeux ouverts sur toutes les démarches des souverains du Nord, sentit de quelle importance il était pour lui de se rapprocher plus intimement du czar Alexandre, afin de n'avoir rien à craindre pendant qu'il serait occupé aux affaires d'Espagne. Il provoqua donc une entrevue que les deux monarques, avant de se quitter à Tilsitt, s'étaient promis de renouveler. Alexandre accepta avec empressement ; les deux empereurs se rendirent à Erfurth, le 27 septembre. Napoléon, arrivé le premier, était allé au devant d'Alexandre. Dès que celui-ci, du fond de sa calèche, aperçut l'Empereur des Français, il sauta précipitamment à terre ; Napoléon descendit de cheval ; tous deux s'embrassèrent avec effusion aux cris mille fois répétés de : *Vive Napoléon! vive Alexandre! vive les deux Empereurs!* Puis ils marchèrent ensemble l'espace de quelques minutes, et montèrent à cheval. Napoléon portait le grand cordon de l'ordre de Saint-André de Russie, Alexandre le grand cordon de la Légion-d'Honneur. Arrivés devant la demeure destinée au czar, les deux monarques mirent pied à terre, s'embrassèrent de nouveau, et y entrèrent en se donnant le bras, pour en sortir presque aussitôt, Alexandre voulant accompagner Napoléon dans son palais, où ils dînèrent seuls avec le roi de Saxe. Pendant dix-huit jours, Napoléon et Alexandre eurent ensemble de longues conférences, et s'entendirent sur les hautes questions qui pouvaient intéresser l'Europe. Le czar, en retour de certaines concessions que lui fit l'Empereur des Français, reconnut les changements survenus en Espagne et en Italie, et s'engagea, au cas que l'Autriche déclarât la guerre à la France, de faire marcher contre elle une armée de cent cinquante mille hommes.

Napoléon rentra dans sa capitale le 18 octobre, et fit, le 25, l'ouverture de la session du Corps-Législatif. Se croyant sûr de la Russie, il parla des affaires d'Espagne avec cette confiance à laquelle sa fortune l'avait jusqu'alors habitué. Trois jours après, impatient de venger l'affront fait à nos armes en Portugal et à Baylen, il était en route pour l'Espagne. Le 9 novembre, il entra à Burgos, et adressa, le 12, au Corps-Législatif, douze drapeaux pris sur l'armée d'Estramadure : bientôt, franchissant les défilés de Somo-Sierra, il reçoit, le 4 décembre, la capitulation de Madrid. Une proclamation annonce aux Madrilènes et à l'Espagne entière une constitution libérale et une monarchie tempérée et constitutionnelle. L'Inquisition, les droits féodaux, les redevances personnelles , tous droits exclusifs sont abolis ; le nombre des couvents existants est réduit au tiers ; les barrières de province à province sont supprimées , et les douanes transportées aux frontières. « Mais, » ajoute Napoléon, si tous mes efforts sont inutiles , si » vous ne répondez pas à ma confiance , il ne me restera » qu'à vous traiter en provinces conquises, et à placer » mon frère sur un autre trône. Je mettrai alors la » couronne d'Espagne sur ma tête, et je saurai la faire » respecter des méchants, car Dieu m'a donné la force et » la volonté nécessaires pour surmonter les obstacles. »

Cependant une armée anglaise, sous le commandement du général Moore, était destinée à poursuivre les succès que Castanos avait obtenus à Baylen contre le général Dupont. Napoléon, après avoir assuré par la terreur de ses armes au roi Joseph la soumission de Madrid, se porta à la rencontre du corps de Moore. Les ennemis de la France, tremblant à l'approche du vainqueur de Marengo et d'Austerlitz, quittèrent l'attitude offensive, abandonnèrent leurs positions , et se retirèrent précipitamment en Galice. Atteints près de Lugo , ils furent complètement mis en déroute , perdirent neuf mille hommes, dix mille chevaux, leur artillerie , leurs magasins , leur caisse militaire , et cherchèrent à se rembarquer à la Corogne. Les Français les y attaquèrent avant qu'ils eussent pu effectuer ce projet, et leur tuèrent deux à trois mille hommes dans un combat qui coûta la vie au général Moore et un bras au général Blairs. Les débris de cette armée parvinrent cependant à gagner les vaisseaux anglais à la faveur de la nuit, sous le commandement du général Hope. Mais le cabinet anglais , satisfait d'avoir attiré Napoléon en Espagne , s'efforça en même temps de lui susciter une nouvelle guerre dans le Nord. Il s'était adressé à l'Autriche, qui, depuis la paix de Presbourg, avait eu le temps et les moyens de se relever de ses défaites. Cent millions de subsides anglais la décidèrent à saisir le moment où Napoléon était occupé à la guerre de la Péninsule avec ses meilleures troupes, pour commencer de nouveau les hostilités dans le cœur de l'Allemagne. Napoléon, qui désirait peut-être aussi de refaire, après de nouvelles victoires, les conditions trop favorables qu'il avait accordées à Presbourg, se hâta de revenir à Paris, le 23 janvier 1809, fit demander des explications à l'ambassadeur autrichien, les repoussa comme insuffisantes, et apprit bientôt que, sans préalable déclaration de guerre, la Bavière venait d'être envahie par les soldats de l'Autriche.

Le 17 avril 1809, Napoléon se trouvait à Douawerth, au milieu de son armée, à laquelle il s'adressait en ces termes : « Soldats ! le territoire de la Confédération a été » violé. Le général autrichien veut que nous fuyions à » l'aspect de ses armes, et que nous lui abandonnions » nos alliés. J'arrive avec la rapidité de l'éclair. Soldats ! » j'étais entouré de vous lorsque le souverain d'Autriche » vint à mon bivouac de Moravie ; vous l'avez entendu » implorer ma clémence et me jurer son amitié éternelle. » Vainqueurs dans trois guerres, l'Autriche a dû tout à » notre générosité, trois fois elle a été parjure ! Nos succès » passés nous sont un garant de la victoire qui nous » attend. Marchons donc, et qu'à notre aspect l'ennemi » reconnaisse son vainqueur. »

Dès le 20 et le 21, les batailles de Thann et d'Abensberg, et les combats de Peyssing et de Landshutt avaient justifié l'assurance de Napoléon, et rendu son langage prophétique ; l'armée autrichienne avait déjà perdu trente mille

hommes. Le 22, les Français remportèrent à Eckmühl une éclatante victoire : vingt mille prisonniers, quinze drapeaux et la plus grande partie de l'artillerie ennemie restèrent en leur pouvoir. Le 23, une affaire brillante, où Napoléon fut blessé au talon, acheva de décider, devant Ratisbonne, la déroute du prince Charles et la délivrance des États de Bavière. « Soldats, dit alors Napoléon à son
» armée victorieuse, vous avez justifié mon attente ; vous
» avez suppléé au nombre par votre bravoure ; vous avez
» glorieusement marqué la différence qui existe entre les
» soldats de César et les cohortes armées de Xercès. En
» peu de jours, nous avons triomphé dans les batailles
» de Thann, d'Abensberg et d'Eckmühl, et dans les
» combats de Peyssing, de Landshutt et de Ratisbonne :
» cent pièces de canon, quarante drapeaux, cin-
» quante mille prisonniers, etc., etc. ; voilà le résultat
» de la rapidité de votre marche et de votre courage.
» L'ennemi, enivré par un cabinet parjure, paraissait ne
» plus conserver aucun souvenir de vous ; son réveil a
» été prompt ; vous lui avez apparu plus terribles que
» jamais. Naguère, il a traversé l'Inn et le territoire de nos
» alliés.... Aujourd'hui défait, épouvanté, il fuit en désor-
» dre : Déjà, mon avant-garde a passé l'Inn ; avant un
» mois, nous serons à Vienne. » Napoléon tint parole. Le 27, la Bavière et le Palatinat étaient évacués. Six jours après, une division française de sept mille hommes chassait trente-cinq mille Autrichiens de la forte position d'Ebersberg, et le 10, à 9 heures du matin, l'Empereur était sous les murs de Vienne.

L'archiduc Maximilien y commandait, engagé par serment à s'ensevelir sous les ruines de la place plutôt que de la rendre. Deux sommations n'obtinrent, en effet, que des coups de canon pour réponse; les parlementaires furent même maltraités, et le général Lagrange, l'un d'eux, revint au camp français tout couvert de blessures. Napoléon, justement indigné de cette violation du droit des gens, ordonna aussitôt le bombardement de la ville. A minuit, deux mille obus avaient éclaté dans les divers quartiers, et frappé de terreur et d'effroi les habitants de cette capitale. Bientôt, l'archiduc présomptueux sortit de Vienne, avant que les Français ne fussent parvenus à l'y enfermer entièrement. Les Viennois demandèrent à capituler, et le 13, Napoléon entra triomphant pour la seconde fois dans la capitale de l'Autriche, où sa présence fut annoncée par une de ces proclamations énergiques qui rendirent si souvent la plume du grand homme aussi terrible pour ses ennemis que l'avait été son épée.

« Soldats ! un mois après que l'ennemi passa l'Inn, au
» même jour, à la même heure, nous sommes entrés
» dans Vienne. Ses landwehrs, ses levées en masses, ses
» remparts créés par la rage impuissante des princes de
» la maison de Lorraine, n'ont point soutenu vos regards;
» les princes de cette maison ont abandonné leur capi-
» tale, non comme des soldats d'honneur qui cèdent aux
» circonstances, mais comme des parjures que poursui-
» vent leurs remords ! En fuyant de Vienne, leurs adieux
» à ses habitants ont été le meurtre et l'incendie; comme
» Médée, ils ont de leurs propres mains égorgé leurs
» enfants. Le peuple de Vienne, selon l'expression de la
» députation de ses faubourgs, délaissé, abandonné, veuf,
» sera l'objet de vos égards. J'en prends les bons habi-
» tants sous ma spéciale protection : quant aux hommes
» turbulents et méchants, j'en ferai une justice exem-
» plaire.

» Soldats ! soyons bons pour les pauvres paysans, pour
» ce bon peuple qui a tant de droits à votre estime : ne
» conservons aucun orgueil de nos succès ; voyons-y une
» preuve de cette justice divine qui punit l'ingrat et le
» parjure. »

Pendant qu'au mois d'avril, l'archiduc Charles se jetait
sur la Bavière, il avait ordonné au jeune archiduc Ferdinand de s'avancer vers la Pologne à la tête de quarante
mille hommes, dans le but d'occuper Varsovie, Dantzig,
de donner la main aux Anglais, maîtres de la Baltique,
d'entraîner la Prusse et la Russie et de soulever ainsi
toutes les monarchies du septentrion. Mais Poniatowski,
déjà célèbre par ses hauts faits d'armes, s'était, sur l'ordre
de l'Empereur, fait un devoir d'arrêter les Autrichiens. A
la tête de douze mille hommes seulement, il parvient à
empêcher l'archiduc de se mettre en communication avec
les Anglais ; écrase un corps autrichien à Praga, un autre
à Gora ; se jette dans la Galicie, s'empare de Sandomirz,
de Zamosc, de Lemberg, de Jaroslaw, et rend à la
Pologne l'espérance de reconquérir bientôt sa nationalité.

D'un autre côté l'Autriche s'était efforcée de soulever le
Tyrol et d'envahir l'Italie. Mais le prince Eugène sut contenir les 80,000 Autrichiens qui prétendaient révolutionner
les populations italiennes ; et cette péninsule ne se laissa
pas séduire par les promesses de liberté que lui faisait le
cabinet de Vienne. Cette levée de boucliers n'aboutit qu'à
susciter de nouveaux embarras au souverain pontife. Du
palais de Schœnbrunn, Napoléon courroucé de voir
Pie VII prêter la main aux projets de l'Autriche, lança un
décret qui réunissait les États pontificaux à l'empire
français. Ce décret forçant un pieux vieillard à descendre
du trône, fut applaudi du parti révolutionnaire, qui

regardait le concordat comme une œuvre rétrograde, mais les gens sages et dévoués à Napoléon se demandèrent s'il n'y avait pas danger grave à rendre l'Église solidaire des exigences de la politique et de l'incompatibilité que Napoléon prétendait exister entre les deux pouvoirs? Pie VII n'était-il pas le chef spirituel de deux cent cinquante millions de catholiques, dont l'Empereur s'aliénait les esprits, en renversant une puissance temporelle que Charlemagne avait établie et qu'avaient sanctionnée dix siècles?.... Les événements désastreux qui suivirent confirmèrent cette vérité. Pie VII répondit à ce décret par une bulle d'excommunication qui fit une vive sensation en Allemagne, en Italie, en Espagne et même en France.

Cependant l'archiduc Charles, après une longue et pénible marche par la Bohême, s'était rapproché de Vienne, et avait rallié les troupes du général Hiller à son armée. Le 21 mai, quatre-vingt-dix mille Autrichiens, soutenus par deux cent trente pièces de canon, débouchaient sur cinq colonnes. Napoléon ne comptait autour de lui que trente mille hommes, les autres corps n'ayant pas encore traversé le Danube, et le général Mouton occupant avec sa division l'île Lobau pour faciliter l'exécution des travaux nécessaires au passage. Une attaque vigoureuse du général Hiller contre la gauche de l'armée française commandée par Masséna, commença l'action. Trois fois les charges de Hiller furent repoussées; il dut céder enfin après une perte considérable. Au village d'Essling, la droite de notre armée eût succombé sous le nombre, si l'Empereur n'avait donné l'ordre à Bessières de fondre avec la grosse cavalerie sur le centre des Autrichiens. Mais la mitraille renversait nos escadrons à mesure qu'ils apparaissaient dans la plaine. L'Empereur ordonne aussitôt au comte d'Espagne de lancer sur l'ennemi sa division de cuirassiers. « Sire, lui répond l'intrépide général, je ne vous promets pas de vaincre; je saurais mourir. » En effet, quelques minutes après, les Autrichiens étaient enfoncés, taillés en pièces, et les cuirassiers ramenaient pour trophée quatorze pièces de canon et le corps de leur infortuné général.

La nuit vint suspendre l'acharnement des deux armées. Heureusement nous reçûmes un renfort de quinze mille hommes. A quatre heures du matin, les Autrichiens recommencent le feu de leurs batteries et abordent le village d'Essling que nos soldats défendent en désespérés. De l'éminence où il était, Napoléon, s'étant aperçu que le centre de l'ennemi se développait considérablement, eut l'idée de le couper : il commande à l'instant une charge de cavalerie. Lannes se précipite à la tête de ces braves aux cris de *Vive l'Empereur!* Le choc est terrible : Napoléon accourt lui-même, et se mêlant à ses vaillants guerriers, s'expose comme un simple soldat à la mitraille des ennemis. « Retirez-vous, Sire, lui crie un de ses généraux; autrement je vous fais enlever par mes grenadiers. » A neuf heures, notre succès semblait assuré. Malheureusement l'ennemi ayant rompu nos ponts sur le Danube, interrompit nos communications avec l'île Lobau qui renfermait les dépôts de munitions. L'Empereur, sans être ébranlé de ce contre-temps, ordonne au maréchal Lannes de ralentir son mouvement. Les Autrichiens, enhardis par notre hésitation, reviennent à la charge : deux cents canons vomissent la mitraille et la mort sur nos soldats : obligés de ménager leurs cartouches, ils ne tirent qu'autant que les colonnes ennemies les abordent de trop près, et se défendent à la baïonnette. Lannes

parcourait le front de bataille ; soutenant l'ardeur de ses
soldats, les animant de sa voix et de son exemple,
lorsqu'un boulet lui emporte les deux jambes !... 93.
La victoire paraissait vouloir nous trahir. Cependant, sur
le soir, les fusiliers et les tirailleurs de la garde s'emparent
d'Essling, qui a été pris et repris treize fois : les deux
armées gardent leurs positions de la veille ; ni l'une ni
l'autre ne peut s'attribuer la victoire. 30,000 morts ou
blessés couvraient ce champ de carnage le plus meurtrier
de toutes les guerres de l'Empire. Les Autrichiens perdirent
4 feld-maréchaux, 8 généraux, 663 officiers : ils avaient
tiré plus de 40,000 coups de canons.

L'issue douteuse de la bataille d'Essling avait contristé
l'Empereur : inquiet sur le sort de l'Italie, où il savait
que l'Autriche et l'Angleterre redoublaient d'efforts pour
nous arracher cette belle conquête, il ordonna au général
Miollis, gouverneur de Rome, d'exécuter littéralement le
décret du 17 mai qui dépouillait le Souverain Pontife de
ses États. Miollis hésita quelques jours : la fatale journée
d'Essling venait de révéler aux Italiens qu'on pouvait
tenir tête à la France ; une sourde agitation courait de
province en province. Cependant, le 6 juillet, le jour
même de la bataille de Wagram, le général Radet se
présente au palais du Quirinal ; il en fait enfoncer les
portes par ses soldats, et pénètre dans les appartements
du Saint-Père, qu'il trouve entouré de ses cardinaux et
de quelques serviteurs fidèles. A la vue de l'auguste
vieillard, le général hésite, se trouble, et, d'une voix
tremblante, le somme de renoncer à la souveraineté
temporelle de Rome. « Nous ne devons pas, lui répond
« le Pape avec dignité, nous ne pouvons pas, nous ne
« voulons pas. » A peine a-t-il prononcé ces mots que

Radet lui ordonne de le suivre, et le livre aux gendarmes qui le font aussitôt monter en voiture. Le cardinal Pacca obtient la permission d'accompagner le vénérable captif, et tous deux sont conduits de brigade en brigade [94], à Grenoble, puis à Savone où ils demeurèrent prisonniers. L'univers catholique fut consterné de l'outrage fait au père commun des fidèles ; mais la bataille de Wagram vint suspendre un moment l'explosion des mécontentements ; l'Église espéra que Napoléon se radoucirait.

Quelques jours après la bataille d'Essling, Eugène Beauharnais, ayant heureusement culbuté les cohortes autrichiennes en Italie, était accouru en toute hâte faire sa jonction avec la grande armée. Quand des hauteurs du Sommering, Napoléon le vit arriver avec une nombreuse artillerie et des légions fières de leurs victoires, il l'embrassa avec effusion et dit aux maréchaux qui l'entouraient : « Ce n'est pas seulement le courage, c'est le cœur qui a conduit Eugène ici : le cœur seul opère de pareils prodiges [95]. »

Pendant les six semaines qui s'écoulèrent entre Essling et Wagram, Masséna, nommé prince d'Essling sur le champ de bataille, avait reçu de l'Empereur la commission périlleuse de contenir les Autrichiens jusqu'à ce que l'armée française, après avoir réparé les ponts, fût enfin repassée sur la rive droite du Danube, en gardant l'île Lobau comme tête de pont pour un deuxième passage. Masséna exécuta en brave l'ordre qu'il avait reçu : aucun corps autrichien n'osa l'inquiéter sur la rive gauche où il avait assis son camp. Pendant ce temps-là, d'immenses travaux avaient fait de Lobau une citadelle inexpugnable : quatre ponts l'unissaient à la rive droite, et cinq autres pouvaient être jetés en une heure sur la rive gauche. Le prince Charles, croyant que le passage s'effectuerait comme précédemment du côté d'Aspern et d'Essling, n'avait rien tenté pour empêcher ses travaux : ce fut une grande faute. Pour l'entretenir dans cette erreur, Napoléon fit jeter deux ponts en face de ces villages couverts de redoutes et de canons. Mais, pendant la nuit du 5 juillet, au milieu d'un épouvantable orage, trois autres ponts furent construits sur un point opposé de l'île ; l'armée française y défila dans le plus grand ordre, et aux premiers rayons du soleil, elle se trouva en bataille sur l'extrême gauche de l'ennemi, ayant tourné ses camps retranchés, rendu tous ses ouvrages inutiles, et obligé ainsi les Autrichiens à sortir de leurs positions pour combattre sur le terrain choisi par Napoléon. L'archiduc Charles, surpris de cette nouvelle disposition qui brisait tous ses plans, se retira sur Wagram et reforma ses lignes derrière le Russbach. L'armée française le suivit et manœuvra pendant toute cette journée pour prendre ses positions.

L'orage de la veille avait éclairci le ciel ; l'horizon, sans nuages, resplendissait des premiers rayons du soleil ; l'ardeur et la confiance du succès éclataient dans tous les rangs. « Partons, mes enfants, dit aussitôt l'Empereur, l'ennemi nous attend!... » *En avant! en avant!* s'écrient soudain tous les bataillons, et une effroyable canonnade commence sur les deux lignes. L'impétuosité de nos troupes est telle que Napoléon est obligé d'envoyer l'ordre de ralentir les mouvements de l'attaque. A neuf heures, un aide-de-camp du général Oudinot vient annoncer la prise d'Enzersdorf : vingt pièces de canon, neuf cents prisonniers sont en notre pouvoir. « C'est bien débuter, dit gaîment l'Empereur ; mais il nous faut les villages en avant du Russbach », et aussitôt il envoie l'ordre à Davoust d'appuyer à droite cette position. Partout où le feu le plus vif fait supposer le danger, l'Empereur accourt, ordonne lui-même les mouvements. Bientôt, on s'aperçoit que l'ennemi dirige son feu sur le groupe d'état-major au milieu duquel se trouve l'Empereur. Cette observation lui est faite. « Ma place est où je suis, répond-il avec vivacité. » Vers midi, des charges consécutives attirent son attention : c'est l'archiduc Charles qui, avec six colonnes d'infanterie, soutenues d'une formidable artillerie et de toute sa cavalerie, s'efforce de déborder notre droite. A l'instant, l'Empereur part ventre à terre, arrive sur les lieux. Le feu est des plus terribles : un obus éclate à dix pas de lui, et blesse un de ses officiers. Masséna accourt, et dit à l'Empereur : « Sire, au nom du ciel, retirez-vous ! je réponds de tout. » Napoléon se met à rire, et n'en continue pas moins à donner ses ordres avec le plus grand calme et à soutenir vivement l'action.

Le champ de bataille d'Enzersdorff reste aux Français ; cependant cette première journée a été bien meurtrière, et rien n'y a été décidé. L'Empereur passa la nuit sous une tente qu'on lui dressa au milieu du camp. A quatre heures du matin, un effroyable feu s'engage de nouveau sur les deux lignes : à l'impétuosité de la veille, se joint un acharnement furieux : l'archiduc Charles déploie toutes les qualités d'un grand capitaine ; il manœuvre avec une remarquable habileté.

L'Empereur, à travers le feu le plus terrible, est partout : dans cette journée, il a mis quatre chevaux hors de service ; il est infatigable. Placé sur un tertre, sa lunette braquée de ce côté, il suit attentivement l'action. Tout à coup, un mouvement extraordinaire se fait remarquer, les rangs se rompent,... une énergique exclamation échappe à l'Empereur ; il enfonce les éperons dans les flancs de son cheval, et, rapide comme la foudre, il arrive sur le lieu du combat au moment où le village de Gross-Aspern vient d'être repris par l'ennemi : les Saxons et les Bavarois, qui le défendaient, commandés par le prince de Ponte-Corvo, sont en pleine déroute. A cette vue, Napoléon pâle de fureur, leur crie d'une voix tonnante : « Soldats ! que faites-vous ?... Ralliez-vous !... vous vous déshonorez, malheureux ! » Et, s'adressant aux régiments de sa garde assaillis par quatorze colonnes autrichiennes : « Soutenez, mes braves grenadiers, soutenez ! » s'écrie-t-il en se jetant à bas de son cheval ; et il fait pointer lui-même l'artillerie. Enfin, Gross-Aspern est repris aux cris de : *Vive l'Empereur !* Il est là avec eux, et ces guerriers, en sa présence, se sentent invincibles et opèrent des prodiges.

Cependant, l'archiduc Charles a déployé des forces considérables et une formidable artillerie pour nous repousser du village de Wagram, dont l'occupation est d'une haute importance pour nous. Les Français défilent devant l'Empereur : « Il me faut Wagram, mes enfants ! leur dit-il avec sa manière accoutumée. » Electrisés par ces quelques mots, ces hommes s'élancent au pas de course, en répondant : Vous l'aurez ! notre Empereur ! En avant ! *Wagram ! Wagram !* — En cet instant, deux grenadiers de la garde, blessés eux-mêmes, portent à bras leur capitaine, vieux soldat d'Egypte, qui vient d'avoir la jambe emportée en faisant une trouée à travers un carré d'Autrichiens, en avant du village de Wagram. Le triste groupe est rencontré par l'Empereur ; il s'arrête : « Horeau, dit-il, es-tu dangereusement blessé ? » A cette interpellation faite avec un paternel intérêt, une satisfaction indicible se répand sur les traits du blessé, et il répond avec l'accent de la joie : « Ma jambe est restée à ces enragés d'Autrichiens, mon Empereur ! mais c'est égal, Wagram nous restera. — Avançons-nous là-bas? lui demanda l'Empereur vivement préoccupé de cette affaire meurtrière. — On tombe dru comme grêle des deux côtés, et, malgré çà, petit à petit, nous avançons, dit Horeau, et ils reculent. Ne craignez rien, mon Empereur ! nous aurons Wagram, c'est entendu ! »

Enfin, les troupes de l'aile droite couronnent les hauteurs de Wagram. A cette vue, par un de ces mouvements où l'âme s'élance tout entière, l'Empereur se dresse sur ses étriers, l'œil étincelant, le bras tendu vers nos étendards victorieux, et s'écrie d'une voix forte : « La bataille est gagnée ! » Sur son ordre, infanterie et cavalerie se ruent sur l'ennemi avec une impétuosité terrible, aux cris de : *Vive la France ! vive l'Empereur !* Rien ne peut résister à ce torrent qui renverse tout devant lui. Les lignes autrichiennes sont enfoncées, culbutées, malgré leur résistance, et leurs positions enlevées au pas de charge. L'armée ennemie est en pleine retraite : nous sommes maîtres du champ de bataille, où nous trouvons dix drapeaux, soixante pièces de canon, quatre-vingts caissons, un grand nombre de fourgons et d'équipages, vingt mille prisonniers et neuf mille blessés. De notre côté, les pertes furent moins considérables par le nombre, mais la mort du vaillant Lasalle, le premier de nos généraux de cavalerie légère, contrista beaucoup l'Empereur. Cet intrépide guerrier, pressentant le terme de sa carrière, avait prié Napoléon, dans la nuit qui précéda Wagram, de rendre son majorat reversible sur son épouse, alléguant sa fin prochaine. Oudinot et Macdonald reçurent le bâton de maréchal sur le champ de bataille.

L'Autriche dès-lors dut songer à la paix, et le 11 juillet, cinq jours après la bataille, elle demanda un armistice que Napoléon s'empressa de lui accorder : il avait hâte, en effet, de mettre fin à cette guerre; beaucoup de motifs l'y engageaient. Les Espagnols opposaient toujours la même résistance : les ressources de la France, grandes encore, commençaient cependant à s'épuiser. Ses ennemis, au contraire, s'ils avaient fait aussi des pertes considérables, avaient gagné en habileté stratégique; ils faisaient mieux la guerre, ils avaient profité des leçons qu'ils avaient reçues. En Allemagne, des symptômes graves s'étaient révélés : la population elle-même commençait à prendre part à la lutte. L'insurrection du Tyrol, les soulèvements multipliés dans la Westphalie, les révoltes des paysans du Wurtemberg, ne lui laissaient aucun doute à cet égard. Les hostilités furent donc suspendues, et les négociations commencèrent; toutefois elles traînèrent en longueur jusqu'au 14 octobre que la paix fut signée par les plénipotentiaires respectifs [96]. L'Autriche céda à la France tous les pays situés à la droite de la Save, les cercles de Goritz et de Villach, Trieste, la Carniole : elle reconnut la réunion des provinces illyriennes à l'empire français, et les royautés nouvelles en Allemagne, en Hollande, en Espagne et en Italie. Elle devait, en outre, payer une somme de quatre-vingt-cinq millions pour les frais de la guerre, et s'engageait par un article spécial à rompre avec l'Angleterre et à adhérer sans retard au blocus continental.

Le lendemain de la signature du traité de Vienne, Napoléon avait quitté la capitale de l'Autriche; il était allé rejoindre l'Impératrice à Fontainebleau. Joséphine ignorait encore le sort qui lui était réservé; depuis longtemps,

il est vrai, des rumeurs sinistres avaient circulé autour
d'elle ; mais, confiante en l'affection de l'Empereur et en
la légitimité de ses droits, elle avait refusé d'y ajouter foi.
Cependant l'affaire de son divorce était celle qui, en ce
moment, préoccupait le plus Napoléon : les sentiments
d'affection qu'il avait encore pour Joséphine, se trouvant
en opposition avec les intérêts de sa politique et de son
trône, il s'élevait au fond de son âme une lutte pénible et
douloureuse. Il lui en coûtait singulièrement d'annoncer
à l'Impératrice le parti qu'il venait de prendre ; il redoutait les reproches, les larmes surtout qu'on lui opposerait.
Cependant, il ne pouvait tarder plus longtemps, persuadé
que son œuvre, si péniblement élevée, s'évanouirait au
jour de sa mort, s'il ne laissait pas un héritier. Dans un
entretien qu'il eut sur la fin de novembre avec l'Impératrice, il se décida enfin à lui faire pressentir ses projets ;
puis, quelques jours après, il chargea le prince Eugène,
son fils, de les lui notifier officiellement. Joséphine [97] fut
douloureusement affectée, mais elle comprit qu'elle ne
pouvait résister : elle se résigna, et envoya aussitôt son
consentement au Sénat, qui, le 15 décembre 1809,
prononça le divorce. L'Officialité de Paris, rétablie à cette
occasion, vint à l'appui en déclarant le mariage nul pour
n'avoir pas été célébré dans les formes voulues par les
règlements ecclésiastiques.

Le divorce de l'Empereur nuisit singulièrement à sa
popularité dans les classes inférieures, qui avaient associé
jusque-là dans leur amour et leur enthousiasme Napoléon
et Joséphine. Le peuple chérissait cette princesse, dont
il considérait l'âme bienveillante et l'esprit éclairé comme
ses plus puissants médiateurs auprès du trône. Son
affliction fut profonde, lorsqu'il vit le jeune guerrier, à

qui Napoléon avait enseigné l'héroïsme, et que les constitutions de l'Empire appelaient à succéder à son père adoptif, condamné à venir solliciter lui-même au Sénat la répudiation de sa mère, d'où devait résulter plus tard l'annulation de ses droits.

L'Empereur qui, jusqu'à cette époque, s'était montré jaloux des suffrages de l'opinion publique, ne s'aperçut pas ou feignit de ne pas s'apercevoir de l'improbation qu'excitait généralement dans les masses la répudiation de Joséphine. La perpétuité de sa dynastie par la naissance d'un héritier direct, voilà ce qui flattait le plus son amour-propre ; c'était à ses yeux le seul moyen de continuer sa puissance et d'en assurer le succès. Il voulut d'ailleurs que Joséphine conservât une très-belle existence, la possession de la Malmaison, celle du beau domaine de Navarre, avec trois millions de revenus, et les titres d'impératrice et reine.

L'année 1810 s'ouvrait pour Napoléon sous les plus brillants auspices ; elle fut en effet une des plus mémorables de son règne, celle peut-être où le prestige de sa toute-puissance fut porté le plus haut et resplendit avec le plus d'éclat aux yeux de l'Europe et du monde. Le 10 avril, il s'unit avec la fille des Césars, l'archiduchesse Marie-Louise, et mêla ainsi son sang à celui de la plus ancienne famille souveraine de l'Europe. Des fêtes splendides [98] furent données à cette occasion aux rois, aux princes, aux ambassadeurs qui composaient la cour impériale. Le peuple eut aussi les siennes, et rien ne fut négligé pour éblouir et captiver les imaginations. Tout d'ailleurs semblait prospérer et rayonner autour du trône : l'industrie, encouragée par le gouvernement, faisait des efforts heureux pour remplacer l'Angleterre

sur tous les marchés de l'Europe ; des travaux gigan-
tesques étaient entrepris, le canal de Saint-Quentin était
ouvert, celui du Nord presque achevé, deux millions
étaient dépensés chaque année au canal Napoléon destiné
à unir le Rhône au Rhin ; les ports de Cherbourg, du
Hâvre, de Dunkerque étaient creusés, agrandis ou réparés,
les bassins d'Anvers et de Cette étaient approfondis, et
Marseille voyait donner à son port un mouillage plus
facile que jamais il n'avait été. Les routes du Mont-Cenis,
du Simplon, celles qui traversent dans tous les sens les
Alpes, les Appenins, les Pyrénées, recevaient un nouveau
degré de perfectionnement ; les grands dessèchements de
Bourgogne, du Cottentin, de Rochefort, changeaient en
terres fertiles de stériles marais ; Paris devenait chaque
jour plus digne, par ses monuments, d'être la métropole
du grand Empire : partout dans son enceinte des ponts
s'élèvent, les arcs de l'Etoile et du Carrousel étonnent les
étrangers par leur hardiesse et leur magnificence, le
Luxembourg, le Louvre restaurés développent de nouvelles
beautés ; la science s'applique à remplacer les denrées
coloniales par des produits nationaux ; l'institution d'un
ministère du commerce et des manufactures, semble
annoncer que le génie de la paix est enfin venu remplacer
celui de la guerre. En Espagne, le roi Joseph assiégeait
Cadix, la Péninsule paraissait devoir enfin se soumettre
et reconnaître la nouvelle dynastie. La Hollande était
réunie à la France, le Valais devenait un département de
l'Empire, le Tyrol méridional était incorporé au royaume
d'Italie. L'alliance avec l'Autriche paraissait à jamais
assurée, la Russie annonçait toujours des dispositions
bienveillantes. L'Angleterre seule, il est vrai, continuait
la guerre, l'île de France et l'île Bourbon étaient même

tombées en son pouvoir; mais elle commençait à souffrir des rigueurs du blocus continental, et l'on pouvait espérer qu'elle consentirait bientôt à traiter aussi avec la France.

En Suède, une révolution ayant détrôné Gustave IV, son oncle Charles XIII lui avait succédé; mais ce prince n'avait pas d'héritier, et le choix de la Suède était tombé sur un maréchal de l'Empire, sur Bernadotte, prince de Ponte-Corvo, sujet et lieutenant-général de Napoléon. L'Empereur accorda son assentiment au choix de la Diète suédoise, quoique son instinct prophétique lui fît déjà deviner les malheurs qui, plus tard, devaient en résulter pour la France; mais « étant lui-même l'élu du peuple, il ne saurait s'opposer, dit-il, à l'élection des autres peuples. » Certes, en présence de pareils résultats, on comprend combien cette époque de gloire et de prospérité dut influer sur le bonheur de la France, et en attacher les peuples au grand génie qui enfantait de telles merveilles, et faisait de nous la première nation de la terre.

Malheureusement, Napoléon persévérait dans un système qui, en lui aliénant la sympathie des souverains, ses alliés, devait tôt ou tard entraîner sa perte et celle de la France. Sans tenir compte ni de la configuration des lieux, ni de la nationalité des peuples, il reculait incessamment les limites de son gigantesque Empire. En vain l'empereur de Russie protesta le 1er janvier 1811, contre ses envahissements successifs; le 18 février, Napoléon prononça encore la réunion à l'Empire des États du duc d'Oldenbourg, beau-frère du czar; le 1er avril, il créa le département français de la Lippe, qui avait pour chef-lieu Munster, dans l'ancien cercle de Westphalie; enfin, il incorpora la Catalogne à l'Empire français. Dans ce procédé dictatorial de l'Empereur, il y avait, du moins en apparence, un dédain de l'opinion des autres cabinets ; de là surgirent tant de colères, tant de rancunes.

D'un autre côté, les rapports de Napoléon avec Pie VII, détenu à Savone, avait pris un caractère de tracasserie contre la religion et ses ministres. Il avait enlevé au Souverain Pontife tous ses cardinaux, lui avait interdit toute communication avec la France et l'Italie, et avait fait déclarer les articles de 1682 lois de l'empire. Pie VII, captif et persécuté, refusa de donner l'institution canonique aux évêques nommés par l'Empereur. D'après le conseil du cardinal Maury, promu à l'archevêché de Paris, on voulut tourner la difficulté, en faisant élire par les chapitres, comme vicaires apostoliques, les évêques nommés. Mais le Pape défendit à ces vicaires et surtout à Maury de prendre l'administration des diocèses. La fermeté inébranlable du Saint-Père embarrassait le gouvernement. Voulant arriver à ses fins, l'Empereur convoqua un concile national, le 17 juin 1811. Cent prélats se réunirent à Paris ; ils décrétèrent, mais sous la réserve de l'approbation du Pape, et d'après une note que Pie VII leur avait envoyée, que « dorénavant le Pontife devrait donner l'institution aux évêques dans les six semaines qui suivraient leur nomination, sinon les métropolitains étaient autorisés à donner cette institution. » C'était tout ce que l'Empereur avait demandé ; mais il s'irrita des discussions des prélats sur le pouvoir des papes, fit fermer le concile, et ordonna l'arrestation de plusieurs évêques. Cependant, il se radoucit, et autorisa une députation à aller à Savone pour y conférer avec Pie VII. Celui-ci donna un bref par lequel il adhérait au décret du concile, mais en faisant comprendre à Napoléon combien sa conduite était peu digne d'un fils aîné de l'Eglise. Ce bref fut rejeté par l'Empereur, et, jusqu'à la fin de son règne, les affaires ecclésiastiques restèrent dans un provisoire qui lui enleva en grande partie l'affection des catholiques de son empire (*).

Au milieu de ces conjonctures, l'Angleterre, froissée par les rigueurs du blocus continental, voyait son commerce succomber de langueur et de marasme : aussi faisait-elle d'incroyables efforts pour amener la fin d'un état de choses qui tendait à l'effacer du nombre des puissances. Attentive à tout ce qui pouvait porter atteinte à la sécurité du gouvernement français, elle s'efforça d'exciter par tous les moyens possibles la jalousie du czar ; mais Napoléon ne vit pas, en cette circonstance, des motifs suffisants pour rompre avec Alexandre : l'état prospère de la France ne paraissait pas d'ailleurs lui faire redouter une rupture avec la Russie. L'Europe, en effet, offrait alors ce phénomène inouï de plus de cent millions d'habitants obéissant à la volonté d'un seul homme. Depuis les prospérités de l'Empire romain, l'histoire n'avait pas offert d'exemple d'un développement de puissance aussi extraordinaire.

Parvenu à ce faîte d'une grandeur sans bornes, Napoléon vit s'accomplir l'événement qui était en apparence le plus propre à le perpétuer. Le 20 mars 1811, il lui naquit un fils. Partout, dans les cités et dans les campagnes, la naissance de l'héritier du grand Empire fut acclamée par les populations, ivres de joie... Que pouvait désirer de plus l'heureux potentat, si ce n'est le loisir d'élever pour

---

(*) LAVALLÉE, *Histoire des Français*, t. IV.

la gloire et le bonheur des Français cet enfant décoré dès
sa naissance du titre pompeux de *Roi de Rome?*... Mais
le Ciel en avait décidé autrement, et cet enfant pour lequel
semblaient s'ouvrir de si grandes destinées, devait s'éteindre par une mort prématurée sur la terre d'exil.

Toutefois, malgré tant de bonheur et de prospérité,
Napoléon éprouvait, au sein même de sa famille, des
contrariétés qui affligeaient son cœur. Le blocus continental en était la cause première. Déjà l'abdication subite
de Louis, son frère, roi de Hollande, l'avait singulièrement attristé; Murat, à son tour, à peine assis sur le trône
de Naples, cherchait à séparer ses intérêts de ceux de
l'Empire, et, oubliant que Napoléon ne l'avait fait roi que
pour concourir à l'exécution de ses grands desseins
contre l'Angleterre, il ne réprimait pas la contrebande
qui s'était organisée sur toute l'étendue de ses côtes. Il
fit plus encore : il voulut contraindre les Français qui
l'avaient suivi à se faire naturaliser Napolitains. « Le roi
» se trompe s'il croit régner à Naples autrement que par
» ma volonté et pour le bien général de l'Empire, disait
» Napoléon à l'ambassadeur napolitain ; si l'on ne change
» pas de système, je m'emparerai du royaume de Naples
» et le ferai gouverner par un vice-roi comme l'Italie. Le
» roi marche mal. Lorsqu'on s'est éloigné du système
» continental, je n'ai pas même épargné mes propres
» frères ; je l'épargnerai encore moins.... En plaçant, à
» Naples, un grand dignitaire de l'Empire, la France a
» entendu créer un roi qui ne cesserait pas d'être fran-
» çais, qui mettrait au rang de ses plus beaux droits,
» comme de ses premiers devoirs, celui de faire aimer les
» Français, et d'apprendre aux Napolitains que la cause
» de la France est la leur. »

En Espagne, la guerre n'avait pas cessé de désoler ce malheureux pays, mais une guerre sans plan d'ensemble, sans unité d'action, sans résultats décisifs. Après avoir poursuivi et combattu les bandes qui se formaient de toutes parts, il fallait indéfiniment recommencer la même poursuite et les mêmes combats. Une assemblée de représentants de toutes les provinces avait reconnu, à Cadix, Ferdinand VII comme seul et légitime roi d'Espagne ; et Joseph, plein de clémence pour ses peuples révoltés, ouvrait des négociations avec les chefs insurgés, tandis que ses ministres délibéraient déjà s'il ne convenait pas, dans l'intérêt du royaume, de traiter avec l'Angleterre. Irrité de cette politique débonnaire, Napoléon investit ses lieutenants d'une autorité indépendante du roi, et annonça l'intention de réunir à la France les provinces septentrionales de la Péninsule.

Pendant ce temps, le Portugal avait vu s'user en vain les efforts de deux corps d'armées commandés, l'un par Soult et l'autre par Masséna. Wellington, retranché derrière les lignes inexpugnables de Torrès-Vedras, après avoir dévasté et saccagé tout le pays, attendait que la faim forçât nos troupes à évacuer pour la troisième fois cette contrée, où elles avaient consumé tant de courage inutile. Enfin, dans les premiers jours de mars 1811, Masséna avait été contraint d'ordonner la retraite et de rentrer en Espagne.

Malgré les démonstrations amicales et les chaudes protestations d'Erfurth, depuis quelque temps le germe de la mésintelligence s'était développé entre les deux puissants monarques dont l'accord assurait la paix du continent. Fatigué des exigences du blocus continental qui ruinait le commerce de ses peuples, Alexandre, après

16

avoir longtemps résisté aux pressantes sollicitations qu'un
pareil état de choses soulevait dans son empire, céda
enfin aux obsessions de sa noblesse et de l'Angleterre.
L'affaire d'Oldenbourg semblait le délier de ses engagements vis-à-vis de Napoléon, et l'autoriser à s'affranchir de ménagements que l'on ne gardait pas avec lui.
Par un ukase du 31 décembre 1810, il autorisa donc
l'entrée des denrées coloniales dans les ports russes :
en même temps il prohiba les produits de l'industrie
française, frappa nos vins de droits énormes, et
rassembla une armée considérable sur les frontières de
ses États [99]. Ces actes, s'ils n'étaient pas encore une
déclaration de guerre, en était une annonce formelle, et
des deux côtés on s'y prépara avec activité. Cependant les négociations continuèrent pendant toute l'année
1811, tandis que Napoléon faisait marcher sur la Vistule
son armée augmentée des contingents d'Italie, d'Allemagne, d'Autriche et de Prusse. Ces deux dernières
puissances, meurtries encore des coups qu'il leur avait
portés, n'osèrent refuser d'unir leurs troupes à l'armée
française. Mais elles n'étaient conduites que par la crainte,
et leur position donnait la mesure de la confiance que leur
prétendue bonne foi devait inspirer. La Suède seule,
immolant sa vieille fidélité à un ressentiment ridicule de
Bernadotte, rejeta notre alliance, et pour la première
fois devint ennemie des Français, parce qu'un Français
avait été appelé à être son roi. Quant à la Turquie, son
amitié nous échappait ; le traité de Bucharest la liait à la
Russie, au moment où elle eût pu faire une diversion si
favorable aux projets de l'Empereur.

Déjà la Russie avait arrêté son plan de campagne :
« Napoléon veut une guerre rapide et fructueuse : la Russie

doit le forcer à en faire une qui soit ruineuse et lente ; il
craint de s'éloigner pour longtemps de la France ; ce qu'il
redoute, on doit le lui rendre nécessaire. Il faut surtout
ne pas livrer le sort de l'empire au hasard d'une bataille ;
opposer la patience à la fougue, faire user à l'ennemi
les quatre ou cinq mois d'été, et attendre pour agir contre
lui les mois d'hiver, où la campagne est plus pénible à
tenir pour des soldats accoutumés à des climats tem-
pérés. » Ce plan de guerre défensive, dont l'événement
n'a que trop démontré la justesse, devait faire trouver à
la grande armée un autre Pultawa au cœur des provinces
russes ravagées et dépeuplées par la fuite des habitants.
Les frimas et la famine devenaient ainsi les deux plus
puissants auxiliaires des forces moscovites.

Cependant, avant de commencer une guerre qui pouvait
durer plusieurs années, l'Empereur, fatigué de l'état de
l'Espagne où le tiers de ses forces est tenu en échec par
l'Angleterre, prend la résolution de s'adresser encore une
fois à cette puissance pour le rétablissement de la paix.
Il fait donc proposer au prince régent un traité de paix
basé sur les conditions suivantes : 1° L'intégrité de
l'Espagne sera garantie, la France renonçant à toute
extension du côté des Pyrénées ; 2° la dynastie actuelle-
ment régnante sera déclarée indépendante de la France,
et l'Espagne régie par une constitution nationale des
Cortès ; 3° l'indépendance et l'intégrité du Portugal seront
également garanties, et la maison de Bragance rappelée
au trône ; 4° le royaume de Naples restera au roi actuel ;
le royaume de Sicile sera garanti à Ferdinand IV et à sa
maison ; 5° par suite de ces stipulations, l'Espagne, le
Portugal et la Sicile devront être évacués par les troupes
françaises et anglaises de terre et de mer. — L'Angleterre

ne voulut pas consentir à ce que Joseph conservât le trône d'Espagne et Murat celui de Naples ; et la négociation finit là aussi brusquement qu'elle avait été entamée.

Quelques historiens n'ont vu dans Napoléon que le conquérant avide de gloire et toujours prêt à se jeter par pure ambition dans les chances de la guerre. Sa conduite donne ici un éclatant démenti à cette accusation des partis outrés. Napoléon ne redoutait pas la guerre, il savait la faire ; mais avant de l'entreprendre, il épuisait tous les moyens en son pouvoir pour la conjurer : les propositions qu'il fit faire en maintes circonstances à l'Angleterre, en sont une preuve évidente. Ce qu'il ne pouvait souffrir par-dessus tout, c'est que les nations étrangères se permissent de porter atteinte à la gloire et à la prospérité de la France qu'il avait achetées par tant de fatigues et de combats. Son amour-propre même, — l'impartialité de l'histoire exige ici que nous le reconnaissions, — se révoltait à la seule idée de quelques concessions capables d'humilier la France et d'affaiblir le moins du monde la prépondérance qu'il lui avait conquise sur les autres peuples de l'Europe. Aussi, avant de rompre entièrement avec Alexandre, redoubla-t-il encore une fois d'efforts pour prévenir cette crise ou du moins en retarder l'explosion. Il comprenait que cette guerre lointaine, à laquelle ses alliés étaient intéressés, ne pouvait que compromettre sa puissance et l'avenir de l'Empire français. Cinq semaines avant que les forces de la France se portassent sur la Vistule, l'Empereur faisait écrire à M. de Lauriston, son ambassadeur en Russie, une lettre trop remarquable pour que nous n'en rapportions pas les passages les plus saillants. « Vous vous

» réserverez les moyens de presser le départ du comte
» de Nesselrode (*); ou même de proposer une entrevue
» sur la Vistule.... L'Empereur a quatre cent mille
» hommes : il veut les porter partie sur l'Oder, partie
» sur la Vistule, et les tenir dans cette situation, digne
» de sa grandeur et de sa puissance, pendant la durée
» des discussions. Lorsque les troupes seront ainsi
» placées, l'Empereur verra avec un plaisir réel des
» négociations, une entrevue, et tout ce qui peut aplanir
» les différends. *On ne croira pas alors que c'est par
» faiblesse qu'il négocie*, car on pourra compter ses
» armées.... Quand ses troupes seront sur l'Oder et la
» Vistule, il n'y aura rien de compromis; *il sera tou-
» jours prêt à accueillir tout ce qui pourra prévenir
» la guerre*.... L'Empereur Napoléon *veut la conser-
» vation de la paix; il veut l'alliance de Tilsitt;
» IL NE VEUT PAS AUTRE CHOSE.* »

Mais le nœud de la difficulté était dans ces derniers
mots : le traité de Tilsitt avait placé la Russie dans l'état
d'infériorité où elle était en ce moment; la dépendance
morale qu'elle avait alors acceptée, Napoléon ne voulait
pas qu'elle la brisât; Tilsitt l'enchaînait à la politique du
Grand Empire. Alexandre avait senti le joug, et la haute
aristocratie russe n'avait cessé depuis lors de travailler à
la ruine de la politique de Tilsitt et de pousser à une
rupture ouverte. Napoléon, de son côté, par dignité pour
sa puissance, ne voulait traiter qu'à la tête de toutes les

(*) Alexandre annonçait depuis longtemps le départ pour Paris de
M. de Nesselrode, chargé d'aplanir les différends survenus entre les
deux Cours; ce messager de paix ne quitta pas Pétersbourg.

forces de l'Empire « dans une attitude qui fût digne de
la grandeur de la France. »

Ainsi donc, dans cette querelle de deux puissants
monarques, pour laquelle des flots de sang vont bientôt
arroser la terre, les vaines susceptibilités de l'amour-
propre et les coupables suggestions de l'orgueil se mêlent
aux motifs sérieux qui divisent les deux empires, et
contribuent plus que tout le reste, peut-être, à étouffer
la voix de la raison, qui pouvait encore se faire entendre
avant que le tumulte de la guerre n'eût éclaté (*).

L'*ultimatum* qu'Alexandre envoya ne pouvait décem-
ment être accepté : Napoléon n'y fit pas de réponse, et
huit jours après, il quittait Paris pour se rendre au milieu
de son armée. Il avait indiqué Dresde pour rendez-vous
à tous les rois et princes ses alliés et tributaires. Là, se
réunirent le grand-duc de Hesse, la grande-duchesse de
Darmstadt, le roi de Wurtemberg, le grand-duc de Bade,
le roi et la reine de Saxe, l'empereur et l'impératrice
d'Autriche, les archiducs et les archiduchesses, la reine
de Westphalie, le grand-duc de Wurztbourg, le roi et le
prince royal de Prusse, presque tous les princes de la
Confédération du Rhin et les principaux ministres des
différentes cours. « L'époque du séjour de Napoléon à
Dresde, dit le baron de Méneval, fut l'apogée de sa puissance ; les expressions manquent pour peindre l'effet qu'il
produisit ; jamais, peut-être, la grandeur humaine ne s'est
élevée plus haut. On a dit que Napoléon était à Dresde
l'Agamemnon, le roi des rois ; mais c'était à sa supériorité intellectuelle autant qu'à son pouvoir que s'adres-

(*) L. Vivien, *Histoire de Napoléon*, 1, 126.

saient ces témoignages involontaires de déférence et
d'égard. Un empereur, des rois, des princes souverains,
paraissaient plutôt ses courtisans que ses égaux ; en
sa présence, l'empereur d'Autriche était oublié ; il fallait
que Napoléon s'effaçât pour appeler sur ce monarque
l'attention qui se portait sur lui seul. »

L'Impératrice Marie-Louise quitta Dresde le 4 juin pour
se rendre à Prague où l'attendaient l'empereur et l'impératrice d'Autriche : là, elle fut l'objet de tous les égards
de sa belle-mère et de son père ; ils lui donnaient la place
d'honneur en voiture, à table et dans toutes les cérémonies.
« On eut dit, fait observer un témoin oculaire, que la
famille de Hapsbourg, d'accord avec la fortune, saluait
d'un éclatant et dernier hommage celui dont l'étoile allait
bientôt pâlir et s'éteindre. » Quant à l'Empereur, il avait
quitté Dresde le 29 mai ; et, dix jours après, il était sur
le Niémen à la tête d'une armée de cinq cent mille hommes, la plus redoutable qui eût existé dans l'antiquité et
dans les temps modernes. Avant de commencer les hostilités, Napoléon résolut de tenter, pour la troisième fois,
des voies de conciliation. Il envoya donc le comte de
Narbonne en ambassade à Alexandre ; mais il ne fut pas
même reçu. A cette nouvelle, il ordonna aussitôt à son
armée de passer le Niémen [100]. Le 22 juin 1812, elle
franchit ce fleuve sur trois ponts, entre à Kowno, et se
dirige sur Wilna, où elle arrive le 28. Les Russes avaient
été battus en diverses rencontres ; forcés d'abandonner
Wilna, ils en avaient brûlé tous les moulins et les magasins. L'Empereur fut obligé de s'arrêter quinze jours dans
cette ville, pour faire des vivres et organiser la Lithuanie.
Soit besoin de gagner du temps pour se faire, de la mauvaise saison et de la rigueur du climat, de terribles

auxiliaires contre les Français, Alexandre envoya son ministre Balachoff porter des propositions pacifiques à Napoléon; mais l'Empereur ne trouva pas acceptables les nouvelles propositions du czar, et exigea de lui, ou la signature prompte d'un traité de paix, ou la continuation immédiate des hostilités.

Après cet incident, Napoléon quitta Wilna pour se rendre à Witepsk, où il arriva dans les derniers jours de juillet, et se dirigea ensuite sur Smolensk. Malgré les efforts d'Alexandre pour soulever la population moscovite, des triomphes continuels marquaient la présence des Français sur le territoire russe, et cependant, Napoléon, comme arrêté par de sinistres pressentiments, s'était écrié en rentrant dans son quartier-général de Witepsk : « Je » reste ici; je veux m'y reconnaître, y rallier, y reposer » mon armée et organiser la Pologne. La campagne de » 1812 est finie ! celle de 1813 fera le reste. » Puis, se » tournant vers le comte Daru : « Pour vous, Monsieur, » lui avait-il dit, songez à nous faire vivre ici ; car nous » ne ferons pas la folie de Charles XII. Plantons ici nos » aigles, ajouta-t-il en s'adressant à Murat, 1813 nous » verra à Moscou, 1814 à Pétersbourg. La guerre de » Russie est une guerre de trois ans.» Mais toutes ces résolutions cédèrent bientôt à son impatience naturelle, et sa destinée l'entraîna sur la route de Moscou. Le 14 août, il battit les Russes à Krasnoï, les chassa le 18 de Smolensk, qui fut livrée aux flammes par les Russes ; s'empara, le 30, de Wiasma, dont l'ennemi avait détruit les magasins, et préluda, le 5 septembre, par une attaque vive de l'aile droite de l'armée russe, à la sanglante bataille de la Moskowa. « Soldats ! dit Napoléon à son armée, voilà la » bataille que vous avez tant désirée. Désormais la

» victoire dépend de vous ; elle nous est nécessaire ; elle
» nous donnera l'abondance , de bons quartiers d'hiver
» et un prompt retour dans la patrie. Conduisez-vous
» comme à Austerlitz , à Friedland , à Witepsk , à Smo-
» lensk , et que la postérité la plus reculée cite avec
» orgueil votre conduite dans cette journée ; que l'on dise
» de vous : *Il était à cette grande bataille sous les
» murs de Moscou !* »

On était au 7 septembre : un brouillard épais, qui avait
obscurci la journée précédente, commença alors à se
dissiper ; Napoléon, se tournant vers ses officiers, leur
dit en leur montrant les premières lueurs de l'aube :
« Voilà le soleil d'Austerlitz. » L'Empereur paraissait
soucieux : il souffrait de la fièvre , qui s'était accrue
par les fatigues des journées du 5 et du 6 qu'il avait
passées à cheval au milieu des peines et des soucis du
commandement. En proie à la douleur sous laquelle le
malaise physique paraissait enchaîner son activité morale,
Napoléon, tant que dura la bataille, n'en conserva pas
moins cette spontanéité lucide et prompte dans les ordres
qu'il fallait donner de toutes parts au moment du danger.
Voyant que le nombre des troupes engagées dans l'action
suffisait pour triompher de l'ennemi, il défendit à la
réserve de donner. Vainement Murat et Ney, au plus fort
de la mêlée, le conjurèrent-ils de faire avancer la garde :
« Et s'il y a une seconde bataille demain avec quoi la
livrerai-je », répondit-il de sang froid. La garde impériale
et la réserve étaient, en effet, les seules garanties
qui, en cas de défaite, devaient sauver l'armée d'une
destruction complète, et l'Empereur, dans les grandes
circonstances, avait toujours montré plus de prudence et

de sagesse que ses plus habiles généraux ; ce n'était pas
à eux de lui apprendre à vaincre.

L'attaque avait été commencée dès six heures du matin
par les corps de Davoust, Poniatowski et Compans. La
gauche de l'ennemi fut tournée, et le prince Eugène
s'empara de Borodino : à sept heures, Ney se précipita sur
le centre des Russes et l'affaire devint générale. Douze
cents pièces de canon tonnaient de part et d'autre ; l'intrépidité de nos soldats n'avait d'égale que la constance de
leurs ennemis ; le terrain était disputé à la baïonnette.
Enfin, après quatre heures d'une lutte opiniâtre et
sanglante, les Russes furent enfoncés, et deux de leurs
redoutes enlevées. Bientôt les masses ennemies, que ce
choc avait rompues, se reforment et s'avancent en
colonnes serrées pour reprendre leurs retranchements.
Trois cents canons et la cavalerie fondent sur elles avec
l'impétuosité de la foudre ; les colonnes russes, broyées
et rompues, se culbutent les unes sur les autres et
tombent dans une effroyable confusion... Quelques généraux prétendent que si la garde eût donné au milieu de ce
désordre, c'en était fait de l'armée russe. Elle perdit près
de cinquante mille hommes en cette sanglante journée ;
quarante de ses généraux y furent tués ou blessés ; mais
la victoire, vivement disputée et longtemps incertaine,
coûta aux Français plus de quinze mille hommes, parmi
lesquels dix généraux restèrent sur le champ de bataille,
et trente furent grièvement blessés. Kutusoff se retira sur
Mojaïsk, pour gagner ensuite Moscou qu'il semblait résolu
à défendre. Bientôt, oubliant sa première résolution, il
abandonne la ville sainte des Russes à l'armée française.
Cet abandon de Moscou, concerté d'avance avec le gouverneur Rostopchïn, cachait une trame dont les Français

reconnaîtront bientôt l'infernale profondeur. L'armée et l'Empereur lui-même croyaient, en atteignant Moscou, toucher au but de la campagne. Là était le repos après tant de fatigues; là devait être enfin le gage de la paix qui terminait cette guerre désastreuse. Napoléon y fit son entrée le 15 septembre, et vint occuper le Kremlin (*).

Cependant l'aspect inattendu que présentait l'intérieur de la ville troubla bientôt la joie que les vainqueurs éprouvaient, et jeta de nouveau dans les âmes de sinistres appréhensions. Tout autour de nous régnaient le silence et la solitude; les soldats s'avançaient de rue en rue presque sans apercevoir un visage humain; seulement, de distance en distance, on voyait passer des hommes à figure sinistre, qui, traversant les places et carrefours avec précipitation, disparaissaient soudainement dans l'ombre de quelques réduits inconnus. Dès le 14 et le 15, des incendies partiels s'étaient déclarés sur plusieurs points de la ville; le 16, ils devinrent de plus en plus fréquents, et un vent violent, qui s'éleva, les propagea bientôt avec une effrayante rapidité. Une grande partie de la ville était en bois, et renfermait de nombreux magasins d'huiles, d'eaux-de-vie et de matières combustibles. Les flammes y trouvèrent un aliment dont elles s'emparèrent avec une violence contre laquelle tout effort humain était impuissant. De noirs tourbillons de fumée s'élèvent poussés par le vent, la flamme les suit avec rapidité; elle court de maison en maison; la ville entière n'est plus qu'une fournaise ardente, horrible à voir, horrible à dépeindre. A la lueur de l'incendie, on voit alors

---

(*) L. VIVIEN, *Histoire de Napoléon*, II, 151.

des hommes aux regards farouches, armés de torches, se glisser de rue en rue, de maison en maison, dans les quartiers que le feu n'a pas encore atteint, et en hâter les progrès. Plusieurs centaines de ces misérables, saisis par nos soldats, déclarent qu'ils agissaient par l'ordre du gouverneur Rostopchin, qui, lui-même, pour prêcher d'exemple, avait, dès le 14, mis le feu à son propre palais. Surmontant tous les obstacles, l'incendie se répand avec fureur : il ne connaît plus ni direction, ni limites ; il mugit, bouillonne comme le cratère d'un immense volcan, et la malheureuse ville s'engloutit et disparaît au milieu d'un océan de flammes !....

Vers midi, le feu s'approcha du Kremlin ; le danger était imminent. Bientôt les flammes des quartiers voisins cernent de toutes parts ce palais. Napoléon, néanmoins, accoutumé aux périls de tous genres, se refusait à reculer devant celui-là, lorsque le prince de Neufchâtel lui fit cette observation : « Sire, si l'ennemi attaque les corps d'armées qui sont hors de Moscou, Votre Majesté n'a aucun moyen de communiquer avec eux. » L'Empereur alors quitta le Kremlin, et gagna la résidence impériale de Petrowskoë, à une demi-lieue de la ville ; il y resta jusqu'au 18, qu'il rentra dans Moscou et vint de nouveau s'établir au Kremlin, où les premiers soins de sa sollicitude administrative furent donnés aux malheureux de toutes les classes, aux hôpitaux, à la maison des Enfants-Trouvés, etc. L'Empereur passa cinq semaines à Moscou dans l'espoir qu'Alexandre lui ferait des propositions de paix ; mais, voyant le silence du czar, il se décida à lui en faire lui-même. Il ne reçut aucune réponse ; Kutusoff même fut blâmé d'avoir laissé passer l'officier français, porteur des dépêches de Napoléon. Alors enfin l'Empereur songea à la retraite ; il résolut de reprendre ses positions derrière le Dnieper et la Dwina, afin de se rapprocher des magasins qu'il avait fait préparer en Pologne.

Les 15, 16, 17 et 18 octobre, l'armée quitta Moscou pour se diriger sur Smolensk, mais en suivant la route de Kalouga, qui n'avait pas été épuisée par le passage des armées. Le temps était beau et sec : aucun symptôme menaçant n'annonçait un hiver plus précoce et plus rigoureux qu'à l'ordinaire. Kutusoff, en apprenant que l'armée française suivait cette route, vint prendre position sur Malo-Jaroslawetz, pour arrêter sa marche. Un combat opiniâtre s'engagea et dura toute la journée. La ville de Malo-Jaroslawetz fut prise et reprise sept fois, et resta enfin au pouvoir des Français, qui perdirent deux mille cinq cents hommes tués ou blessés. La crainte d'une nouvelle bataille, qui aurait augmenté le nombre de nos blessés, fit prendre à l'Empereur la résolution d'abandonner la route de Kalouga, pour gagner, sur la droite, celle de Smolensk par Wiasma. Prompt à suivre tous nos mouvements, Kutusoff se porte aussitôt sur Wiasma par des routes de traverse, afin de nous couper la retraite ; mais déjà l'armée française avait dépassé cette ville ; il ne rencontre que notre arrière-garde, qui, sous le commandement du prince Eugène et du maréchal Davoust, le repousse après un combat acharné.

Jusqu'au 7 novembre, la marche rétrograde de l'armée française s'opéra sans revers et sans désordre. Mais l'hiver s'étant annoncé ce jour-là par un froid excessif qui fit descendre tout-à-coup le thermomètre de Réaumur à 18 degrés au-dessous de la glace, les chemins devinrent presque impraticable pour les équipages, et cette armée si belle le 6, se trouva, dès le 14, sans cavalerie, sans artillerie, sans transports. L'ennemi, qui voyait sur les chemins les traces de l'affreuse calamité qui pesait sur l'armée française, chercha à en profiter ; il enveloppait toutes les colonnes par ses cosaques qui enlevaient, comme les Arabes dans les déserts, les trains et les voitures qui s'écartaient (*). Le passage ne se fraie plus dès-lors sur les routes qu'au milieu des chevaux qui s'abattent et des piétons affaiblis qui succombent. Les cadavres s'amoncèlent et forment, sous la neige qui les les recouvrent de son linceul blanc, une longue suite d'ondulations semblables à celles des cimetières. Vaste cimetière, en effet, où vont s'ensevelir misérablement les tristes restes de cette armée naguère encore si formidable. Dès-lors l'armée perd sa force et son attitude militaire ; les régiments débandés marchent en désordre ; il n'y a plus ni subordination ni obéissance. C'est ainsi que nous atteignons Smolensk, vingt-deux jours après avoir quitté Moscou. A Smolensk, Napoléon consacre quelque jours à rallier tout ce qui est encore en état de tenir une arme. De cent mille combattants partis de Moscou le 17 octobre, il n'en reste plus que quarante-cinq mille réunis sous les drapeaux ; la cavalerie est réduite à cinq mille hommes déplorablement montés. La garde compte encore pour seize mille : c'est l'élite et le noyau de l'armée.

Napoléon quitte Smolensk le 14 novembre par un froid de 20 degrés. Kutusoff le suit avec quatre-vingt mille hommes et cinq cents pièces de canon. Notre destruction paraissait inévitable. Mais le feld-maréchal russe appre-

---

(*) Vingt-neuvième bulletin de la grande armée.

nant que l'Empereur était là en personne avec la garde
impériale, n'osa pas attaquer, et laissa le passage libre.
Napoléon ne put cependant profiter de cet avantage ; ne
voulant pas abandonner à la discrétion de son terrible
ennemi les corps d'Eugène, de Davoust et de Ney qui
formaient l'arrière-garde ; il prend la résolution d'attaquer
Kutusoff. Cette attaque imprévue oblige le général russe
à concentrer ses troupes ; Eugène et Davoust, ainsi que
l'Empereur l'a prévu, moins vivement pressés, s'ouvrent
un passage et se réunissent à l'armée française. Ney, que
tous regardaient comme perdu, échappe cependant, à
force d'intrépidité, d'adresse et d'activité, aux quarante-
cinq mille Russes qui lui fermaient le passage, et ramène
à l'Empereur quinze cents des six mille braves qui lui
restaient en quittant Smolensk.

De Smolensk à la Bérésina, la route était jonchée de
morts. « Ce n'était plus que par milliers à la fois, a dit un
historien, témoin oculaire, que les hommes périssaient
d'inanition et de froid. On rencontrait des troupes de
mourants qui, dans un féroce délire, dévoraient les restes
de leurs camarades morts quelques instants auparavant !... » Ce fut au milieu de ces désastres que l'armée
arriva le 25 novembre à la Bérésina, où elle croyait trouver
le pont de Borisof ; mais les corps d'armée de Tchitchakoff
venait de le rompre. D'un autre côté, les corps de Kutusoff
et de Wittgenstein s'avançaient et se préparaient à nous
envelopper. Napoléon a embrassé d'un coup d'œil toutes
les chances de cette situation critique ; contre des difficultés que tous regardent comme insurmontables, son
génie saura trouver des ressources inespérées. Il envoie
des officiers sur la haute Bérésina pour en étudier les
abords et les passages : deux ponts sont aussitôt établis

sur des chevalets, malgré les difficultés et les périls d'un
tel travail. Pendant trois jours, une partie de l'armée passe
sur l'autre rive; l'ennemi vient tout-à-coup attaquer ce
qui restait en deçà des ponts. Aux premiers coups de
canons, tout ce qui n'est pas combattant se presse
d'arriver aux ponts : la mêlée devient horrible; des
monceaux de corps étouffés, broyés sous les pieds de la
foule obstruent les avenues et le plancher du pont, et
comblent à demi la rivière; des milliers de soldats se
jetèrent pêle-mêle dans la Bérésina, presque tous y
moururent dans la douleur et le désespoir.... — L'œil se
détourne avec une profonde tristesse de cet horrible
tableau; le cœur se serre à de si tristes souvenirs!....
Laissons à nos ennemis le soin cruel de raconter une
catastrophe qui ne fut que l'ouvrage des éléments, et
dans laquelle nulle gloire ne leur appartient : les Russes
le savent bien, nos revers ne peuvent être attribués à leur
valeur, mais à l'inclémence des frimas, qui fit plus que
leurs armées. Dans toutes les occasions où il fallut combattre, nos braves, harassés de fatigue et de faim, furent
constamment victorieux, et montrèrent aux Moscovites
ce que peuvent le courage et le désespoir des Français.

Pendant tout le temps de la retraite, Napoléon chemi-
nait à pied aux premières lignes de l'avant-garde. Appuyé
sur une branche de sapin et revêtu de sa capote grise, il
marchait sur le verglas entre des files de grenadiers et de
marins de sa garde, qui se serraient autour de leur
Empereur; et quand les boulets sifflaient plus nombreux
autour de la cohorte impériale, les gardes se pressaient
davantage près de celui qui, malgré d'affreux revers,
était toujours l'objet du respect, de l'amour et de l'admiration. Sa présence ranimait les plus désespérés, ses

paroles excitaient leur enthousiasme ; et dans tous les engagements, c'était encore lui qui les guidait et les faisait vaincre. « Il y a assez longtemps que je fais l'Empereur, disait-il en mettant sa formidable épée à la main, il est temps que je fasse le général et le soldat ! »

Le 29 novembre, Napoléon quitta les rives fatales de la Bérésina, et arriva le 5 décembre à Smorgoni, où il reçut un renfort qui venait fort à propos. La garnison de Wilna, sous la conduite du général Loison, s'était avancée pour protéger sa retraite et remplacer l'arrière-garde que le froid et la fatigue avaient mis hors de service. Content de voir ainsi les débris de la grande armée protégés dans leur retraite sur Wilna, Napoléon, vers le milieu du jour, annonça à Duroc et à Daru sa résolution de retourner au plus tôt à Paris. La conspiration de Malet, dont il venait de recevoir les détails, l'avait convaincu que sa présence y était nécessaire ; d'ailleurs, après de si terribles revers, il avait besoin de se concerter avec la nation au sujet des grandes mesures que réclamaient les circonstances. Il laisse à Murat le commandement de l'armée, engage ses généraux à l'espérance et à la confiance ; et, se plaçant dans un traîneau avec Caulaincourt [101], il part de Smorgoni à dix heures du soir, accompagné d'une faible escorte. Bientôt il renvoie cette escorte qui, en le signalant aux embûches des partisans russes, lui faisait courir de grands dangers, et arrive incognito à Varsovie, puis le 14 décembre à Dresde, et, le 18, il est à Paris.

Ce retour inespéré de l'Empereur rendit l'espoir à la capitale : Napoléon l'avait bien compris, son devoir était de quitter sa position bornée de général pour reprendre son rôle d'Empereur, et passer du commandement de l'armée à la tête de la France. En vain quelques écrivains

17

à la solde des partis l'ont blâmé de ce prompt retour ; ils
n'ont pas voulu comprendre que Napoléon, en demeurant,
soulageait à peine son armée et compromettait la France,
tandis qu'en partant, il sauvait certainement la France et
peut-être l'armée. Tous les hommes sensés lui ont rendu
cette justice, et les étrangers eux-mêmes ont manifesté
une semblable opinion. « Napoléon n'était pas seulement
» le chef de l'armée qu'il quittait, mais puisque les
» destinées de la France entière reposaient sur sa tête,
» il est clair que, dans ces circonstances, son premier
» devoir était moins d'assister à l'agonie des débris de
» son armée, que de veiller à la sûreté du grand empire
» qu'il gouvernait. Il ne pouvait mieux satisfaire à ce
» devoir qu'en se rendant à Paris, afin de hâter, par sa
» présence, l'organisation de nouvelles armées devenues
» nécessaires pour remplacer celle qu'il venait de
» perdre (*). »

Quelque douleur qu'éprouve un Français à retracer les
infortunes de nos malheureux guerriers, ayons cependant
le courage de les suivre encore de Smorgoni à Wilna, et
de Wilna au Niémen. A peine s'étaient-ils remis en route,
sous la conduite du roi de Naples, que, le 6 décembre,
le thermomètre descendit jusqu'à 30 degrés au-dessous
de zéro. Un morne silence régnait parmi les troupes ;
elles étaient sous l'impression énervante du plus profond
découragement. L'effet de cette subite recrudescence
d'une température polaire sur des corps exténués fut
aussi prompte que terrible : les soldats se traînaient
plutôt qu'ils ne marchaient ; des traits hâves et décharnés,

(*) BOUTOURLIN, *Hist. milit. de la campagne de Russie.*

un œil sombre, presque éteint, témoignaient de leurs souffrances ; on les voyait s'affaisser, tomber et mourir ; mais le mouvement général ne se ralentissait pas. Chaque groupe ou rassemblement passait insensible sans jeter seulement un regard sur les mourants qui jonchaient au loin la route. Abruti par l'excès de ses misères, l'homme debout ne voyait même pas son compagnon tomber à ses côtés, et la souffrance humaine, parvenue à ce point extrême, étouffait le dernier élan de sensibilité dans presque tous les cœurs. « Nous étions tous dans un tel état d'abattement et de torpeur, dit le docteur Larrey dans ses mémoires, que nous avions peine à nous reconnaître les uns les autres. On marchait dans un morne silence ; l'organe de la vie et les forces musculaires étaient affaiblis au point qu'il était très-difficile de suivre sa direction et de conserver l'équilibre.... La mort était devancée par la pâleur du visage, par une sorte d'idiotisme, par la difficulté de parler, par la faiblesse de la vue. » C'était par milliers que les victimes des frimas succombaient : la division Gratien, forte de douze mille hommes en sortant de Wilna le 4 pour se porter à notre rencontre, réduite de moitié quand elle atteignit Ochmiana, périt tout entière gelée dans la nuit du 6 au 7 décembre.

Le 8 décembre cependant les tristes débris de la grande armée atteignaient Wilna. Une horrible confusion régnait dans cette ville hospitalière ; les premières colonnes avaient tout envahi, tout bouleversé ; nulle mesure de police n'était possible vis-à-vis d'hommes affamés, mourants de froid, isolés de leurs drapeaux, de leurs chefs, qui s'asseyaient au premier foyer disponible, qui mendiaient leur nourriture quand ils manquaient de force pour la disputer les armes à la main. « On eût pu, dit

Gourgaud, se maintenir facilement plusieurs jours dans Wilna. Le froid avait causé dans l'armée russe presque autant de ravage que dans l'armée française ; elle marchait lentement.... En tenant Wilna vingt-quatre heures de plus, on serait parvenu, au moyen de distributions de toute espèce faites aux traînards, à en rallier un grand nombre ; et si l'on eût dû ensuite évacuer cette place, l'évacuation eût pu s'effectuer avec ordre : oui, si les instructions de l'Empereur avaient été suivies, les désastres qui arrivèrent n'auraient pas eu lieu. »

On quitta Wilna [102] le 9 au matin ; le 11, après quinze heures de marche, on arrivait à Kowno, où le roi de Naples passa la journée du 12 pour donner aux débris de l'armée le temps de traverser le Niémen. Le 13, Murat et Berthier quittèrent cette ville, tandis que Ney et Gérard défendaient les abords du pont et faisaient eux-même le coup de fusil jusqu'à ce que le défilement fut opéré. Enfin, cinq jours après, on atteignait Kœnigsberg.

Malgré ses pertes, l'armée française présentait encore un chiffre respectable : trente-six mille hommes avaient traversé Kowno ; le 10e corps se montait encore à trente mille hommes ; le corps polonais de Poniatowski, vingt mille et trente pièces de canon ; les Saxons, quinze mille, et le corps autrichien vingt mille : ce qui formait encore un total de cent vingt mille combattants. Mais ces différents corps, disséminés sur la vaste étendue du territoire russe, coupés dans leur retraite, assaillis par le nombre, et plus encore décimés par la faim et par le souffle glacial d'un affreux hiver, ne s'étaient jamais montrés plus héroïques dans aucune des guerres précédentes où la victoire avait suivi nos aigles. Vainqueurs dans tous les combats que les Russes osèrent soutenir contre nos intrépides débris, nous ne dûmes nos désastres qu'à un ennemi plus fort que toute force humaine, à cet hiver qui se montra d'une rigueur inouïe, même pour ces rudes climats. Nos ennemis eux-mêmes n'ont pu nous refuser cet éclatant hommage. « Si la conduite des troupes fut héroïque dans l'invasion, elle devint admirable dans la retraite. Attaqués constamment par des forces supérieures, souvent coupées, quelquefois cernées, elles résistèrent à tout et préférèrent la mort à la remise de leurs armes. Ney et les siens furent incomparables dans leur retraite ; le passage de la Bérésina fut aussi hardi que bien combiné. Ce fut un beau moment que celui où cinq cents officiers, demeurés sans soldats, formèrent un bataillon sacré pour le salut de l'Empereur. Ce fut un beau trait que celui des soldats de sa garde entre lesquels leur chef distribua le trésor privé de Napoléon, et qui, après l'avoir ainsi sauvé, le rendirent sans que rien n'y manquât (*). » C'est ainsi que s'exprime M. de Hardenberg, le ministre de Frédéric-Guillaume : et chez celui-là cependant la haine du nom français pouvait être légitime, car nous avions vaincu et humilié sa patrie.

Malgré tous les désastres de 1812, la puissance de Napoléon paraissait encore formidable ; mais sous cet aspect de force et de vitalité, s'était formé un principe de mort qui la rongeait au cœur, et devait inévitablement en amener la ruine. Les larmes que, tous les ans, les fréquentes levées de la conscription venaient arracher aux mères, les transactions commerciales paralysées par nos derniers malheurs, l'agriculture privée de ses bras les

(*) *Mémoires tirés des papiers d'un homme d'État*, XI, 454.

plus robustes et les plus nécessaires, une foule d'autres sacrifices que commandaient les circonstances ; tout cela , joint à un sentiment général de malaise et de fatigue, avait détendu la fibre de l'honneur national et diminué l'amour que la France conservait encore pour le grand homme qu'elle avait porté au pouvoir. Un habile écrivain a bien résumé cette situation critique des deux dernières années de l'Empire. « Depuis sa retraite de Moscou, Napoléon était entré dans une nouvelle série d'événements. C'est en 1812 que se déclara la décadence de l'Empire. La fatigue de sa domination était générale. Tous ceux du consentement desquels il s'était élevé prenaient parti contre lui... La masse nationale se montrait aussi lasse de conquêtes qu'elle l'avait été jadis des factions. Elle avait attendu de lui le ménagement des intérêts privés, l'accroissement du commerce, le respect des hommes, et elle se trouvait accablée par les conscriptions, par le blocus et par les droits réunis, suites inévitables de ce système conquérant. Il n'avait plus seulement pour adversaires les idéologues de la Révolution, mais tous ceux qui, sans opinions précises, voulaient recueillir les avantages matériels d'une meilleure civilisation. Au dehors, les peuples gémissaient sous le joug militaire, et les dynasties abaissées aspiraient à se relever. Le monde entier était mal à l'aise, et un échec devait amener un soulèvement universel.

« Je triomphais au milieu des périls toujours renais-
» sants, a dit Napoléon lui-même en parlant des guerres
» précédentes. Il me fallait sans cesse autant d'adresse
» que de force. Si je n'eusse vaincu à Austerlitz , j'allais
» avoir toute la Prusse sur les bras ; si je n'eusse triomphé
» à Iéna, l'Autriche et l'Espagne se déclaraient sur mes

» derrières ; si je n'eusse battu à Wagram, qui ne fut
» pas une victoire décisive, j'avais à craindre que la
» Russie ne m'abandonnât, que la Prusse ne se soulevât,
» et les Anglais étaient devant Anvers. » Telle était sa
condition : plus il avançait dans la carrière, plus il avait
besoin de vaincre d'une manière plus décisive. Aussi,
dès qu'il eut été battu, les rois qu'il avait soumis, les
rois qu'il avait faits, les alliés qu'il avait agrandis, les
États qu'il avait incorporés à l'Empire, les sénateurs qui
l'avaient tant flatté, et ses compagnons d'armes eux-
mêmes l'abandonnèrent successivement. Le champ de
bataille, porté à Moscou en 1812, recula vers Dresde en
1813, et autour de Paris en 1814, tant fut rapide ce
retour de fortune (*) !»

Les défections, en effet, ne se firent pas attendre. La
Prusse, la première, en donna le signal et répondit d'abord
secrètement à l'appel de la Russie ; puis, après avoir
pendant quelque temps donné le change à Napoléon par
diverses négociations mensongères, elle leva entièrement
le masque, et conclut un traité avec Alexandre. Bientôt,
l'Autriche elle-même, sous l'apparence d'une bienveillante médiation, lia des relations perfides avec la Russie
et la Prusse, excita en même temps à la révolte les princes
de la Confédération du Rhin, et s'unit par des traités
secrets au roi Frédéric-Guillaume. Le 3 mars, Bernadotte
resserra les liens qui l'unissaient à nos ennemis par un
traité avec l'Angleterre. La Suède fera marcher une armée
de 30,000 hommes, sous les ordres de ce roi renégat
et traître à la France : pour prix de ses services, le cabinet

(*) MIGNET, *Histoire de la Révolution française*, II, 347.

de Londres lui fournit trente millions de subsides , lui
assure la possession de la monarchie suédoise, l'incorporation de la Norwége et la possession de notre colonie de
la Guadeloupe. En même temps, les souverains du Nord
excitent à l'insurrection tous les peuples de la Germanie ;
ils empruntent pour les soulever le langage enthousiaste
des sociétés secrètes : « Vaillants Saxons, leur disent-ils,
l'heure de la délivrance est venue !... Aux armes !... soyez
libres !... Frères, venez à nous !... souvenez-vous de vos
exploits contre Charlemagne !... Toute distinction de
naissance et de rang est bannie de nos légions ; nos
arbres généalogiques n'existent plus !... La liberté ou la
mort !.... » Cet appel trouva un merveilleux écho dans
l'âme enthousiaste de la jeunesse allemande. Trente ans
plus tard, l'Autriche et la Prusse en recueillirent les fruits
amers, et les révolutions de Vienne et de Berlin ne furent
que les conséquences d'une croisade qui avait ainsi
déchaîné les passions de la démagogie.

Cependant, avant d'aller prendre le commandement
de l'armée qu'il vient de réorganiser , Napoléon veut
mettre fin aux démêlés qui existent depuis trop longtemps
entre lui et Pie VII. Il se transporte donc de sa personne
à Fontainebleau, qui, depuis un an, avait été assigné
pour résidence au Saint-Père, et après s'être réconcilié
avec l'auguste Pontife et l'avoir embrassé avec effusion,
il l'amène à consentir à des conférences amicales , à la
suite desquelles les deux souverains signent un nouveau
Concordat qui règle les principaux points de dissidence
entre le Saint-Siège et la cour des Tuileries. Enfin, cette
affaire importante terminée, l'Empereur investit Marie-
Louise de la régence de l'Empire, et dans la nuit du
15 avril, il quitte St-Cloud. Il arrive à Mayence vingt-

quatre heures après, consacre huit jours à l'inspection des dépôts, et, le 25, arrive à Erfurth, où 1809 l'avait vu si puissant et si glorieux : le 29, il est à Naumbourg sur la route de Leipzig. C'est là que vont se décider les destins de l'Empire, auxquels sont attachés ceux de l'Europe entière.

L'Empereur a trouvé les quarante mille hommes du prince Eugène massés sur la gauche de l'Elbe, tenant en respect, sur la rive droite, 75,000 Prussiens et 20,000 Russes. Il était temps qu'il arrivât. La fermeté, l'habileté et la bravoure du vice-roi, la constance de ses héroïques bataillons, ne pouvaient plus suffire pour contenir les forces toujours croissantes de l'ennemi. Cent vingt-cinq mille Russes s'avançaient encore vers l'Elbe ; vingt-cinq mille Prussiens étaient devant les places fortes occupées par nos garnisons, et Bernadotte ne devait pas tarder d'arriver avec ces 30,000 Suédois. C'était donc deux cent quatre-vingt mille combattants que la coalition mettait en ligne. L'Empereur ne perd pas de temps ; il prend aussitôt l'offensive et ordonne de marcher sur Leipzig. L'avant-garde ennemie est repoussée de Weissenfels et de Poserna après deux combats, dans l'un desquels est tué le brave maréchal Bessières, duc d'Istrie. Le 2, notre armée, en marche sur Leipzig, rencontre, à Lutzen, l'armée des alliés, qui débouche tout entière de Pégaw. Une épouvantable canonnade se fait entendre ; ils attaquent le prince de la Moskowa. Quatre-vingts pièces de canon dirigées par Napoléon volent à son secours. « C'est, dit-il, une bataille d'Egypte ; l'artillerie et notre jeune infanterie suffiront pour vaincre. » Il arriva à temps ; nous reprenons le village de Kaïa. Le duc de Raguse, à la tête des vieux marins, soutient glorieusement le choc de

vingt-cinq mille hommes de cavalerie. L'acharnement est
sans exemple, la crise terrible ; pendant quatre heures,
les efforts de l'ennemi sont inouïs... Enfin, on entend les
premiers feux de Bertrand, qui attaque les alliés sur la
gauche, tandis qu'au même instant le vice-roi et le duc de
Tarente les abordent sur la droite. Prévoyant le danger
qui les menace, les alliés redoublent d'audace et d'efforts,
et nous enlèvent le village de Kaïa : notre centre fléchit,
ils se croient triomphants ; mais la jeune garde arrive,
rien ne lui résiste ; Kaïa est repris, les positions ennemies sont enlevées à la baïonnette, et les alliés, craignant
d'être environnés, nous abandonnent le champ de bataille.
La victoire nous conduit en six jours à Dresde. Le roi de
Saxe, qui s'était réfugié en Bohême, rentre dans sa capitale. Le prince Eugène, obligé de retourner en Italie pour
observer les mouvements de l'Autriche, se sépare à regret
de Napoléon.

L'armée française continue de poursuivre l'ennemi, et
l'atteint à Bautzen. Là, Napoléon propose un armistice ; il
est refusé. Le 20 mai, en présence de l'armée alliée, il
ordonne le passage de la Sprée. Vainement Miloradowitch
veut s'y opposer ; à midi, le passage est effectué et la ville
de Bautzen enlevée. Nos troupes franchissent les hauteurs
de Nider-Kayna, s'établissent sur les sommités des montagnes, tandis que les ennemis se réfugient dans leur
camp retranché. Cette bataille de Bautzen, un de nos plus
beaux faits d'armes, ne fut que le prélude de celle de
Wurtchen, qui eut lieu le lendemain, et dont le résultat
fut des plus glorieux. A la vue de ces conscrits de la veille,
inébranlables sous le feu comme les vétérans de l'armée,
Napoléon ne put se défendre d'un mouvement d'admiration ; on l'entendit s'écrier au fort de l'action : « Des

enfants ! des soldats d'hier ! Oh ! les Français ! les Français ! » La journée de Wurtchen fut fatale à la France et à l'Empereur par la perte de Duroc, duc de Frioul, grand-maréchal du palais. Cette mort et celle de Bessières empoisonnèrent la joie du triomphe de Napoléon : il avait le cœur affectueux et sincèrement attaché à ses amis. On le vit, les traits empreints d'un morne abattement, assis pendant plusieurs heures devant sa tente, et plongé dans un morne silence qu'interrompaient de temps à autre ces paroles entrecoupées : « Duroc ! Duroc !... O mon Dieu ! mes pressentiments ne me trompent jamais !... Quelle journée ! quelle journée !... Quand le sort se lassera-t-il !... quand cela finira-t-il !... Caulaincourt, ajouta-t-il en regardant le duc de Vicence, mes aigles triomphent encore ; mais c'en est fait du bonheur qui m'accompagnait. »

Le résultat de la victoire de Lutzen avait été l'occupation de la Saxe ; celles de Bautzen et Wurtchen nous ouvraient la Silésie. Davoust avait repris les bouches de l'Elbe, Hambourg et Lubeck. La diplomatie vint alors s'interposer au milieu des combattants. L'Autriche offrit sa médiation : elle obtint de Napoléon un armistice qui devait durer du 4 juin au 28 juillet ; pendant ce temps-là, on réunissait un congrès pour traiter de la paix [108]. Les alliés employèrent le temps de l'armistice pour mettre en mouvement les secrètes manœuvres des cabinets. Dix jours s'étaient à peine écoulés après la conclusion de l'armistice, que déjà la Prusse et la Russie resserraient, par de nouveaux traités avec l'Angleterre, le nœud de la coalition, et combinaient enfin un plan régulier, qui avait toujours manqué aux coalitions précédentes. Bientôt l'armistice fut rompu, le congrès de Prague dissous, et l'Autriche déclara qu'elle

entrait dans la coalition, à moins que Napoléon ne consentît à céder les provinces Illyriennes et la Hollande ;
qu'il renonçât à la confédération du Rhin, à l'Espagne, à
la Pologne et à la médiation de la Suisse. L'Empereur
rejeta des propositions aussi humiliantes : les succès de
Lutzen, Bautzen et Wurtchen lui faisaient espérer que la
victoire resterait fidèle à ses drapeaux. L'Autriche publie
alors son manifeste, et déclare la guerre à la France : le
14 août les hostilités recommencent.

Napoléon était parvenu à rassembler quatre cent mille
hommes ; mais il n'a que quarante mille chevaux de
nouvelles levées. On lui oppose cinq cent mille baïonnettes
et cent mille cavaliers. Malgré cette disproportion de
forces, ce génie actif ne se laisse point abattre ; il espère
encore maintenir sa prépondérance sur l'Europe. L'Autriche venait de joindre ses nombreux bataillons aux
armées alliées ; Bernadotte, prince royal de Suède,
commandait l'armée qui couvrait Berlin, et y avait amené
le contigent suédois. Le 14 août, Blücher marche sur
Breslaw, surprend nos troupes et les forces à la retraite ;
mais il s'arrête en présence de Napoléon, qui arrive de
Dresde, et le fait reculer à son tour. Pendant qu'on est
aux prises en Silésie, la grande armée russe et autrichienne se porte sur Dresde. Cette ville, le pivot des
opérations de l'armée française, l'appui de sa retraite,
est sur le point de succomber. Napoléon retourne en
toute hâte sur ses pas ; soixante mille hommes font
quarante lieues en quatre jours, et Dresde est sauvée. Une
première bataille se donne sous ses murs, nous la gagnons.
Le lendemain, malgré une pluie torrentielle, nos soldats
reprennent leurs armes au point du jour ; jamais ils ne
s'étaient montrés plus braves. Napoléon se porte partout

à leur tête, au milieu de la mitraille et inondé de la pluie qui ruisselle sur ses vêtements : sa présence enfante des prodiges. Le corps d'armée de Schwartzemberg, attaqué vigoureusement par toute notre artillerie, est complètement mis en déroute. Ce fut là qu'un boulet français tua Moreau à côté de l'empereur Alexandre. Ainsi le vainqueur de Hohenlinden mourut sous l'uniforme russe et emporta dans la tombe le déshonneur d'avoir tourné son épée contre ses anciens compagnons d'armes et contre la France, sa patrie. Pendant ce temps-là, Murat, ayant débordé l'aile gauche des alliés, forçait des corps entiers à mettre bas les armes. A trois heures, la victoire était décidée : l'ennemi, dans le plus grand désordre, précipitait sa retraite, abandonnant sur le champ de bataille vingt mille prisonniers, dix mille tués ou blessés et deux cents canons. La pluie qui était tombée pendant vingt-quatre heures, avait rendu les routes impraticables ; on ne put donc poursuivre les fuyards. Napoléon comptait d'ailleurs que la division Vandamme, postée dans la vallée de Tœplitz, couperait la retraite aux coalisés et leur empêcherait de gagner la Bohême. Mais Vandamme, attaqué tout-à-coup par une armée entière, fut obligé de se rendre prisonnier avec 7,000 de ses soldats, après avoir combattu tout le jour en désespéré. En même temps, Macdonald était battu par Blücher, en Silésie ; Oudinot était repoussé par Bernadotte, et Ney, envoyé pour rétablir les affaires de ce côté, n'avait pas eu plus de succès. Nous succombions partout où n'était pas l'Empereur.

Pour comble de malheur, Wellington, après plusieurs victoires remportées en Espagne sur le roi Joseph et sur le maréchal Suchet, venait de rejeter en-deçà des Pyrénées nos légions battues et décimées. A la tête de plus de cent mille hommes, le général anglais était campé sur la Bidassoa, et menaçait d'un envahissement subit les provinces méridionales de l'Empire français : la coalition se voyait donc assurée d'une diversion puissante.

Cette situation avait quelque chose de fatal, qui eût fait plier une âme moins fortement trempée ; mais Napoléon se raidit contre les coups du sort : il espère encore maîtriser la fortune à force de constance et d'activité. Cependant les grandes masses de l'ennemi gagnent peu à peu du terrain ; le cercle où elles nous enferment se resserre, et elles se donnent maintenant la main depuis Berlin jusqu'à Prague. Soixante mille Russes venus de la Pologne comblent les vides que la bataille de Dresde a faits dans l'armée coalisée ; plus forte et plus nombreuse qu'au début de la campagne, cette armée se détermine à un mouvement décisif. Bernadotte fait sa jonction avec Blücher, et Schwartzemberg couvre de nouveau le midi de la Saxe.

Dans les premiers jours d'octobre, plus de trois cent mille coalisés, répandus sur la rive gauche de l'Elbe, s'avançaient du nord au midi sur la ville de Leipzig. Mais pas un de leurs mouvements n'échappe à l'œil attentif de Napoléon ; et cette grande manœuvre, où nos ennemis entrevoient déjà notre perte, il n'y voit, lui, qu'une chance assurée de triomphe. Il se propose de présenter la bataille aux troupes réunies de Bernadotte et de Blücher ; s'ils l'acceptent, l'Empereur se regarde déjà comme maître de Berlin. Il quitte Dresde le 7 octobre ; son armée descend par la gauche le cours de l'Elbe ; Bernadotte et Blücher se replient de nouveau devant nous, et persistent à ne pas hasarder de bataille générale avant que toutes les forces des alliés ne soient concentrées. Ainsi, comme l'avait préjugé Napoléon, Berlin restait à découvert, et quelques marches pouvaient nous porter au cœur de la monarchie prussienne. Il conçoit aussitôt le hardi projet de se porter sur cette ville, de débloquer Magdebourg, Dantzig, de rallier toutes les garnisons qui tenaient les forteresses de l'Oder et de la Vistule, et de paralyser l'action de la Prusse en s'implantant au milieu d'elle. *C'était le coup de tonnerre par lequel il fallait en finir.* Mais l'audace de ce plan effraya ses maréchaux ; ils ne voulurent point marcher, et force fut à Napoléon d'accepter les chances de la guerre dans les conditions défavorables qu'imposait la situation de l'ennemi. « L'étoile pâlissait, a-t-il dit lui-même à Sainte-Hélène (*) ; je sentais les rênes m'échapper, et je n'y pouvais rien.... Mes lieutenants devenaient mous, gauches, maladroits.... Je les avais gorgés de trop d'honneurs, de trop de richesses ;... désormais ils ne demandaient que du repos ; ils l'eussent acheté à tout prix ; le feu sacré s'éteignait ; il leur convenait d'être des maréchaux de la cour de Louis XIV. » Et ailleurs : « (**) Mes maréchaux sont la cause des désastres de Leipzig : ils n'ont jamais voulu que je descendisse l'Elbe et revinsse par Magdebourg sur Wesel ; ils se refusaient à comprendre les avantages de ce mouvement, qui me renforçait de toutes les garnisons des places de l'Elbe, et qui me plaçait sur le Rhin de manière à en rendre le passage impossible aux armées alliées.» Ce fut ainsi que Napoléon n'écoutant que les impulsions d'un cœur généreux et l'affection qu'il portait à ceux qu'il appelait ses compagnons

---

(*) *Mémorial de Sainte-Hélène.*

(**) MONTHOLON, *Récits de la captivité de Napoléon,* ii, 54.

d'armes, abandonna l'exécution d'un projet qui pouvait prévenir les plus grands désastres. Malheureusement, la suite ne le prouva que trop.

L'Empereur s'avança donc sur Leipzig ; il y arriva le 15 octobre ; l'ennemi le suivit de près. Nos forces numériques étaient dans une disproportion effrayante avec celles des alliés, et cette bataille allait être décisive !... En suivant sur la carte son plan de bataille, l'Empereur dit avec une expression de tristesse : « Il n'y a pas de savantes dispositions qui compensent à ce point le vide des cadres. Nous succomberons sous le nombre. Cent vingt mille hommes contre trois cent cinquante mille en bataille rangée !... Ils l'ont voulu !...» Le 18, après avoir fait prendre à ses lieutenants les positions qu'il avait arrêtées, l'Empereur attendit l'ennemi de pied ferme ; à neuf heures, les coureurs annoncèrent qu'il marchait sur toute la ligne ; à dix heures, la canonnade s'engagea. Tous les efforts de l'ennemi échouèrent contre les positions prises par Poniatowski et le roi de Naples : l'acharnement fut terrible ; l'armée de Silésie attaqua le faubourg de Halle ; ses attaques, renouvelées un grand nombre de fois, échouèrent toutes. A trois heures après midi, la victoire était pour nous de ce côté, comme du côté où se trouvait l'Empereur contre la grande armée. Mais alors, l'armée saxonne, infanterie, cavalerie, artillerie, et la cavalerie wurtembergeoise, passèrent tout entières à l'ennemi [104]. De l'armée saxonne, il ne resta que le général Zeschau, qui la commandait en chef, et cinq cents hommes. Cette trahison, non-seulement mit le vide dans nos lignes, mais livra à l'ennemi l'important débouché confié à l'armée saxonne, qui poussa l'infamie au point de tourner sur-le-champ ses quarante pièces de canon contre la division

Durutte. Un moment de désordre s'ensuivit ;... l'ennemi ne se trouvait plus qu'à une demi-lieue de Leipzig. L'Empereur envoya sa garde à cheval, que commandait le général Nansouty, avec vingt pièces d'artillerie, afin de prendre en flanc les troupes qui s'avançaient le long de la Partha pour attaquer Leipzig ; il se porta lui-même avec une division de la garde au village de Reidnitz. La promptitude de ses mouvements rétablit l'ordre ; le village fut repris, l'ennemi fut repoussé, et laissa le champ de bataille tout entier en notre pouvoir [105].

Vers les six heures du soir, l'Empereur ordonna les dispositions pour la journée du lendemain ; mais à sept heures, on vint lui annoncer que les munitions manquaient, et qu'on ne pourrait se réapprovisionner qu'à Magdebourg ou à Erfurth. Cet état de choses rendait nécessaire un prompt mouvement vers un de nos grands dépôts ; l'Empereur se décida pour Erfurth. On se dirigea donc sur cette ville, et l'armée française se vit ainsi obligée de renoncer aux fruits de deux victoires où elle avait battu les armées du continent (*).

L'Empereur attendit l'évacuation de Leipzig, et ne se mit en marche qu'après avoir vu les dernières troupes passer les ponts. L'ennemi ne tarda point à apprendre que Leipzig était évacué, et qu'il n'y restait qu'une forte arrière-garde ; l'ayant alors attaquée vivement, il fut repoussé plusieurs fois. Tout en défendant les faubourgs, notre arrière-garde opéra sa retraite ; mais les troupes saxonnes, restées dans la ville, tirèrent sur nos soldats

---

(*) Bulletin officiel du 24 octobre 1813.

du haut des remparts, ce qui obligea d'accélérer le mouvement rétrograde (*)

Avant son départ, l'Empereur avait ordonné de faire sauter le grand pont qui est entre Leipzig et Lindeneau, afin de retarder la marche de l'ennemi et de laisser le temps aux bagages de filer. Les sapeurs, à qui cette opération avait été confiée, entendant les premiers coups de fusils tirés des remparts, font aussitôt sauter le pont, laissant à la merci des ennemis une partie de l'armée qui était encore de l'autre côté avec quatre-vingts bouches à feu et quelques centaines de voitures. Soudain, chacun se débande et cherche à se sauver ; le duc de Tarente passe la rivière à la nage ; le comte Lauriston, moins heureux, se noie ; Poniatowski, monté sur un cheval fougueux, s'élance dans le Pleiss et ne reparaît plus... 12,000 hommes périssent par suite de ce malheureux événement, et l'armée française victorieuse arrive à Erfurth comme y arriverait une armée mise en déroute. Le 25 octobre, l'Empereur quittait Erfurth, lorsqu'il apprit que les Bavarois, qui venaient d'abandonner notre cause, étaient en marche sur Wurtzbourg, pour inquiéter la retraite de l'armée française. Le comte de Wrède, qui a combattu dix ans sous les drapeaux français, les commande ; le 29, il vient s'établir à Hanau, afin de barrer aux Français le passage de la vallée du Mein. Il n'y avait pas à tergiverser, il fallait se hâter de se frayer un chemin à travers ces nouveaux ennemis, avant que les armées de Blücher et de Bubna n'eussent le temps d'arriver. La situation était critique : Napoléon marche vive-

---

(*) Bulletin officiel du 24 octobre 1813.

ment vers Hanau. Il rencontre les Bavarois entre la forêt de Hanau et la Kintzig; il les culbute, leur passe sur le ventre et les met en pleine déroute. Wrède est blessé d'une balle; son gendre, le prince d'Œtengen, est tué sur le champ de bataille.

Affaiblie comme elle l'était par de sanglantes victoires, environnée de trahisons et de défections nombreuses, pressée par les insurrections des provinces allemandes et par les forces ennemies qui se multipliaient à chaque instant, l'armée française, réduite à 60,000 hommes, trois jours après, se hâta de repasser le Rhin : le Rhin que, quatre mois auparavant, Napoléon refusait pour barrière, et devant lequel ne va pas s'arrêter maintenant l'Europe coalisée !...

Les derniers mois de 1813 furent marqués par les événements les plus désastreux pour la France : la plupart des places fortes, dont l'ennemi nous avait séparés, venaient de succomber ou touchaient à leur chute. Saint-Cyr, à Dresde, se trouvant complètement abandonné à ses seules ressources, capitula le 11 novembre. La place de Stettin se rendit le 21 du même mois, après un blocus de 240 jours. Rapp, après cinq mois de siége soutenu avec intrépidité dans la ville forte de Dantzig, avait consenti à une honorable capitulation; il devait ramener en France, avec les honneurs de la guerre, la garnison, réduite à quinze mille hommes. Mais les clauses de ce traité, solennellement consenties, furent lâchement violées par cet Alexandre dont un certain parti a tant vanté la modération généreuse, et nos malheureux soldats furent emmenés prisonniers de guerre en Sibérie. Torgau, Zamosc et Modlin étaient tombées au pouvoir des Prussiens. La Hollande, soulevée en faveur du prince d'Orange, l'avait reçu à Amsterdam, le 31 décembre. Bernadotte avait renversé le royaume de Westphalie et rendu le Hanôvre à l'Angleterre ; enfin, les Hollandais et les Anglais assiégeaient Anvers.

En Italie, le prince Eugène, à la tête de quarante mille hommes, avait conservé ce royaume intact. Mais lorsqu'il eut appris les malheurs de la grande armée en Allemagne, il rétrograda derrière l'Adige, et concentra ses troupes en avant de Vérone.

En Espagne, le roi Joseph, poursuivi par Wellington, avait perdu la bataille de Vittoria, et s'était vu forcé de rentrer en France. En vain le maréchal Soult était-il accouru vers les Pyrénées pour rallier nos soldats, le général anglais n'en avait pas moins commencé l'envahissement de nos frontières, et menaçait déjà les grandes cités du midi de l'Empire.

L'Empereur, de retour à Paris le 4 novembre, s'était présenté au Sénat pour en obtenir les ressources qu'exigeaient de si malheureuses circonstances. « Il y a un an, » dit-il aux sénateurs, toute l'Europe marchait avec nous ; » toute l'Europe marche aujourd'hui contre nous. C'est » que l'opinion du monde est faite par la France ou par » l'Angleterre. Nous aurions donc tout à redouter sans » l'énergie et la puissance de la nation... » Le Sénat comprit parfaitement la position de la France, et approuva sur-le-champ une nouvelle levée de trois cent mille hommes, tout en suppliant Napoléon de ne rien négliger pour obtenir la paix : « Sire, c'est le vœu de la France ; c'est le besoin de l'humanité ! Si l'ennemi persiste dans ses refus, eh bien ! nous combattrons pour la patrie entre les tombeaux de nos pères et les berceaux de nos enfants ! » Cette coopération franche et sincère du premier corps de l'État, rendit à l'Empereur toute son activité accoutumée ; il se livra aux préparatifs d'une nouvelle campagne avec une énergie que rien ne pouvait abattre : l'existence de la France et la gloire de son nom le demandait ; Napoléon avait subitement grandi jusqu'au niveau de nos malheurs. Cependant, le Corps-Législatif, loin d'imiter le noble élan du Sénat, ne craignit pas, par ses actes et son langage, d'ajouter encore aux obstacles de la situation. Quatorze ans muets devant le héros qui présidait aux destinées de l'Empire, les députés, qui lui devaient des conseils dans les jours prospères, ne trouvèrent, au moment du danger, que des paroles de blâme et d'intempestives exigences. « Un seul homme, dit un éloquent écrivain, pouvait sauver encore le vaisseau de l'État, le Corps-Législatif le livra d'avance aux ressentiments de l'Europe. Triste courage qui ne se réveille qu'au jour des revers ! » Le rapport de la commission du Corps-Législatif, composé par quelques membres influents du parti royaliste [106], renfermait les reproches les plus incisifs, où la tendance de leurs opinions se manifestait d'une manière aussi audacieuse qu'inconvenante. Ils allaient jusqu'à justifier l'Europe, « *qui veut*, disaient-ils, *nous renfermer dans nos limites, et comprimer l'élan d'une activité ambitieuse, si fatale, depuis vingt ans, à tous les peuples.* Secrètement d'accord avec les souverains alliés, les opposants du Corps-Législatif exécutaient le mot d'ordre de la Coalition : c'était de flétrir l'Empereur aux yeux de la France, en rejetant sur lui tout l'odieux de cette guerre affreuse. Le manifeste que les puissances coalisées venaient de lancer au commencement de décembre, traçait aux dissidents la route qu'ils avaient à suivre. Cette déclaration, qui séparait habilement la cause de Napoléon de celle de la nation française, prêtait un point d'appui redoutable aux partis, et les faisait sortir tout-à-coup de leur apathie et de leur long sommeil.

Napoléon, violemment irrité d'une pareille opposition dans un moment si décisif, fit arrêter l'impression du rapport de la commission et ne reçut pas l'adresse ; au sein du Conseil d'État, il donna un libre cours à son indignation. — « Vous connaissez, dit-il à ses conseillers, la situation » des choses et le danger de la patrie. J'ai cru devoir en » donner une communication intime aux députés du » Corps-Législatif. J'ai voulu les associer ainsi à leurs » intérêts les plus chers. Mais ils ont fait de cet acte de » ma confiance une arme contre moi, c'est-à-dire contre » la patrie. Au lieu de me seconder de leurs efforts, ils » gênent les miens. Notre attitude seule pouvait arrêter » l'ennemi ; leur conduite l'appelle. Au lieu de lui montrer » un front d'airain, ils lui découvrent nos blessures ; ils » me demandent la paix à grands cris, lorsque le seul » moyen pour l'obtenir était de me recommander la » guerre. Ils se plaignent de moi, ils parlent de leurs » griefs ; mais quel temps prennent-ils, quel lieu ? Il faut » prendre un parti. Le Corps-Législatif, au lieu d'aider à » sauver la France, concourt à précipiter sa ruine. Il a » oublié ses devoirs ; je remplis les miens, je le dissous. » Si l'on m'assurait que le décret que je rends doit, dans » la journée, porter le peuple de Paris à venir en » masse me massacrer aux Tuileries, je le rendrais » encore ; car tel est mon devoir. »

Le lendemain, 1er janvier, à la réception des autorités, l'Empereur parla avec plus de véhémence encore, à la vue de la députation du Corps-Législatif : « Messieurs, » leur dit-il d'un ton sévère, vous pouviez faire du bien,

» et vous n'avez fait que du mal.... Votre rapport est
» rédigé avec une astuce et des intentions perfides dont
» vous ne vous doutez pas. Deux batailles perdues en
» Champagne eussent fait moins de mal. Vous avez mis
» dans ce rapport l'ironie la plus sanglante à côté des
» reproches. Vous dites que l'adversité m'a donné des
» conseils salutaires. Comment pouvez-vous me reprocher
» mes malheurs? Je les ai supportés avec honneur, parce
» j'ai reçu de la nature un caractère fort et fier.... Vous
» avez voulu me couvrir de boue; mais je suis de ces
» hommes qu'on tue et qu'on ne déshonore pas.... Vous
» voulez donc imiter l'Assemblée constituante et recom-
» mencer une révolution? mais je n'imiterai pas Louis XVI;
» j'abandonnerais plutôt le trône, et j'aimerais mieux
» faire partie du peuple souverain que d'être roi
» esclave. »

En même temps qu'il frappait le Corps-Législatif,
l'Empereur rendait à la liberté Ferdinand VII et le Souverain-Pontife. Par ces deux actes, il semblait qu'au moment
d'engager une lutte suprême et décisive, il voulût réparer,
autant qu'il était en lui, les deux plus grands torts de sa
politique passée. Cependant il apprenait que, de toutes
parts, la Coalition n'avait pas ralenti sa marche. Au midi,
à l'est et au nord, nos frontières étaient envahies. Wellington, avec cent quarante mille hommes, s'avançait sur
l'Adour; les Autrichiens secrètement favorisés par Murat,
qui avait cru, en traitant avec les coalisés à l'exemple de
Bernadotte, se maintenir dans son royaume de Naples,
allaient inonder la Haute-Italie et refouler Eugène sur le
Var; les trois armées de Bohême, de Silésie et du Nord,
conduites, la première par Schwartzemberg, la seconde
par Blücher, la troisième par un transfuge du drapeau

français, par Bernadotte, et formant un contingent de près de huit cent mille combattants, débouchaient par la Suisse, par Mayence et par la Hollande. Déjà le flot ennemi couvrait l'Alsace, la Franche-Comté, la Lorraine, et menaçait la Champagne. Napoléon n'avait pas seulement le tiers de ces forces à opposer à cette masse envahissante; toutefois il ne désespère pas, avec ce petit nombre de soldats éprouvés, de refouler l'étranger sur le Rhin et d'affranchir le territoire. Le 22 janvier 1814, après avoir confié à la garde nationale l'Impératrice Marie-Louise et le roi de Rome qu'il ne doit plus revoir, il se porte entre la Seine et la Marne, dans le but d'empêcher la jonction de Blücher et de Schwartzemberg. Son plan de bataille, vrai chef-d'œuvre de stratégie militaire, il l'exécuta avec une fermeté, une supériorité de génie qui, en définitive, en eût assuré le succès, si déjà l'intrigue et la trahison ne fussent venues paralyser de si patriotiques efforts. Pendant soixante-dix jours, on le vit courir avec une rapidité inouïe, d'une armée à l'autre, et presque partout remporter la victoire. Le 10 février, il battit l'ennemi à Montmirail; le 11, à Champ-Aubert; le 12, à Vaux-Champs; le 16, il triompha encore à Guignes; le 17, à Nangis; le 18, à Montereau. Enfin, la hardiesse de ses marches et l'éclat de ses victoires étonnèrent la Coalition, à ce point que, malgré la force et le nombre de ses armées qui couvraient la France, elle consentit à écouter à Châtillon des propositions de paix. L'Empereur offrait d'abandonner la Savoie et le Palatinat; les alliés éprouvèrent un moment d'hésitation, mais les correspondances secrètes qu'ils entretenaient avec Paris relevèrent leur courage et les excitèrent à redoubler d'efforts pour abattre le géant. La guerre recommença donc.

Déterminé à se battre en désespéré, l'Empereur livre, le 20 mars, un combat glorieux à Saint-Dizier. Ce fut là qu'il conçut le hardi projet de se jeter brusquement sur la ligne de retraite des armées ennemies, d'insurger la Lorraine sur leurs derrières, et de manœuvrer ainsi entre elles et le Rhin. Ce beau mouvement fut opéré le 23 mars. Les alliés, effrayés et se voyant au moment d'être enfermés entre l'armée de Napoléon, un pays insurgé et une ville de neuf cent mille âmes, délibéraient déjà s'ils ne devaient pas revenir en arrière, quand les incitations venues de Paris les décidèrent à marcher en avant. « Vous pouvez tout, et vous n'osez rien, leur faisait dire M. de Talleyrand [107] ; osez donc une fois ! » L'Empereur accourt aussitôt pour sauver sa capitale ; mais il était trop tard : le 30, le duc de Raguse avait signé la capitulation, et déjà une bande de nobles royalistes s'était portée à la rencontre des alliés, aux cris de *vivent les Bourbons! Vive Louis XVIII!* L'Empereur Alexandre vint prendre son logement dans l'hôtel même de Talleyrand, point de réunion du comité royaliste, qui la veille avait décidé le rappel de la dynastie exilée. Les souverains alliés hésitaient encore sur le parti qu'ils devaient embrasser. Traiteraient-ils avec Napoléon? Etabliraient-ils une régence au nom du roi de Rome? ou rétabliraient-ils la maison de Bourbon? Talleyrand fixa leurs indécisions en les portant à laisser au Sénat la solution de ce grand problème. Une soixantaine de membres du Sénat, réunis sur-le-champ par les soins de Talleyrand, constituèrent un gouvernement provisoire ; ils eurent hâte de publier l'acte par lequel ils déclaraient Napoléon déchu du trône et déliaient le peuple français du serment de fidélité à l'Empereur. Ce fut ainsi que cette corporation, courbée sous le poids des bienfaits

de Napoléon, et qui s'était montrée le plus docile instrument des volontés du maître, tant que le maître fut
puissant, ne craignit pas de proclamer sa propre félonie
par le renversement du trône impérial ! ! L'impulsion était
donnée ; on brisa partout les insignes de l'Empire ; la
statue de Napoléon fut descendue de la colonne d'Austerlitz, au milieu des vociférations stupides de la plus
vile populace. Le 6 avril, le Sénat est convoqué par
Talleyrand ; le gouvernement provisoire y vote séance
tenante un acte constitutionnel ainsi conçu :

« Le peuple français appelle librement au trône Louis-
» Stanislas-Xavier, frère du dernier roi, etc.

» Le pouvoir exécutif appartient au Roi. Le Roi, le
» Sénat et le Corps-Législatif concourent à la formation
» des lois.

» *La noblesse ancienne reprend ses titres, et la*
» *nouvelle conserve les siens.*

» *La dignité de sénateur est inamovible et hérédi-*
» *taire ; les membres actuels du Sénat sont main-*
» *tenus, et jouiront seuls de la dotation, dont les*
» *revenus passeront à leurs successeurs, etc., etc.* »

Le Sénat, comme on le voit, ne s'était pas oublié. Il y
a plus de dix-huit siècles, un infâme avait dit : « Que me
donnerez-vous, et je vous le livrerai ?... » L'apostat
Talleyrand et ses complices ne tinrent-ils pas le même
langage en stipulant d'avance le salaire de leur trahison ?...
Et cependant ceux qui venaient de signer cet acte avaient
fait partie de ce Sénat qui épuisa envers Napoléon, même
après les désastres de Moscou et de Leipzig, toutes les
formes de la plus basse adulation ! et ils avaient attendu
pour ouvrir les yeux que les Cosaques campassent dans
les Champs-Elysées, et que l'étranger commandât au sein

de la capitale de la France !... *O tempora ! ô mores !*...

Pendant que ces faits se passaient à Paris, Fontainebleau voyait s'accomplir les destinées impériales. Napoléon avait été stupéfait en apprenant l'abandon si subit et si général dont il était l'objet ; le langage et la conduite du Sénat le remplissait surtout de la plus violente indignation. « Les lâches ! sécria-t-il. Eux pour qui un signe de moi était un ordre ! Eux qui ont toujours fait plus que je ne désirais d'eux ! » Un moment il eut la pensée de marcher sur Paris, où les troupes alliées pouvaient trouver leur tombeau ; mais il ne trouvait plus dans ses généraux qu'hésitation et froideur ; ils craignaient maintenant de perdre les biens dont il les avait comblés pendant vingt ans : chacun ne songeait plus qu'à sauver au moins quelques débris de ce grand naufrage.

Il est des douleurs qu'il faut renoncer à peindre : quelles paroles pourraient rendre celles qui, dans ces premiers moments, torturaient l'âme de Napoléon ; tant d'ingratitude, mêlée à tant de bassesse, était un calice dont l'amertume lui soulevait le cœur. Il se sentait humilié que des hommes qu'il avait élevés si haut aux yeux de l'Europe, se ravalassent si bas. « Qu'ont-ils fait » de cette auréole de gloire à travers laquelle ils apparaissaient à l'étranger ? A présent, que doivent penser » les souverains de toutes ces illustrations de mon » règne ?...»

Mais les traîtres et les lâches n'étaient pas seulement dans le Sénat ; l'armée en recelait aussi que l'Empereur avait élevés trop haut, et qui, n'ayant plus rien à espérer de lui, se hâtèrent de l'abandonner dans les jours du malheur. Un vil égoïsme, le désir de jouir enfin paisiblement des richesses qu'ils avaient amassées, tels furent les mobiles de leur conduite. Le tableau que nous allons rapidement esquisser des derniers débats de Napoléon avec les souverains coalisés, nous mettra sous les yeux la conduite des uns et des autres : c'est à leurs œuvres qu'on les jugera.

Le lendemain de la capitulation de Paris, Marmont, duc de Raguse, accompagna la division qu'il commandait jusqu'à Essonne ; là, il reçut ordre de l'Empereur de se rendre le même soir à Fontainebleau. Il soupa avec Napoléon, et reçut de lui des éloges de sa belle défense de Paris. Quelques heures après le souper, l'Empereur arriva à Essonne pour passer ses braves en revue. Il y fut accueilli avec le plus vif enthousiasme, et repartit pour Fontainebleau pendant la nuit. Au point du jour, il voulut visiter les avant-postes et les autres régiments campés autour de cette ville. A son aspect, les troupes frémissaient de joie et semblaient heureuses de dissiper par leurs acclamations la tristesse dont son front était obscurci. Ému de cet accueil : « Officiers, sous-officiers et soldats, » leur dit-il avec l'accent de la plus vive reconnaissance, » l'ennemi nous a dérobé trois marches ; il est arrivé à » Paris avant nous. Quelques factieux, restes d'émigrés » auxquels j'avais pardonné, ont entouré l'empereur de » Russie ; ils ont arboré la cocarde blanche, et ils veulent » nous forcer à la prendre. Depuis la Révolution, la » France a été maîtresse chez elle, souvent chez les » autres, mais toujours chez elle. J'ai offert la paix ; » j'ai proposé de laisser la France dans ses anciennes » limites, en cédant tout ce qu'elle a acquis par ses » conquêtes. On a tout refusé... Dans peu de jours, » j'attaquerai l'ennemi ; je le forcerai à quitter notre » capitale. J'ai compté sur vous ; ai-je eu raison ? » —

« Oui, oui ! s'écrièrent les braves en agitant leurs armes,
» comptez sur nous toujours ! Vive l'Empereur !... Notre
» cocarde est tricolore ; plutôt d'y renoncer, nous péri-
» rons sur le sol de la patrie ! »

Ainsi cette voix qui, sur les bords du Nil, du Danube
et du Niémen, avait électrisé leur courage, n'avait rien
perdu de son empire sur l'âme des soldats. Il n'en est pas
de même des généraux : presque tous gardent un morne
silence ; leur attitude froide, impassible, témoigne assez
qu'ils étaient devenus des hommes de palais et qu'ils ne
voulaient plus guerroyer. Et c'est dans le moment où la
France et l'Empereur ont le plus besoin de leurs efforts
et de leur dévouement, alors qu'un élan généreux et
l'accord unanime des chefs et des soldats en eussent
imposé à l'étranger et relevé le courage des citoyens,
qu'ils refusent de courir de nouveau les chances des
combats !... Dans les situations extrêmes, ce n'est jamais
la crainte, ni même la prudence, c'est l'audace qui sauve
les empires. Mais la tête leur tourne à la seule idée de
perdre la haute position que leur a faite l'Empereur.
Périsse le bienfaiteur, pourvu qu'eux et les leurs jouissent
en repos de ses bienfaits !!...

Dans la nuit du 3 au 4 avril, on reçut à Fontainebleau,
par un exprès du duc de Raguse, le sénatus-consulte qui
prononçait la déchéance de l'Empereur ; en même temps,
le maréchal Macdonald arrivait de Troyes pour voir Napoléon et recevoir ses ordres. « Duc de Tarente, lui dit
l'Empereur, quelles nouvelles ? — De bien tristes, Sire ;
Paris est aux mains de l'étranger, et l'on dit de tous côtés
que Votre Majesté marche sur la capitale. — Eh bien ? —
On craint que la menace d'une bataille de votre part ne
la livre à toutes les horreurs d'une ville prise d'assaut.

L'armée est fatiguée, découragée, désorganisée ; tenter de
reprendre Paris, ce serait s'exposer à répandre sans
succès un sang précieux.» Le visage de Napoléon se
rembrunit ; il promena quelques instants, sans rien dire,
des regards scrutateurs sur ses anciens compagnons
d'armes : « Eh bien, Messieurs, reprend-il, vous ne voulez
donc plus vous battre ? — Il est trop tard, Sire, répond
un maréchal. — Et que pourriez-vous faire, Sire? dit un
autre, brûler Paris? mais cette ville renferme nos femmes
et nos enfants. » Enfin, un troisième, après avoir dépeint
avec énergie les maux que la guerre civile [108] entraînerait,
prononce le mot d'abdication. Une seule voix s'élève pour
protester contre ce mot. Mais Napoléon reprend avec
émotion et dignité : « Vous croyez que c'est le vœu de la
France? — Oui, Sire. — Que c'est le vœu de l'armée?—
Oui, Sire. — Ah! du moins, si j'abdiquais, vous seriez
d'avis de faire passer la couronne sur la tête du roi de
Rome? Mon fils et la régente pourraient faire encore le
bonheur de la France. — Oui, oui, s'écrièrent les maréchaux. Cette proposition, soutenue par l'armée, dissipera
sans peine les intrigues commencées en faveur des Bourbons. La France ne les connaît plus ; mais elle connaît le
fils de l'Empereur ; elle l'aime, elle l'adoptera, et l'Autriche
le verra couronner avec plaisir. Sire, il faut se hâter. —
Qui chargerai-je de cette négociation? Le duc de Vicence,
le prince de la Moskowa, le duc de Raguse?... Oui, ces
Messieurs vont partir pour Paris. Je vais leur donner leurs
pouvoirs... Cependant, ajoute-t-il en se jetant sur un
siége, je suis sûr que nous les battrions!... » Ce dernier
appel fait au dévouement, au courage de ses généraux,
resta sans réponse. Se relevant alors avec majesté, l'Empereur fait comprendre par son geste qu'il veut rester seul.

Les maréchaux se retirent, et Napoléon écrit l'acte d'abdication suivant :

« Les puissances alliées ayant proclamé que l'empereur Napoléon était le seul obstacle au rétablissement de la paix en Europe, l'empereur Napoléon, fidèle à son serment, déclare qu'il est prêt à descendre du trône, à quitter la France, même la vie, pour le bien de la patrie, inséparable des droits de son fils, de ceux de la régence de l'Impératrice et du maintien des lois de l'Empire.

» Fait au Palais de Fontainebleau, le 4 Avril 1814.

» NAPOLÉON. »

Et il nomme le duc de Vicence, le prince de la Moskowa et le duc de Tarente commissaires pour porter cet acte aux souverains alliés. L'Empereur ayant jugé que la présence de Marmont était fort nécessaire à Essonne, lui fit dire « que ne pouvant refuser à sa fidélité, garantie par tant de bienfaits d'un côté, et par tant de services de l'autre, il le laissait maître d'accompagner ses collègues, dans le cas où il n'espérerait pas être plus utile à l'Empereur au poste d'Essonne qu'à Paris (*). »

Les trois commissaires arrivent chez Marmont, y dînent et attendent, pour passer outre, l'autorisation de Swartzemberg, généralissime étranger. Mais déjà celui-ci avait circonvenu Marmont et, dès le 2 avril, l'avait amené à déserter la cause de Napoléon, pour *se ranger sous les drapeaux de la bonne cause française.* La position de Marmont était des plus embarrassantes en présence des trois commissaires, ses collègues : il s'en ouvrit

_____

(*) E. Bégin, *Hist. de Napoléon*, v, 385.

cependant à eux. Alors la conversation devint très-vive ; des reproches amers en furent la suite. Marmont, se repentant de ce qu'il a fait, s'engage à se rendre auprès de Schwartzemberg pour briser la trame ourdie par ce général étranger et retirer sa signature.

Arrivés à Paris, les trois commissaires se rendent chez l'empereur Alexandre. Ils le trouvent l'air soucieux, causant avec le roi de Prusse ; la discussion paraissait animée. Guillaume, instruit de l'adhésion du duc de Raguse aux plans des alliés, avait pris dès ce moment la résolution de rejeter la régence que venaient proposer les plénipotentiaires de Napoléon. Le duc de Vicence remet au czar l'acte d'abdication de l'empereur Napoléon en faveur de son fils, et de l'impératrice Marie-Louise régente. Mais le roi de Prusse, prenant froidement l'initiative, répondit que des événements subséquents ne permettaient plus aux puissances alliées de traiter avec Napoléon ; que les vœux de la nation pour ses anciens souverains se manifestaient de toutes parts ; et que le Sénat, ayant déclaré Napoléon déchu du trône, les souverains alliés ne pouvaient reconnaître à l'Empereur le droit de disposer de la couronne de France. Au même instant, un officier russe annonce à l'empereur Alexandre que l'on désire lui parler dehors du cabinet. Il sort, et rentrant quelques minutes après : « Messieurs, dit-il aux commissaires, vous faites sonner bien haut la volonté de l'armée ; mais vous ignorez, sans doute, que le corps du duc de Raguse a passé de notre côté, et que d'autres corps sont dans la même disposition. On est las de la guerre. Nous ne voulons que le bonheur de la France : que nous importe la forme de son gouvernement, si ce gouvernement la rend heureuse? Nous ne voulons aujourd'hui que ce qu'à

déjà proclamé le Sénat[109] : il a repoussé la régence comme
il a repoussé l'empereur Napoléon. Je vous déclare que
nous ne pouvons admettre que son abdication absolue. »

Les trois commissaires retournèrent à Fontainebleau
pour rendre compte de leur mission à l'Empereur. En
apprenant la défection du duc de Raguse, Napoléon
s'écria : « L'ingrat ! il sera plus malheureux que moi ! »
Quelques jours après, se voyant ainsi trahi ou abandonné
par ses plus chers compagnons d'arme, l'Empereur dut
se résigner à une abdication sans conditions ni réserves.
Le 11 avril, il la signa en ces termes : « Les puissances
» alliées ayant proclamé que l'empereur Napoléon
» était le seul obstacle au rétablissement de la
» paix en Europe, l'empereur Napoléon, fidèle à ses
» serments, déclare qu'il renonce pour lui et ses
» héritiers aux trônes de France et d'Italie, parce qu'il
» n'est aucun sacrifice personnel, même celui de la vie,
» qu'il ne soit prêt à faire à l'intérêt de la France. » Un
traité particulier lui assigna, en échange de l'empire
auquel il renonçait, la souveraineté de l'île d'Elbe sur les
côtes de la Toscane, et on lui *permit* d'emmener avec
lui 400 grenadiers de sa garde. Parme, Plaisance et
Guastalla étaient donnés pour apanage à Marie-Louise [110]
et à son fils.

L'Empereur d'Autriche enleva à Napoléon Marie-Louise
et le roi de Rome, et brisa ainsi les liens les plus sacrés
de la nature et de la religion. L'histoire ne dit pas que
Marie-Louise ait opposé quelque résistance à son père
pour remplir ses devoirs d'épouse et de mère.... Quant à
Joséphine, elle mourut à la suite d'une courte maladie,
un mois à peine après l'abdication de Napoléon.

Cependant tout était consommé : Napoléon devait

quitter Fontainebleau pour se rendre au lieu de son exil.
Douze cents hommes de sa garde, vieux compagnons de
sa gloire, avaient été laissés auprès de lui ; il les fit ranger
dans la cour du château pour cette triste et dernière
revue, et, lorsqu'il parut descendant à pas lents l'escalier
du perron, des acclamations, des cris partirent de toutes
les bouches, des larmes coulèrent de tous les yeux.
« Soldats de ma vieille garde, leur dit-il d'une voix émue,
» je vous fais mes adieux ! Depuis vingt ans que je vous
» commande, je suis content de vous ; je vous ai toujours
» trouvés sur le chemin de la gloire. Les puissances alliées
» ont armé toute l'Europe contre moi ; une partie de
» l'armée a trahi ses devoirs, et la France a cédé à des
» intérêts particuliers. Avec vous et les braves qui me
» sont restés fidèles, j'aurais pu soutenir la guerre civile
» pendant trois ans ; mais la France eût été malheureuse,
» ce qui était contraire au but que je m'étais proposé ; je
» devais donc sacrifier mon intérêt personnel à son
» bonheur, ce que j'ai fait. Soyez fidèles au nouveau roi
» que la France s'est choisi ; n'abandonnez pas notre
» chère patrie, trop longtemps malheureuse ! Aimez-la
» toujours, aimez-la bien, cette chère patrie ! Ne plaignez
» pas mon sort ; je serai toujours heureux lorsque je .
» saurai que vous l'êtes. J'aurais pu mourir ; rien ne
» m'eût été plus facile ; mais je suivrai sans cesse le
» chemin de l'honneur. J'ai encore à écrire ce que nous
» avons fait. Je ne puis vous embrasser tous, mais
» j'embrasserai votre général... Venez, général... (Il serre
» le général Petit dans ses bras.) Qu'on m'apporte l'aigle,
» que je l'embrasse aussi. Chère aigle ! que ces baisers
» retentissent dans le cœur de tous les braves !... Adieu,
» mes enfants !.... Mes vœux vous accompagneront

» toujours; conservez mon souvenir;... entourez-moi
» encore une fois... Adieu!...» L'émotion de Napoléon
s'était communiquée à tous ses compagnons d'armes; les
officiers mêlaient leurs sanglots à ceux des soldats;
l'Empereur lui-même, cédant à l'émotion, laissa couler
ses larmes; après quelques signes d'adieu, il marcha
suivi d'amis dévoués vers les voitures qui l'attendaient...
Tableau déchirant, qui, par sa touchante simplicité, rappelle les drames homériques des peuples de l'antiquité.
« Ainsi finissait le règne de celui que l'armée appelait
son *héros*, la France son *libérateur*, le clergé l'*envoyé
du Très-Haut*, le pape l'*oint du Seigneur*; ainsi s'est
brisé le plus beau trône du monde, sur l'existence duquel
reposait tant de destinées compromises (*).» Les généraux
Drouot, Cambronne et Bertrand, destinés à consoler la
France par un dévouement sublime et l'exemple de la
fidélité au milieu de tant d'odieuses défections, voulurent
partager la mauvaise fortune de celui qu'ils avaient
entouré dans la prospérité, prouvant par-là que c'était
moins au monarque dispensateur des grâces, qu'au grand
capitaine et à l'homme de génie, qu'ils avaient été attachés dans l'ère impériale.

Par une singulière coïncidence, le jour où Napoléon
abandonnait pour l'exil le palais de Fontainebleau,
Louis XVIII faisait une entrée solennelle à Londres. Le
prince-régent l'ayant félicité, le roi lui répondit : « C'est
» aux conseils de Votre Altesse Royale, à ce glorieux
» pays et à la constance de ses habitants que j'attribuerai
» toujours, après la divine Providence, le rétablissement

(*) E. Bégin, *Hist. de Napoléon*, v. 417.

» de notre maison sur le trône de ses ancêtres.... » En
effet, fidèle au serment de sa haine contre la France et
contre l'Empereur, l'Angleterre avait tout fait : l'or qu'elle
répandit leva tous les obstacles, fomenta la rébellion et
amena enfin les puissances continentales à cette terrible
coalition qui devait humilier la France et la soumettre à
l'influence des étrangers.

Tout le long de sa route, Napoléon fut accueilli par les
cris de : *Vive l'Empereur !* Les populations des campagnes et des villes se pressaient partout sur son passage.
Mais en aucun lieu les témoignages de sympathie, d'admiration et de regret n'éclatèrent comme à Lyon. Cependant,
à mesure qu'on avançait vers les départements méridio-
naux, l'élan se refroidissait : en Provence, l'Empereur fut
même exposé à des insultes et des menaces, qui heureusement n'eurent pas de suites. Arrivé à Saint-Rapheau le
28 avril, il s'embarqua sur une frégate anglaise ; le 8 mai,
à six heures du soir, il entra dans la rade de Porto-
Ferrajo [111], où les habitants lui firent une réception
brillante. Pendant son séjour à l'île d'Elbe, il s'occupa
constamment de l'administration et du bien-être de sa
principauté. Il fit exécuter des travaux considérables,
employa les loisirs de ses grenadiers à percer des routes,
construire des quais, embellir les promenades ; il facilita
les relations commerciales, étendit le travail des mines,
le rendit plus productif, et consacra tous ses moments
au bonheur de son petit État. « Napoléon retrouvait sans
cesse dans sa vie, a dit Châteaubriand, les deux sources
dont elle était sortie, la démocratie et le pouvoir royal ; sa
puissance lui venait des masses citoyennes, son rang de
son génie : aussi le voyez-vous passer sans effort de la
place publique au trône, des rois et des reines qui se

pressaient autour de lui à Erfurth, aux boulangers et aux marchands d'huile qui dansaient dans sa grange à Porto-Ferrajo. Il avait du peuple parmi les princes, du prince parmi les peuples. A cinq heures du matin, en bas de soie et en souliers à boucles, il présidait ses maçons à l'île d'Elbe. »

Napoléon espérait que Marie-Louise, une fois à Parme, pourrait venir de temps en temps le visiter à l'île d'Elbe. Dans cette prévision, qui souriait à son cœur, il s'occupa de faire construire et disposer un palais, sinon somptueux, du moins commode. L'inauguration en fut faite par un bal brillant, durant lequel l'Empereur se montra toujours d'une extrême amabilité. Sa mère et la princesse Pauline vinrent partager avec lui cette habitation, à laquelle il ne manquait plus que Marie-Louise et le roi de Rome.

Cependant, la coalition, dont les regards ne se portaient qu'avec terreur vers l'île d'Elbe, se préparait, contrairement au traité de Fontainebleau, à transporter Napoléon à Sainte-Hélène, et c'était Talleyrand qui en donnait le conseil. Prévenu à temps par le roi Joachim, Napoléon arma d'abord Porto-Ferrajo pour mettre l'île d'Elbe à l'abri d'une surprise; puis, indigné de voir les vainqueurs d'un jour, envers lesquels il s'était montré si généreux après tant de batailles décisives, se résoudre froidement à l'ensevelir vivant dans les mers des tropiques, il hésita d'autant moins à prévenir le coup qui le menaçait, que les journaux venus de France lui avaient révélé un grand mécontentement national, surtout dans la classe moyenne et dans l'armée. Dès ce moment, son retour en France est arrêté. Profitant de l'absence du commodore Campbell, retenu à Livourne, dans les plaisirs d'une fête, il fait embarquer, le 26 février 1815, quatre cents hommes de sa garde sur un brick de 26 canons, tandis que deux cents hommes d'infanterie, cent Polonais et un bataillon de flanqueurs, étaient reçus à bord de trois autres bâtiments. Dans la nuit du 26 au 27, il quitte subitement sa mère et sa sœur Pauline, chez laquelle il venait de dîner, et s'embarque en compagnie des généraux Bertrand, Cambronne et Drouot. L'escadre aussitôt, franchissant l'embouchure du port, glisse sur les eaux du golfe aux acclamations des habitants de Porto-Ferrajo, réunis pour saluer celui qui emportait leurs vœux et leurs espérances.

Après six heures de navigation favorisée par un bon vent du sud, le vent tombe au lever de l'aurore, et l'escadrille reste comme enchaînée par le calme. Le péril devenait imminent : les croisières françaises et anglaises pouvaient en peu d'instants découvrir la fuite de Napoléon. « Allons, Messieurs, dit-il à ses généraux alarmés, fiez-vous-en à mon étoile, à l'étoile d'Égypte ; elle brille encore, et nous conduira sûrement aux rives de France. » Effectivement, le vent fraîchit, et l'escadrille continue sa route. Bientôt, elle fait rencontre du brick français le *Zéphir*, qui demande des nouvelles de l'Empereur : « Il se porte très-bien », répond Napoléon lui-même ; et de part et d'autre on passe outre. Le 1er mars, vers midi, les côtes de France apparaissent... *France !* dit une voix ; *France ! Vive l'Empereur !* répètent les quatre cents grenadiers de la garde. « Oui, mes enfants, dit l'Empereur, c'est en France que je vous conduis. » Alors les transports éclatent ; on se presse les mains, on s'embrasse ; toutes les souffrances, toutes les privations sont oubliées. On hisse le drapeau de l'Empire, et chaque soldat remplace la cocarde de l'île d'Elbe par la cocarde tricolore. La petite armée impériale débarque avec empressement sur le rivage, et établit son bivouac dans un bois d'oliviers, où bientôt accourent les habitants de la campagne, poussant des acclamations et félicitant les grenadiers de leur retour. « Beau présage, dit l'Empereur, puisse-t-il se réaliser ! » Il détache ensuite le capitaine Lamourette avec vingt-cinq hommes pour s'emparer d'une batterie située près de la baie. Le capitaine s'en rend maître, et croit devoir pousser jusqu'à Antibes ; mais les portes de la ville se referment sur lui, et il est fait prisonnier avec ses vingt-cinq hommes.

A onze heures du soir, l'Empereur donna le signal du départ. Cambronne commandait l'avant-garde ; le *bataillon sacré* venait ensuite, suivi de trois pièces de canon et d'un petit train d'équipages. On marcha toute la nuit avec ardeur ; le lendemain, à onze heures du matin, on atteignit Grasse. La municipalité de cette ville, quoique dévouée aux Bourbons, n'hésita pas à venir saluer l'Empereur, qui, traversant la ville avec rapidité, s'arrêta militairement sur une hauteur. Après une fatigante journée de vingt lieues, l'Empereur stationna quelques heures à Sernon. L'ovation qu'il reçut à Castellane, Barrême, Digne, fut des plus touchantes. Napoléon dîna dans cette dernière ville. A Sisteron, même enthousiasme. Au sortir de Sisteron, il vit venir à lui une colonne envoyée de Grenoble ; il détache sur-le-champ vers elle un officier qui d'abord ne fut pas écouté. « On m'a trompé, dit-il au général Bertrand ; n'importe, en avant ! » Mettant alors pied à terre, et, découvrant sa poitrine : « S'il en est un parmi » vous, s'écria-t-il, s'il en est un seul qui veuille tuer son » général, son Empereur, il le peut : le voici ! » Les soldats, émus, répondent par le cri de : *Vive l'Empereur !* et se rangent sous ses drapeaux. Enfin, vers sept heures du soir, on entre à Gap, où Napoléon passe la nuit. Déjà le pays s'était prononcé : d'aventureuse d'abord, la course impériale devenait une expédition guerrière, accueillie sur son passage par des acclamations. Ce fut à Gap que l'Empereur fit imprimer ses proclamations que des émissaires fidèles répandirent partout dans les villes et dans les campagnes. Nous ne citerons que la suivante, qui fit une profonde impression dans les départements.

« AU PEUPLE FRANÇAIS :

» La défection du duc de Castiglione (Augereau) livra Lyon sans défense à nos ennemis. L'armée dont je lui avais confié le commandement était, par le nombre de ses bataillons, la bravoure et le patriotisme des troupes qui la composaient, à même de battre le corps d'armée autrichien qui lui était opposé, et d'arriver sur le flanc gauche de l'armée ennemie qui marchait sur Paris.

» Les victoires de Champ-Aubert, de Montmirail, de Château-Thierry, de Vaux-Champs, de Mormans, de Montereau, de Craonne, de Reims, d'Arcis-sur-Aube et de Saint-Dizier, l'insurrection des braves paysans de la Lorraine, de la Champagne, de l'Alsace, de la Franche-Comté et de la Bourgogne, et la position que j'avais prise sur les derrières de l'armée ennemie, en la séparant de ses magasins, de ses parcs de réserve, de ses convois et de tous ses équipages, l'avaient placée dans une situation désespérée. Les Français ne furent jamais sur le point d'être plus puissants, et l'élite de l'armée ennemie était perdue sans ressource ; elle eût trouvé son tombeau dans ces vastes contrées qu'elle avait impitoyablement saccagées, lorsque la trahison du duc de Raguse livra la capitale et désorganisa l'armée.

» La conduite inattendue de ces deux généraux, qui

trahirent à la fois leur patrie, leur prince et leur bienfaiteur, changea le destin de la guerre; la situation désastreuse de l'ennemi était telle, qu'à la fin de l'affaire qui
eut lieu devant Paris, il était sans munitions par la séparation de ses parcs de réserve. Dans ces nouvelles et
grandes circonstances, mon cœur fut déchiré, mais mon
âme était inébranlable; je ne consultai que l'intérêt de la
patrie; je m'exilai sur un rocher au milieu des mers; ma
vie vous était et devait vous être encore utile. Je ne permis
pas que le grand nombre de citoyens qui voulaient m'accompagner partageassent mon sort; je crus leur présence
utile à la France, et je n'emmenai avec moi qu'une poignée
de braves, nécessaires à ma garde.

» Élevé au trône par votre choix, tout ce qui a été fait
sans vous est illégitime; depuis vingt-cinq ans, la France
a de nouveaux intérêts, de nouvelles institutions, une
nouvelle gloire, qui ne peuvent être garantis que par un
gouvernement national et par une dynastie née dans ces
nouvelles circonstances. Un prince qui régnerait sur vous,
qui serait assis sur mon trône par la force des mêmes
armées qui ont ravagé notre territoire, chercherait en
vain à s'étayer du principe du droit féodal; il ne pourrait
assurer l'honneur et les droits que d'un petit nombre
d'individus ennemis du peuple, qui, depuis vingt-cinq
ans, les a condamnés dans toutes nos assemblées nationales. Votre tranquillité intérieure et votre considération
extérieure seraient perdues à jamais. Français! dans mon
exil, j'ai entendu vos plaintes et vos vœux : vous récla-
miez un gouvernement de votre choix, qui seul est
légitime; vous accusiez mon long sommeil; vous me
reprochiez de sacrifier à mon repos les grands intérêts
de la patrie. J'ai traversé les mers au milieu de périls de

toute espèce ; j'arrive parmi vous reprendre mes droits,
qui sont les vôtres. Tout ce que des individus ont fait,
écrit ou dit, depuis la prise de Paris, je l'ignorerai
toujours ; cela n'influera en rien sur le souvenir que je
conserve des services importants qu'ils ont rendus, car il
est des événements d'une telle nature qu'ils sont au-dessus
de l'organisation humaine.

« Français! il n'est aucune nation, quelque petite
qu'elle soit, qui n'ait eu le droit de se soustraire au
déshonneur d'obéir à un souverain imposé par un ennemi
momentanément victorieux. Lorsque Charles VII rentra
dans Paris et renversa le trône éphémère de Henri VI, il
reconnut tenir son trône de la vaillance de ses braves et
non du prince régent d'Angleterre.

» C'est à vous seuls et aux braves de l'armée que je
me fais et me ferai toujours gloire de tout devoir. »

Entre Vizille et Grenoble arriva au pas de course le
7e de ligne commandé par le colonel Labédoyère : les
deux troupes mêlent leurs rangs aux cris de *Vive l'Em-
péreur ! Vive le 7e ! Vive la garde !* Bientôt la garnison
tout entière de Grenoble se prononça pour lui ; il
entra dans la ville et fut reçu avec enthousiasme par la
population.

Cependant les généraux Masséna, Morangiès, Abbé,
Lhermite, qui commandaient pour Louis XVIII les villes du
Midi, ne pouvaient croire au débarquement de l'Empereur.
Masséna, rendant compte au ministre des dépêches qu'il
avait reçues, lui disait : « Quant à moi, je suis de l'avis du
préfet maritime, que ce n'est qu'un débarquement de
quelques hommes ennuyés de rester à l'île d'Elbe, et qui
rentrent en France. » Mais lorsque, le 5 mars, le roi eut
appris d'une manière officielle le débarquement de

l'Empereur, il ne se dissimula point la gravité d'un tel fait. Ce fut alors que M. de Blacas, croyant frapper un coup décisif, soumit à la signature du roi un décret dont voici la teneur : « Napoléon est déclaré traître à la patrie et rebelle pour s'être introduit à main armée dans le département du Var. Il est enjoint à tous les gouverneurs, commandants de la force armée, gardes nationales, autorités civiles et même aux simples citoyens, *de lui courir sus*, de l'arrêter et de le traduire incontinent devant un conseil de guerre, qui, après avoir reconnu l'identité, provoquera contre lui l'application des peines prononcées par la loi. » Châteaubriand, dans ses *Mémoires d'Outre-Tombe*, stigmatise ce singulier décret en ces termes spirituels et malins : « Louis XVIII, sans jambes, *courir sus* le conquérant qui enjambait la terre!... Cette formule des anciennes lois, renouvelée à cette occasion, suffit pour montrer la portée d'esprit des hommes d'État de l'époque. *Courir sus* en 1815! *Courir sus!* et *sus* qui? *sus* un loup? *sus* un chef de brigand? *sus* un seigneur félon? Non : *sus* Napoléon qui avait couru *sus* les rois, les avait saisis et marqués pour jamais à l'épaule de son N ineffaçable! »

Cet étrange décret n'empêcha pas l'Empereur de se diriger sur Lyon où il fut reçu avec enthousiasme par l'armée et le peuple. Devenu maître de la seconde ville de l'Empire, il reprit dès-lors les rênes du gouvernement, et commença à rendre différents décrets. Mais suivons dans sa course rapide *son aigle qui vole de clocher en clocher jusqu'aux Tours de Notre-Dame*. Le 13, il couche à Mâcon; le 14, à Châlons; le 18, il est à Auxerre, où il reçoit le corps d'armée que lui amène le prince de la Moskowa, celui que sur le champ de bataille il a surnommé *le brave des braves.* Enfin, le 20 mars au soir, il va coucher aux Tuileries, sans avoir tiré un seul coup de fusil. Cette course triomphale à travers la France, sans exemple dans l'histoire, montrait assez quel prestige il exerçait encore sur le peuple et sur l'armée.

Cependant la nouvelle inattendue du retour de Napoléon étant arrivée à Vienne le 7 mars, l'agitation devint extrême au sein du congrès. L'empereur d'Autriche ordonna sur-le-champ à Schwartzemberg de faire marcher deux cent mille hommes sur l'Italie, et dès le 8, les souverains décidèrent qu'une nouvelle coalition aurait lieu. Craignant que Marie-Louise ne prît le parti de rejoindre son époux, ils eurent la lâcheté de faire signer à cette princesse un acte qui déclarait qu'*elle était étrangère aux projets de Napoléon, et qu'elle se mettait elle et son fils sous la protection des alliés* [112] ; puis, le 13 mars, ils notifièrent à l'Europe la déclaration suivante inspirée par la peur et digne des temps de barbarie.

« Les puissances qui ont signé le traité de Paris, réunies en congrès à Vienne, informées de l'évasion de Napoléon et de son entrée à main armée en France, doivent à leur propre dignité et à l'intérêt de l'ordre social une déclaration solennelle des sentiments que cet événement leur a fait éprouver. En rompant la convention qui l'avait établi à l'île d'Elbe, Bonaparte a détruit le seul titre légal auquel son existence se trouvait attachée. En repassant en France avec des projets de troubles et de bouleversements, il s'est privé lui-même de la protection des lois, et a manifesté à la face de l'univers qu'il ne saurait y avoir ni paix ni trêve avec lui. Les puissances déclarent, en conséquence, que Napoléon Bonaparte est placé hors des relations civiles et sociales, et que, comme

ennemi et perturbateur du repos du monde, il s'est livré
à la vindicte publique. »

Mais Napoléon, pour se mettre en état de répondre aux
démonstrations hostiles des souverains coalisés, n'avait
pas perdu le temps en négociations inutiles; il s'était
présenté aux grands corps constitués de l'Empire, leur
avait parlé d'un passé étincelant de merveilles, d'un
présent plein de honte, d'un avenir qui pouvait promptement cicatriser toutes les plaies de la patrie : sa voix
électrique avait enflammé en même temps tous les cœurs
et rendu l'espérance aux plus défiants. En trois mois, il
avait organisé six armées actives, formant un effectif de
quatre cent mille hommes, et mis sous les drapaux deux
millions de gardes nationaux. Le 1er juin, il convoque
l'Assemblée du Champ-de-Mai; y distribue lui-même les
aigles à la garde nationale de Paris et à la garde impériale.
« Jurez de les défendre, s'écria-il d'une voix émue. —
Nous le jurons! répondirent à l'envi les citoyens et les
soldats. » Il confia de nouveau la lieutenance générale
de l'Empire au roi Joseph, et le 12, à trois heures du matin,
il partit pour l'armée. Arrivé le 14 à Avesne, il adresse
aussitôt cette proclamation aux troupes assemblées :

« Soldats! C'est aujourd'hui l'anniversaire de Marengo,
» de Friedland qui décida deux fois du destin de l'Europe.
» Alors, comme après Austerlitz, comme après Wagram,
» nous fûmes trop généreux. Nous crûmes aux protesta-
» tions et aux serments des princes que nous laissâmes
» sur le trône. Aujourd'hui, cependant, coalisés entre
» eux, ils en veulent à l'indépendance et aux droits les
» plus sacrés de la France; ils ont commencé la plus
» injuste des agressions. Marchons donc à leur rencontre.
» Eux et nous, ne sommes-nous plus les mêmes

» hommes?.... Les insensés! un moment de prospérité
» les aveugle; l'oppression et l'humiliation du peuple
» français sont hors de leur pouvoir; s'ils entrent en
» France, ils y trouveront leurs tombeaux. Soldats! nous
» avons des marches forcées à faire, des batailles à
» livrer, des périls à courir; mais avec de la constance
» la victoire sera à nous. Les droits, l'honneur et le
» bonheur de la patrie seront reconquis. Pour tout
» Français qui a du cœur, le moment est arrivé de vaincre
» ou de périr. »

Cent vingt-deux mille Français étaient présents sous
les armes, soutenus par 350 bouches à feu. Mais ils avaient
devant eux deux armées ennemies, l'armée prusso-
saxonne, à gauche, sous les ordres du maréchal Blücher,
et forte de 120,000 combattants; l'armée anglo-hollan-
daise, à droite, commandée par Wellington, et présentant un effectif de 104,000 combattants. Ce fut sur
les Prussiens que Napoléon résolut de frapper les premiers
coups. Le 15, à la pointe du jour, les Prussiens repoussés,
se replient sur Fleurus, et se trouvent ainsi séparés de
l'armée anglaise. Les manœuvres de l'Empereur avait
réussi à souhait. Le lendemain, Blücher, brusquement
attaqué dans ses positions en arrière de Ligny, fut culbuté
et mis en pleine déroute, laissant ving-cinq mille hommes
sur le champ de bataille.

Le 17, à la pointe du jour, Grouchy s'attache à la poursuite
de Blücher; il doit suivre les Prussiens l'épée dans les
reins et les empêcher de se rallier. Ney reçoit l'ordre
de contenir les Anglais; mais ceux-ci ayant appris à une
heure du matin le désastre de Ligny, avaient battu
en retraite sur Bruxelles, et établi leur quartier-
général à Waterloo. Ney, malheureusement, mit de la

lenteur dans son mouvement; il arriva trop tard, et ne put déloger les Anglais; ils avaient pris de bonnes positions. Ce contre-temps arrachait la victoire à l'Empereur. D'un autre côté, Grouchy, qui avait reçu l'ordre de se porter rapidement à Wavres pour intercepter les communications de Blücher avec l'armée anglaise, s'était laissé prévenir par 75,000 Prussiens qui avaient occupé le poste essentiel de Wavres. Cette faute déplorable fut la cause principale de la perte de la bataille du lendemain.

Après une pluie torrentielle qui avait duré toute la nuit, l'atmosphère s'éclaircit à cinq heures du matin. L'Empereur parcourut les rangs au milieu d'un enthousiasme difficile à exprimer : la confiance et l'ardeur rayonnaient dans tous les regards; nul ne doutaient de la victoire. A une heure, l'action s'engage : le roi Jérôme attaque avec impétuosité la position d'Hougoumont, dont il finit par rester maître. Du haut d'un monticule, d'où son œil découvrait l'ensemble du champ de bataille, l'Empereur allait donner l'ordre de percer le centre des ennemis, lorsqu'à l'extrême droite de notre ligne, apparaissent les colonnes prussiennes de Bulow, qui viennent se jeter entre Napoléon et Grouchy. Une estafette, expédiée à ce dernier, lui porte l'injonction de presser sa marche; s'il arrive encore à temps, les 30,000 hommes de Bulow sont anéantis. A l'instant, Ney reçoit l'ordre de commencer le feu de ses batteries, et d'attaquer vivement les Anglais. Cette attaque fut terrible, mais l'infanterie anglaise abritée derrière les hauteurs fait pleuvoir sur nous une grêle de projectiles et de mitraille qui moissonnent et éclaircissent nos rangs. Vingt fois les Français reviennent à la charge; déjà douze mille Anglais ont mordu la poussière, déjà ils lâchent pied de toutes parts.... Wellington est battu!.... Mais en ce moment les légions de Blücher arrivent sur le champ de bataille, et les Anglais sont sauvés par ce renfort de trente mille hommes échappés à Grouchy, qui avait des forces suffisantes pour les tenir en échec. A la vue de ces profondes colonnes, qui fondaient sur nos lignes avec l'impétuosité de la foudre, il y eut un mouvement d'hésitation parmi quelques-uns de nos régiments. L'Empereur s'en aperçoit, court au devant d'eux avec quatre bataillons de sa garde, et leur annonce l'arrivée prochaine de Grouchy. Ces braves tiennent encore quelques moments sous le feu meurtrier qui les balaye; mais le nombre les accable, leurs munitions s'épuisent, l'armée anglaise les foudroie des hauteurs;.... la déroute devient générale.... La garde seule se forme en bataillon carré et résiste au choc impétueux de l'ennemi; Cambronne, son général, tombe grièvement blessé. En vain, Anglais et Prussiens crient-ils : « Rendez-vous, braves Français, rendez-vous! » — *La garde meurt et ne se rend pas!* » et le plus grand nombre meurent percés de mille coups. L'Empereur désespéré veut se jeter au milieu de la mêlée pour y trouver la mort : entraîné par un bataillon de sa garde, il finit par battre en retraite après s'être exposé comme un simple soldat; laissant au maréchal Soult le soin de rallier sous Laon les restes débandés de l'armée, il part en poste pour Paris où sa présence devenait absolument nécessaire. Le 21 juin, il arrivait à quatre heures du matin à l'Elysée.

Sa pensée intime, au milieu de cette crise, était qu'une dictature lui devenait indispensable pour sauver la France : « Si l'on divise, tout est perdu, » disait-il; et il avait raison. Mais l'idée d'une dictature avait produit dans les chambres, surtout dans celle des députés, une explosion de fureur. Déjà, sur la motion de Fouché [113], Lafayette et quelques autres membres, vendus à la faction d'Orléans, les députés avaient pris la résolution suivante : « La Chambre se déclare en permanence ; toute tentative faite pour la dissoudre est réputée haute trahison et sera punie comme telle. » Ainsi la Chambre se posait comme seul et unique pouvoir que la France dût encore reconnaître ; c'était par le fait la déchéance de Napoléon.... Bientôt une députation vient à l'Élysée, signifier formellement à l'Empereur la nécessité de son abdication. Indigné d'une telle proposition faite dans un moment où il se croit encore si nécessaire au salut de la France et de l'armée, l'Empereur laisse échapper quelques exclamations de colère : « Puisqu'on prétend me faire violence, je n'abdiquerai point !.... La Chambre n'est qu'un ramassis de Jacobins et de brouillons.... J'aurais dû la chasser !....» Bientôt, pressé par ses frères Lucien et Joseph et par quelques-uns de ses amis dévoués, il se résout à abdiquer et dicte l'acte suivant à son frère Lucien :

« AU PEUPLE FRANÇAIS,

» En commençant la guerre pour l'indépendance
» nationale, je comptais sur la réunion de tous les efforts,
» de toutes les volontés et le concours de toutes les
» autorités nationales. J'étais fondé à en espérer le succès,
» et j'avais bravé toutes les déclarations des puissances
» contre moi. Les circonstances me paraissent changées.
» Je m'offre en sacrifice à la haine des ennemis de la
» France. Puissent-ils être sincères dans leurs déclara-
» tions, et n'en avoir voulu seulement qu'à ma personne !
» Ma vie politique est terminée, et je proclame mon fils
» sous le titre de *Napoléon II, Empereur des Français.*

20

» Les ministres actuels formeront provisoirement le
» conseil du gouvernement. L'intérêt que je porte à mon
» fils m'engage à inviter les chambres à organiser sans
» délai la régence par une loi. Unissez-vous tous pour
» le salut public et pour rester une nation indépendante.

     » Au palais de l'Élysée, 22 juin 1815.

                           » NAPOLÉON. »

Les intrigants de la Chambre, mesquinement orgueilleux de leur importance de tribune, et les prétendus
libéraux qui ne surent jamais que *couver l'orléanisme*,
crurent avoir remporté un grand triomphe. Mais succom-
bant bientôt sous le poids de la responsabilité qui pesait
sur eux, ils ne s'entendirent plus, se divisèrent de vues
et de principes : les uns avaient hâte de proclamer de
nouveau la *convention nationale*; les autres opinaient
pour le rappel des Bourbons ; enfin, le plus petit nombre,
resté fidèle au symbole impérial, demandait qu'on se
ralliât au nom de Napoléon II. Fouché, Lafayette et
quelques généraux défectionnaires, dont une plume française aurait honte de transcrire les noms, font décréter,
à force d'intrigues, la formation d'une commission gouvernementale, dont Fouché parvint à se faire déférer la
présidence. Cette commission désigna cinq plénipotentiaires chargés de négocier avec les souverains coalisés :
précaution illusoire, car Fouché, depuis plusieurs jours,
avait ouvert de secrètes négociations avec le général
anglais. Voulant avant tout se ménager une haute position
sous la seconde Restauration, dont il appréciait d'avance
la courte durée, il avait adroitement exposé au chef de
l'armée britannique les conditions auxquelles les Bourbons
seraient cette fois encore restaurés et accueillis par les
Français : c'était l'adoption et le maintien de la constitu-

tion d'Angleterre, à l'aide de laquelle l'astucieux conspirateur et ses adeptes s'apprêtaient *à faire passer la France par l'hôtel d'Orléans.*

Cependant les débris de Waterloo étaient venus se réunir sous la capitale, où, grossis de quelques renforts, ils formaient une armée de cent mille hommes dont Davoust prit le commandement. Napoléon, retiré à la Malmaison, brûlait de retourner à la tête de ses braves pour prendre une éclatante revanche du désastre de Mont-Saint-Jean. — « Soldats, écrivait-il à l'armée, encore quelques efforts et la coalition est dissoute. Napoléon vous reconnaîtra aux coups que vous allez porter. » Mais Fouché le faisait surveiller étroitement; il le pressa même de se retirer aux États-Unis, le menaçant, s'il s'y refusait, de le faire partir de force. Napoléon dût se résigner; il quitta la Malmaison le 29 et arriva à Rochefort le 3 juillet. Les croisières anglaises tenaient la mer, et empêchaient toute sortie furtive de bâtiments. Le 13, cet état d'attente durait encore, et les nouvelles avaient appris la capitulation du 3 et la rentrée de Louis XVIII à Paris : le 8, Napoléon devait se hâter de quitter la France; il prit donc la résolution de se confier à la générosité britannique, et adressa au prince régent d'Angleterre cette lettre que le général Gourgaud fut chargé de porter à Londres : « Altesse royale, en butte
» aux factions qui divisent mon pays et à l'inimitié des
» plus grandes puissances de l'Europe, j'ai terminé ma
» carrière politique. Je viens, comme Thémistocle,
» m'asseoir au foyer britannique. Je me mets sous la
» protection de ses lois, que je réclame de Votre Altesse
» Royale comme du plus puissant, du plus constant, du
» plus généreux de mes ennemis. NAPOLÉON. »

Le 14 juillet, le capitaine Maitland, de la marine anglaise, le reçut à bord du *Bellérophon*, qui mit aussitôt à la voile et n'arriva sur les côtes d'Angleterre que le 24. Le 30, Napoléon reçut enfin la réponse à la lettre qu'il avait adressée au prince régent. La générosité n'appartient pas à toutes les nations : l'Angleterre, qui désormais n'avait plus rien à craindre du colosse vaincu, foula aux pieds les lois saintes de l'hospitalité, et deux commissaires du gouvernement signifièrent à Napoléon qu'il était prisonnier de guerre et qu'il serait conduit et renfermé à Sainte-Hélène. L'Empereur dut céder à la force ; mais il protesta solennellement contre la violence qui lui était faite et contre la violation de ses droits les plus sacrés. Le 7 août, il passa du *Bellérophon* sur le *Northumberland*, et dix jours après son départ, se trouvant en vue du cap la Hogue, il adressa son dernier salut à la France qu'il ne devait plus revoir. « Adieu terre des braves ! dit-il attendri jusqu'aux larmes ; adieu, France chérie ! Quelques traîtres de moins, et tu serais encore aujourd'hui la grande nation, la maîtresse du monde !... » La traversée fut heureuse, et le 16 octobre, il abordait à Sainte-Hélène, accompagné de quelques amis fidèles, qui avaient demandé et obtenu la permission de partager son exil : c'étaient MM. de Montholon, Gourgaud, de Las-Cases, avec son fils, et le général Bertrand ; Mmes Bertrand et de Montholon, avec leurs enfants, avaient également obtenu la permission de suivre leurs maris.

Un des sites les plus pittoresques de Sainte-Hélène était *Plantation-Housse*, maison de campagne du gouverneur. Napoléon l'eut désirée pour demeure ; mais la barbarie des puissances alliées lui assigna Longwood, situé sur un rocher élevé à 600 mètres au-dessus du niveau de

la mer, et battu continuellement par des vents impétueux
ou par des pluies violentes qui y durent la moitié de l'année.
Jamais aucune famille n'avait séjourné dans cette maison
plus de quelques mois : Longwood était donc un des points
les moins habitables de Sainte-Hélène. « Ce pays (*) est
mortel, dit Napoléon en y arrivant le 10 décembre. Partout
où les fleurs sont étiolées, l'homme ne peut pas vivre ;
calcul qui n'a point échappé aux élèves de Pitt. Trans-
former l'air en instrument de meurtre, cette idée n'était
point venue encore aux plus farouches des proconsuls ;
elle ne pouvait guère germer que sur les bords de la
Tamise. »

Napoléon, au temps de ses grandeurs, avait ceint deux
couronnes : la Providence lui en réservait une troisième
plus éclatante que celles qui ornaient son front à l'époque
où les rois de l'Europe se courbaient devant lui : cette
couronne c'était celle du martyre.

Essayons d'esquisser en peu de mots les tortures et les
angoisses de ces six longues années d'agonie, qui
n'abattirent jamais la force et l'énergie de cette âme
surhumaine.

L'amiral Georges Cockburn, dont le caractère rigide
était tempéré par une certaine élévation d'esprit et d'élégantes manières, dut quitter le gouvernement de Sainte-
Hélène ; il fut remplacé, le 14 avril 1816, par sir Hudson
Lowe, au nom duquel l'histoire attachera, dans tous les
siècles, un ineffaçable stigmate d'exécration et de mépris.
Ancien bourreau des prisonniers français sur les pontons
d'Angleterre, Hudson Lowe prit à tâche d'enchérir en tout

(*) E. Bégin, *Histoire de Napoléon*, v, 561.

sur les instructions de son gouvernement, et de traiter
son prisonnier avec une barbarie qu'on eût à peine trouvée
dans un geôlier du plus bas étage. Il ne négligea rien
pour torturer sa victime à chaque heure, à chaque instant.
Son premier soin fut de multiplier les sentinelles, et de
resserrer le plus possible l'espace laissé libre autour de
Napoléon, pour le porter à renoncer à ses promenades.
Défense fut faite aux habitants de l'île d'avoir le moindre
rapport, la moindre communication, avec les hôtes de
Longwood, tandis que les agents d'Hudson Lowe y pénétraient à tous les moments du jour et de la nuit. L'Empereur s'en plaignit. « J'accomplis un devoir, lui répond
l'infâme gouverneur. — Le bourreau en fait autant,
reprend Napoléon indigné... Vous avez plein pouvoir sur
mon corps, mais aucun sur mon âme... Je vous prie de ne
plus revenir. » Hudson Lowe, ayant voulu enfreindre cette
défense, l'Empereur déclara qu'on n'entrerait chez lui
qu'après une résistance désespérée. Cette menace retint
le sicaire anglais, mais il n'en fut que plus acharné contre
son captif. Après lui avoir arraché Las Cases et le docteur
O'Méara, il congédia encore plusieurs de ses fidèles serviteurs. Tout le crime de O'Méara avait été d'écrire au
ministre anglais que l'air de Sainte-Hélène tuait Napoléon :
cette hardiesse méritait une punition, le médecin fut
séparé du malade. De sorte que, pendant près d'un an,
l'Empereur fut privé des secours de la science. Ces pertes
l'affligèrent vivement. Il ne lui restait plus que Bertrand
et Montholon.

Mais à mesure que la haine de ses ennemis lui enlève
l'un après l'autre les objets de son affection, cette âme si
haute et si énergique ne se laisse pas abattre par ce
redoublement de basses persécutions : elle paraît, au

contraire, se recueillir davantage et se tourner avec plus de confiance vers Celui qui seul peut lui donner la force et la résignation pour supporter de si rudes épreuves. Elevé dans les doctrines consolantes du christianisme, Napoléon fut heureux, aux jours de l'adversité, de se rappeler les principes de son éducation première. Si, au milieu des agitations de la guerre et de la politique, il oublia les pratiques et les devoirs de la religion, du moins jamais on ne le vit se déshonorer par les dénégations stupides d'un philosophisme aveugle. A Sainte-Hélène, ces nobles sentiments reprirent sur lui tout leur empire. Un de ses plus grands chagrins, en débarquant dans cette île, avait été de n'y trouver ni église, ni prêtre. Plusieurs fois, il avait fait prier qu'on lui envoyât de France ou d'Italie un prêtre catholique ; le cardinal Fesch, instruit enfin de sa demande, lui avait choisi deux ecclésiastiques, que Sa Sainteté fit partir pour Sainte-Hélène, où ils arrivèrent le 21 septembre 1819. C'étaient MM. Buonavita et Vignali, tous deux compatriotes de Napoléon, qui vinrent accompagnés du docteur Antomarchi, également né en Corse. Ils apportaient une consultation des plus célèbres médecins d'Italie, et divers souvenirs de famille, parmi lesquels se trouvait le portrait du roi de Rome. Napoléon les accueillit avec bonheur, et, depuis leur arrivée, la messe fut célébrée chaque dimanche à Longwood.

Il eut dans le même temps, avec ses compagnons d'exil, surtout avec Bertrand, qui se montrait le plus incrédule, des entretiens sur la religion dans lesquels on remarque des pensées vraiment étonnantes par leur profondeur et leur sublimité. Son sujet de prédilection était le dogme si consolant de la divinité de Jésus-Christ, et la supériorité incontestable de l'Evangile sur tous les livres sortis de la

main des hommes. « Il y a, leur disait-il, entre le christianisme et quelque autre religion que ce soit, la distance
de l'infini. Jusqu'à lui, l'âme n'était rien, la matière et le
temps étaient les maîtres du monde; à sa voix, tout est
rentré dans l'ordre; l'âme a reconquis sa souveraineté.
Tout l'échafaudage scolastique tombe, comme un édifice
ruiné, par un seul mot, la *Foi*.

» La religion chrétienne n'est pas de l'idéologie, ni de
la métaphysique, mais une règle pratique qui dirige les
actions de l'homme, qui le corrige, le conseille et l'assiste
dans toute sa conduite.

» Je cherche en vain dans l'histoire pour y trouver le
semblable de Jésus-Christ ou quoi que ce soit qui approche de l'Évangile. Ni l'histoire, ni l'humanité, ni les siècles,
ne m'offrent rien avec quoi je puisse le comparer ou
l'expliquer.

» Quel autre que Dieu pouvait produire ce type, cet
idéal de perfection, où personne ne peut ni critiquer, ni
ajouter, ni retrancher un seul mot, livre bien différent de
tout ce qui existe, absolument neuf, sans rien qui le
précède et sans rien qui le suive...

» Le Christ prouve qu'il est le fils de l'Éternel par son
mépris du temps; tous ses dogmes signifient une seule et
même chose : l'éternité! Le Christ règne par de-là la vie
et par de-là la mort! Le passé et l'avenir sont également à
lui!.....(*) »

Le général Bertrand lui ayant dit un jour sur un ton fort
inconvenant : « Qu'est-ce que Dieu? l'avez-vous vu? —Je
vais vous le dire, répondit Napoléon. Comment jugez-vous

(*) DE BEAUTERN, *Sentiment de Napoléon sur le Christianisme.*

qu'un homme a du génie? Le génie est-il une chose visible? qu'en savez-vous pour y croire? Sur le champ de bataille, au fort de la mêlée, pourquoi s'écriait-on de toutes parts : Où est l'Empereur? Que signifiait ce cri, si ce n'est de la croyance en moi, en *mon génie?* Mes victoires vous ont fait croire en moi; eh bien ! l'univers me fait croire en Dieu... Les effets merveilleux de sa toute-puissance divine sont des réalités plus éloquentes que mes victoires. Qu'est-ce que la plus belle manœuvre, auprès du mouvement des astres? »

L'année 1819 s'écoula au milieu d'alternatives de bien et de mal; Napoléon dépérissait; son amaigrissement faisait d'effrayants progrès. 1820 s'annonça plus favorablement; mais cette situation consolante ne fut pas de longue durée. A dater du 15 septembre, les symptômes devinrent encore plus alarmants; il marchait avec peine, passait de mauvaises nuits, souffrait beaucoup, et voyait s'approcher la mort avec une résignation chrétienne. « J'aurais désiré de revoir ma femme et mon fils; mais *que la volonté de Dieu soit faite!* Il n'y a rien pour moi de terrible dans la mort !... Elle a été, pendant ces trois dernières semaines, la compagne de mon oreiller; à présent, elle est sur le point de s'emparer de moi pour jamais.... Les monstres ! me font-ils assez souffrir ! Encore s'ils m'avaient fait fusiller, j'aurais eu la mort d'un soldat... » Les premiers mois de 1821 ne laissèrent plus d'espoir, ni d'illusion à personne; au commencement d'avril, l'abattement de l'illustre malade s'accrut encore: « Mes forces, mes facultés m'abandonnent, répétait-il quelques fois; je le sens, je le répète, je ne vis plus.... Ah ! pourquoi les boulets ont-ils épargné ma vie, puisque je devais la perdre d'une manière aussi déplorable ! » Les symptômes de la crise suprême se dévoilant plus terribles d'un jour à l'autre, Antomarchi fit part de ses appréhensions aux comtes Montholon et Bertrand. Le premier, pour accomplir les devoirs du dévouement qu'il portait à l'Empereur, le prévint du danger.

Napoléon, convaincu que sa fin était prochaine, s'occupa d'écrire ses dernières volontés. Ce travail fut d'abord jeté sur des feuilles volantes qu'il réunit le 15 avril en un *testament* [114] remarquable par les legs pieux et surtout par l'expression chrétienne du pardon qu'il accordait à tous les ingrats, à tous les traîtres qui l'avaient déjà oublié pour d'autres idoles. Quand il eut achevé ce monument qui devait éterniser sa modération, sa clémence et sa gratitude : « Voilà mes apprêts, dit-il au docteur Antomarchi en lui montrant ce dossier ; je m'en vais.... Plus d'illusion ; je suis résigné... » Dès ce moment, il s'occupa sérieusement des grands intérêts de son éternité.

« Le 29 avril, dit le comte de Montholon, j'avais déjà passé trente-neuf nuits au chevet de l'Empereur, sans qu'il eût permis de me remplacer dans ce pieux et filial service, lorsque, dans la nuit du 29 au 30 avril, il affecta d'être effrayé de ma fatigue, et m'engagea à faire venir à ma place l'abbé Vignali. Son instance me prouva qu'il parlait sous l'empire d'une préoccupation étrangère à la pensée qu'il m'exprimait. Il me permettait de lui parler comme à un père, j'osai lui dire ce que je comprenais ; il me répondit sans hésiter : « Oui, c'est le prêtre que je demande ; veillez à ce qu'on me laisse seul avec lui. » J'obéis et lui amenai immédiatement l'abbé Vignali, que je prévins du saint ministère qu'il allait remplir. »

Resté seul avec lui, le pieux aumônier fut heureux d'accomplir ses saintes fonctions, et reçut avec des larmes

de joie la confession de l'illustre pénitent. Oh! qu'il fut
sublime et solennel, ce moment où, s'humiliant devant le
ministre du Roi des rois, le César des temps modernes,
naguère si glorieux, reconnut le néant de toutes les grandeurs humaines, et se prépara, par l'humble aveu de ses
fautes, à rentrer dans le sein du Dieu qui l'avait suscité
pour l'accomplissement de ses desseins sur la terre! Quel
grand exemple de résignation et de foi ne donnait-il pas
aux générations futures!!... Le 30, dès le matin, le général
Montholon se rendit à la chambre de l'illustre malade;
aussitôt que l'Empereur l'aperçut, il lui dit : « Général,
je suis heureux, j'ai rempli tous mes devoirs; je vous
souhaite à votre mort le même bonheur. Je veux rendre
gloire à Dieu. Je doute qu'il lui plaise de me rendre la
santé; n'importe, donnez vos ordres, général, faites
dresser un autel dans la chambre voisine; qu'on y expose
le Saint-Sacrement, et qu'on dise les prières des quarante
heures. »

Depuis lors, la maladie fit d'effrayants progrès; des
accès de délire se manifestèrent fréquemment. Le 3 mai,
dans un moment de calme, il fit ses adieux à ses généraux, et leur dit : « Vous avez partagé mon exil; vous
serez fidèles à ma mémoire, et ne ferez rien qui puisse la
blesser... Soyez fidèles aux opinions que nous avons
défendues, à la gloire que nous avons aquise; il n'y a
hors de là que honte et confusion. » Dans la journée, il
reçoit le Saint-Viatique; et, le 4, il tombe dans un assou-
pissement léthargique, tandis qu'une affreuse tempête
menace de tout renverser dans l'île maudite... La pluie
ruisselle à torrents, l'ouragan mugit, la foudre gronde;...
les arbres que Napoléon a plantés de sa main sont déra-
cinés et jonchent le sol; rien de ce qu'il aimait ne doit lui

survivre. Le lendemain, à 5 heures après midi, le délire dure encore : l'Empereur ne profère plus que des paroles interrompues; il joint les mains : « Mon Dieu! s'écrie-t-il; quelques minutes après, on l'entend murmurer les mots *tête... armée*;... et il expire[115],... en nous laissant le sublime spectacle de l'homme de foi qui s'en va vers le Ciel, purifié par les souffrances d'un long martyre.

Le 6 et le 7, ses amis, en pleurs, l'exposent dans une chapelle ardente, et lui donnent pour drap mortuaire le manteau qu'il portait à Marengo; le 8, son corps est embaumé, et le 9 il est inhumé près d'une source jaillissante, à l'ombre de deux saules pleureurs, où il était allé souvent s'asseoir et méditer!...

Au mois de juin 1840, le gouvernement de Louis-Philippe, sentant le besoin de raviver une popularité déjà compromise par de nombreuses fautes politiques, réclama, au nom de la France, les restes mortels de l'Empereur à l'Angleterre. Le cabinet anglais, qui n'avait plus rien à craindre du génie de Napoléon, accéda au vœu des Français. Le 15 octobre suivant, un fils d'Orléans recevait, à Sainte-Hélène, les cendres de l'Empereur; et, un mois après, elles étaient déposées en grande pompe sous le dôme des Invalides.

Ainsi s'accomplissait, 19 ans après sa mort, le vœu de l'Empereur : « *Je désire que mes cendres reposent sur les bords de la Seine, au milieu de ce peuple français que j'ai tant aimé.* »

Plus d'un tiers de siècle s'est écoulé depuis que la vie de Napoléon est irrévocablement acquise au domaine de l'histoire. Pour lui, la justice se fit attendre quelque temps; mais lorsque le calme eut succédé au tumulte des passions politiques, lorsque la France, qu'il avait rendue si puissante et si glorieuse, eut imposé silence aux rancunes égoïstes des partis extrêmes, alors commença pour lui la postérité : elle fut ce qu'elle devait être, ce qu'elle fut toujours, juste, sévère, impartiale. Pour bien juger ce grand génie, il faut le voir à l'œuvre : portons donc un coup-d'œil rapide sur l'ensemble de cette éclatante vie ; c'est le seul moyen de la juger sans prévention comme sans faiblesse.

Lorsque, bien jeune encore, il commence à paraître sur la scène politique, la France, débordée par la corruption du règne de Louis XV et les leçons du voltairianisme, se trouvait déjà en pleine révolution. Les progrès du mal avaient été si rapides, que le vertueux successeur de Louis XV ne put lutter contre un torrent qu'il n'était plus possible d'arrêter ou de contenir. Ferme dans ses principes, qui se trouvaient en contradiction avec un siècle frondeur et corrompu, la faiblesse de sa conduite, comme roi, ne tarda pas à le précipiter dans un abîme et à livrer sa tête à la hache du bourreau. Dès-lors, les illusions des réformateurs de bonne foi et les espérances des hommes honnêtes disparurent : les passions les plus exaltées livrèrent en un instant la France aux convulsions de l'anarchie et de la guerre civile. Toutes les classes de citoyens divisées entr'elles, les tribunaux vides de magistrats, les finances épuisées, l'industrie et le commerce anéantis, la richesse et les talents proscrits au nom d'une stupide égalité, le trône et l'autel abolis ; tout, en un mot, annonçait une prochaine et inévitable dissolution.

Au dehors, les potentats, blessés depuis tant de siècles de la splendeur de la France, se réjouissaient d'assouvir enfin sur elle leur jalousie et leur haine. Déjà l'armée prussienne s'était avancée en Lorraine ; les bataillons de l'Empire s'assemblaient sur le Rhin; Catherine II promettait ses guerriers moscovites ; l'Angleterre soufflait l'incendie, prodiguait son or pour susciter de nouveaux ennemis à son éternelle rivale ; l'Espagne, l'Italie et la Hollande se préparaient aussi à marcher contre nous. Enfin, aux yeux des étrangers, les ressources de la France paraissaient tellement anéanties, que le duc de Brunswick ne craignit pas de publier un manifeste dans lequel il joignit la menace aux reproches les plus injurieux. Cet affront blessé l'honneur national ; aussitôt tout citoyen français devient soldat, et se promet la victoire ou la mort. Le cri de guerre retentit dans la capitale et dans les provinces. De toutes parts, on court aux armes ; la voix des partis se tait, et des généraux improvisés s'illustrent sur les champs de bataille.

Ce fut au milieu de cet élan patriotique qu'un homme paraît : administrateur, politique, législateur et guerrier, dans la fleur de la jeunesse, il marque chacun de ses pas par des triomphes. Il soumet l'Italie, dompte les farouches Mamelucks, sauve l'État prêt à retomber dans le gouffre de l'anarchie, signe en vainqueur une paix modérée sur le champ de bataille, sanctionne un code de lois, assure les jours et les propriétés des citoyens, encourage les arts et les sciences, protége et vivifie toutes les branches de l'industrie ; rend à la patrie tous ses enfants exilés, au sanctuaire ses prêtres et son éclat, et assure enfin la durée à ces œuvres immortelles par l'unité du pouvoir et par son hérédité. En lui commence une quatrième dynastie ; l'Empire de Charlemagne se relève avec majesté ; les nations et leurs souverains s'accoutument à respecter la France, et l'Europe s'incline devant le génie de Napoléon!...

Tant de prospérité, tant de gloire révolte le vieil orgueil des monarques. Poussés par les intrigues de l'Angleterre, ils forment de nouvelles coalitions plus formidables que les précédentes. Napoléon, pour éviter la guerre, épuise d'abord toutes les voies de la modération; mais lorsque enfin l'arrogance de ses ennemis le force à rentrer dans la carrière des combats, il vole sur le champ de bataille, terrasse la fière maison d'Autriche, et vient dicter les conditions de paix dans les murs de Vienne, regardée jusqu'à ce jour comme l'écueil des conquérants. Bientôt accourt le puissant autocrate des Moscovites : à l'aide de ses armées innombrables, il espère faire reprendre à l'aigle autrichienne un vol audacieux. La bataille des trois Empereurs immortalise les champs d'Austerlitz et confond l'attente d'Alexandre. Plein d'estime et d'admiration pour son vainqueur, il ramène dans son vaste empire ses légions fières de s'être mesurées avec les guerriers de la France, tandis que le successeur de Charles-Quint se rend au bivouac de Napoléon et demande humblement la conservation de son trône. L'Empereur des Français, trop familiarisé avec la victoire pour en être ébloui, et trop magnanime pour abuser des succès, relève un ennemi abattu, et efface, plus encore par sa modération que par son triomphe, les outrages faits jadis à François Ier.

Cependant, la Prusse s'était rendue coupable par l'incertitude de ses sentiments envers l'Empereur des Français, que la reconnaissance, au moins, lui prescrivait de seconder en allié fidèle. Épouvantée par les dernières victoires du grand capitaine, elle offre des réparations et obtient l'oubli généreux de sa conduite équivoque et coupable. Mais bientôt, reprenant confiance en ses forces, et cédant aux perfides conseils de l'Angleterre, ennemie du repos de l'Europe, Frédéric-Guillaume III se plonge de nouveau dans des erreurs désastreuses, qui le conduisent à des revers irréparables. Il cède, il s'égare, il menace ;... mais la foudre l'atteint, et sa puissance, devenue l'une des premières de l'Europe, tombe tout-à-coup dans l'espace d'*une semaine !* Nos aigles victorieuses volent des rives de la Sprée aux bords de la Vistule ; l'enthousiasme qu'inspirent les regards de Napoléon soutient nos héroïques phalanges ; Dantzig succombe, Berlin nous ouvre ses portes, et Friedland devient un des plus beaux rayons de la gloire de Napoléon. Plein d'admiration pour le génie du héros français, Alexandre exprime le vœu que le sang humain cesse d'être répandu : « C'est aussi le besoin de mon cœur », lui répond l'Empereur, et ces deux magnanimes souverains se rendent à la célèbre entrevue du Niémen, pour cimenter leur alliance par ce grand acte de justice et d'humanité.

Après avoir ainsi donné la paix et le bonheur à cent millions d'hommes, Napoléon se rend à l'impatience de ses sujets ; plus que jamais, il est resplendissant de gloire et frappe les esprits d'une respectueuse admiration : à l'amour, à l'élan de la nation, il répond par cet éloge à la fois si vrai, si simple et si sublime : « *Français, vous êtes un bon et grand peuple !* »

Mais, pendant que l'armée française est occupée à la malheureuse et regrettable guerre de la Péninsule espagnole, le léopard britannique, furieux de ne pouvoir briser les barrières que le blocus continental oppose à son omnipotence maritime, réveille de nouveau l'aigle de l'Autriche abattu par nos victoires, et le décide à pousser de nouveau le cri de guerre. La France y répond avec héroïsme ; en quelques jours, ses valeureux bataillons campent au sein de Etats de l'Autriche ; sept victoires à jamais mémorables punissent l'ingratitude de la maison de Lorraine,

et la forcent, malgré le génie et le courage de l'archiduc
Charles, à devoir une seconde fois sa couronne à la générosité de son vainqueur.

Ce fut là une des grandes fautes de l'Empereur ; mais
il la dut à sa clémence. L'Autriche et la Prusse, deux fois
ingrates, méritaient bien d'être réduites à l'impossibilité
de nuire désormais à la France. Trop de ménagement
pour ces deux puissances détourna Napoléon de rétablir
le royaume de Pologne ; et c'est dans ces alliances pré-
caires que s'est trouvé le danger, et enfin la ruine de l'Empire français. Napoléon, plus tard, s'est reproché cette
faute, qu'il appelle lui-même grossière, puisqu'elle a été
la cause prédominante de la fatale expédition contre la
Russie. En effet, le trône de Pologne rétabli refoulait les
Russes dans l'ancienne Moscovie, servait de frontières
aux Etats de l'Allemagne et de boulevart à l'Empire contre
leurs envahissements. Tel était le but de Napoléon, but
dont l'achèvement devait être le corollaire et le complément du système continental.

Alexandre l'avait bien compris, lorsque stimulé par
l'Angleterre, il proposa, le 5 janvier 1811, à la signature
de Napoléon une convention rédigée à St-Pétersbourg, et
dont les stipulations principales étaient : 1° le royaume de
Pologne ne sera jamais rétabli ; 2° les noms de *Pologne*
et de *Polonais* ne figureront désormais dans aucun acte
public ; 3° toute réunion au grand-duché de Varsovie
d'une partie de territoire qui aurait appartenu à l'ancien
royaume de Pologne, est interdite. Napoléon refusa de
signer, et la guerre fut préparée de part et d'autre : l'issue
en fut fatale à l'Empereur et à la France ; les frimas et la
trahison surtout triomphèrent de celui qui, à force de
génie, de valeur et de gloire, avait soumis l'Europe entière

à nos lois.... Plus tard, en 1814, il nous manqua un Camille, et — ce qui n'est plus de nos jours, — l'héroïsme du sénat romain devant Brennus!...

Napoléon était âgé de cinquante et un ans huit mois vingt jours lorsqu'il s'éteignit à Sainte-Hélène. Dès-lors, les traîtres et les transfuges furent délivrés de leurs remords; la Sainte-Alliance put respirer à l'aise,... Les souffrances des dernières années de l'Empire furent d'abord oubliées en France; on ne se souvint plus que de sa gloire et de ses bienfaits. On avait eu « le temps d'étudier l'homme dans le conquérant; ses torts s'étaient expliqués par la profondeur de ses vues, et, peu à peu, l'opinion générale, ralliée autour d'une tombe sur le rocher de Sainte-Hélène, n'avait plus vu là qu'une victime et des bourreaux (*). » — Dès-lors « *les idées napoléoniennes germèrent partout. Les vainqueurs mêmes prirent les idées des vaincus, et les peuples se consumèrent en efforts pour refaire ce que Napoléon avait établi chez eux* (**). »

Longtemps avant sa mort, l'Empereur avait pressenti lui-même quelle devait être l'influence de ces idées sur les peuples qu'avaient éclairés les reflets de sa gloire. Recueillons quelques passages de ce haut enseignement, que la voix du grand homme a fait retentir dans le monde :

« J'avais réussi, dit-il, à dompter l'anarchie, à réunir en faisceau tout le bien épars produit par l'ouragan républicain; mais j'étais obligé d'enlacer constamment ce faisceau de mes bras nerveux pour le sauver des atteintes

---

(*) E. BÉGIN, *Histoire de Napoléon*, v, 593.
(**) NAPOLÉON III, *Idées napoléonniennes*, chap. VII.

de tous. Au dehors, l'Europe reprenait sans cesse les armes pour vaincre les principes que ma couronne représentait; au dedans, les factions m'attaquaient en sens opposé. Pour peu que j'eusse cédé, je me fusse trouvé ramené au temps du Directoire; j'eusse été l'objet et la France la victime d'un contre-brumaire. En France, on est par nature si inquiet, si faiseur, si bavard! Qu'il y ait vingt révolutions, et de suite vingt constitutions sortiront toutes faites des portefeuilles des faiseurs politiques. Il y en a en France comme il y a des agioteurs sous les piliers de la bourse d'Amsterdam... Au reste, tôt ou tard la génération moderne s'accomplira... Partout où j'ai implanté mon Code civil, j'ai semé la liberté à pleines mains... »

Mais cette liberté, dont parle Napoléon, n'était ni de la licence, ni de l'anarchie : « Mon ambition, ajoute-t-il, était grande, je l'avoue; mais elle reposait sur l'opinion des masses. J'ai toujours pensé que la souveraineté réside dans le peuple; l'Empire, tel que je l'avais organisé, n'était qu'une république; il consolidait l'œuvre réformatrice de la Constituante; de la vieille monarchie française, il faisait une monarchie jeune, pleine de grandeur et d'avenir. Les hommes, qui me reprochent de n'avoir pas donné assez de liberté aux Français, sont de mauvaise foi ou ne savent pas qu'en 1804, quand j'ai mis la couronne sur ma tête, quatre-vingt-seize Français sur cent ne savaient pas lire, et ne connaissaient de la liberté que le délire de 93. Tout ce que j'ai pu donner de liberté à ces masses inintelligentes, mais ignorantes et démoralisées par l'anarchie révolutionnaire et par la guerre, je l'ai donné. Le temps aurait fait le reste : les institutions de l'Empire renfermaient le germe de toutes les libertés. Il ne suffit pas qu'un peuple dise : Je veux être libre de la liberté que prêchent les apôtres du libéralisme, il faut qu'il en soit digne par son éducation. Tout ce qu'il est possible de donner d'égalité dans l'acception du mot, les Français l'ont reçu de moi. L'égalité doit être sans réserve ni restriction aucune devant la loi; hors de là, elle n'est qu'un rêve, qu'une déception... L'aristocratie de l'Empire aurait été le but de l'émulation nationale; la démocratie, le berceau de tous les honneurs, de toutes les récompenses que peut décerner une grande nation. Sous mon règne, on pouvait se dire : Je serai ministre, je serai maréchal de France, grand-officier de l'Empire, duc, comte ou baron. Le point de départ n'était un obstacle pour personne.... »

Mais c'est surtout dans les derniers conseils de l'Empereur à son fils que se résument d'une manière admirable les grandes vues de son génie et le plan de sa politique générale. Nous nous bornons simplement à en extraire les principaux passages empruntés à l'excellente *Histoire de Napoléon*, par M. E. Bégin.

CONSEILS DE L'EMPEREUR A SON FILS.

« Mon fils ne doit pas songer à venger ma mort, il doit en profiter. Que le souvenir de ce que j'ai fait ne l'abandonne jamais; qu'il reste toujours, comme moi, Français jusqu'au bout des ongles. Tous ses efforts doivent tendre à régner par la paix..... J'ai été obligé de dompter l'Europe par les armes; aujourd'hui il faut la convaincre..... Que mon fils fasse éclore tout ce que j'ai semé; qu'il développe tous les éléments de prospérité que renferme le sol français. A ce prix, il peut encore être un grand souverain.

» Les Bourbons ne se maintiendront pas. Lorsque je serai mort, il y aura partout, même en Angleterre, réaction en ma faveur. C'est pour mon fils un bel héritage. Il est possible que, pour effacer le souvenir de leurs persécutions, les Anglais favorisent le retour de mon fils en France ; mais pour vivre en bonne intelligence avec l'Angleterre, il faut à tout prix favoriser ses intérêts commerciaux. Cette nécessité conduit à deux conséquences : combattre l'Angleterre, ou partager avec elle le commerce du monde..... Je lègue à mon fils assez de force et de sympathie pour qu'il puisse continuer mon ouvrage avec les seules armes d'une diplomatie élevée et conciliatrice..... Que mon fils ne remonte jamais sur le trône par une influence étrangère. Son but ne doit pas être seulement de régner, mais de mériter l'approbation de la postérité. Qu'il se rapproche de ma famille quand il pourra ; ma mère est une femme antique ; Joseph et Eugène peuvent lui donner de bons conseils ; Hortense et Catherine sont des femmes supérieures. S'il reste en exil, qu'il épouse une de mes nièces. Si la France le rappelle, qu'il recherche une princesse de Russie ; c'est la seule cour où les liens de famille dominent la politique. L'alliance qu'il contractera doit tendre à augmenter l'influence française au dehors, et non pas à introduire dans le conseil une influence étrangère. La nation française est la plus facile à gouverner quand on ne la prend pas à rebours ; rien n'égale sa compréhension prompte et facile ; elle distingue à l'instant même ceux qui travaillent pour elle ou contre elle ; mais aussi il faut toujours parler à ses sens, sinon son esprit inquiet la ronge, elle fermente et s'emporte.

» Mon fils arrivera après des troubles civils : il n'a à redouter qu'un seul parti, celui du duc d'Orléans ; ce parti germe depuis longtemps..... Excepté ceux qui ont trahi la patrie, il doit oublier les antécédents de tous les hommes, et récompenser le talent, le mérite, les services partout où il les trouvera. Châteaubriand, malgré son libelle, est un bon Français.

» ....On ne divise pas ce qui par nature est indivisible, on le mutile. Je n'attache aucune importance à la constitution dont je vous ai dicté les bases principales ; bonne aujourd'hui, elle peut être mauvaise demain. D'ailleurs rien ne doit définitivement se faire à cet égard sans l'assentiment formel de la nation ; mais le principe fondamental doit être l'universalité des votes.

» Ma noblesse ne sera d'aucun appui pour mon fils ; il me fallait plus d'une génération pour qu'elle prît ma couleur, pour qu'elle conservât par tradition le dépôt sacré de toutes mes conquêtes morales. Dès 1815, tous les grands allaient franchement contre moi. Je ne comptais ni sur mes maréchaux, ni sur ma noblesse, pas même sur les colonels ; mais tout le peuple et toute l'armée, jusqu'au grade de capitaine étaient pour moi. Ma confiance ne m'a pas trompé. Ils me doivent beaucoup ; j'étais leur véritable représentant. Ma dictature était indispensable, et la preuve, c'est qu'on m'offrait toujours plus de pouvoir que je n'en voulais...... L'influence du gouvernement est immense en France ; s'il sait s'y prendre, il n'a pas besoin de corrompre pour trouver partout des appuis. Le but d'un souverain ne doit pas être seulement de régner, mais de répandre l'instruction, la morale, le bien-être. Tout ce qui est faux est un mauvais secours.

» Jeune, j'ai eu des illusions ; j'en suis revenu bien vite. Les grands orateurs qui dominent les assemblées par l'éclat de leur parole sont, en général, les hommes

politiques les plus médiocres ; il ne faut pas les combattre
par des paroles, ils en ont toujours de plus ronflantes que
les vôtres ; il faut opposer à leur faconde un raisonnement
serré, logique ; leur force est dans le vague, il faut les
ramener dans la réalité des faits : la pratique les tue. Au
conseil d'État, il y avait des hommes beaucoup plus élo-
quents que moi ; je les battais toujours par ce simple
argument : Deux et deux font quatre.

» La France fourmille d'hommes pratiques très-capa-
bles ; le tout est de les trouver et de leur donner le moyen
de parvenir. Tel est à la charrue qui devrait être au
conseil d'État, tel est ministre qui devrait être à la
charrue. Que mon fils ne s'étonne pas de voir les gens les
plus raisonnables, en apparence, lui proposer les plans
les plus absurdes : depuis la loi agraire jusqu'au despotisme du Grand-Turc, tous les systèmes trouvent en
France des apologistes. Qu'il écoute tout, mais aussi qu'il
mesure tout à sa juste valeur, et s'entoure de toutes les
capacités réelles du pays.

»....Vous publierez tout ce que j'ai dicté ou écrit, et vous
engagerez mon fils à le lire et à le méditer. Vous lui direz
de protéger tous ceux qui m'ont bien servi, et le nombre
en est grand. Mes pauvres soldats, si magnanimes, si
dévoués, sont peut-être sans pain ! Que de courage, que
de bon sens dans ce peuple français !

»..... Il y a des désirs de nationalité qu'il faut satisfaire
tôt ou tard, et c'est vers ce but qu'on doit marcher.... Le
souvenir des trônes que j'ai élevés dans l'intérêt de ma
politique générale doit être écarté. En 1815, j'avais déjà
exigé de mes frères qu'ils oubliassent leurs royautés, et
qu'ils ne prissent que le titre de princes français. Mon fils

doit suivre cet exemple, car le contraire exciterait de justes alarmes.

» .... Pour que mon fils sache si son administration est bonne ou mauvaise, si les lois sont d'accord avec les mœurs, qu'il se fasse présenter un rapport annuel et motivé des condamnations prononcées par les tribunaux. Si les crimes ou les délits augmentent, c'est une preuve que la misère s'accroît, que la société est mal gouvernée. Leur diminution est la preuve du contraire.

» Les idées religieuses ont encore plus d'empire que ne le croient certains philosophes bornés ; elles peuvent rendre de grands services à l'humanité. En étant bien avec le pape, on domine encore aujourd'hui la conscience de cent millions d'hommes. Pie VII sera toujours bien pour mon fils ; c'est un vieillard plein de tolérance et de lumières. De fatales circonstances ont brouillé nos cabinets ; je le regrette vivement.

» .... Que mon fils lise et médite souvent l'histoire ; c'est là la seule véritable philosophie. Qu'il lise et médite les guerres des grands capitaines ; c'est le seul moyen d'apprendre la guerre. Mais tout ce que vous lui direz, tout ce qu'il apprendra lui servira peu, s'il n'a pas au fond du cœur ce feu sacré, cet amour du bien qui seul fait faire les grandes choses. Mais je veux espérer qu'il sera digne de sa destinée. »

65. Lucien BONAPARTE,

PRINCE DE CANINO, FRÈRE DE L'EMPEREUR.

Lucien Bonaparte, prince de Canino, frère puîné de Napoléon, naquit à Ajaccio en 1775. Il fit ses premières études au petit séminaire d'Autun, dépendant de l'archevêque de Sens qui protégeait sa famille. Favori, dans sa jeunesse, de Paoli qui l'appelait *son petit philosophe*, il avait à peine douze ans lorsque la révolution éclata. La famille Bonaparte embrassa le parti de la Convention nationale, contre Paoli; et lorsque en 1793 ce général eut livré la Corse aux Anglais, le jeune Lucien vint avec sa mère et ses sœurs habiter la Provence [116], et reçut, après la prise de Toulon par le commandant Bonaparte, son frère, un emploi dans l'administration des subsistances militaires, à Saint-Maximin [117]. A l'âge de vingt ans, il contracta un mariage d'inclination avec Mlle Boyer, dont le frère était propriétaire, et tenait hôtellerie. Quatre ans plus tard, il fut nommé député au conseil des Cinq-Cents par les électeurs du Liamone, l'un des deux départements de la Corse, sa patrie. Ses premiers discours à la tribune obtinrent de grands succès; dès-lors son ascendant ne fit que grandir; et, lorsqu'au 30 prairial, les Directeurs Merlin, La Reveillère-Lépeaux et Rewbel eurent été renversés du pouvoir, il fut nommé rapporteur de la commission des onze membres chargés de présenter les mesures qu'exigeaient les circonstances. Il s'entendit alors avec trois des nouveaux Directeurs, Sieyès, Barras et Roger-Ducos, pour enlever la majorité au parti jacobin, qui menaçait d'établir une dictature armée prise dans ses rangs, et de redresser les échafauds. Sieyès et Lucien déployèrent depuis ce moment une énergie remarquable, qui éclata surtout le 9 thermidor et le jour anniversaire du 10 août, par le décret ordonnant la fermeture des clubs. La journée du 28 fructidor fut aussi un beau triomphe pour Lucien Bonaparte : il y montra le courage d'un grand citoyen, et, par son éloquence et sa fermeté, fit rejeter les mesures de permanence, de fédération, de commission de salut public, qui devaient replonger la France dans le sang et les proscriptions.

Tout porte à croire, néanmoins, qu'ayant remarqué combien étaient incertaines les mains qui tenaient les rênes du gouvernement, il avait écrit à son frère, en Egypte, pour l'informer de l'état de la République, et pour presser son retour à Paris. Mais il paraît constant que ses lettres, au lieu de parvenir à Napoléon, furent interceptées par les Anglais, et que celui-ci fut instruit par d'autres voies de la situation des affaires.

Quoi qu'il en soit, le général Bonaparte arriva le 16 octobre 1799 dans la capitale. Lucien ne tarda pas à y être nommé président du conseil des Cinq-Cents ; il prépara la journée du 18 brumaire, à laquelle il prit tant de part, et dont les suites eurent une influence si considérable sur les destinées de la France. Soit au fauteuil, soit à la tribune, qu'il occupa tour-à-tour dans la séance tenue à Saint-Cloud, le lendemain 19, Lucien déploya beaucoup d'énergie, et étonna les Jacobins même par la force de sa logique et de son éloquence. Mais le général Bonaparte étant entré dans la salle sans y avoir été invité par l'assemblée, les cris : *A bas le dictateur ! Hors la loi le tyran ! Mort au traître !...*, retentissent tout-à-

coup au milieu d'un tumulte effrayant. Craignant pour
Bonaparte, ses partisans le couvrent de leur corps et
l'entraînent hors de la salle. Lucien, dans cette conjonc-
ture périlleuse, lutta longtemps avec fermeté. Plusieurs
fois, il s'élance à la tribune, s'efforçant vainement de
calmer la fureur qui transporte une partie de l'assemblée.
Sommé alors de mettre lui-même aux voix la mise
hors la loi de son frère, il s'indigne et reprend la
parole, espérant se faire écouter. Mais voyant que sa
voix ne peut couvrir les clameurs du parti contraire, il
recueille toutes ses forces et s'écrie : « Quoi ! vous voulez
que je sois l'assassin de mon frère ! Jamais !... Puisque
je ne puis me faire entendre, je dépose avec un sentiment
profond de dignité outragée, les marques de la magistrature populaire. » A ces mots, il se dépouille de sa toge,
et, sortant de l'assemblée, il monte à cheval et se rend
auprès des troupes qu'il détermine, par une courte mais
violente harangue [118], à ne plus respecter le sanctuaire
des lois. Les grenadiers entrent dans la salle et forcent
les députés à l'évacuer. En levant la séance, Lucien avait
ajourné le Corps-Législatif au 1er ventose (20 février 1800).
Une commission législative, dont il fut membre, prépara
dans cet intervalle une nouvelle constitution, — celle de
l'an VIII. — Nommé tribun, il renonça bientôt à cette
fonction, pour remplacer, au ministère de l'intérieur,
M. de Laplace, qui y avait été appelé après le 18
brumaire.

Lucien se distingua dans ce ministère par la protection
éclatante qu'il accorda aux lettres et aux arts. Il établit
un second prytanée à Saint-Cyr ; et fixant à 18 ans l'âge
où tout pensionnaire de l'État devait sortir du prytanée,
il détruisit le singulier abus par lequel une place gratuite

dans cette école était devenue un bénéfice viager pour l'élève qui s'en trouvait pourvu. L'organisation des préfectures fut encore un des actes les plus importants de son administration : la France, ainsi divisée, eut enfin des magistrats qui purent plus facilement cicatriser ses plaies, rétablir l'harmonie, le commerce et la paix. Cette institution a été jugée si avantageuse et si utile par tous les gouvernements qui se sont succédé depuis, qu'elle a été conservée et porte encore aujourd'hui d'heureux fruits.

Lucien, par caractère et par ambition, tenait fortement à ses idées : aussi, quoique frère du premier Consul, n'était-il pas toujours bien d'accord avec lui. Sa nomination à l'ambassade d'Espagne, au mois de brumaire an 9, fut généralement regardée comme une brillante disgrâce. Insinuant autant qu'habile, le nouveau diplomate sut s'emparer de l'esprit de Charles IV ; le cabinet anglais perdit en peu de temps son influence à Madrid, et l'Espagne, tout en conservant l'apparence de l'indépendance, n'en devint pas moins une véritable annexe de la République. De retour à Paris, Lucien se réconcilia avec le premier Consul, et le 9 mars 1802, devint une seconde fois membre du Tribunat. Le 6 avril, il fut chargé de porter au Corps-Législatif le vœu émis par le Tribunat en faveur du Concordat, signé à Paris le 15 juillet 1801, et ratifié par le Pape Pie VII, le 15 août suivant. Il soutint aussi avec éclat le projet qui créait la Légion d'honneur : peu de temps après, il fut nommé grand-officier de l'ordre, membre du Sénat conservateur, et en 1803, membre de l'Institut. Veuf depuis trois ans, il contracta une seconde alliance avec Mme Jouberton, épouse d'un agent de change de Paris, mort dans l'expédition de Saint-Domingue. Ce mariage, consommé sans l'assentiment du premier Consul, provoqua, en 1804, une nouvelle et éclatante rupture entre Napoléon et lui : de sorte qu'il se vit bientôt obligé de quitter Paris et de se réfugier à Rome, où il se fixa, encouragé par la bienveillance de Pie VII à qui il avait témoigné beaucoup d'égards dans la conclusion du Concordat. Après la paix de Tilsitt, Lucien se rendit à Mantoue, et y revit l'Empereur, son frère, en novembre 1807. Mais ils ne purent s'entendre : Napoléon exigeant impérieusement la dissolution de son mariage, et Lucien ne voulant y consentir à aucune condition. Elles étaient séduisantes cependant les conditions que l'Empereur faisait à son frère : il reconnaissait légitimes les enfants issus de son second mariage ; créait en Italie, pour Mme Jouberton répudiée, un établissement considérable érigé en duché, et offrait de marier Charlotte, la fille aînée de Lucien, au prince des Asturies, devenu depuis roi d'Espagne, sous le nom de Ferdinand VII. L'amour que Lucien portait à sa femme et le respect qu'il avait pour les liens du mariage, lui firent rejeter les deux premières propositions ; quant à la troisième, l'union de sa fille avec le prince des Asturies, il y avait consenti, mais le mécontentement de Napoléon fut cause qu'on ne donna pas suite à ce projet.

Quelque temps après, Lucien quitta Rome, où il avait vu avec déplaisir les persécutions dont le Pape était l'objet : il se retira près de Viterbe, dans la terre de Canino, dont il venait de faire l'acquisition. Le Saint-Père ne tarda pas d'ériger cette terre en principauté, et Lucien, devenu ainsi prince de Canino, se fit inscrire parmi la noblesse romaine.

Les années suivantes de la vie du prince de Canino furent aventureuses et traversées par des revers. Craignant, à tort ou à raison, les dispositions peu bienveillantes de Napoléon envers lui, il se rendit secrètement à Civita-Vecchia, et s'y embarqua, le 5 août 1810, avec sa famille, pour les États-Unis ; son beau-frère Murat, alors roi de Naples, lui avait envoyé un vaisseau, qui devait le transporter en Amérique. Jeté par une tempête sur la côte de Cagliari, la permission de débarquer lui fut refusée par le roi de Sardaigne, et le ministre anglais, accrédité dans l'île, ne voulut pas non plus lui délivrer un sauf-conduit qui l'autorisât à se remettre en mer. Forcé de poursuivre sa route, il fut pris à la sortie du port par des frégates anglaises qui étaient en croisière, et qui le conduisirent à Malte où il séjourna pendant plus de quatre mois. Le 18 décembre suivant, on le débarqua à Plymouth, sur les côtes d'Angleterre. Devenu prisonnier de cette puissance, il fut contraint d'acheter la terre de Tomgrave, parce que le gouvernement anglais ne voulut pas qu'il résidât à Londres. Ce fut à Tomgrave que Lucien, entouré de sa famille, retrouva le repos et la paix ; les trois années qu'il y passa furent les plus douces de sa vie ; l'amour de sa femme et de ses enfants, la culture des muses et des lettres firent le charme de sa vie. Il acheva dans cette charmante retraite son poème de *Charlemagne* qu'il avait commencé depuis longtemps.

Cependant les événements de 1814 et le traité conclu à Paris par les souverains qui avaient envahi la France, le rendirent à la liberté. Il vendit sa terre de Tomgrave, dit adieu à l'Angleterre, et retourna à Rome, où le Pape le reçut avec l'accueil le plus distingué. Mais les malheurs de Napoléon avaient réveillé dans Lucien l'amitié fraternelle ; dès qu'il sut que son frère était détenu à l'île d'Elbe, il oublia ses querelles avec lui, et écrivit à l'Empereur prisonnier qu'il lui était aussi dévoué dans l'adversité qu'il s'était montré ennemi de son despotisme au sein de sa gloire.

Dans les Cent-Jours, Lucien se rendit à Paris, accompagné d'un ecclésiastique, pour solliciter auprès de Napoléon l'ordre d'évacuation des États du Pape, qui s'était retiré à Pise, après l'envahissement de Rome par Murat, roi de Naples. Il obtint de l'Empereur une lettre pour Murat dans laquelle il était ordonné à ce prince de retirer ses troupes des États de l'Église, et de ne conserver qu'une route militaire par la Marche d'Ancône. Napoléon insista pour décider Lucien à rester avec lui : ses instances furent inutiles ; quelques jours après, Lucien prit la route de l'Italie. Mais l'ecclésiastique romain qui l'avait accompagné était parti depuis deux jours, sans le prévenir, et avait emporté avec lui les passe-ports nécessaires à Lucien pour pouvoir sortir de France. La police était sévère sur les frontières, en ce moment surtout où les étrangers marchaient contre la France. Aussi l'Empereur donna-t-il ses ordres pour empêcher son frère de franchir nos frontières. Le prince de Canino fut donc obligé de séjourner vingt-six jours à Versoix, où il vit fréquemment Mme de Staël. Enfin, las d'attendre et ne pouvant continuer sa route, il reprit à contre cœur celle de Paris, et y arriva le 9 mai 1815. Il descendit à l'hôtel du cardinal Fesch : quelques jours après, l'Empereur le logea au Palais-Royal, et le nomma prince impérial et pair de l'Empire. Lucien refusa ces titres, et témoigna le désir d'entrer dans la chambre des députés ou représentants, dont il venait d'être élu membre par le département de l'Isère. Napoléon refusa de condescendre aux volontés de son frère, et Lucien se vit contraint d'entrer dans la chambre des pairs, en déclarant toutefois qu'il se regardait comme pair nommé, et non comme pair prince du sang; aussi quitta-t-il le banc des princes, pour siéger avec les autres pairs. Cette brusque détermination, qui dépeint bien le caractère altier de Lucien, contraria l'Empereur; avec son coup d'œil d'aigle, il ne se méprit pas sur la rancune que le prince de Canino conservait contre ses frères Joseph et Jérôme, à cause de la préséance qu'ils avaient sur lui comme jadis revêtus de la dignité royale : elle lui faisait encore entrevoir l'intention qu'il avait de se signaler aux yeux du peuple, pour se mettre à la tête du Gouvernement, si l'issue de la guerre était défavorable à l'Empire.

Lucien alla plus loin encore. Huit jours avant le départ de Napoléon pour l'armée, il se tint aux Tuileries un conseil privé, dans lequel le prince de Canino ne craignit pas de faire des propositions qui attristèrent l'Empereur : il damandait que Napoléon abdiquât de suite en faveur de son fils, le roi de Rome, et qu'il se rendît à Vienne, comme ôtage de l'exécution des conditions stipulées. Napoléon souscrivit d'abord à cet arrangement; mais le lendemain il révoqua l'assentiment qu'il avait donné, et partit pour l'armée.

Après le désastre de Waterloo, Lucien rentra en Italie, sur la fin de juin. Arrêté à Turin, il fut forcé d'attendre, dans cette ville, la décision des souverains alliés. L'amitié fidèle de Pie VII s'interposa utilement en sa faveur, et il eut la liberté de se rendre à Rome, sans craindre d'être inquiété. Il alla s'établir dans sa terre de Villa-Ruffinella, près de Frascati, où des brigands tentèrent de l'enlever dans l'espoir d'une forte rançon. Il avait renoncé pour toujours aux affaires politiques et négligé le commerce des lettres pour se livrer à des spéculations financières, dans lesquelles il perdit la plus grande partie de sa fortune. En 1827, il vendit, en effet, à son frère Jérôme Bonaparte, un palais qu'il possédait à Rome, et se retira, pour vivre avec moins de somptuosité, dans la petite ville de Sinigaglia, près d'Ancône. Le 29 juin 1840, il vint mourir à Viterbe, laissant une famille nombreuse, quatre fils et six filles. — Voyez les Nᵒˢ de 76 à 85.

Pendant tout le temps que Lucien vécut loin de la France, à l'exception des dernières années de sa vie, il trouva dans la culture des lettres d'honorables distractions. En 1799, il débuta par un roman intitulé *Stellina*; en 1815, il fit paraître *Charlemagne ou l'Eglise délivrée*, poème épique en 24 chants, dédié au pape Pie VII, 2 vol. in-4° et in-8°; en 1819, il publia un autre poème en 12 chants, *la Cyrnéide ou la Corse sauvée*, 2 vol. in-8°. A la séance publique de l'Institut, tenue le 18 mai 1815, pour la réception de M. Aignan, traducteur d'Homère, Lucien lut une ode de sa composition, dans laquelle il célèbre la gloire du poëte grec, et le venge de ses détracteurs.

Né avec l'imagination vive et un esprit élevé, Lucien, dans beaucoup de conjonctures difficiles, fut orateur entraînant, et fit briller une mâle et puissante éloquence. Mais d'un caractère stoïque et impérieux, malheureusement pour lui, il ne sut jamais plier aux circonstances. Non moins avide de gloire et de succès que Napoléon lui-même, son amour-propre froissé le porta à préférer la satisfaction de lui résister aux avantages qu'il eut trouvés à le servir. Il vit avec regret son frère s'écarter des principes du gouvernement républicain, tel que le 18 brumaire l'avait fait, et dans lequel l'ex-président du Conseil des

Cinq-Cents s'était promis un des principaux rôles. Son
ambition, ainsi arrêtée dans son premier essor par une
résistance plus puissante que la sienne, le porta souvent
à se roidir contre l'Empereur et à contrarier ses volontés
irrévocables. Celui-ci alla quelquefois trop loin vis-à-vis
de son frère ; mais, comme souverain, il ne pouvait, il ne
devait pas céder à sa mauvaise humeur : le respect dont
il fallait environner l'autorité, après une révolution qui
avait avili tous les pouvoirs, lui en faisait une loi.
Celui-là, quoique froissé dans ses vues personnelles et
politiques, aurait pu, en tout ce qui n'était pas contraire
à la justice, faire le sacrifice de ses idées à l'affermissement du trône, aux liens du sang, à l'exemple qu'attendaient de lui la France et l'Europe attentives. Cette
situation violente provoqua nécessairement entre les deux
frères des discussions qui devinrent de plus en plus
animées, et dut se terminer par une rupture ouverte.

66.   MARIE-ANNE-ÉLISA BONAPARTE,

PRINCESSE DE LUCQUES ET DE PIOMBINO , GRANDE-DUCHESSE DE TOSCANE.

Marie-Anne-Élisa Bonaparte naquit à Ajaccio, le 8
janvier 1777, et fut élevée à la maison royale de Saint-
Cyr. Forcée de s'expatrier avec sa mère et ses sœurs, à
la suite des événements qui nous enlevèrent la Corse, elle
habita La Valette, puis Marseille pendant les jours de
la Terreur, et vint à Paris à l'époque où Lucien, son frère,
fut nommé membre du Conseil des Cinq-Cents. Elle se
fixa d'abord chez lui, et ce fut dans sa compagnie qu'elle
prit le goût des lettres et des beaux-arts, dont elle se
montra dans la suite la plus zélée protectrice. Ses salons

devinrent, à cette époque, le rendez-vous de tout ce que Paris renfermait de plus recommandable; elle était la présidente de ces savantes réunions, et n'y parut jamais déplacée. Après le 18 brumaire, elle vit affluer chez elle un nombre bien plus considérable encore d'hommes distingués par l'esprit et les talents, qu'elle accueillait avec bienveillance et comblait de faveurs, en proportion de l'accroissement et de l'élévation progressive de sa fortune. Egalement douée des qualités de l'esprit et du cœur, elle combla de ses bienfaits plusieurs de ces hommes de mérite, parmi lesquels on remarquait le chevalier de Boufflers, La Harpe, le vicomte de Châteaubriand, qu'elle obligea avec tant de générosité, et le marquis de Fontanes, sur qui elle ne cessa d'appeler l'inépuisable bienveillance de Napoléon.

Elle avait épousé, le 5 mai 1797, Félix Bacciochi, d'une famille noble de Corse, et qui était simple capitaine d'infanterie, au moment où Bonaparte venait d'être nommé général en chef de l'armée d'Italie. La demande qu'il fit de la main d'Élisa déplut au général, qui dès-lors, sur le chemin de la fortune, rêvait de plus hautes alliances pour sa famille. Mais Madame Letizia aimait Bacciochi, et n'eut aucun égard aux vues particulières de son fils Napoléon. Le mariage se fit sans l'aveu du général; néanmoins, une fois contracté, il en prit son parti, et ne s'occupa plus que de la fortune de son beau-frère. Il le fit nommer colonel du 26° régiment d'infanterie légère, en juin 1804; plus tard, il le chargea de présider le collége électoral du département des Ardennes, qui l'élut candidat au Sénat conservateur, où il fut admis le 29 décembre suivant. Peu de temps après, M. Bacciochi fut nommé général, officier de la Légion d'honneur, puis grand-cordon de l'ordre.

M. Bacciochi reçut de Napoléon la principauté souveraine de Piombino, et, presque immédiatement après, celle de Lucques, en même temps que Madame Bacciochi recevait le titre de grande-duchesse de Toscane. Les deux époux prirent possession de leurs États, et furent couronnés le 10 juillet 1805.

Marie-Anne-Elisa s'acquitta, dès le début, de son rôle de souveraine avec un talent et une dignité que n'ont pas toujours ceux qui naissent sur les marches d'un trône. Elle dédaigna cependant certaines bienséances dont l'exacte observation est toujours très-compatible avec un grand caractère : elle voulut gouverner seule, s'imaginant relever sa propre grandeur et son mérite personnel par l'état d'infériorité dans lequel elle se plut à retenir son mari. Ainsi, dans les cérémonies publiques, M. Bacciochi ne venait qu'après son épouse ; et, lorsqu'elle passait les troupes en revues, il paraissait ne remplir que les fonctions d'un simple aide-de-camp. Le caractère doux et flexible du prince de Lucques et de Piombino, le portant naturellement à cette condescendance envers son épouse, jamais leur union ne fut troublée le moins du monde par cet ascendant qu'avait pris Elisa, et dont, en définitive, elle s'était montrée digne par sa haute capacité et son grand caractère. Elle fit, en effet, beaucoup de bien dans les États confiés à son pouvoir ; sous l'heureuse influence de son goût, les beaux-arts et les lettres furent protégés, de somptueux monuments s'élevèrent à Lucques, à Piombino, à Florence ; les routes, bien entretenues, furent purgées des bandits qui les infestaient ; l'instruction répandue dans les villes et les campagnes ; et il est à croire que, si ses moyens dans l'administration de ses États n'eussent pas été limités par Napoléon, sa mémoire

rivaliserait avec celle de quelques souverains dont ce pays
s'énorgueillit à juste titre. Elisa eut cependant un tort que
l'on ne peut attribuer qu'à la bonté de son cœur : ce fut
d'honorer de sa confiance beaucoup d'hommes qui n'en
étaient pas dignes, et qui n'entrèrent jamais de bonne foi
dans ses vues et ses intentions bienfaisantes. Quand la
fortune changea pour elle, calomniée et trahie par ceux-
là même qu'elle avait le mieux traités, elle reconnut trop
tard à quel point elle s'était abusée.

Les désastres de 1814, en lui enlevant les moyens
d'obliger, éloignèrent de sa personne tous ceux qu'elle
avait gorgés de biens. Elle s'établit alors à Bologne dans
les États romains, où, par l'ordre du Pape, elle reçut
l'accueil dû à une infortune non méritée. A l'époque des
Cent-Jours, elle se vit encore forcée de fuir, et vint se réfugier à Trieste. Quelque temps après, elle alla rejoindre
sa sœur Caroline, veuve par la mort tragique de Murat,
d'abord au château de Haimbourg, à peu de distance de
Vienne, ensuite au château de Brünn. Elle se fixa, en
dernier lieu, sous le nom de *comtesse de Compignano*,
dans sa terre de *Santo-Andrea*, près de Trieste. C'est là
qu'elle mourut au commencement d'août 1820, des suites
d'une fièvre nerveuse. Félix Bacciochi survécut à son
épouse, et alla se fixer à Bologne, où il vivait encore en
1830; il est mort depuis. Il avait eu deux enfants de son
union avec Elisa. — Voyez les Nᵒˢ 91 et 92.

67. Louis BONAPARTE,
ROI DE HOLLANDE, COMTE DE ST-LEU.

Louis Bonaparte, frère de Napoléon, naquit à Ajaccio le
2 septembre 1778. Il suivit, encore bien jeune, sa famille

en France, après que la Corse fût tombée au pouvoir des Anglais, et reçut par les soins de sa mère et de ses sœurs la première éducation de l'enfance. Lorsque, en septembre 1787, Napoléon eut été nommé capitaine en premier et commandant du polygone d'Auxonne, il pria sa mère de lui envoyer son frère Louis, dont il dirigea l'éducation avec une sollicitude vraiment paternelle[119]. Écoutons le comte de Saint-Leu nous raconter lui-même (*) tous les soins dont Napoléon environnait son jeune frère : « Ce fut par ses exhortations et ses soins que je fis ma première communion. C'est lui qui me fit donner l'instruction nécessaire par un digne ecclésiastique, le frère de Madame Pillon, vieille dame très-considérée, où toute la société d'Auxonne se réunissait le soir. Je me souviens très-bien que j'allais à la messe les dimanches et jours de fête avec tout le régiment réuni en corps. » Pour pouvoir veiller plus spécialement à l'éducation de son frère, Napoléon avait obtenu du général Dutheil l'autorisation d'habiter un appartement dans la ville. Là le capitaine Bonaparte prolongeait ses veilles, pour donner à son frère une instruction dont, plus que tout autre, il appréciait les avantages. Louis, naturellement doué d'une aptitude rare à l'étude, profita si bien des leçons de Napoléon, qu'en peu de temps il fut capable de subir avec succès ses examens, et fut nommé élève à l'école militaire de Chalons. Napoléon, à l'aide des épargnes faites sur sa propre solde, pourvut lui-même à son trousseau, et Joseph fut chargé d'accompagner son jeune frère à la diligence. On était alors dans la mauvaise saison : Joseph, craignant que le froid des

---

(*) *Réponse à sir Walter-Scott*, p. 36 et 37.

nuits n'incommodât l'enfant, s'empressa de l'envelopper
de son propre manteau. « Cette action, qu'ils se rappe-
lèrent mutuellement quand ils furent rois, resta toujours
gravée dans leur cœur, comme un tendre souvenir de
leur constante amitié (*). » Les mauvais jours de 1793
avaient déjà bouleversé une grande partie de la France ;
Louis n'atteignit Chalons qu'après avoir couru de grands
dangers : bientôt même, sur l'avis qu'il reçoit que l'école
venait d'être fermée, il se remet en route pour Marseille,
où il arrive à la grande satisfaction de sa famille. Dès-lors
Louis accompagna Bonaparte au siége de Toulon, et ne
le quitta plus pendant sa première campagne d'Italie.
Napoléon appréciait à leur juste valeur les grandes qualités de son jeune frère ; écoutons comment il en parle lui-
même, vingt-quatre ans plus tard, à Sainte-Hélène :

    « C'était, dit-il, au siége de Toulon, au milieu des cada-
» vres de deux cents grenadiers tués par l'impéritie de
» leur général, à l'attaque du bastion imprenable du fort
» Pharon, que je dis à Louis, qui était à mes côtés : Si
» j'avais commandé là, ces braves gens vivraient encore.
» Apprenez par cet exemple, Louis, combien l'instruction
» est indispensable à ceux qui aspirent au commande-
» ment. A l'attaque de Saorgio, je le menai, pour la pre-
» mière fois, à la portée du canon. Il s'obstina à se placer
» devant moi, pour me défendre des boulets ennemis.

    » Une autre fois, se trouvant dans une batterie contre
» laquelle l'ennemi dirigeait un feu bien nourri, il resta
» constamment debout, la tête levée, quoique les canon-

(*) *OEuvres de* Louis-Napoléon Bonaparte, II, 344 et 345.

» niers s'abritassent le plus possible ; et comme je lui en
» demandais la raison, il me répondit : Vous m'avez dit
» qu'un officier d'artillerie ne devait pas craindre le canon ;
» c'est notre arme, je suis votre exemple.

» A l'armée, son courage était brillant, mais comme
» par accès, et il restait indifférent aux éloges que sa
» bravoure lui attirait. Il remplissait strictement ses de-
» voirs, sans se préoccuper de sa sûreté personnelle. Au
» passage du Pô, il se mit à la tête des colonnes d'attaque ;
» à Pizzighittone, il était le premier sur la brèche ; à
» l'assaut de Pavie, il était à cheval, à la tête des sapeurs
» et des grenadiers, qui avaient ordre de briser les portes
» à coups de hache. En bravant ainsi une grêle de balles,
» dont il était le point de mire, il croyait de son devoir
» d'être à cheval pour mieux observer la situation de la
» ville, aussitôt que les grenadiers se précipiteraient dans
» les rues. La vue du sac de cette ville, célèbre par son
» Université, fit sur lui une vive impression, et le rendit
» plus taciturne encore.

» Lorsque, la veille de la bataille de Castiglione, je
» l'envoyai à Paris pour mettre sous les yeux du Directoire
» le rapport des événements qui m'avaient déterminé à
» lever le siège de Mantoue, et à abandonner la ligne du
» Pô, il était si malheureux de ne pouvoir partager les
» dangers auxquels il me croyait exposé, que je fus
» obligé de lui dire : Partez sans regrets, Louis ; je ne
» puis charger que mon frère seul de cette mission désa-
» gréable ; mais, avant votre retour, vous présenterez au
» Directoire les drapeaux que je prendrai demain à l'en-
» nemi ; et, en effet, il présenta au Directoire les neuf
» drapeaux perdus par les Autrichiens à Castiglione : ils
» arrivèrent à Paris presque en même temps que lui. »

Après la campagne d'Italie, Louis devint éperdument épris de Mademoiselle Émilie de Beauharnais, qu'il avait vue en rendant visite à sa sœur Caroline, chez Madame Campans. Cette inclination contrariait fort Bonaparte. Pour y porter remède, il fit ordonner à Louis de quitter aussitôt la capitale avec plusieurs aides-de-camp, et d'attendre à Lyon des ordres ultérieurs. Louis s'arrêta quinze jours dans cette ville, pensant fléchir le général, et ne point aller plus loin; mais son espérance fut vaine : il dut partir, et s'arracher malgré lui à tout ce qu'il aimait (*).

Le 19 mai 1798, Louis s'embarqua pour l'Égypte, en qualité d'aide-de-camp du général en chef, son frère. Dans le cours de la campagne, il fit constamment preuve de sang-froid et de courage dans les positions même les plus périlleuses. Avant la fin de la malheureuse expédition de Syrie, Bonaparte, voulant présenter au Directoire les drapeaux conquis, obtenir des secours, et connaître exactement l'état de la France, fit choix de son frère pour cette mission délicate. « On n'avait plus rien à craindre de son retour, puisque, aussitôt après son départ, on avait forcé la personne qu'il aimait d'en épouser un autre (**). » Louis s'embarque sur une mauvaise chaloupe canonnière, échappe, durant une navigation de deux mois, aux croisières ennemies, et parvient en vue de Messine. Là, poursuivi par une frégate anglaise, et ne voulant pas se voir enlever les trophées qu'il portait en France, il jeta à la

---

(*) *Documents historiques sur la Hollande*, par Louis Bonaparte, 1, 73.

(**) *Ibid.* 1, 95 et 96.

mer les drapeaux pris en Égypte, et manœuvra si bien,
qu'il finit par s'arracher à la poursuite des Anglais.

Nommé colonel du 5ᵉ de dragons, il reçut, au mois de
mars, l'ordre de partir avec son régiment pour l'armée
de l'Ouest. « Il y garda la position de Verneuil jusqu'à
la pacification (de la Vendée), laquelle survint peu de
semaines après ; mais, malgré tous ses efforts et son
affliction profonde, cette ville fut le théâtre d'une horrible
tragédie. Le général de division et le colonel de la
43ᵉ demi-brigade revinrent d'Alençon après la trêve,
emmenant prisonniers les chefs des chouans. A peine
l'infanterie fut-elle arrivée à Verneuil, qu'on assembla
un conseil de guerre, et qu'on fit juger, condamner, exécuter ces quatre malheureuses victimes. Louis s'empressa
d'en informer son frère ; mais on ne donna pas à son
courrier le temps d'arriver à Paris. On voulait même qu'il
présidât le conseil comme colonel ; il refusa avec indignation : prières, ordres, menaces, tout fut inutile ; il
protesta contre cette infamie, il ne négligea rien pour
l'empêcher ; mais il ne le put, parce qu'il se trouvait sous
les ordres d'un autre. Il se tint dans son logement comme
en un jour de deuil ; il ordonna à ses officiers d'en faire
autant, et fut vivement affligé d'une catastrophe qui commença à le désenchanter du service militaire (*). »

Cependant le premier Consul, en épousant Joséphine,
veuve de Beauharnais, avait adopté ses deux enfants,
Eugène et Hortense, et leur portait toute l'affection d'un
bon père. Il songea donc à marier Hortense avec son frère
Louis. Les propositions en furent faites peu de temps

(*) *Documents historiques sur la Hollande*, par LOUIS BONAPARTE, I, 100.

après la bataille de Marengo ; mais Louis refusa la main de Mlle de Beauharnais, « sans avoir, ajouta-t-il, aucune raison défavorable au caractère ou à la moralité d'une jeune personne dont tout le monde faisait l'éloge (*). » Et, pour échapper aux vues matrimoniales qui souriaient particulièrement à Joséphine, il se hâta d'aller rejoindre son régiment qui faisait partie de l'armée expéditionnaire de Portugal, sous la conduite de Leclerc et de Lucien Bonaparte. Après un séjour de quelques mois, soit en Portugal, soit aux eaux de Barèges, Louis revint à Paris, où devait bientôt se consommer son mariage avec Hortense.

En effet, Joséphine, qui regardait cette union comme essentiellement politique, ne négligea rien auprès de son époux et de Louis Bonaparte pour qu'elle se conclût sans retard. Louis ayant enfin donné son consentement, « le jour de la cérémonie fut fixé, et le 4 janvier 1802, le mariage civil et la cérémonie religieuse eurent lieu... Jamais cérémonie ne fut plus triste ; jamais deux époux ne reçurent plus vivement le pressentiment de toutes les horreurs d'un mariage mal assorti (**). » Napoléon, à Sainte-Hélène, disait au sujet de cette union : « Louis ne fut bien avec sa femme que très-peu de mois. Beaucoup d'exigences de sa part, beaucoup de légèreté de la part d'Hortense, voilà les torts réciproques. Toutefois, ils s'aimaient en s'épousant : ils s'étaient voulu l'un l'autre. »

Le 10 octobre 1802, Hortense mit au monde son premier fils. La joie du premier Consul fut grande, car

---

(*) *Documents historiques sur la Hollande*, par Louis Bonaparte, 1, 102.

(**) *Ibid.* 1, 107.

dès-lors il possédait un héritier de son nom, issu du frère qu'il affectionnait le plus. Il voulut tenir cet enfant sur les fonts du baptême; et lui donna les noms de Napoléon-Louis-Charles. Deux ans plus tard, le 10 octobre 1804, Louis eut un second fils qui naquit au milieu des préparatifs du sacre de l'Empereur. Le nouveau-né fut baptisé solennellement par Pie VII, en présence de Napoléon, des princes et des princesses, de tous les grands de l'Empire, et reçut les noms de Napoléon-Louis.

En mai 1805, Louis accompagna en Italie son frère qui le fit gouverneur-général du Piémont. Mais le mauvais état de sa santé le força bientôt de quitter Turin pour aller aux eaux de Saint-Amand. De retour à Paris, au mois de novembre, il fut nommé colonel des carabiniers, reçut, avec l'épée de connétable, le commandement du corps de réserve de la grande armée rassemblée au camp de Boulogne. Une agression soudaine de l'Autriche ayant fait abandonner les préparatifs d'une descente en Angleterre, l'Empereur, obligé de faire face aux nouvelles hostilités, crut ne pouvoir mieux faire que de confier au connétable le gouvernement de la capitale, en remplacement du grand-duc de Berg (Murat), depuis roi de Naples. Le prince Louis s'acquitta de ce commandement avec zèle, talent et activité, au milieu des plus graves embarras. Un mois après, il recevait l'ordre d'organiser sur les côtes une nouvelle armée pour défendre les chantiers d'Anvers. En moins de quarante jours, cette armée du Nord fut prête et en mesure de couvrir le Brabant hollandais et les places de Breda, Juliers, Nimègue, Berg-op-Zoom.

Au mois de mai 1806, une députation de la République Batave vint à Paris offrir au prince Louis de régner sur ce

pays, et le supplier instamment d'accepter la couronne
de Hollande. Louis refusa d'abord obstinément; mais
ayant appris que l'ancien stathouder venait de mourir, et
que son héritier présomptif avait consenti à recevoir le
duché de Fulde en indemnité de ses droits, Louis céda,
quoique à regret, aux pressantes sollicitations des députés
bataves qui ne triomphèrent de ses résistances qu'en
l'assurant que les neuf dixièmes de la nation le réclamaient
pour leur souverain. Il demanda le temps qui lui était
nécessaire pour examiner la constitution présentée à sa
signature, et répondit aux envoyés que la seule assurance
qu'il pût leur donner, c'est qu'il se dévouerait tout entier
aux intérêts de la Hollande et ferait tous ses efforts pour
justifier la bonne opinion que l'Empereur, son frère, leur
avait donnée de lui. L'histoire et les Hollandais ont déjà
dit s'il avait tenu parole.

Ce fut à Saint-Cloud que l'Empereur, ayant reçu les
députés bataves en audience solennelle, leur parla en
ces termes : « J'ai toujours regardé comme le premier
» intérêt de ma couronne de protéger votre patrie.... Tous
» les inconvénients attachés à la forme incertaine de votre
» gouvernement précédent ne pouvaient être parés que
» par un gouvernement héréditaire.... L'offre que vous
» faites de la couronne de Hollande au prince Louis est
» donc conforme aux intérêts de votre patrie et aux
» miens.... Je ne pouvais confier les places fortes qui
» couvrent mes frontières du Nord à la garde d'une main
» infidèle et douteuse. Ainsi j'adhère à votre vœu, et je
» proclame roi de Hollande le prince Louis.... Vous,
» prince, régnez sur ces peuples ; qu'ils vous doivent des
» rois qui protègent leur liberté, leurs lois, leur religion ;
» mais ne cessez jamais d'être Français. Entretenez dans

» vos sujets des sentiments d'union et d'amour pour la
» France : soyez l'effroi des méchants et le père des bons ;
» c'est le caractère des grands rois. »

Louis ne prit que quelques jours après le chemin de
ses nouveaux États. Accompagné de son épouse et de ses
enfants, il fit son entrée à la Haye, le 23 juin 1806 ; mais,
soit par modestie, soit qu'il préféra être escorté par les
légions bataves, il refusa la coopération des troupes
françaises, qui, d'après l'ordre de l'Empereur, devaient
accompagner le nouveau souverain. Ce refus déplut à
Napoléon ; les Hollandais, au contraire, ne virent dans
cette détermination de leur roi qu'une preuve de la confiance qu'il avait dans le peuple sur lequel il venait régner,
et lui en surent gré. Les hautes fonctions de la Cour et
du gouvernement ayant été partagées entre les Français et
les Hollandais, les susceptibilités nationales en furent
blessées, et ce mécontentement donna naissance à
de fâcheuses mésintelligences qui troublèrent pendant
quelque temps la bonne harmonie. Le roi s'efforçait par
tous les moyens possibles de concilier les deux partis ;
mais, comprenant que son devoir lui faisait une loi de
porter son affection sur ses nouveaux sujets, il ne put
s'empêcher d'avoir pour eux une préférence qui le plaçait
dans une fausse position vis-à-vis de la France et de
Napoléon.

Louis désirait franchement le bien-être de la Hollande : toutes ses pensées, toutes ses actions n'avaient
point d'autre but ; mais ce qu'il voulait, ce qu'il faisait pour l'atteindre, froissait les vues de Napoléon. Le
commerce maritime était la principale richesse de la
Hollande, et le blocus continental paralysait ce commerce
et enchaînait toute espèce de transactions entre les puis-

sances maritimes : menacée d'un côté par les escadres de l'Angleterre, de l'autre par les armées françaises toujours prêtes à envahir son territoire, la Hollande voyait chaque jour tarir la source principale de sa prospérité. Cet état de chose affligeait singulièrement le cœur de Louis qui se considérait comme le premier et le plus fidèle des citoyens de sa nouvelle patrie. Aucun souverain ne sentait mieux que lui toute l'étendue de ses obligations : aussi, malgré les difficultés que les conjonctures lui suscitaient, s'appliqua-t-il constamment à rendre son gouvernement juste et paternel, à diminuer les impôts, à cicatriser les plaies que la guerre avait faite à ce malheureux pays. Modeste dans ses goûts, simple dans ses mœurs, ennemi de toute représentation fastueuse, économe, et pourtant libéral à propos, bienfaisant avec grandeur, mais sans ostentation, conciliant, loyal dans les affaires publiques et dans les siennes propres, comment ne se fût-il pas attiré l'affection de ce peuple franc, grave et bon, qui trouvait en lui la réunion de toutes les qualités, de toutes les vertus auxquelles il attache le plus de prix ? Son humanité fut égale à sa droiture : il fit tout ce qui dépendit de lui pour appliquer le moins souvent possible la peine de mort, et disait à ce propos : « Un roi doit compte à Dieu, à la postérité et à la nation de tous les individus qui lui sont soumis. »

Louis, qui avait déjà réussi à faire adopter ses plans d'économie dans toutes les branches de l'administration, s'adressa directement à Napoléon pour qu'il retirât les troupes françaises du territoire de la Hollande. Ces troupes, en effet, soldées et nourries aux dépens du royaume, coûtaient des sommes énormes et entretenaient encore un esprit de défiance parmi la nation hollandaise.

Il déclara donc à l'Empereur « qu'il abdiquerait sur-le-champ si le gouvernement français ne s'acquittait point vis-à-vis de la Hollande, et si les troupes françaises restaient davantage à la solde du pays. » Napoléon, étonné de cette énergique dignité, et sentant d'ailleurs la nécessité d'augmenter l'armée française en Allemagne, accorda ce que son frère lui demandait. Mais, à dater de ce moment, le système oppressif de l'Empereur à l'égard de la Hollande, se déroula complètement aux yeux du roi : il comprit que Napoléon, en le plaçant sur ce trône, avait voulu qu'il n'y exerçât que l'autorité précaire d'un préfet français. Son esprit se révoltait à cette idée, et dès-lors il prit la ferme résolution de ne plus agir désormais que comme roi de Hollande, et dans toute la plénitude des devoirs que lui imposait ce titre. « J'ai cru, disait-il
» à M. Stanislas Girardin, que l'Empereur voulait que je
» fusse roi de Hollande ; je vois que je me suis trompé.
» Il prétend que mes ministres doivent s'adresser aux
» siens pour recevoir des ordres, et que ce pays soit
» dépendant de la France, ce ne sont point là nos con-
» ventions. Je suis froid, décidé dans mes résolutions ;
» pour rien au monde, je ne violerai mes serments ; il me
» reste peu de santé ; mais je conserverai toujours assez
» de raison pour ne pas manquer à ma conscience (*). »

Ce fut au retour d'un voyage que Louis fit dans ses États, qu'il eut le malheur de perdre son fils aîné. Le jeune prince royal, attaqué du *croup*, fut en peu de jours réduit à la dernière extrémité, et succomba entre les bras de sa mère désolée. La douleur du roi et de la reine fut

---

(*) Mémoires de M. Stanislas Girardin.

si vive, qu'ils crurent devoir s'éloigner des lieux témoins de cette perte affreuse, et se rendirent tous deux aux eaux des Pyrénées. Louis revint en Hollande sur la fin de septembre 1807; la reine demeura à Paris.

Cependant, la plaie profonde que la mort de son fils avait faite à son cœur de père saignait toujours : il se décida alors à visiter une partie de son royaume. Durant ce voyage, il reçut une lettre de l'Empereur, qui lui offrait la couronne d'Espagne. Louis refusa sans hésiter, et ce refus, auquel l'Europe entière applaudit, concilia encore davantage au roi l'affection des Hollandais, auxquels il accordait une si éclatante préférence. Déjà, en plus d'une circonstance, il leur avait donné des preuves de dévouement et de générosité. Deux bateaux, chargés de poudre, ayant fait explosion à Leyde, Louis monte aussitôt à cheval et se transporte dans les lieux où cette horrible catastrophe avait étendu ses ravages; il prodigue en roi des secours et des consolations. Lorsque, en 1809, plusieurs cantons de la Hollande furent tout-à-coup submergés, on le vit, partout où le danger était le plus imminent, exposer ses jours dans une barque pour arracher les malheureux à la fureur des eaux, et dédommager les victimes par les actes de sa bienfaisance.

Mais la Hollande, pays de manufactures, que le commerce avec l'étranger peut seul vivifier, se ressentait de plus en plus des rigueurs du blocus continental. Louis cependant comprenait que ce royaume avait des intérêts entièrement distincts de ceux de la France; il crut donc qu'il devait les faire prévaloir. Napoléon, irrité des facilités que la Hollande donnait secrètement aux navires anglais pour introduire leurs marchandises sur le continent, manda son frère à Paris, et lui reprocha sa tolérance, en lui donnant à entendre qu'il ferait occuper la Hollande par ses troupes pour assurer l'exécution du système continental. Mais Louis qui, disait-il, *en acceptant le trône de Hollande s'était fait Hollandais*, n'hésita pas à répondre que « dès l'instant où un soldat français mettrait le pied sur son territoire, il se considérerait comme ayant cessé de régner. » En effet, plusieurs régiments français ne tardèrent pas à entrer en Hollande : Louis, ne voulant point subir ce joug, ni opposer de résistance, afin d'éviter toute effusion de sang, abdiqua aussitôt en faveur de son fils, remit au trésor de l'État le montant de sa liste civile, partit secrètement, et se retira à Gratz en Styrie dans les premiers jours de juillet. Il visita d'abord son frère Jérôme à Cassel, demeura quelque temps aux eaux de Tœplitz en Bohême, et passa trois années dans la retraite, où il vécut paisiblement en simple particulier, ayant renoncé à tous ses anciens titres, et se contentant d'une modique pension que Napoléon lui envoyait. En 1813, quand l'Autriche eut déclaré la guerre à la France, Louis crut devoir quitter l'Allemagne, où toutefois il n'avait pas à craindre d'être inquiété, s'y étant conduit constamment avec autant de sagesse que de modération. Après avoir parcouru la Suisse, sous le nom de *comte de Saint-Leu*, il se fixa quelque temps dans le canton de Vaud, et y fut très-bien accueilli ; puis il partit pour Rome. Il vécut presque toujours séparé de sa femme Hortense de Beauharnais, et fut même obligé de plaider contre elle pour avoir auprès de lui son fils aîné Napoléon-Louis. L'ex-roi de Hollande habitait Florence en 1831, lorsqu'éclata l'insurrection italienne ; son fils aîné y prit part et mourut à Forli d'une inflammation de poitrine. Cette mort plongea Louis dans le plus grand chagrin ; il se retira à Livourne, et s'éteignit dans cette ville, le 25 juillet 1846. Le comte de Saint-Leu n'eut pas la consolation d'expirer dans les bras du seul fils qui lui restait... Ce fils chéri, détenu alors au fort de Ham par la volonté du *roi-citoyen*, ne put obtenir la permission d'aller fermer les yeux à son vieux père, quoiqu'il se fût engagé sur l'honneur à revenir prendre ses fers, après avoir accompli ce pieux devoir ! C'est à Saint-Leu, à côté de son père et de son fils aîné, que repose aujourd'hui l'ancien roi de Hollande. Ainsi pour lui l'exil finit à la tombe !!...

Louis descendit du trône de Hollande après l'avoir occupé cinq ans : il s'y concilia l'estime et l'amour des Hollandais à un si haut degré, qu'aujourd'hui encore ils ne parlent de lui qu'avec attendrissement et vénération. Napoléon était parvenu à l'apogée de sa gloire et semblait avoir affermi dans ses mains le sceptre du monde, lorsque Louis quitta par devoir la scène politique. Rentré calme et résigné au sein de la vie privée, il charma ses loisirs par le commerce des lettres qui l'avaient toujours consolé dans ses malheurs. Ce fut à Lausanne qu'il composa un petit volume de poésies, aujourd'hui très-rare, où l'on retrouve, à côté de la plus douce philosophie, de beaux sentiments exprimés en beaux vers. Nommé pair de l'Empire durant les Cent-Jours, il refusa de suivre l'exemple de son frère Lucien, et continua de vivre dans la retraite, s'estimant heureux d'y trouver l'obscurité et l'oubli des hommes. Déjà, dans le courant de 1808, il avait publié un roman qui a pour titre : *Marie, ou les Peines de l'amour,* 2 vol. in-12. En 1814, on en a donné une nouvelle édition intitulée : *Marie, ou les Hollandaises,* 3 vol. in-12. L'auteur y peint, avec de vives couleurs, les mœurs et les usages des Hollandais, et y exprime fort naturellement l'intérêt que cette nation libre, simple et franche avait su lui inspirer. Sous le titre de *Documents historiques et Réflexions sur le gouvernement de la Hollande, par Louis Bonaparte, ex-roi de Hollande,* 1820, 3 vol. in-8°, il fit paraître un compte exact et détaillé de son administration, ou, pour mieux dire, de son règne. « Cet ouvrage a fixé sa réputation de bon roi et d'honnête homme, dit la *Biographie universelle et portative*; c'est le plus bel exemple que, du fond de sa retraite, il ait pu donner à ceux qui gouvernent. Je ne sais s'il trouvera beaucoup d'imitateurs; mais un homme qui ne craint pas d'attirer les yeux de l'Europe entière sur des actes que la plupart des souverains cherchent à ensevelir dans la nuit des bureaux, mérite le respect des honnêtes gens de tous les partis. » On a encore de Louis Bonaparte un *Essai sur la versification,* contenant l'opéra de *Ruth,* la tragédie de *Lucrèce* et l'*Avare* de Molière (ces trois pièces sont en vers sans rime). Un *Nouveau Recueil de poésies,* publié à Florence en 1828 et contenant la suite du *Lutrin,* poëme en cinq chants. Enfin, lorsque la plume vénale de sir Walter-Scott eut produit, sous le titre pompeux d'*Histoire de Napoléon,* un libelle où les actions du grand homme sont indignement travesties et calomniées, le comte de Saint-Leu crut qu'il était de son devoir de réfuter la diatribe du romancier anglais et de venger la mémoire de son frère si indignement outragée. Sa *Réponse à sir Walter-Scott sur son Histoire de Napoléon,* respire au plus haut degré cet esprit de modération et de vérité en face duquel le mensonge pâlit et la calomnie est démasquée. Dans cette remarquable réfutation, l'évidence des faits, le talent et la logique de l'écrivain accablent de tout leur

poids le romancier détracteur, et vouent au mépris de
tous les hommes honnêtes et sensés l'opprobre de cette
œuvre odieuse. L'amour fraternel et l'enthousiasme de
Louis pour le grand capitaine ne l'aveuglent pas au point
de ne reconnaître aucun tort à Napoléon, il le juge avec
l'impartialité d'un homme qui ne fit jamais fléchir son
devoir aux circonstances. Au sujet, par exemple, de l'exécution du duc d'Enghien, il dit : « Je déplore plus qu'aucun
autre la catastrophe du duc d'Enghien. Mais quand
Napoléon en a parlé lui-même, il ne m'appartient pas d'y
rien ajouter. Je dirai seulement que cette affaire est loin
d'être éclaircie, qu'il est impossible que Napoléon ait fait
venir le prince à Paris pour l'immoler. »

Il s'exprime d'une manière non moins équivoque rela-
tivement au genre de mort des prisonniers de Gaza.
« Alexandre, dit-il, en brûlant une ville, en tuant son
ami et son précepteur; Charlemagne en massacrant des
milliers de Saxons; Titus lui-même, en couronnant ses
lignes, devant Jérusalem, de Juifs mis en croix, en faisant
assassiner Aulus Cinna au sortir d'un festin, parce qu'il
avait conspiré; en immolant plus d'un million de Juifs
dans la guerre de Judée, *m'ont fait prendre en mépris
la renommée de conquérant*, et la victoire même qui
ne s'acquiert et ne peut s'acquérir qu'avec la plupart de
ces horreurs. »

Aussi, quoiqu'il fût le frère du plus grand conquérant
des temps anciens et des temps modernes, Louis eut toujours la guerre en aversion. « J'ai été aussi enthousiaste
qu'un autre après la victoire, dit-il; mais j'avoue aussi
qu'alors même la vue d'un champ de bataille m'a fait
non-seulement horreur, mais même soulevé le cœur; et
qu'à présent que je suis avancé dans ma vie, je ne conçois

pas plus qu'à quinze ans, comment des êtres qui se disent raisonnables, et qui sont si provisoires, peuvent employer cette courte existence, non à s'aimer, à s'entr'aider, à la passer le plus doucement possible, mais ne paraissent, au contraire, que pour se détruire, comme si le temps ne prenait pas lui-même ce soin avec assez de vitesse! »

Louis eut trois fils. — Voir les n⁰ˢ 72, 86 et 87.

68. MARIE-PAULINE BONAPARTE,

Princesse Borghèse, Duchesse de Guastalla.

Marie-Pauline Bonaparte, seconde sœur de Napoléon, naquit à Ajaccio le 20 octobre 1780. Elle n'avait que treize ans lorsqu'en 1793, la Corse fut envahie par les Anglais, qui en chassèrent sa mère, et livrèrent à leurs partisans tous les biens de la famille Bonaparte. Obligée de fuir devant les ennemis de la France, Madame Letizia se réfugia en Provence avec ses plus jeunes enfants, au nombre desquels était Marie-Pauline. Douée des plus brillantes qualités et d'une beauté ravissante, Pauline ne tarda pas à être recherchée avec empressement : c'était une jeune fille animée, spirituelle, excellente, à manières aimables, qu'on ne se lassait ni de voir, ni d'entendre. On prétend qu'elle fut sur le point d'épouser à Marseille le fils du célèbre critique Fréron, qui était alors en mission dans le Midi, en qualité de commissaire du gouvernement. Mais les réclamations d'une femme qui se prétendit mariée avec lui, fit manquer ce projet. Le général Duphot, à son tour, brigua l'honneur d'épouser Pauline. Cette union, que favorisaient Madame Letizia et son fils Joseph, fut empêchée par la mort du général Duphot, assassiné à

Rome, en décembre 1797. Ce ne fut que quatre ans plus tard que Pauline prit enfin un époux de son choix dans le général Leclerc, qui était devenu éperdument épris d'elle pendant qu'il était chef d'état-major de la division à Marseille. L'union de Leclerc avec Pauline convenait à Bonaparte ; il y donna volontiers son consentement.

Bonaparte ayant décidé de soumettre Saint-Domingue, appela le général Leclerc de l'armée de Portugal pour lui donner le commandement en chef de cette expédition. Il exigea que sa sœur partît avec son mari. Tout entière à ses devoirs d'épouse, indifférente alors aux plaisirs de la capitale, elle reçut cet ordre avec satisfaction, et partit gaiement, emmenant avec elle le jeune enfant qu'elle avait mis au monde depuis peu de temps. À la fin de décembre 1801, elle s'embarqua à Brest, sur le vaisseau amiral *l'Océan*. Le 16 septembre 1802, une insurrection éclata au Cap où résidait le capitaine-général et sa femme. Christophe, Clairvaux, Dessaline, à la tête de onze mille hommes, attaquent les Français, que la fièvre jaune avait presque tous moissonnés. Leclerc, avec quelques centaines de braves restés d'une superbe armée, parvint, par la plus héroïque défense, à sauver la ville ; mais, redoutant l'issue du combat, il envoie l'ordre de transporter à bord sa femme et son fils. Pauline s'y refusa. Vainement sollicitée de la manière la plus pressante par celui à qui sa sûreté avait été confiée, et par les supplications des dames de la ville, qui savaient à quels ennemis elles pouvaient être livrées, elle ne cessa de répondre, que si son mari était tué, elle saurait mourir avec son fils. « Vous devez pleurer, vous, disait-elle aux dames qui embrassaient ses genoux, vous n'êtes pas comme moi sœur de Bonaparte. Je ne m'embarquerai qu'avec mon mari, ou

je mourrai. » Une heure après, le général en chef, instruit
de la résistance de sa femme, et voyant la prise du Cap
inévitable, envoya un aide-de-camp à la résidence, avec
ordre de transporter de force à bord sa femme, son fils
et les dames de la ville. Cet ordre fut exécuté; on dut
y employer la rigueur. Dès qu'elle fut parvenue à la cale
de l'embarquement, elle apprit la nouvelle de la défaite
des noirs. « Je le savais bien, dit-elle froidement, que je
ne m'embarquerais pas; retournons à la résidence. » Le
général Leclerc étant mort de la fièvre jaune dans l'île de
la Tortue, le 2 novembre 1802, Pauline, désespérée, revint
en France, où de plus hautes destinées semblaient l'attendre. Bonaparte, qui, depuis trois ans, était premier
Consul, et qui dès-lors avait conçu le projet d'allier sa
famille aux maisons princières de l'Europe, maria, le
6 novembre 1803, sa sœur Pauline au prince Camille
Borghèse, descendant d'une illustre famille romaine qui
a fourni à l'Église un pape dans la personne de Paul V.
L'année suivante, Napoléon, parvenu à l'Empire, créa
Camille Borghèse prince français, et le décora du grand-
cordon de la Légion d'honneur. Le fils de Pauline mourut
à Rome; elle le regretta amèrement. Dès que la guerre
recommença contre l'Autriche, le prince Camille fut nommé
chef d'escadron de la garde impériale, et bientôt après
colonel. Créé, en 1806, duc de Guastalla, il fit la même
année la campagne contre les Prussiens et les Russes.
Après la paix de Tilsitt, il fut nommé gouverneur-général
des départements au-delà des Alpes, et vint se fixer à
Turin en 1810. Les Piémontais n'eurent qu'à se féliciter
de ses manières affables, de sa justice et de la douceur
de son administration.

Napoléon aimait tendrement Pauline, dont les caprices,

les petites querelles et l'opposition à sa volonté l'amusaient souvent. Toujours brouillés l'un avec l'autre, ils étaient aussitôt raccommodés. Cependant, à l'occasion d'un tort public qu'elle eut envers l'impératrice Marie-Louise, que Pauline ne put jamais aimer, Napoléon se vit obligé de l'exiler de la Cour. Cette disgrâce ne l'affligea pas beaucoup, et les délices de son palais de Neuilly lui firent oublier facilement les grandeurs auxquelles l'auraient condamnée son séjour à Paris. Neuilly devint dès-lors le rendez-vous de la plus brillante société.

Pauline était encore dans la disgrâce de l'Empereur quand, en 1814, il fut renversé du trône. Oubliant alors ses ressentiments, elle accourt pour le consoler. Amie tendre et vigilante, elle emploie toutes les ressources de son esprit pour calmer les blessures d'un cœur aussi profondément ulcéré, et renonce à ses palais de Rome pour venir partager son exil sur le rocher de l'île d'Elbe. Ce fut par son entremise que Napoléon consentit à se réconcilier avec Lucien et Murat : en un mot, la princessse Pauline devint l'intermédiaire de la correspondance qui s'établit entre les membres de sa famille dispersée. Après le débarquement de Napoléon à Cannes, elle retourna à Rome, d'où elle lui envoya ses plus belles parures de diamants dont la valeur était considérable ; c'était le seul service que la généreuse et reconnaissante Pauline pouvait lui rendre ; mais l'Empereur ne put profiter de ses présents qui furent saisis par les Anglais après la bataille de Waterloo.

Depuis cette époque, la princesse continua de séjourner à Rome, dans la partie du palais Borghèse que son époux, retiré à Florence, avait mise à sa disposition. Elle fut constamment l'objet de la bienveillance et des attentions de Pie VII, qui s'estimait heureux, disait-il, de rendre à cette bonne princesse tous les égards qu'elle-même n'avait jamais cessé de lui prodiguer, pendant son séjour en France. On ne pouvait avoir auprès du Saint-Père de meilleure recommandation que la sienne. Les malheurs de Napoléon qu'elle aimait bien tendrement, altérèrent beaucoup sa santé ; elle quitta Rome, et se retira à Pise, espérant trouver en cette ville des soins plus efficaces contre le malaise qui la minait chaque jour. Son mari, que l'intrigue et le mauvais esprit de quelques hommes avait constamment éloigné d'elle, l'ayant fait prier de venir le rejoindre, Pauline, dont le cœur ne sut jamais conserver ni fiel ni rancune, accourut à Florence ; et, peu de temps après, cette femme si bonne et si intéressante y mourut d'une maladie de consomption, le 9 juin 1825. Sa dépouille mortelle fut transportée à Rome, et inhumée à Sainte-Marie-Majeure, dans la chapelle Borghèse. Elle n'avait pas eu d'enfant du prince Camille, son second époux.

69. MARIE-CAROLINE-ANNONCIADE BONAPARTE,

ÉPOUSE DE JOACHIM MURAT ET REINE DE NAPLES.

Marie-Caroline-Annonciade, troisième sœur de Napoléon, naquit à Ajaccio, le 26 mars 1782. Elle vint en France avec sa famille par suite de la proscription dont Paoli avait frappé, en 1793, les principaux habitants de la Corse qui s'étaient prononcé pour le parti français. Caroline, jeune, belle et douée des charmes de l'esprit, réunissant aux grâces de sa personne un caractère noble et une âme énergique, fut bientôt recherchée par des hommes que leur mérite et leur position appelaient à de hautes destinées. Le 20 janvier 1800, Bonaparte, devenu premier consul, accorda la main de sa sœur au général Murat, qui, après s'être distingué dans les guerres d'Italie et d'Egypte, l'avait puissamment secondé à la journée du 19 brumaire. Quoique Bonaparte estimât Joachim Murat à cause de sa valeur, néanmoins, comme il nourrissait déjà de grands desseins sur sa famille, cette union ne lui paraissait pas remplir son but, et il en voulait à ses sœurs d'avoir fait *des mariages d'amourettes*. « Leur cervelle enflammée, disait-il, n'a consulté que le volcan de l'imagination. J'avais d'autres vues. Caroline qui vient de se marier, a jugé ma position en étourdie; un temps viendra peut-être où des souverains se seraient disputé sa main. Elle a épousé un brave : cela ne suffit pas. » Le mariage étant consommé, Caroline, qui avait une grande influence sur Napoléon, ne négligea rien pour obtenir de sa générosité quelque principauté héréditaire, et fit valoir les services et le dévouement de son époux. Napoléon lui offrit alors le grand-duché de Berg, dont le futur souverain devait faire partie de la confération germanique et jouir d'un revenu de quatre cent mille florins. Quoique cette principauté fut loin de valoir le royaume que Caroline avait rêvé, elle accepta toutefois, espérant mieux de l'avenir et de la prédilection que l'Empereur avait pour elle. Le 15 mars 1806, Murat fut proclamé grand-duc de Berg et de Clèves, et reconnu en cette qualité par toutes les puissances, excepté par l'Angleterre et la Suède.

Le 1er septembre, Murat, après avoir fait, en qualité de grand-duc de Berg, l'ouverture des États de la Confédération, se rend à la grande armée où il brûlait de signaler

son courage. A Iéna, frémissant de voir la victoire décidée
sans lui, il se précipite à la tête de la cavalerie sur les
Prussiens en retraite, les culbute, les poursuit l'espace
de six lieues et arrive à Weimar en même temps que
l'ennemi. Aussi brave qu'infatigable, il continue de
marcher en avant, et le 15, arrive sous les murs d'Erfuth,
dont il reçoit la capitulation, en dépit des 14,000 hommes
et des cent vingt pièces de canon qui défendaient la place.
Le 5 novembre suivant, secondé par Soult et Bernadotte,
il emporte d'assaut Lubeck, fait capituler Blücher à
Schwartau, et le 28, entre dans Varsovie, revêtu du costume de général polonais.

« A l'aspect du trône de Pologne demeuré vacant,
Murat, dit un de nos célèbres écrivains, ne pouvait plus
contenir son impatience; il partagea sans peine les idées
de la noblesse polonaise, et se chargea de les communiquer à Napoléon. La commission cependant était difficile, car, sans méconnaître les qualités brillantes et
généreuses de son beau-frère, Napoléon avait une défiance
extrême de sa légèreté, et se montrait souvent pour lui
maître sévère et dur. Aussi répondit-il sèchement à
Murat : « Je ne suis pas venu ici mendier un trône pour
ma famille, car je ne manque pas de trône à donner....
Si, à force de dévouement, les Polonais me secondent
assez pour que je réussisse, je leur accorderai l'indépendance; sinon, je ne ferai rien, et je les laisserai sous leurs
maîtres prussiens et russes.... » Devenu plus réservé,
Murat ne se montra pas moins intrépide et dévoué dans
la campagne de 1807. Le 6 et le 7 février, à Landsberg,
à Deppen et à Eylau, il culbute les Russes et prélude
ainsi à la grande lutte des deux journées suivantes. Le
lendemain de la bataille d'Eylau, il poursuit l'ennemi, et

le même, courant l'espace de 40 kilomètres, jusqu'aux portes de Kœnisberg, où les Russes se retranchent. Mais ce fut surtout dans les plaines d'Elbing que Murat reçut de l'Empereur la louange la plus capable de flatter son amour-propre et de rehausser son habileté dans la guerre. A la vue de 30,000 cavaliers que le grand-duc de Berg tenait échelonnés le long de la Vistule, Napoléon, fier de cette superbe cavalerie, s'écria : « Jamais si beau spectacle, jamais masse intelligente si bien dressée n'a frappé mes regards depuis que je commande des armées : *décidément, mon beau-frère est le premier général de cavalerie du monde.* »

Telle était l'intrépidité de l'époux de Caroline. L'Empereur, pour récompenser la valeur et les brillants services de son beau-frère, le créa roi de Naples, le 15 juillet 1808. Dès ce moment, Caroline, par sa haute capacité, se montra digne du gouvernement des peuples. Pendant les longues absences que son époux faisait à l'armée, elle prit une part active à l'administration du royaume en qualité de régente ; soutint et dirigea les rênes de l'État avec autant de dignité que d'habileté, s'entourant d'hommes instruits, repoussant la médiocrité et la flatterie, aimant la justice et s'efforçant d'élever la nation napolitaine au rang des peuples du premier ordre. Amie des lettres et des arts, protectrice des savants, des artistes, de tous les hommes distingués par leur génie et leurs vertus, elle a fondé des institutions qui durent encore, et a laissé des souvenirs qui ne s'effaceront jamais.

L'un des moindres mérites de son administration était l'ordre, l'exactitude et la prompte exécution. Une grande justesse de jugement, une rare pénétration et une volonté

bien prononcée de faire le bien, donnaient à toutes ses
décisions un caractère de justice auquel ceux mêmes à
qui elles étaient contraires, étaient forcés de rendre
hommage. Elle aimait la vérité et la cherchait constamment, sans se laisser jamais entraîner par l'influence
d'aucune considération particulière. Naples dut à son
sentiment exquis pour l'utile et le beau, la restauration
et la nouvelle distribution de son magnifique Musée des
Antiques, la création d'une maison d'éducation de trois
cents jeunes filles, à la direction de laquelle sa sollicitude
portait un soin particulier, et dont elle couvrait une grande
partie des dépenses par ses revenus personnels. Elle
organisa aussi les fouilles de Pompéia sur un meilleur
système ; en fit exhumer les monuments les plus précieux ; et ce qui fait l'éloge de la munificence et de la
sagesse de son administration, c'est que les divers établissements qu'elle a formés ont tous été conservés par
le roi Ferdinand, et subsistent encore tels qu'elle les a
institués.

Cependant les jours de revers étaient arrivés ; à cette
ère de bonheur dont Caroline avait constamment joui,
succédaient des circonstances funestes qui allaient renverser son avenir et couvrir de deuil les dernières années
d'une si belle vie. Napoléon, avant de se séparer des
débris de la grande armée, avait cru devoir confier le
soin de la retraite à Eugène Beauharnais et l'avait nommé
général en chef. Murat, qui n'attendait qu'une occasion
plausible pour rompre ouvertement, ne garda plus aucun
ménagement ni envers l'Empereur, ni envers aucun des
siens. D'un autre côté, les souverains alliés redoutant
avec raison les forces disponibles du roi de Naples et
l'influence qu'il exerçait sur ses peuples par sa bravoure

et son affabilité, firent tous leurs efforts pour le détacher de la cause impériale. Dans ces conjonctures difficiles, Caroline se montra ce qu'elle devait être, c'est-à-dire, également dévouée aux intérêts de l'Empereur et à ceux du roi son époux. Subjugué enfin par les raisons de la reine et plus encore par l'invitation affectueuse que l'Empereur lui faisait adresser de se rendre au quartier-général, Joachim part de Naples, laissant la régence de ses États à la femme sur laquelle il avait droit de compter dans le bonheur comme dans l'adversité. Accueilli par l'Empereur avec générosité, Murat le lendemain fut fier de reprendre sa place aux avant-postes, et de reconquérir l'estime des braves que l'idée de sa défection avait indisposés contre lui.

Après la journée sanglante de Leipzig, Murat, jugeant la cause de Napoléon définitivement perdue, s'empressa de regagner l'Italie. Caroline était d'avis qu'il reprît aussitôt les négociations entamées avec l'Autriche et l'Angleterre. Mais les cabinets de ces deux puissances et ceux de leurs alliés exigeaient que Joachim donnât des garanties de son adhésion à la Sainte-Alliance par une coopération active et immédiate : à cette condition, la couronne de Naples lui était garantie. Joachim sentait son cœur se révolter à l'idée de tourner ses armes contre les anciens compagnons de sa gloire et surtout contre Napoléon son bienfaiteur. Dans une telle perplexité, il s'adresse à l'Empereur et le supplie de lui confier la défense de l'Italie. Mais Napoléon, à qui les négociations précédentes du roi et ses intelligences dans toutes la Péninsule inspiraient des craintes, ne fit aucune réponse à ses lettres. Pendant plusieurs mois Murat ne put se décider à souscrire aux exigences des souverains coalisés.

Enfin, ne recevant aucune nouvelle de l'Empereur et de de son armée, il signe le 11 janvier 1814 un traité d'alliance avec l'Angleterre et l'Autriche et s'engage à fournir une armée de 30,000 hommes pour s'unir aux drapeaux des ennemis de Napoléon. A cette condition, l'intégrité de ses États lui était garantie et on lui cédait même la place d'Ancône et les Marches. Il s'avance aussitôt jusqu'à Bologne et attaque les avant-postes de l'armée française.

Cette défection du roi Joachim recula de quelque temps sa chute, mais ne put la conjurer. Dès l'ouverture du congrès de Vienne, les Bourbons de France et d'Espagne demandèrent au cabinet autrichien de consentir à la restauration des Bourbons de Sicile, s'offrant eux-même à envoyer dans le sud de l'Italie un corps d'armée pour opérer cette restauration. L'Autriche s'y refusait, alléguant les services qu'en 1814 Joachim avait rendus aux souverains alliés, en faisant cause commune avec eux contre Napoléon. C'est au milieu de ces négociations que l'Empereur, débarqué tout-à-coup en Provence, était rentré aux Tuileries, après une marche triomphale de quelques jours. Murat n'eut pas plutôt appris le débarquement de Napoléon, qu'il s'avance à la tête de son armée dont il inonde le territoire romain et la Toscane. Arrivé à Bologne, il appelle aux armes les populations de la Haute-Italie; mais ces peuples, désarmés en 1814, étaient à la discrétion de l'Autriche. Les bataillons germaniques s'avancent contre l'armée napolitaine, et le 2 mai la bataille de Tolentino livre aux Autrichiens la couronne de Murat et le royaume de Naples. Rentré dans son palais, le malheureux Joachim comble de largesse ses fidèles serviteurs, nomme des plénipotentiaires chargés de traiter en son nom, et s'embarque le 20 pour l'île d'Ischia ; bientôt forcé de s'éloigner, il arrive sur les côtes de la Provence, et se retire dans une maison de campagne près de Toulon : de là il écrit à l'Empereur pour en obtenir la faveur de combattre à ses côtés. Napoléon refusa de l'accueillir, et se priva ainsi d'un aide dont le concours lui eût été bien utile.

Lorsque la nouvelle de la défaite du roi se fut répandue à Naples, la plus grande agitation s'empara de cette capitale ; la population s'assemblait de toute part, et menaçait de se livrer au pillage, au meurtre et à l'incendie. Mais Caroline veillait avec fermeté au maintien de l'ordre : sa présence seule imposa aux malfaiteurs ; dans la fortune, elle avait beaucoup fait pour la prospérité des Napolitains, aux jours du malheur, elle fit peut-être plus encore pour leur salut. Prévoyant les calamités qui allaient fondre sur ce peuple qu'elle affectionnait, elle arme la garde nationale, instruit les chefs des moyens à prendre pour la sûreté des citoyens et le maintien de la tranquillité publique, et ne quitte Naples qu'après avoir pourvu au salut de cette ville par toutes les mesures préventives que lui inspirent son énergie et sa prudence. Les événements justifièrent les craintes et la prévoyance de la reine. A peine fut-elle sortie de la capitale, que les prisons furent ouvertes aux condamnés qui, se réunissant à la plus vile populace, se répandirent en vociférant dans tous les quartiers de la ville. Mais la garde nationale les contint, en fit rentrer la plus grande partie dans les cachots, et donna le temps aux troupes autrichiennes de pénétrer à Naples et de seconder ses efforts. Le commodore Campbell occupait la rade avec quelques frégates anglaises. Caroline, toujours dévouée aux Napolitains,

stipula, avant de mettre à la voile, des garanties pour les
intérêts du pays qu'elle avait administré avec tant de
sollicitude, et ne s'occupa qu'ensuite de la conservation
de ses propriétés personnelles et particulières : ce qui
n'empêcha pas le roi Ferdinand de lui en refuser la restitution et de confisquer le mobilier de plusieurs millions
qu'elle avait fait venir de France et qu'elle avait acquis de
ses propres deniers. Elle se retira dans la Haute-Autriche, où l'empereur François lui permit d'habiter le château de Haimbourg, sous le nom de *comtesse de Lipano*.
Sa résignation et sa grandeur d'âme inspirèrent le plus
vif intérêt aux habitants des environs, qui se pressaient
sur ses pas, et la comblaient de bénédictions pour les
bienfaits qu'elle répandait chaque jour sur les malheureux. L'ordre et l'économie rendirent sa médiocre fortune
suffisante à son existence et à celle de ses enfants, dont
elle surveilla l'éducation avec soin. Elle avait eu quatre
enfants du roi son époux, deux fils et deux filles. — Voir
les nos 93, 94, 95, 96.

Après la fatale issue de la bataille de Waterloo et l'occupation de Paris par les étrangers, Murat avait compris
qu'il n'était plus en sûreté dans le Midi de la France. Les
fureurs des Marseillais et l'assassinat du maréchal Brune
avaient mis la Provence en feu : le moment était critique ;
trop de persécuteurs entouraient le malheureux Joachim
pour qu'il pût espérer de leur échapper longtemps. Il
nolise secrètement un léger navire afin de s'embarquer
pour le Hâvre dans la nuit du 2 août ; mais, par une
fatalité inouïe, on ne s'entendit pas bien sur le lieu du
rendez-vous ; le roi fugitif erre toute la nuit sur le rivage,
il appelle en vain, le bruit des vagues seul répond à sa
voix. Pendant deux jours, il se cache dans les bois exténué

de fatigue et de faim. Le besoin de nourriture et de repos le force enfin à entrer dans une ferme pour se procurer quelques aliments. La maîtresse du logis l'accueille avec bonté, et lui prépare un modeste repas. Tandis que Murat le dévore, arrive le fermier, ancien soldat de l'Empire. Il s'assied à côté de l'ex-roi pour lui tenir compagnie et lui verser à boire... Mais à peine a-t-il considéré son hôte qu'il reconnaît l'ancien roi de Naples, se jette à ses pieds, lui demandant pardon de l'avoir traité si familièrement. Joachim ému le relève, l'embrasse en versant des larmes de reconnaissance. Dès cet instant, et par l'entremise de cet homme fidèle, Murat put correspondre avec ses amis de Toulon et s'embarquer pour la Corse le 22 août 1815. Arrivé dans cette île, il vit accourir auprès de lui tous les vétérans corses qui avaient combattu sous ses ordres ; bientôt le nombre en fut assez grand pour engager Murat à se rendre à Ajaccio. Partout, sur sa route, il est accueilli par des acclamations de joie. A son approche, les autorités d'Ajaccio abandonnèrent la ville, et la garnison qui occupait la citadelle fit entendre le cri de *vive le roi Joachim !* Dès lors, l'ex-roi forme le dessein de s'embarquer au plus tôt pour aller reconquérir son royaume de Naples. Sept bâtiments de transport reçoivent à minuit deux cent cinquante hommes des plus résolus de l'île ; un coup de canon donne le signal du départ, et la flotille quitte le port d'Ajaccio.

Pendant quelques jours, le temps fut favorable, et la mer semblait sourire aux projets de Joachim. Déjà la petite flotte avait fait les trois quarts de la route, lorsque survint une tempête : les bâtiments, dispersés pendant la nuit, ne purent plus se retrouver. Son premier projet avait été de débarquer aux environs de Salerne, d'occuper cette ville et de réunir sous ses drapeaux les nombreux dépôts d'officiers et de soldats de son ancienne armée qui s'y réorganisaient ; de marcher ensuite sur Avellino, de parcourir ainsi la plus grande partie des provinces sans s'arrêter, pour gagner trois ou quatre journées sur les Autrichiens, et de se présenter enfin devant Naples avec une armée imposante en profitant du trouble que la nouvelle de son débarquement et de ses succès aurait jeté dans le gouvernement et dans le peuple. Mais ce projet, qui devait réussir, fut renversé par le souffle de l'aquilon. A l'aurore du 8 octobre, Murat se trouvait dans le golfe de Sainte-Euphémie ; une seule de ses barques l'avait rejoint. Tout retard devenait compromettant ; il ordonna aussitôt de faire voile vers le village du Pizzo, et y débarque accompagné seulement de trente officiers ou soldats qui ne cessent de crier *vive le roi Joachim !* C'était un dimanche, et les légionnaires de la commune se trouvaient réunis sur la place pour s'exercer au maniement des armes. Reçu avec froideur par les habitants du Pizzo [120], Murat se hâte de continuer sa route et de se diriger vers Monteleone. A peine était-il sorti du village, que les légionnaires et les paysans courent à sa poursuite. Joachim, qui n'a jamais tremblé dans les combats, s'avance intrépidement vers eux, malgré les balles qu'ils font pleuvoir autour de lui. Il les appelle, les salue, mais eux ne lui répondent que par de nouvelles décharges. Déjà deux de ses compagnons ont été tués à ses côtés ; et cependant pas un seul coup de fusil n'a encore été tiré contre ceux qui l'attaquaient avec tant d'acharnement ; Joachim l'avait défendu. En quelques instants, le malheureux prince est cerné par cette populace furieuse, et conduit au château du Pizzo.

Dès que cette nouvelle fut parvenue à Naples, le conseil du roi s'établit en permanence ; on y décida que Joachim devait être fusillé. Il est notoire que le roi Ferdinand n'assista pas aux délibérations et qu'il résista même longtemps à ordonner la mise en jugement de l'infortuné Murat ; mais les conseillers de la couronne, qui songeaient avant tout à la conservation de leurs places, et qui craignaient que tôt ou tard Joachim ne réussît à ressaisir le pouvoir, arrachèrent à Ferdinand sa signature, en lui faisant observer que ce jugement était un acte de justice indépendant de la volonté du souverain. Les membres du conseil ne perdent pas de temps, et envoient aussitôt l'ordre de juger militairement Joachim et de le fusiller dans les vingt-quatre heures. Dans la nuit du 12 au 13 octobre, les sept juges de la commission furent désignés. Le président, le procureur-général et deux autres d'entre eux avaient été comblés de bienfaits et d'honneurs par Murat !!... Ils acceptent cependant la responsabilité du sang de leur bienfaiteur qu'ils vont verser !...

Joachim ignorait sa destinée, et dormait paisiblement pour la dernière fois tout près de l'appartement où la commission s'apprêtait à le condamner à mort. Le capitaine Stratti, chargé de lui apprendre qu'il allait être jugé, sut allier dans cette douloureuse mission tout ce que la pitié et le respect doivent au malheur. « Mon cher Stratti, je suis perdu, lui répondit Joachim, l'ordre de me juger est un ordre de mort. » Il demanda s'il lui était permis d'écrire à sa famille. Stratti, suffoqué par ses sanglots, lui répondit par un signe affirmatif, et aussitôt Joachim traça d'une main assurée la lettre suivante :

« Ma chère Caroline, ma dernière heure est arrivée. Dans quelques instants j'aurai cessé de vivre, dans quelques instants tu n'auras plus d'époux. Ne m'oublie jamais ; je meurs innocent. Ma vie ne fut tachée d'aucune injustice. Adieu, mon Achille ; Adieu, ma Létitia ; adieu, mon Lucien ; adieu, ma Louise : montrez-vous au monde dignes de moi. Je vous laisse sans royaume et sans biens, au milieu de mes nombreux ennemis... Soyez constamment unis, montrez-vous supérieurs à l'infortune, pensez à ce que vous êtes et à ce que vous avez été, et Dieu vous bénira. Ne maudissez point ma mémoire. Sachez que ma plus grande peine, dans les derniers moments de ma vie, est de mourir loin de mes enfants. Recevez la bénédiction paternelle ; recevez mes embrassements et mes larmes. Ayez toujours présent à la mémoire votre malheureux père.

» Pizzo, 13 octobre 1815.

» JOACHIM. »

Après avoir fini d'écrire, il coupa quelques boucles de ses cheveux, et les ayant enveloppées dans la lettre, il la remit sans être cachetée à M. Stratti. Le capitaine Starace, nommé son avocat pour le défendre devant la commission, lui fait connaître en pleurant le triste devoir qu'on lui a imposé. « Je dois défendre Votre Majesté, lui dit-il, et devant quels juges ! — Ils ne sont point mes juges, répond Joachim ; ils sont mes sujets. Les souverains n'ont point d'autres juges que Dieu et les peuples.... Un tel tribunal est incompétent ; j'aurais honte de me présenter devant lui.... Laissez-moi sauver la dignité royale ; ceux qui composent la commission ne sont pas mes juges ; ils sont mes bourreaux. Vous ne parlerez point en ma faveur, M. Starace ; je vous l'ordonne. » A cet instant, le rapporteur de la commission vient lui demander ses noms, son âge, sa patrie. Le prisonnier l'interrompant tout-à-coup : « Je suis, lui dit-il, Joachim Napoléon, roi des Deux-Siciles ! Partez, Monsieur ! »

Resté seul, il se promène longtemps dans sa prison, la tête inclinée sur sa poitrine, et paraissant absorbé par les plus tristes pensées. Stratti vint le rejoindre, mais le voyant dans cet état, il n'osait lui parler. Joachim le premier rompt le silence : « Le Pizzo est dans l'allégresse
» que lui cause mon infortune : eh ! qu'ai-je donc fait aux
» Napolitains, pour qu'ils soient mes ennemis ? J'ai
» dépensé pour eux tout ce que j'avais, au détriment de
» ma famille ; tout ce qu'il y a d'utile et de libéral dans
» leur code est mon ouvrage; j'ai mis l'armée en répu-
» tation et la nation au rang des puissances de l'Europe.
» J'ai préféré les Napolitains aux Français, qui m'ont
» placé sur ce trône d'où je descends sans crainte et
» sans remords. La tragédie du duc d'Enghien, que le
» roi paraît vouloir venger par une autre tragédie sem-
» blable, me fut étrangère, j'en atteste en témoignage
» ce Dieu qui doit me juger bientôt. » Et après quelques instants, il ajouta : « Capitaine Stratti, il est temps de
» nous séparer : je sens le besoin d'être seul. Je vous
» remercie des soins que vous m'avez donnés pendant
» ces jours. Dans l'état où je me trouve réduit, je ne puis
» attester ma reconnaissance qu'en publiant les obliga-
» tions que je vous ai. Faites en sorte que ma famille
» reçoive ma lettre…. Adieu, soyez heureux!… »

Cependant le chanoine Masdea, vieillard septuagénaire, avait demandé à être admis auprès du prisonnier. « Sire, lui dit-il, c'est pour la seconde fois que je me présente devant vous : lorsque Votre Majesté vint au Pizzo, je lui demandai une somme pour achever la cathédrale, et elle daigna m'accorder beaucoup plus que je n'osais espérer.

Puisque Votre Majesté a bien voulu entendre ma voix dans cette occasion, j'aime à me persuader qu'elle ne rejettera pas aujourd'hui mes exhortations, qui tendent à assurer l'éternel repos de son âme. » Joachim accueillit cette offre avec une résignation religieuse, et par l'accomplissement de ses derniers devoirs, se prépara à paraître devant celui qui juge les peuples et les rois. Il en fit même une déclaration par écrit, sur la demande du chanoine: Cette déclaration était conçue en ces simples termes : *Je déclare mourir en bon chrétien. J. M.*

La sentence fatale était prononcée, et celui qui naguère avait régné sur Naples avec tant d'éclat, était condamné à la peine de mort, avec la confiscation de ses biens! Le rapporteur vint aussitôt en donner lecture à Murat, qui l'écouta de sang-froid et avec dédain. Quelque moment après, il est conduit dans une autre chambre où l'attend un peloton de douze grenadiers disposés sur deux rangs. Joachim ne voulut pas qu'on lui bandât les yeux ; mais regardant froidement charger les armes, il se met lui-même en position, et dit aux soldats : *Visez au cœur.* A ces mots, la détonnation se fait entendre, et l'ex-roi des Deux-Siciles tombe mort, tenant dans ses mains les portraits de sa famille. Son corps fut inhumé sans aucune pompe dans cette même église qui avait été relevée par sa munificence. Sa mort fera verser longtemps encore des larmes à tous ceux qui savent priser le courage héroïque d'un brave. Il était âgé de quarante-huit ans.

Au moment de la mort de son époux, Caroline était dans la Haute-Autriche. La douleur qu'elle ressentit de cette catastrophe fut si vive et si poignante, que l'on craignit longtemps qu'elle n'y succombât. Mais enfin, reprenant son courage et se raidissant contre l'adversité, cette femme, à grand caractère, se rappela qu'elle se devait à ses chers enfants. Résignée à son sort, elle se consola de la perte d'une couronne par le souvenir du bien qu'elle avait fait, et pleura chaque jour la perte de son époux avec ses enfants et les amis qui avaient pu en apprécier les grandes qualités. En 1836, il fut permis à la veuve de Joachim de venir à Paris; elle y réclama une indemnité pour le château de Neuilly qui lui avait appartenu, et obtint par une loi une pension viagère de cent mille francs, dont elle ne jouit pas longtemps. Elle mourut à Florence, le 18 mai 1839.

70. Jérôme BONAPARTE,

ROI DE WESTPHALIE; aujourd'hui MARÉCHAL DE L'EMPIRE.

Jérôme, le plus jeune des frères de Napoléon, est le seul survivant aujourd'hui des huit enfants de Mme Létizia, mère de l'Empereur. Il naquit à Ajaccio, le 15 décembre 1784, et vint en France avec sa famille en 1795. A peine âgé de quinze ans, il quitta le collége de Juilly, et le 9 décembre 1799, entra dans la marine, où il fit, comme aspirant, sa première campagne sous les ordres de l'amiral Gantheaume. Pour la première fois, il signala son courage à la prise du navire anglais le *Switshure*, commandé par le commodore Hollowel, et mérita l'honneur d'amariner ce vaisseau. En 1801, nommé lieutenant de vaisseau, il fit partie de l'expédition de Saint-Domingue, commandée par son beau-frère, le général Leclerc. Il ne tarda pas à revenir en France, pour apporter les dépêches de ce général, et repartit bientôt pour la Martinique, sur la frégate l'*Epervier*, dont Napoléon lui avait donné le commandement. Lorsque, à la fin de 1802, la guerre eut repris son cours entre la France et l'Angleterre, Jérôme établit une croisière devant la rade de Saint-Pierre et l'île de Tabago. Mais, forcé de se retirer après une station de quelques mois, il se rendit à New-York, et y épousa, en 1803, miss Petterson, fille d'un riche négociant de Balti- more, de laquelle il eut un fils du nom de Jérôme. Ce mariage déplut au premier Consul, qui le fit casser pour cause de minorité, Jérôme Bonaparte n'ayant que dix- neuf ans lorsqu'il le contracta. Il revint en France en 1805, non sans avoir couru risque plusieurs fois d'être enlevé par les Anglais pendant la traversée. Chargé par Napoléon de se rendre à Alger pour y réclamer deux cent cinquante Génois que le Dey retenait en esclavage, il remplit sa mission avec dignité et succès ; le grade de capitaine de vaisseau en fut la récompense.

En 1806, il faisait partie de l'escadre de la Martinique, sous les ordres du contre-amiral Willaumez. Cette escadre, battue par un fort coup de vent, avait perdu sept des navires qui la composaient : Jérôme fut assez heureux pour sauver le *Vétéran* de 74 qu'il commandait. N'ayant pu rallier sa division, il se décida à faire route pour la France. Mais parvenu à la hauteur des Bermudes, le 15 août 1806, le jeune et audacieux capitaine du *Vétéran*, pour célébrer dignement la fête de l'Empereur, se jette sur un convoi anglais qu'escortaient des frégates, s'empare d'une somme énorme, et cingle à pleine voile vers les côtes de France. L'amiral Keith, furieux à cette nouvelle, se met à la recherche du *Vétéran*, et l'atteint sur les côtes de Bretagne, espérant s'en rendre maître à la vue de la France. Mais l'Anglais a compté sans l'audacieuse résolution du jeune capitaine français. Après avoir échangé plusieurs bordées avec le vaisseau d'avant-garde de l'escadre ennemie, Jérôme comprend qu'il ne peut échapper à l'imminence du péril que par deux moyens extrêmes que lui suggère son intrépidité : ou donner résolument sur la division ennemie et forcer le passage, ou aborder le vaisseau amiral et se faire sauter avec lui. L'un de ces deux partis allait être adopté, lorsqu'un timonier breton du *Vétéran*, qui connaissait les passes étroites et les brisants de cette côte, prenant la direction du gouvernail d'après le consentement de Jérôme, passe au milieu des récifs et fait entrer le *Vétéran* à Concarneau, sous les yeux des Anglais étonnés d'une pareille audace. Napoléon donna à son frère les éloges qu'il méritait, le décora du grand cordon de la Légion d'honneur, et le 19 septembre suivant l'éleva au grade de contre-amiral.

La guerre ayant été déclarée à la Prusse en 1807, le prince Jérôme passa du service de mer à celui de terre. Chargé du commandement d'un corps de Bavarois et de Wurtembergeois, il chasse les Prussiens de la Silésie dont il se rend maître, fait le siége de Glogau, investit Breslau, et réduit une à une toutes les places fortes de cette province. Sa valeur et ses brillants succès lui méritent, le 14 mars 1807, le grade de général de division. Un mois après la paix de Tilsitt, signée le 7 juillet suivant, Jérôme épousa la princesse Frédérique-Catherine, fille du roi de Wurtemberg. La nouvelle belle-sœur de Napoléon arriva aux Tuileries le 21 août. Le même jour, à huit heures du soir, la cérémonie de la signature du contrat et de la célébration du mariage civil eut lieu dans la galerie de Diane, où LL. MM. s'étaient rendues, suivies des princes, princesses et des grands dignitaires de l'Empire. Le lendemain eut lieu, avec le plus grand appareil, dans la chapelle des Tuileries, la cérémonie du mariage religieux : l'Empereur lui-même conduisait la princesse Catherine, et le prince Jérôme conduisait l'Impératrice. La bénédiction nuptiale fut donnée par le prince-primat, et le poêle tenu par l'évêque de Gand et l'abbé de Boulogne, aumôniers de l'Empereur.

Six jours après son mariage, Jérôme fut proclamé roi de Westphalie. Ce royaume, créé par le traité de Tilsitt, était composé de l'électorat de Hesse-Cassel réuni au duché de Brunswick et aux autres provinces cédées en Allemagne par la Prusse. Le Hanôvre y fut ajouté en 1810. Cassel était la capitale de la Westphalie. L'Empereur donna au nouveau royaume une constitution qui consacrait l'abolition de la servitude, l'égalité devant la loi, la publicité des jugements, et l'aptitude de tous les nationaux à être appelés aux emplois publics.. Il envoya des commissaires français qui furent chargés d'organiser toutes les branches de l'administration du pays, et de former un conseil de régence, en attendant l'arrivée du roi. C'est ainsi que partout où Napoléon établissait de nouvelles royautés, son génie civilisateur semait les germes d'une sage liberté et de l'égalité de tous les citoyens devant la loi. Les constitutions de Bayonne, du grand-duché de Varsovie et de Westphalie, dit le baron de Menneval, peuvent servir de réponse au reproche qui lui a été fait d'avoir été le défenseur des priviléges et le restaurateur du pouvoir absolu.

Ce fut le 15 décembre 1807 que le roi et la reine de Westphalie arrivèrent dans leurs États. Les diverses puissances de l'Europe avaient reconnu le nouveau monarque, et l'empereur Alexandre lui avait envoyé le collier de de l'ordre de Saint-André de Russie. Quoique fort jeune,

Jérôme avait l'esprit juste et le jugement solide. Il s'occupa d'abord de former un ministère auquel il n'appela que des hommes d'une probité et d'une capacité reconnues, et presque tous d'origine française. Les hautes magistratures de la justice furent confiées à des hommes du pays. Les dîmes, les corvées, toutes les charges féodales furent abolies.; le Code Napoléon devint la loi commune.; les États du pays purent s'assembler et délibérer sur leurs besoins.; les communes furent dotées d'une administration plus appropriée à l'époque.; l'instruction publique devint surtout l'objet de toute la sollicitude du nouveau souverain, les sciences et les arts furent encouragés et récompensés avec une munificence vraiment royale. Si la paix et le temps eussent permis aux Westphaliens de jouir des bienfaits de leur gouvernement, et d'en voir durer les institutions, indubitablement ils seraient devenus un des peuples les plus heureux de la Confédération germanique. Malheureusement, la campagne de 1812 vint arracher Jérôme aux soins qu'il donnait à son royaume. Il avait reçu de Napoléon le commandement d'une division allemande, à la tête de laquelle il se distingua aux combats d'Ostrowa et de Mohilow.

En 1813, les désastres de la campagne de Russie forcèrent les Français à évacuer l'Allemagne, et le roi Jérôme à abandonner ses États. Il quitta la Westphalie sans avoir songé même à emporter l'argent qui lui était nécessaire.; arrivé à Cologne, il fut contraint de vendre une partie de son argenterie pour subvenir à ses besoins: sublime désintéressement qui en dit plus que tous les éloges! Ainsi fut brisé le royaume de Westphalie que Jérôme avait doté d'excellentes institutions.; il y laissa beaucoup d'amis sincères et un peuple pénétré de reconnaissance envers lui. Aujourd'hui encore, les Westphaliens répètent aux Français qui visitent ce pays : « Jérôme n'a causé de mal à personne et a fait tout le bien qu'il était en son pouvoir de faire. » La princesse, son épouse, ne quitta pas son mari dans ses jours d'adversité ; elle l'accompagna à Paris ; mais au mois de mars 1814, les époux durent se séparer, Jérôme pour rejoindre Marie-Louise à Blois, et Catherine pour rentrer dans les États de son père. C'est en quittant Paris qu'elle fut arrêtée par un chef de bande, le marquis de Maubreuil, qui faisait partie de sa maison à Cassel, en qualité d'écuyer et de lieutenant de chasse. Cet ex-chouan lui enleva ses diamants, son argent et ses effets les plus précieux. Après l'abdication ds Napoléon, Jérôme se rendit à la cour de son beau-père, où sa femme l'attendait pour se retirer en Italie. Tous deux étaient à Trieste, lorsque l'Empereur, quittant l'île d'Elbe, vint débarquer en Provence. La police autrichienne fit dès-lors surveiller Jérôme ; mais ce prince, craignant avec raison d'être pris pour ôtage, s'embarqua secrètement sur un navire que le roi de Naples, son beau-frère, avait mis à sa disposition, et arriva heureusement à Paris, dans les premiers jours d'avril 1815, avec le cardinal Fesch, son oncle.

Le 13 juin 1815, Jérôme arrivait à l'armée avec l'Empereur ; le 15 au matin, les troupes françaises franchirent la Sambre. Le prince Jérôme, à la tête de la division qu'il commande, culbute un corps considérable près de Thuin. Le 18, il se distingue surtout à l'attaque du bois et du château d'Hougoumont, dont il s'empare deux fois, et dont il reste maître malgré le feu de l'ennemi. Son intrépidité, dans cette journée, mit ses jours en péril ; il reçut une blessure au bras.

Le lendemain de la bataille de Waterloo où Jérôme combattit avec une valeur digne d'un meilleur sort, il revint à Paris avec Napoléon, son frère, et quitta définitivement cette capitale le 27 juin, lorsque l'Empereur eut abdiqué pour la seconde fois. Après avoir erré quelque temps en France et en Suisse, sous le voile de l'incognito, l'ex-roi de Westphalie parvint heureusement à rejoindre son épouse qui l'attendait dans les États de Wurtemberg. Certains biographes ayant avancé que le prince Jérôme fut traité avec tous les égards possibles par le roi de Wurtemberg, son beau-père, nous allons citer textuellement quelques extraits du journal de S. M. la reine de Westphalie qui prouveront, au contraire, que le roi de Wurtemberg employa vis-à-vis de sa fille et de son gendre la dureté la plus blâmable. Ces extraits remontent à l'époque de la première abdication en 1814. C'est la reine Catherine elle-même qui parle :

« ..... Les événements arrivèrent. Je me rendis à Paris ; je vis les souverains alliés. L'empereur Alexandre m'assura de la manière la plus positive de l'intérêt qu'il daignait prendre à mon sort.

» J'eus l'idée de me rendre avec mon époux dans le Wurtemberg,.... mais cette espérance fut repoussée par mon frère, et je me décidai à aller rejoindre mon mari en Suisse. Ce fut pendant mon séjour à Paris que le ministre du roi mon père dans cette capitale, commença à me faire pressentir sur le projet de mon père de me séparer de mon mari. Bientôt après, il me remit une note datée du 11 avril 1814, par laquelle on demandait à mon époux son consentement à se séparer de moi, et une lettre de

mon père, en date du 12, où il cherchait à m'engager par
des promesses et des prières à abandonner ce même
époux qu'il m'avait forcée d'accepter. Ma réponse a été
connue. — Nous la reproduisons ici en entier, comme
un véritable chef-d'œuvre de sentiment et d'amour
conjugal :

« SIRE ET MON PÈRE,

» Votre Majesté m'a fait dire de descendre ce matin
dans son appartement. Pour la première fois de ma vie,
j'ai refusé le bonheur d'être en votre présence : je con-
naissais le sujet de l'entretien, et craignant que mon esprit
ne fut pas suffisamment recueilli, j'ai osé prendre la liberté
de vous développer les motifs de ma conduite, et faire un
appel à votre affection paternelle.

» Votre Majesté sait la vérité tout entière : oui, Sire,
le prince Jérôme, votre beau-fils, mon époux et le père
de mes enfants, est avec moi. Oui, Sire, je vais m'éloigner
du palais de mon roi pour secourir l'époux auquel ma
vie est attachée : mes pensées l'ont accompagné à la
guerre ; mes soins l'ont protégé durant un long et pénible
voyage, pendant lequel son existence a souvent été
menacée ; mes bras l'ont embrassé dans son malheur
avec plus de tendresse que, même au temps de son
bonheur.

» Le prince Jérôme ne fut point le mari de mon
choix ; je l'ai reçu de vos mains lorsque sa maison régnait
sur de grands royaumes, et que sa tête portait une
couronne : bientôt les sentiments de mon cœur suivirent
et confirmèrent les liens que votre politique avait commandés.

» Le mariage et la nature imposent des devoirs qui ne

sont pas soumis aux vicissitudes de la fortune : je connais ces importants devoirs et je saurai les remplir ; j'étais reine, et je suis encore épouse et mère. Le changement de politique parmi les princes, en renversant l'empire français, a aussi détruit le trône sur lequel votre bonté et le prince mon époux m'avaient fait asseoir. Nous avons été obligés tous de plier à la force des circonstances. L'auguste Marie-Louise m'a donné un grand exemple de modération, mais notre situation n'est pas la même. L'intérêt public peut commander des sacrifices d'une grande durée, ou qui peuvent cesser lorsque les intérêts d'une politique nouvelle rendent d'autres arrangements inévitables.

» Quoique élevés par la fortune au-dessus des autres hommes, nous n'en sommes que plus à plaindre : une volonté constante préside à notre destinée. Mais là son pouvoir expire : elle ne peut avoir d'effet sur les obligations que la Providence nous impose.

» L'époux que Dieu et vous-même m'avez donné, l'enfant que j'ai porté dans mon sein, composent aujourd'hui mon existence. Avec cet époux, j'ai partagé un trône ; avec lui je partagerai l'exil et le malheur : la violence seule peut m'arracher d'auprès de lui. Mais, ô mon roi ! ô mon père ! je connais votre cœur, votre justice et la rectitude de vos principes ; je sais ce qu'ont été en tout temps ces principes, au sujet des devoirs que vous saviez faire respecter par ceux de votre maison.

» Je ne demande pas à Votre Majesté que par affection pour moi elle fasse aucun changement dans le système de conduite qui a été adopté en conformité des déterminations des plus puissants princes de l'Europe ; mais je me jette à vos pieds pour implorer votre permission, afin que mon mari et moi-même nous puissions rester près de votre personne. Cependant, ô mon père ! si cela nous est encore refusé, qu'au moins nous rentrions en grâce près de vous avant que nous partions pour un sol étranger. Ce n'est qu'après avoir reçu quelque preuve de votre amour paternel que je puis avoir assez de force pour paraître devant vous. Si nous devons partir ce soir, partons du moins avec l'assurance de votre affection et de votre protection dans des temps plus heureux. Nos malheurs doivent avoir un terme ; la politique ne commandera pas toujours à notre égard, ce qui est humiliant, et ne se plaira pas toujours dans la dégradation de tant de princes reconnus dans des traités précédents, et qui ont été alliés aux plus anciennes et aux plus illustres maisons de l'Europe : leur sang n'est-il pas mêlé au nôtre ?

» Pardonnez-moi, mon père et mon souverain, pour m'être ainsi exprimée moi-même, et daignez me faire savoir que cette lettre n'a pas été reçue avec déplaisir.

» CATHERINE. »

» De la Suisse, nous allâmes en Autriche ; d'abord à Gratz, ensuite à Trieste, où j'accouchai d'un fils, bonheur que j'avais en vain espéré sur le trône.... Les événements de 1815 arrivèrent. Après que mon mari m'eut quittée, je fis des démarches pour aller le rejoindre à Naples. On me le promit ; mais, d'après la demande de mon père, je fus conduite mourante à Gratz, et livrée, malgré mes plus instantes protestations, à M. de Geismar, envoyé par mon père pour me conduire dans le Wurtemberg. Ce fut lui qui me menaça que, si je ne voulais pas me mettre de bonne grâce en voiture, j'y serais portée par la force armée ; et il me tint les propos les plus inconvenants et les

plus insultants. On voulait m'avoir en Wurtemberg, comme
une ressource pour le cas où la chance aurait été défavorable aux alliés. Reléguée à Göppingen, j'y fus traitée en
prisonnière, et persécutée pour me porter à me séparer
de mon mari....Je fus, à cette époque, en proie à une
grave maladie ; et personne de ma famille n'eut la permission de me voir ou de correspondre avec moi...

» Après la bataille de Waterloo, mon mari pouvait
s'embarquer pour l'Amérique avec son frère Joseph. Ses
sentiments pour sa femme, pour son fils, le retinrent. Il
se rendit à Paris, où le comte de Winzingerode, ministre
du roi mon père, communiqua à mon époux la mesure
prise par les souverains alliés, statuant que tous les frères
de l'Empereur Napoléon seraient dispersés dans leurs
différents États. Mon mari devait aller en Prusse, et la
forteresse de Wesel était désignée pour sa prison. M. de
Winzingerode montra aussi à mon époux une lettre de
son souverain par laquelle on lui assurait dans le Wurtemberg la liberté, le repos et les égards qu'il avait droit
d'attendre. Se confiant à des promesses aussi solennelles
que positives, le roi se rend dans les États de mon père.
Arrivé à la frontière, il est arrêté et menacé, s'il ne veut
pas signer une convention qu'on lui présente, de ne point
être réuni à sa femme, à son fils et d'être livré à la Prusse.
Après avoir été ainsi forcé de signer ladite convention,
le roi se rendit à Göppingen, où on lui déclara qu'il
était prisonnier.... De Göppingen, nous fûmes transférés
au château d'Ellwangen, véritable prison, bien propre
aux mesures de rigueurs déployées contre nous.... Mon
mari ni moi nous ne pouvions sortir sans être escortés
par des chasseurs à cheval, qui ont avoué que si le roi

s'écartait des limites qui lui avaient été prescrites, ils avaient ordre de tirer sur lui.... »

Nous interrompons là ce triste récit ; les bornes que nous nous sommes fixées ne nous permettent pas de transcrire en entier ces pages lamentables. Nous ajouterons seulement qu'on fit vendre à l'encan les diamants de la reine et la vaisselle de son mari, et que, de ce qui avait été estimé deux millions sept cent mille francs, le prince Jérôme ne retira que deux cent mille francs. On alla plus loin encore : on lui enleva la gestion de sa fortune, excessivement réduite ; on s'opposa à ce qu'il reprît son nom de Jérôme Bonaparte, et on lui imposa de rigueur le titre de prince de Montfort, relevant des États de Wurtemberg.

Enfin, il fut permis au prince Jérôme et à son admirable épouse de se retirer en Autriche, au château de Haimbourg, auprès de la princesse Caroline, veuve de Joachim Murat. Les deux époux y restèrent quelque temps ; dans le courant de l'automne 1819, ils eurent la permission de se retirer à Trieste. Puis ils se fixèrent successivement à Rome, à Florence, à Lausane, où le prince Jérôme eut la douleur de perdre, le 28 novembre 1835, la noble et dévouée Catherine, le modèle des épouses.

L'ex-roi de Westphalie, rentré en France par suite de la révolution de Février, fut, quelques mois après son retour, nommé gouverneur de l'Hôtel des Invalides, et depuis maréchal de l'Empire. Il a eu trois enfants de son mariage avec la princesse Catherine de Wurtemberg. — (Voir les Nos 88, 89, 90.)

71

NAPOLÉON-FRANÇOIS-CHARLES-JOSEPH

BONAPARTE

RÔI DE ROME, DUC DE REICHSTADT

Le 20 mars 1811, à neuf heures et quelques minutes du matin, le canon des Invalides résonnait dans Paris !... Aux premières salves du bronze tonnant, le peuple s'était assemblé dans les rues, et, immobile, silencieux, comptait dans l'anxiété les coups à mesure qu'ils se faisaient entendre. Vingt-un coups de canon devaient annoncer la naissance d'une princesse, et cent-un celle d'un héritier du trône. Soudain, à la vingt-deuxième détonnation, un cri s'élève dans la multitude ivre d'allégresse : « C'est un fils !... c'est un fils, s'écrie-t-on de toutes parts !... » Un fils, en effet, venait de naître au grand Empereur ! On se presse, on s'embrasse ; l'amour de la patrie et du prince se confond dans un même sentiment. Déjà la veille et toute la nuit qui avaient précédé cette naissance si désirée, une foule immense s'était pressée dans les églises de la capitale pour demander au Ciel l'heureuse délivrance de Marie-Louise.

Les premières douleurs de l'enfantement s'étaient fait sentir le 19, sur le soir ; elles annonçaient des couches difficiles et périlleuses. L'habile Dubois, craignant d'être obligé d'avoir recours aux moyens extrêmes, demande à l'Empereur ce qu'il doit faire dans le cas où il serait réduit à sacrifier la mère où l'enfant. « Sauvez la mère ! » s'écrie Napoléon se hâtant de renoncer à l'héritier qu'il est sur le point d'obtenir, pour n'écouter que la voix de son amour conjugal. De toute la nuit, il ne veut pas quitter sa femme

un seul instant. Témoin de ses crises, il souffre de ses
douleurs : il pâlit, il tremble, lui qui n'avait jamais connu
la crainte, même au milieu des plus sanglantes batailles.
Enfin, la mère et l'enfant sont hors de danger. Oh! alors
quelle est sa joie! Courant à son fils, il le prend en ses
mains, et le présentant aux maréchaux : « C'est un roi de
Rome! » dit-il dans les transports de sa joie paternelle.
Puis, confiant le nouveau-né aux soins d'une dame de la
cour, il s'avance, derrière un rideau à une des croisées
de l'appartement, pour jouir du spectacle de l'ivresse
générale. Elle était à son comble parmi la multitude qui
assiégeait le Jardin des Tuileries. L'Empereur en paraît
profondément attendri; de grosses larmes roulent sur ses
joues; ivre de bonheur, il vient de nouveau baiser son fils
et le prendre entre ses bras.

La naissance du jeune prince fut saluée dans les départements comme un bienfait de la Providence. L'élan était
général, spontané surtout, parce que tous comprenaient
que là était l'avenir de toutes les prospérités : partout les
fêtes les plus brillantes furent données à cette occasion.
Ce fut le 9 juin 1811 que le roi de Rome reçut le baptême :
déjà il avait été ondoyé par les soins du cardinal Fesch,
dans la chapelle des Tuileries. Il fut tenu sur les fonts
baptismaux par le grand-duc de Wurtzbourg, représentant
l'Empereur d'Autriche, et par S. A. I. Madame et la reine
Hortense, représentant la reine de Naples. Le cardinal
grand-aumônier donna l'onction sainte, en présence d'une
foule de cardinaux et d'évêques nationaux et étrangers.
Tous les princes et ambassadeurs, les différents corps de
l'État, les grands officiers et hauts dignitaires assistaient
à cette pompeuse cérémonie. Le cortége impérial, sorti
des Tuileries à cinq heures du soir, ne put parvenir au

portail de Notre-Dame que vers sept heures, tant l'affluence du peuple était innombrable. On donna au nouveau-né les noms de *Napoléon-François-Charles-Joseph*; et, après le baptême, l'Impératrice s'étant avancée au milieu du chœur, tenant son fils dans ses bras, la foule fit retentir les voûtes de la basilique du cri mille fois répété : *Vive le roi de Rome !*

Quelque temps après, il fut confié à une nourrice d'une constitution saine et robuste, prise dans la classe du peuple. Les soins qu'elle prodigua à l'enfant royal triomphèrent enfin de son tempérament, qui d'abord avait paru frêle et délicat, et en peu de mois, lui donnèrent une force et un embonpoint remarquable. Madame la comtesse de Montesquiou, femme d'un éminent mérite, fut nommée sa gouvernante. L'Empereur aimait beaucoup son fils, et voyait avec le plus grand plaisir se développer sa santé et surtout ses facultés enfantines et ces petites saillies du caractère qui n'échappent jamais à l'observation d'un père. Souvent il le prenait dans ses bras, le contrariait, le portait devant une glace et lui faisait des grimaces de toute espèce. Lorsqu'il déjeûnait, il le mettait sur ses genoux, trempait un doigt dans la sauce, et lui en barbouillait le visage. La gouvernante grondait ; l'Empereur riait, et l'enfant, presque toujours de bonne humeur, paraissait recevoir avec plaisir les caresses bruyantes de son père. Ceux qui, dans ses occasions, avaient quelque grâce à solliciter de l'Empereur, étaient presque toujours sûrs d'être favorablement accueillis. Nous rapportons à ce sujet une anecdote vraiment touchante.

Un homme d'esprit, que de grands revers réduisaient à l'indigence, avait fait inutilement des démarches pour

faire lire à l'Empereur un placet par lequel il suppliait
Sa Majesté de lui accorder un emploi. Voyant sa demande
sans résultat, il eut l'idée d'adresser son placet *Au roi de
Rome*. Cette pièce est remise à l'Empereur : frappé de
la suscription, il ordonne qu'on introduise le pétitionnaire,
et lui remettant sa lettre, il l'engage à la porter à son
adresse. Celui-ci, enhardi par le ton de bonté qu'y met
Napoléon, s'avance vers le petit prince et lui présente sa
supplique. A sa vue, l'enfant sourit et ne peut que balbu-
tier des sons inarticulés. « Eh! bien, que répond le roi
de Rome? lui demande l'Empereur. — Sa Majesté n'a
rien répondu, Sire. — Qui ne dit rien consent, » reprend
aussitôt Napoléon, et il accorde au pétitionnaire l'emploi
qu'il sollicite.

Le jeune monarque était généralement d'un caractère
doux et docile, et écoutait avec bonté les observations
que lui faisait Mme de Montesquiou. Quelquefois cependant
il se livrait à des accès de colère. Un matin qu'il s'était
courroucé, et qu'il se montrait rebelle à tous les efforts
qu'on faisait pour le calmer, Mme de Montesquiou se mit
aussitôt à fermer les fenêtres et les contre-vents. Etourdi
de cette obscurité subite, le jeune prince demande à sa
gouvernante pourquoi elle en agit ainsi : « C'est pour
cacher votre colère aux personnes qui sont là dehors.
Croyez-vous que les Français, que peut-être vous gou-
vernerez un jour, voudraient vous obéir s'ils vous savaient
si méchant? — Crois-tu qu'on m'ait entendu? s'écria-t-il
aussitôt; j'en suis bien fâché. Pardon, maman *Quiou*, je
ne le ferai plus. »

Cependant cet enfant-roi, que naguère avaient salué de
leurs acclamations vingt peuples ensemble, n'était pas
encore capable de comprendre que le malheur planait

sur son royal berceau. Les potentats, qui avaient applaudi
à sa naissance, venaient d'envahir la capitale du grand
empire, et le 30 mars 1814, le roi de Rome devait quitter
les Tuileries pour n'y plus revenir. A cet ordre, l'enfant
se révolte, il résiste à l'autorité de sa mère. « Je ne partirai pas, lui crie-t-il en se cramponnant aux meubles,
aux draperies du palais : je ne partirai pas..... papa m'a
défendu de m'en aller. » Et il semblait implorer la protection de la reine Hortense contre les efforts que faisait
Marie-Louise pour l'entraîner. Cette résistance émut sa
mère : il lui fut impossible de continuer cette espèce de
lutte avec son fils. Quand Mme de Montesquiou vint pour
le conduire à la voiture impériale : « Maman Quiou,
s'écria-t-il, maman Quiou, laisse-moi, je t'en prie, à Paris ;
je ne veux pas m'en aller. » Il fallut qu'un écuyer de
l'Impératrice l'emportât, malgré ses protestations et
ses cris.... Cet enfant de trois ans ne semblait-il pas
déjà pressentir le sort qui l'attendait en Autriche !

Après l'abdication de l'Empereur, le jeune prince quitta
la France, le 2 mai 1814, et alla habiter avec sa mère ce
palais de Schœnbrüun, où son père, au temps de ses
triomphes, avait dicté des lois aux potentats de l'Europe.
On lui donna d'abord le titre de prince de Parme; puis
après 1815, celui de duc de Reichstadt. Dès les premiers
moments de son séjour en Autriche, il continua de protester contre l'injustice qui le dépouillait de sa couronne;
et lorsque les sujets de son grand-père l'accueillaient
par leurs acclamations : « Tout cela est fort beau, disait-
il ; mais je comprends bien que je ne suis plus le roi de
Rome.... Je n'ai plus de pages. » Bientôt, sous le prétexte
d'un complot formé pour l'enlever, on congédia Mme de
Montesquiou qui lui portait la tendresse d'une mère, et l'on

renvoya tous les serviteurs français qu'il avait encore à
son service. Dès-lors on impose à son enfance des gar-
diens ou geoliers autrichiens qui ne lui parlent plus
qu'allemand; mais lui s'obstine à ne pas prononcer un
seul mot en cette langue : « Je veux toujours, dit-il,. et
avant tout, parler la langue de mes anciens pages. » Et
il n'avait pas cinq ans !...

Son caractère annonçait déjà une énergie peu ordinaire, une résolution irrévocable. Toutefois, lorsqu'on lui
faisait apercevoir une faute ou qu'on le reprenait d'un
défaut, il faisait aussitôt des efforts pour se corriger, et
prouver à ses gouverneurs qu'il savait apprécier leurs
bons avis. Ses malheurs, dont il comprenait déjà toute la
portée et les souvenirs qu'il conservait de sa position
première en France, l'avaient rendu pensif et soupçon-
neux: cependant, si durant le jour, il éprouvait quelque
contrariété, jamais on ne vit sa rancune aller jusqu'au soir;
avant de se coucher, il tendait la main à celui qui avait
été la cause de sa peine, le priait d'oublier ses vivacités
et ses torts.

Jusqu'à la huitième année du prince, M. de Foresti,
officier du génie, fut chargé de l'exercer à la lecture du
français, de l'italien et de l'allemand; mais la lecture de
cette dernière langue excitait son impatience. Pour éviter
l'ennui qu'une telle leçon lui causait, le jeune duc glissait
tout-à-coup entre les jambes de son gouverneur, et lui
échappait aussi prompt que l'éclair. On eut la pensée de
lui donner un compagnon d'études pour stimuler son
émulation, et l'on choisit un enfant de son âge, Emile
Gobereau, fils d'un valet de chambre de Marie-Louise!...

Le vieil empereur d'Autriche aimait tendrement son
petit-fils; son attachement était partagé, dit-on, par l'Im-

pératrice et surtout par l'archiduc François. Mais les
autres membres de la famille impériale nourrissaient une
secrète jalousie contre le fils de Napoléon, et la haine de
la Sainte-Alliance enchaînait cet enfant à Schœnbrüun,
en même temps qu'elle torturait le père à Sainte-Hélène,
et le conduisait lentement à la mort. Le 22 juillet 1821,
M. de Foresti fut chargé par l'empereur d'annoncer au duc
de Reichstadt la nouvelle de cette mort cruelle. Il entre
chez son royal élève, la pâleur sur le front, et n'osant
aborder le fatal sujet. Le prince, à la vue de son institu-
teur défait et troublé, lui dit : « Capitaine, vous êtes
souffrant.... Vous avez besoin de soigner votre santé et
de prendre du repos : M. Collin peut vous remplacer
pour quelques jours auprès de moi ; je désire donc que
vous vous retiriez, car, je le répète, vous souffrez. —
Oui, prince, je souffre ; mais ce n'est pas du mal que
j'éprouve, c'est de la douloureuse nouvelle que je vous
apporte.... Et le maître et l'élève n'osent plus se parler.
Le prince n'a que trop pressenti la funeste réalité qu'il
soupçonne : « O mon père ! s'écrie-t-il avec des sanglots...
— Monseigneur, dit le capitaine après quelques instants
de silence, nous ne devons pas pleurer, puisque le héros
ne souffre plus. — Ce n'est donc que trop vrai, M. de
Foresti, ils ont tué leur première victime !... Comme
toutes ces vieilles royautés respirent déjà sur leurs trônes
en ruine ! Désormais elles n'auront plus que moi à redouter.... Mais un enfant de mon âge (il avait dix ans)
est-il tant à craindre, Monsieur ?... Sa mort doit rassurer
tous les monarques de la Sainte-Alliance.... Non, vous ne
devez pas le pleurer, vous, sujet de l'Autriche, cela se
conçoit ; les larmes ne conviennent qu'à moi, dans ma
prison de Schœnbrüun.... Retirez-vous, Monsieur, je vous

prie; j'ai besoin d'être seul, de pleurer seul dans cette chambre : elle est assez pleine des souvenirs du grand Empereur.... Je veux rester seul en face de la gloire et des malheurs de mon père.... »

Plusieurs jours s'écoulèrent sans que le prince voulut voir personne; on essaya inutilement de lui donner des consolations, il les repoussa toutes dans son amère douleur. L'impératrice Caroline-Augusta, qui l'aimait d'un amour maternel, le visita souvent, et ne fut pas plus heureuse que les autres. Ses maîtres l'invitèrent en vain à reprendre le cours de ses leçons pour faire diversion à ses larmes et à son chagrin; ce ne fut qu'au bout de quinze jours de solitude qu'il consentit à les écouter.

Depuis la mort de Napoléon, la cour d'Autriche sembla redoubler d'attentions et de prévenances envers le duc de Reichstadt. On lui laissa la liberté de faire des courses dans le parc du château; souvent même les princes et princesses s'empressaient de l'y accompagner. Un jour, l'empereur François voulut aller visiter, avec ses enfants et le prince, un jeune lion que des chèvres nourrissaient dans la ménagerie. A la vue de tous ces personnages, une des chèvres accourt avec des cornes menaçantes : la plus jeune des archiduchesses effrayée s'approche à l'instant du duc de Reichstadt. « Ne craignez pas, s'écrie le jeune prince, je me charge de l'empêcher de venir à nous. » Et il se précipite sur la chèvre, la saisit adroitement par les cornes, et la tient en arrêt en la regardant avec fierté.— « Il est bien jeune, murmure l'Empereur en souriant, et il sait déjà comment il faut triompher de la difficulté. »

Cependant le fils de Napoléon grandissait au milieu de cette sombre cour d'Autriche qui voulait lui faire oublier la France et le nom même de son père. Mais de vagues

et précieux souvenirs de sa première enfance revenaient
sans cesse à l'esprit du jeune prince : il savait qu'il était
Français, et l'idée seule de la France le faisait tressaillir.
Son père !... ah ! comment aurait-il pu l'oublier ! N'en
était-il pas la vivante image? avec sa douce et grave
figure, son front large et sévère, son regard pénétrant et
méditatif, ne retraçait-il pas le génie et la pensée de
Napoléon. Aussi la vénération qu'il conserva toute sa vie
pour la mémoire de son père, il fut toujours fier de la
dévoiler, en dépit de toute haine politique. Dans une
réunion de la cour, la princesse Caroline de Furstemberg
s'entretenait un jour des grands personnages du siècle :
on en était au chapitre des hommes de guerre. Un général
autrichien en citait trois comme les premiers capitaines
du temps. — « J'en connais un quatrième que vous n'avez
pas nommé, reprend le jeune duc en l'interrompant; et
celui-là est le plus grand, le premier de tous, dit-il en
rougissant d'indignation. — Lequel, Monseigneur? —
Mon père !.. s'écrie-t-il de toutes ses forces ; et, ces mots
dits, il quitte brusquement le salon. La cour d'Autriche
n'en devint que plus sévère au sujet de la surveillance
qu'elle fit exercer sur le duc de Reichstadt. Dès-lors il ne
fut plus permis, sous aucun prétexte, aux étrangers d'être
admis auprès de lui. En 1828, M. Barthélemy, auteur de
Napoléon en Egypte, traversa l'Autriche pour offrir ce
poëme au fils de son héros. Admis auprès du comte de
Dietrichstein, il en est reçu avec affabilité, et lui demande
la faveur d'être présenté au duc de Reichstadt. — « Est-
il possible, Monsieur, lui répond le comte, que vous ayez
compté sur le succès de votre voyage ? On se fait donc des
idées bien fausses, bien ridicules, sur ce qui se passe ici?
Ne savez-vous pas que la politique de la France et de l'Au-

triche s'opposent également à ce qu'aucun étranger, et surtout un Francais, soit présenté au prince !... Soyez persuadé que le prince n'entend, ne voit et ne lit que ce que nous voulons bien qu'il voie et qu'il entende. — Il paraît d'après cela, reprend alors l'auteur, que le fils de Napoléon est loin d'être aussi libre que nous le supposons en France.—*Le prince*, reprend Dietrichstein, *n'est pas prisonnier ; mais.....* Contentez-vous de savoir qu'il est heureux, qu'il est sans ambition : sa carrière est toute tracée ; il n'approchera jamais de la France, il n'en aura pas même la pensée. Quant à la remise de votre exemplaire, n'y comptez pas... L'histoire, il en connaît tout ce qu'il en doit savoir, c'est-à-dire les dates et les noms. Vous voyez d'après cela que votre livre ne peut lui convenir.... »

A seize ans, le duc de Reichstadt fit un cours de droit public et de droit privé. M. de Prokesch, officier d'un rare mérite, fut chargé de veiller ses études militaires. Après avoir passé par tous les grades, ainsi qu'il est d'usage à la cour de Vienne, le jeune prince devint commandant d'un bataillon dans le régiment d'infanterie hongroise de Giulay, alors en garnison à Vienne. Il aimait à commander lui-même son bataillon, et excellait dans l'art des manœuvres. La révolution de 1830 fit sur son esprit une impression profonde : on ignore comment il en reçut la nouvelle ; toutefois, il apprit en même temps et la fuite de Charles X et l'avénement de Louis-Philippe, l'élu de quelques députés. Cet escamotage royal excita au dernier point son indignation ; il la traduisit avec une noble liberté en présence de plusieurs officiers de son bataillon. Ce fut à cette époque que l'empereur attacha à la personne de son petit-fils des officiers connus par leurs services et leur expérience, afin de développer ses talents

dans la carrière des armes. Il fit choix du général comte
Hartmann, des capitaines baron de Moll et Standeiski.
Dès-lors, le jeune commandant se montra passionné pour
ses nouvelles fonctions. Poli, bon, prévenant à l'égard
des officiers, il était pour eux un camarade, bien plus
qu'un prince de la famille impériale. Il exerça bientôt
sur eux, à son insu, une grande influence. De ce moment,
sa vie se passa dans les études de théorie, dans les champs
de manœuvre et à la caserne.

Mais la fatigue des exercices militaires et l'ardeur qu'il
mettait à en remplir les obligations, ne tardèrent pas à
détériorer sa santé, qu'une croissance singulièrement
rapide avait déjà rendue frêle et délicate, (à 17 ans le
prince avait atteint la taille de 1 mètre 87). Par ordre de
l'empereur, il fut contraint de se livrer pendant quelques
mois au repos. Une amélioration notable lui permit bientôt
de reprendre ses occupations militaires. Mais le printemps
de 1832 ne lui fut pas favorable; les pluies qu'il supportait fréquemment lui occasionnèrent la fièvre et des
refroidissements. En moins d'un mois, son état empira de
nouveau, au point qu'il ne put désormais se livrer qu'à
un exercice des plus modérés à cheval ou en voiture.
L'un des premiers jours de mai, il se promenait en calèche
dans les allées du Prater, lorsqu'un accident ayant brisé
une de ses roues, il s'élança sur la route ; mais il ne put
se soutenir ; ses forces l'avaient abandonné, il tomba.....
Transporté au château, il reçut les soins empressés de la
famille impériale, et surtout de l'archiduc François et de
l'archiduchesse Sophie qui tous deux l'aimaient comme
un frère. Une fluxion de poitrine s'était déclarée et
paraissait devoir faire de rapides progrès. La bonne archiduchesse Sophie, alors enceinte de l'empereur actuel

d'Autriche, François-Joseph, ne quittait plus le chevet de l'auguste malade. Ce fut elle qui, par ses exhortations, l'engagea à recevoir les derniers Sacrements. Le duc y consentit avec une pieuse résignation à la volonté de Dieu ; et, le lendemain, il reçut le Saint Viatique en présence de la cour assemblée. Pendant plusieurs jours, il ne cessa de demander sa mère ; un courrier est envoyé à Marie-Louise, qui accourt en toute hâte, le 24 juin. L'entrevue de la mère et du fils fut des plus touchantes, et produisit un effet favorable à la santé du prince ; mais ce ne fut que pour peu de jours, le mal était mortel.... Les symptômes les plus funestes ne laissaient plus d'espérance ; les princes et princesses fondaient en larmes, le malade seul s'entretenait avec calme de la mort qui ne devait pas tarder de le frapper. « Quand donc se terminera ma pénible existence? » répète-t-il au milieu des accès de la fièvre qui le dévore.

Dans la nuit du 21 juillet, il s'assoupit quelques instants : vers trois heures et demie, il se réveille en sursaut, se lève sur son séant, et s'écrie tout-à-coup : « Je succombe, je succombe !... » Son visage se couvre de la pâleur de la mort : « Ma mère !... 121 France !... » Telles furent ses dernières paroles.

Ainsi mourut Napoléon II.... Il avait passé comme une ombre à travers les vicissitudes de grandeur et d'infortune ; il s'éteignit le 22 juillet, anniversaire du jour où il reçut au baptême les noms et qualités de Napoléon-François-Charles-Joseph, *Prince impérial*, *Roi de Rome*. A 21 ans de là, les mêmes noms étaient gravés sur une pierre tumulaire ; seulement les qualités étaient omises dans l'inscription... On ne lisait plus sur cette tombe que le titre d'un prince autrichien, le *duc de Reichstadt!*....

72

LOUIS-NAPOLÉON BONAPARTE

EMPEREUR DES FRANÇAIS

Louis-Napoléon Bonaparte, aujourd'hui NAPOLÉON III, Empereur des Français, est né le 20 avril 1808, de Louis Bonaparte, roi de Hollande, et de Hortense-Eugénie-Fanny de Beauharnais, fille de l'impératrice Joséphine. Il fut tenu sur les fonts baptismaux par LL. MM. l'Empereur et l'Impératrice dans la chapelle de Fontainebleau, et baptisé par S. Em. le cardinal Fesch, grand-aumônier, le 5 novembre 1810. Ce jeune prince était l'enfant bien-aimé de l'Impératrice Joséphine, et celui de ses neveux que l'Empereur affectionnait le plus. Il eut pour compagnon de jeux, pendant les dernières années de l'Empire, le roi de Rome, son cousin, et, au sein des grandeurs de la cour la plus brillante, il reçut une éducation solide et libérale. Son premier précepteur fut M. Hase, des mains duquel il sortit pour être confié à M. Lebas (*), qui sut faire germer en lui des principes de

---

(*) Aujourd'hui membre de l'Institut.

justice et des sentiments généreux. Sa mère, la bonne reine Hortense, s'appliqua surtout à former son cœur et à lui inspirer, dès le bas âge, l'amour du bien et à le former à la pratique de la vertu. Naturellement observateur et méditatif, le jeune Louis-Napoléon développa de bonne heure ses dispositions précoces et l'énergie de son caractère. Quoique froid en apparence, il avait l'âme sensible et le cœur aimant : il affectionnait surtout son excellente mère et l'Empereur. Le trait suivant, que nous empruntons à une biographie connue, est la preuve d'une sensibilité rare dans un enfant de sept ans. La veille de son départ pour la campagne de Waterloo, l'Empereur s'était rendu dans son cabinet, pour conférer d'affaires importantes avec le duc de Dalmatie. Il venait de s'asseoir, lorsqu'il aperçoit un enfant qui se glisse rapidement auprès de lui, s'agenouille soudain à ses pieds, et, tenant sa figure voilée dans ses deux petites mains, repose sa tête sur les genoux de Sa Majesté et se prend à sangloter avec d'abondantes larmes.

« Qu'as-tu donc, Louis ? s'écrie aussitôt l'Empereur, contrarié d'avoir été interrompu ; pourquoi pleures-tu ? » L'enfant intimidé ne répond que par des sanglots. — « Allons, mon petit ami, parle donc ! — Sire, lui dit alors l'enfant d'une voix douce et triste, ma gouvernante vient de me dire que vous partiez pour la guerre. Oh ! ne partez pas ! ne partez pas ! — Et pourquoi ne veux-tu pas que je parte ? lui demande l'Empereur attendri : ce n'est pas la première fois que je *vais à la guerre ;* pourquoi t'affliges-tu ? Ne crains rien, je reviendrai bientôt. — Oh ! mon cher oncle, répond le jeune prince dont les pleurs redoublaient, ces méchants alliés veulent vous tuer ! oh ! de grâce, laissez-moi partir avec vous ! »

L'Empereur, ému jusqu'aux larmes, presse l'enfant contre son cœur; puis appelant : « Hortense ! Hortense ! venez, dit-il à la reine, emmenez mon neveu et réprimandez sévèrement sa gouvernante qui, par des paroles inconsidérées, exalte la sensibilité de cet enfant. » Après quelques mots affectueux au jeune prince pour le consoler, il allait le rendre à sa mère, quand s'apercevant que l'émotion gagnait le maréchal : « Tenez, dit-il vivement, embrassez-le, il aura un bon cœur et une belle âme.... c'est peut-être l'espoir de ma race. »

Après la seconde abdication de l'Empereur, la reine Hortense se retira dans la ville d'Augsbourg sous la protection du roi de Bavière et du prince Eugène, son frère. Elle avait auprès d'elle son jeune fils et M. Lebas chargé de l'éducation du prince qui, plus tard, sans interrompre les leçons de son professeur, suivit en même temps les cours du gymnase royal d'Augsbourg. Mais le 21 février 1824, le prince Eugène étant mort, Hortense retira son fils du gymnase, et le conduisit à Rome dans le but d'y perfectionner ses études. A cette époque, les tracasseries de la Sainte-Alliance interdirent à la bonne reine le séjour de la Bavière : elle obtint alors, malgré l'opposition des Bourbons, de s'établir au château d'Arenenberg, sur le bord du lac de Constance, dans le canton de Thurgovie, en Suisse. L'aîné de ses fils était allé rejoindre le roi Louis, son père, à Florence; Louis-Napoléon, le plus jeune, avait suivi sa mère à Arenenberg, où, en outre des leçons de M. Lebas, il reçut celles de M. Gastard, qui lui enseigna la physique et la chimie. Après avoir terminé ces différentes études, le prince Louis-Napoléon entra dans l'école militaire de Thünn, et y demeura trois ans sous la direction du général Dufour, qui avait servi l'Em-

pereur avec autant de distinction que de bravoure. Chaque
année, pendant plusieurs mois, les jeunes gens de cette
école étaient exercés à des courses militaires, où ils
joignaient la pratique à la théorie et s'endurcissaient aux
fatigues de la guerre. Le sac au dos, la pioche et le compas
à la main, le prince *faisait à pied*, selon l'expression de
la reine Hortense, *dix à douze lieues par jour, man-
geant son pain de soldat, et couchant sous la tente
au sommet des montagnes et sur les glaciers.* Cette
vie de Spartiate souriait au neveu de l'Empereur et lui
rappelait les souvenirs immortels du grand guerrier, dont
la Providence le destinait un jour à relever le trône.

Le prince était au camp de Thünn, lorsque arriva la
révolution de Juillet 1830. Un instant il eut l'espoir de
voir le terme de son exil. Mais la protestation que Joseph
Bonaparte adressa aux députés, le 18 septembre 1830,
détermina la chambre de 1831 à confirmer la proscription
des Bonaparte, et le roi, né de l'insurrection, eut hâte
d'adhérer aux traités de 1815!... Cependant, le contre-
coup de la révolution opérée en France s'était particulièrement fait sentir en Italie. Courbés sous le knout
de l'Autriche, les peuples de cette péninsule s'insur-
gèrent tout-à-coup contre l'oppression étrangère. Louis-
Napoléon embrassa la cause de l'indépendance italienne :
mais l'Autriche triompha par le nombre de ses armées et
par la division qu'elle sema parmi les peuples italiens.
Le frère de Louis-Napoléon, atteint d'une maladie aiguë,
à laquelle avait contribué les fatigues de cette guerre,
s'éteignit, le 17 mars, 1831, à Forli dans la Romagne.
Cette mort affecta profondément le seul fils qui restait à
la reine Hortense : il tomba malade à Ancône, et ses jours
furent en péril en même temps que sa liberté. Mais son

excellente mère est accourue; sa tendresse maternelle l'inspire et soutient son courage. Malgré la police autrichienne, elle est assez heureuse pour enlever son fils agonisant et le transporter à Paris, où, par une lettre, elle prévient elle-même Louis-Philippe de son arrivée. L'ombrageux monarque ne tarde pas à être en proie aux craintes que lui suggère la présence de l'ex-reine de Hollande et de son fils : il fait intimer aux deux proscrits l'ordre de quitter Paris à l'instant même, et malgré les supplications de la mère et la fièvre qui dévore le fils, le roi de Juillet, oubliant que la reine Hortense avait été la bienfaitrice de la duchesse d'Orléans, sa propre mère [122], n'en fait pas moins exécuter l'ordre impitoyable.

Hortense et son fils reprirent donc le chemin de l'exil, et se rendirent en Angleterre, où le prince mit son temps à profit pour compléter son instruction. Après un séjour de quelque temps à Londres, tous deux retournèrent au château d'Arenenberg : le prince Jérôme vint y chercher des consolations après la mort de sa digne épouse.

Cependant le fils d'Hortense devenait homme : son corps et son esprit s'étaient avantageusement développés sous l'influence salutaire d'une éducation physique et morale bien dirigée. Résigné aux volontés providentielles, il attendait dans le calme de la raison que le moment arrivât où il pourrait être utile à la société et surtout à la patrie, qui était l'objet continuel de ses pensées et de son affection. En vain les Polonais lui offrirent-ils de le mettre à leur tête : le prince y avait d'abord consenti; mais cédant aux instances de sa mère, et comprenant que son nom seul compromettrait encore davantage aux yeux des souverains la cause de ce peuple héroïque et malheureux, il répondit par un refus. Et, quelques jours après, la Pologne tombait dans le sang et la tribune française retentissait de cette triste et lâche parole : « *L'ordre règne à Varsovie.* » En vain la couronne de Portugal est-elle offerte à Napoléon avec la main de dona Maria : pour lui, la patrie est mille fois préférable à un trône étranger ; le grand exemple de son père lui en est une preuve, et il répond : « Je sens qu'habitué dès mon enfance à chérir mon pays par-dessus tout, je ne puis rien préférer aux intérêts français. Le seul espoir de servir un jour la France comme citoyen et comme soldat, fortifie mon âme, et vaut, à mes yeux, tous les trônes du monde. » Et c'est pour se rendre digne de cette patrie tant aimée et pour pouvoir la servir avec succès que le prince se livre ardemment aux travaux les plus sérieux , aux recherches les plus profondes sur l'histoire et les constitutions des peuples.

Ce fut, en effet, vers ce temps qu'il fit paraître ses *Rêveries politiques* et ses *Considérations militaires sur la Suisse* : ce dernier ouvrage lui valut le titre de citoyen de l'Helvétie, et plus tard, le brevet de capitaine d'artillerie du régiment de Berne. En France, les *Considérations militaires sur la Suisse* firent sensation. Le vicomte de Châteaubriand écrivait à l'auteur : « Prince, il n'y a pas de nom qui aille mieux à la France que le vôtre. » Et Armand Carrel disait lui-même : « Le nom que porte ce prince est le plus grand des temps modernes ; c'est le seul qui puisse exciter fortement les sympathies du peuple français. Si ce jeune homme sait comprendre les nouveaux intérêts de la France, s'il sait oublier les droits de légitimité impériale, pour ne se rappeler que la souveraineté du peuple, il peut être appelé à jouer un grand rôle. »

L'artillerie était l'arme que le prince Louis-Napoléon

aimait d'une prédilection particulière, et il y était d'une
compétence incontestable. Aussi en faisait-il l'objet de
ses études et de ses recherches les plus approfondies.
Après trois années d'un travail assidu, il livra au public
un *Manuel d'artillerie*, dont le *Spectateur militaire*
et les journaux des diverses nations rendirent compte
comme du meilleur traité qui ait été fait sur cette arme.
Ces travaux, tout louables qu'ils sont, n'ont rien de bien
étonnant dans un prince profond penseur et d'une nature
aussi énergique, aussi infatigable que celle de Louis-
Napoléon. « Tout en lui annonce une de ces natures
exceptionnelles, une de ces âmes fortes qui se nourrissent
de la préoccupation des grandes choses, et qui seules
sont capables de les accomplir. » Le travail et la vie
active, voilà son élément. Laissons l'auteur des *Lettres
de Londres* nous décrire lui-même les occupations de
Louis-Napoléon et le genre de vie qu'il menait à Londres
et à Arenenberg : « Le prince est un homme de travail
et d'activité, sévère pour lui-même, indulgent pour les
autres. Dès six heures du matin, il est dans son cabinet
où il travaille jusqu'à midi, heure de son déjeûner. Après
ce repas, qui ne dure jamais plus de dix minutes, il lit les
journaux et fait prendre des notes sur ce qu'il y a de plus
important dans les nouvelles et la politique du jour. A
deux heures, il reçoit des visites ; à quatre, il sort pour
ses affaires particulières ; il monte à cheval à cinq et dîne
à sept ; puis, ordinairement, il trouve encore le temps
de travailler plusieurs heures dans la soirée.
» Quant à ses goûts et à ses habitudes, ils sont ceux
d'un homme qui n'apprécie la vie que par son côté
sérieux ; il ne connaît pas le luxe pour lui-même. Dès le
matin, il s'habille pour toute la journée ; de toute sa

maison il est le plus simplement mis, quoiqu'il ait toujours dans sa tenue une certaine élégance militaire. Dès
sa plus tendre jeunesse, il méprisait les usages d'une vie
efféminée et dédaignait les futilités du luxe. Quoique
alors une somme considérable fût déjà consacrée par sa
mère à son entretien, c'était toujours la dernière chose à
laquelle il pensait. Tout cet argent passait à des actes de
bienfaisance, à fonder des écoles ou des salles d'asile, à
étendre le cercle de ses études, à imprimer ses ouvrages
politiques ou militaires, comme son *Manuel d'artillerie*,
ou bien à des expériences scientifiques. Sa manière de
vivre a toujours été rude et frugale. A Arenenberg, elle
était toute militaire ; son appartement, situé non dans le
château, mais dans un pavillon à côté, n'offrait rien de ce
faste et de cette recherche qu'on remarquait dans la
demeure de la reine Hortense. C'était vraiment la tente
d'un soldat. On n'y voyait ni tapis, ni fauteuils, ni rien de
ce qui peut énerver le corps, mais des livres de science
et des armes de toute espèce. Pour lui-même, dès la
pointe du jour il était à cheval, et, avant que personne
fût levé au château, il avait déjà fait plusieurs lieues,
quand il se mettait au travail dans son cabinet. Habitué
aux exercices militaires, cavalier des plus adroits que
l'on puisse voir, il ne passait pas de jour sans se livrer à
quelques-uns de ses exercices, comme celui du sabre,
de la lance à cheval, et au maniement des armes de l'infanterie, qu'il exécutait avec une adresse et une rapidité
extraordinaires. »

A l'époque de l'élection présidentielle, les Orléanistes,
cachés sous le manteau de la candidature de l'honorable
général Cavaignac, allaient répétant sur tous les tons que
Louis-Napoléon Bonaparte était un homme sans capacité,

sans énergie, etc. Ils mentaient effrontément au peuple, comme ils n'avaient cessé de lui mentir pendant et après la comédie de quinze ans. Mais si, par hasard, quelques-uns d'entre eux étaient alors dans l'erreur de bonne foi, le prince Louis-Napoléon, mis à l'œuvre depuis, a dû leur prouver largement ce qu'il était : sa haute capacité et son énergie toute napoléonienne ne peuvent plus maintenant faire pour eux l'objet du moindre doute. Oui, la France et l'Europe savent aujourd'hui si le neveu de l'Empereur était digne de devenir deux fois l'élu de la grande nation !... Arrière donc les mimes et les histrions de 1830 ! N'est-ce pas eux que Tacite flagellait déjà de son temps par ces trois mots : *Corrumpi et corrumpere sæculum vocatur. Corrompus et corrupteurs, voilà les grands de notre époque.* En effet, ces hommes si habiles, que nous donnèrent-ils dans leur fameux programme de l'Hôtel-de-Ville? Une jonglerie politique au bénéfice de Louis-Philippe ; un gouvernement hypocrite et corrupteur; la paix à tout prix, même au détriment de l'honneur national ; le monopole et la vénalité des charges ; les trafics et les *pots-de-vin* des plus hauts fonctionnaires [123] ; un budget de près de deux milliards en pleine paix ; les masses jetées à l'exploitation d'une cupidité dure et insatiable ; l'immoralité répandue dans toutes les classes par une littérature dévergondée ; le cynisme et l'impiété coulant à flots des chaires du haut enseignement ; la Pologne lâchement délaissée sous le fer moscovite ; l'Algérie longtemps sur le point d'être abandonnée ; les sanglantes émeutes de juin et d'avril ; les agitations sans cesse renaissantes sur tous les points de la France, et enfin la grande insurrection du peuple en février 1848 !...

Avec son cœur tout français, le prince Louis-Napoléon

souffrait de l'état de dégradation et d'infériorité auquel
le dernier règne faisait descendre la nation : il pensait
qu'elle ne pouvait se résigner à supporter longtemps un
pouvoir qui, toujours prêt à se courber devant l'étranger,
avait abaissé la France bien au-dessous du rang qu'elle
devait tenir parmi les grandes puissances de l'Europe. Il
noua donc des intelligences dans l'armée; en peu de
temps elles furent assez nombreuses pour l'engager, en
juillet 1836, à venir se concerter à Bâle avec plusieurs
officiers de la garnison de Strasbourg. De ce nombre
était M. Vaudrey, colonel du 4e régiment d'artillerie, et
commandant par intérim toute l'artillerie de Strasbourg.
Ce brave officier, qui avait combattu à Waterloo, était
chéri du soldat, et estimé des Strasbourgeois pour sa
loyauté, sa franchise et sa fidélité au culte de l'Empereur.
Louis-Napoléon leur fait part de son plan, qui consistait
à se jeter dans une place de guerre, à y rallier le peuple
et la garnison, à marcher sur Paris avec toute la célérité
possible et toutes les forces disponibles. On se donne
rendez-vous à Strasbourg pour le 29 octobre 1836. Au
jour fixé, le prince arrive sur le soir dans cette ville; il se
présente le 30, à six heures du matin, au quartier du
4e d'artillerie. A son aspect, le colonel Vaudrey, mettant
le sabre à la main, fait présenter les armes, et s'écrie
d'une voix martiale : « Soldats du 4e d'artillerie, le neveu
» de l'Empereur Napoléon est devant vous et vient se
» mettre à votre tête; il arrive sur le sol français pour
» rendre au peuple ses droits usurpés, à l'armée la
» gloire que son nom rappelle, à la France les libertés
» que l'on méconnaît. Il s'agit de vaincre ou de mourir
» pour une grande cause, pour la cause du peuple.
» Soldats ! votre colonel a répondu de vous. Répétez

» donc avec lui : *Vive Napoléon! Vive l'Empereur!* »
Alors quelques paroles vivement prononcées par le prince
font éclater l'enthousiasme du régiment : entraînés comme
par un mouvement électrique les soldats agitent leurs
sabres, élèvent leurs schakos au bout de leurs mous-
quetons, et crient tous : *Vive l'Empereur! Vive
Napoléon!*

De la caserne d'Austerlitz, le prince se rend en toute
hâte chez le général Woirol ; mais cet officier refuse son
concours et le colonel Parquin est chargé de le garder à vue,
tandis que M. de Persigny [124] tient le préfet prisonnier dans
son hôtel. De là, Louis-Napoléon se dirige vers la caserne
Flinkematt. Partout, sur son chemin, la population
est sur pied, mêlant ses acclamations à celles des soldats.
Tous les postes, la gendarmerie même, rendent au prince
les honneurs militaires. Mais par l'effet d'un malentendu,
la colonne qui suivait Louis-Napoléon se sépare et
s'avance par deux rues différentes. Le prince entre dans
la cour du quartier, suivi seulement de quelques officiers
et de quatre cents artilleurs. Attirés par le bruit, les
soldats du 46e se mettent aux fenêtres. Louis-Napoléon
les harangue ; ils descendent, l'entourent, et bientôt tous
font retentir le cri de *Vive Napoléon! Vive l'Empereur!* Encore un instant et le prince avait toute la garnison à ses ordres. Mais tout-à-coup le colonel Taillandier
arrive ; on lui dit que le neveu de l'Empereur est là avec
le 4e d'artillerie : « Soldats! s'écrié-t-il, on vous trompe ;
l'homme qui excite votre enthousiasme, ne peut être
qu'un aventurier, un imposteur. » — « Je le connais,
ajoute un officier d'état-major ; c'est le neveu du colonel
Vaudrey. » Le soldat est crédule de sa nature : ceux du
46e deviennent furieux d'avoir été ainsi mystifiés ; une

lutte fatale était imminente.... Déjà le tambour battait, les armes se chargeaient de part et d'autre; pour empêcher l'effusion du sang, le prince se rend prisonnier. On le détient à Strasbourg pendant une huitaine de jours; puis on le fait conduire à Paris sous bonne escorte; il y arriva le 12 novembre à deux heures du matin. Ce fut M. Delessert, préfet de police, qui le reçut et lui apprit que le roi, sollicité par une lettre de la reine Hortense, devait le faire embarquer à Lorient pour les États-Unis. Louis-Napoléon protesta en vain contre une mesure qui l'isolait de ses complices : il voulait partager leur captivité et courir les chances de leur jugement. Le bon sens et le patriotisme du jury épargnèrent d'amers regrets à ce cœur si généreux : ses compagnons furent déclarés non coupables. C'était justice : le roi ayant acquitté *le chef*, le jury devait acquitter *les complices*. La France applaudit : le ministère et Louis-Philippe furent frappés de stupeur ; mais il n'était plus temps. Il ne pouvait y avoir deux poids et deux mesures ; et, si *la clémence royale avait été inexorable* contre les réclamations que le prince faisait pour être jugé avec ses co-accusés, le jury du Bas-Rhin, lui aussi, devait être *inexorable* pour l'acquittement, en dépit de la fameuse loi de disjonction du ministère Guizot.

Louis-Napoléon arriva à Lorient dans la nuit du 14 au 15 novembre, et fut embarqué à bord de la frégate l'*Andromède* [125], pour être transporté aux rivages des États-Unis. Mais le commandant avait des ordres cachetés, qu'il ne devait ouvrir que bien loin en mer : quand il l'eut fait, le navire changea tout-à-coup de direction, et erra pendant cinq mois dans les mers tropicales du Sud. Enfin, après une longue détention dans la baie de Rio-Janeiro,

le prince débarqua à New-Yorck. Il se disposait à voyager
dans les Etats de l'Union, lorsqu'il apprit l'état alarmant
de la santé de sa mère. A cette nouvelle, il se remet en
mer, débarque à Londres, et, le 5 octobre 1837, arrive
au château d'Arenenberg assez à temps pour recevoir la
bénédiction et les derniers embrassements de son illustre
et malheureuse mère. Il lui ferme les yeux, et, fondant
en larmes, il reste à genoux jusqu'à ce qu'on vint l'arracher d'auprès de cette amie dont il ne pouvait se séparer.

Mais, si près des frontières de France, Louis-Napoléon
était un sujet d'insomnies pour le roi Louis-Philippe. Le
ministère chargea donc M. de Montebello, notre ambassadeur en Suisse, de solliciter l'expulsion de *Louis
Bonaparte* du territoire helvétique, et de demander ses
passeports au vorort, si cette demande n'était pas agréée.
Le gouvernement fédéral refusa d'obtempérer à cette injonction, qu'il jugeait contraire au droit des gens. Une rupture allait s'en suivre; Louis-Napoléon, ne voulant pas
en être la cause, écrivit au premier magistrat de la
République helvétique : « ..... La Suisse a su faire son
» devoir comme nation indépendante ; je saurai faire le
» mien, et demeurer fidèle à la voix de l'honneur. On
» peut me persécuter, mais jamais m'avilir. Le gouver-
» nement français ayant déclaré que le refus de la Diète
» d'obtempérer à sa demande, serait le signal d'une
» conflagration dont la Suisse pourrait être la victime, il
» ne me reste plus qu'à quitter un pays où ma présence
» est le sujet d'aussi injustes prétentions, où elle serait
» le sujet de si grands malheurs.... J'espère que cette
» séparation ne sera pas éternelle, et qu'un jour viendra
» où je pourrai, sans compromettre les intérêts des deux
» nations qui doivent rester amies, retrouver l'asile où

» vingt ans de séjour et des droits acquis m'avaient créé
» une seconde patrie. »

Le prince quitta la Suisse le 14 octobre 1838, traversa
l'Allemagne et alla se fixer à Londres. Là son aménité, sa
franchise et la bienveillance de son caractère, lui formèrent en peu de temps un cercle d'amis nombreux et
dévoués : c'étaient pour la plupart les fils des guerriers
qui avaient combattu sous le grand capitaine. L'aristocratie d'Angleterre souvent aussi s'empressait de lui
témoigner sa sympathie et ses égards. Mais pour lui l'exil
devenait plus que jamais une angoisse amère ; chaque
jour ses regrets et sa pensée se reportaient vers la patrie
absente, la patrie dont il conservait de si doux, de si
grands souvenirs. En vain chercha-t-il à faire diversion
aux sensations qui l'assiégeaient, en se livrant au travail
sérieux du cabinet : les *Idées napoléoniennes*, qu'il
écrivit alors, apportèrent quelque calme à son âme
ulcérée. Mais la nouvelle que la nation à laquelle il était
si fier d'appartenir, se préparait à recevoir les cendres
glorieuses du chef de sa race, vint réveiller en lui le
dessein qu'il a formé de revoir la France. Avec l'étonnante
persistance d'un caractère énergique et ferme qui ne se
rebute pas par un revers, pour lui, *le moyen infaillible
de faire de grandes choses, c'est de le vouloir...*. Et
l'expédition de Boulogne est résolue. On sait quelle en
fut l'issue malheureuse ; mais ce que bien des gens
ignorent, c'est que dans le moment où la situation de
Louis-Napoléon était devenue des plus critiques, il répondit aux officiers et aux soldats qui le suppliaient de se
rembarquer : « J'ai juré de mourir sur la terre de France ;
l'heure est venue de tenir mon serment.... Partez ! mais
laissez-moi. » Le prince et cinquante-sept de ses compa-

gnons d'infortune furent faits prisonniers, et enfermés
d'abord au fort de Ham, puis amenés à Paris, pour y être
jugés par la chambre des pairs.

Condamné, le 6 octobre 1840, à un emprisonnement
perpétuel, Louis-Napoléon s'écria : « Du moins j'aurai le
bonheur de mourir en France ! » Et quelques jours après,
de la Conciergerie, où le ministère public l'avait fait
écrouer, dans la chambre du meurtrier Fieschi, l'héritier direct de Napoléon fut transféré à la citadelle de
Ham, où le suivirent le général Montholon et le docteur
Conneau (*).

. Les deux tentatives de Strasbourg et de Boulogne ont
été blâmées par une foule d'esprits graves ; leur issue fit
en France la plus douloureuse impression, parce qu'en
général l'intérêt s'était attaché à la personne du prince,
et que les hommes de cœur, qui sont en si grande majorité chez notre nation, savent toujours priser une détermination héroïque, quelque aventureuse qu'elle soit. Les
juste-milieu seuls condamnèrent en ricanant, et se firent
une gloire de leur modération et de leur mépris. Mais,
quoi qu'il en soit de leur dédain, ces deux entreprises
sans succès matériel, eurent un succès moral d'une plus
haute portée qu'on ne pense : elles imprimèrent une nouvelle consistance à la cause impériale, en fixant sur le
neveu de l'Empereur les sympathies des cœurs généreux,
toujours émus par une grande infortune ; les élections de
1848 le prouvèrent plus tard ; elles furent la compensation des sévices et des rigueurs de Ham. Tout ce qui se

(*) E. BÉGIN, Hist. de Napoléon, v. 610.

passait dans l'enceinte de cette prison d'Etat, n'échappait point aux regards attentifs de la France. Elle avait su que quelques amis dévoués ayant offert au prince de le délivrer, pourvu qu'il consentît à son enlèvement, le prince, par horreur pour l'exil, avait refusé de mettre fin à sa captivité : pour lui, une prison au milieu de la France, c'était encore une patrie! « Revenu des illusions de la » jeunesse, écrivait-il alors, je trouve dans l'air natal que » je respire, dans l'étude, dans le repos de ma prison, un » charme que je n'ai pas ressenti lorsque je partageais » les plaisirs des peuples étrangers. »

« Oh! nous nous identifions à la pensée du captif de » Ham, avait répété à la France entière le *Journal du* » *Loiret*. Si, en échange de la captivité, on ne doit lui » offrir que l'exil, comme lui, nous préférerions qu'on » nous laissât en prison. » C'est ainsi que les nobles sentiments de Louis-Napoléon trouvaient de l'écho dans tous les cœurs vraiment français, et que le pays apprenait à connaître son grand et généreux caractère.

Matériellement captif sous les verroux de Ham, le prince y était libre par l'essor de sa pensée; les loisirs de ses monotones et longues journées, il savait les charmer par des études sérieuses embrassant l'économie politique et sociale, la littérature étrangère, l'artillerie, l'histoire contemporaine, les questions les plus ardues de la physique et de la chimie. De Ham, il adressa à M. Arago des observations sur la cause et les effets des courants électriques. Cette communication lui valut les éloges de l'Académie, et fut jugée assez importante pour qu'elle en ordonnât l'insertion dans le compte-rendu de ses séances. Les *Fragments historiques sur* 1688 *et* 1830 furent la première œuvre de la captivité du prince. Le public fit à ce livre un accueil mérité. La noble franchise avec laquelle il annonce le but qu'il se propose, est le plus bel éloge de sa modération et de sa loyauté : « La raison qui m'engage à livrer à l'impression ces réflexions historiques, est le désir de prouver que je ne suis pas tel que mes ennemis ont voulu me dépeindre : un de ces débris des dynasties déchues, qui n'ont conservé de leur ancien rang que de ridicules prétentions, et que les événements ont vieilli sans les instruire.... Faible rejeton de ce chêne immense qu'on a abattu, sans pouvoir en extirper du sol français les puissantes racines, ma seule force est dans l'estime de mes concitoyens, et ma seule consolation dans la pensée de m'en être toujours rendu digne. Je n'ignore pas que le silence convient au malheur.... ; cependant, lorsque les vainqueurs ont abusé de leur victoire, appelant à leur aide la calomnie et le mensonge, ces armes de la faiblesse et de la peur, la résistance devient un devoir, et se taire serait lâcheté.... »

Mais, depuis 1830, une trame anglaise s'était ourdie pour l'anéantissement de la fabrication du sucre indigène français. Les ministres de Louis-Philippe y prêtaient la main, pour donner à l'Angleterre un gage de leur bienveillante obséquiosité, en lui sacrifiant notre industrie sucrière. Cette question souleva en France les plus vifs mécontentements ; les discussions s'animèrent, la lutte fut passionnée. Du fond de sa prison, le prince en suivit toutes les phases, tous les débats avec le plus grand intérêt : la question était importante pour lui, elle était nationale; et au mois d'avril 1842, il publia son *Analyse de la question des sucres*, qui fit une grande sensation, et contribua singulièrement à redresser l'opinion que bien des gens s'étaient faite de Louis-Napoléon, en ne le

jugeant que par les échecs de Strasbourg et de Boulogne,
dont un certain parti s'était tant efforcé de ridiculiser la
témérité. Dès-lors, ils reconnurent dans l'auteur de l'*Analyse de la question des sucres*, un homme de bonne
foi, de réflexion et de haute capacité. Vers le même temps,
le prisonnier de Ham publiait des *Réflexions sur le
recrutement de l'armée*. Ce petit livre, d'un style simple
et naturel, annonce dans celui qui l'a écrit des sentiments
vraiment paternels pour le militaire. Aussi, dès qu'il
parut, mérita-t-il les suffrages unanimes des soldats français. — « Il est naturel, dans le malheur, de songer à
ceux qui souffrent. » C'est ainsi que le prince s'exprime
dans la préface d'un opuscule qu'il fit paraître en 1844,
sous le titre : *Extinction du Paupérisme*. Tous les
cœurs sensibles aux misères du pauvre applaudirent à
cet ouvrage, où la charité de l'auteur est ingénieuse à
trouver les moyens de soulager l'humanité souffrante et
délaissée. « Gouverner le peuple, ce n'est plus le dominer
par la force et la violence : c'est le moraliser et l'éclairer ;
c'est le conduire vers un meilleur avenir, en faisant appel
à sa raison et à son cœur ; c'est enfin lui procurer les
moyens de se sustenter par le travail et l'industrie. Que
dans chaque département, et surtout dans ceux où les
terres incultes sont en plus grand nombre, s'élèvent des
colonies agricoles offrant du travail, du pain, de l'instruction, de la religion à ceux qui en manquent. Ces institutions charitables, au milieu d'un monde égoïste, livré à la
féodalité de l'argent, feraient éclore en peu de temps des
prodiges de bienfaisance et de moralité. Ainsi l'on vit, au
moyen âge, les monastères semer parmi les serfs et les
gens de guerre la lumière, la civilisation et la paix. C'est
dans le budget qu'il faut trouver le premier point d'appui

de ce système, qui a pour but le soulagement des déshérités de la fortune ; le chercher ailleurs est une chimère. La charité des citoyens peut bien soulager des misères ; mais il ne lui est pas possible de tout embrasser ; elle est un puissant, un admirable auxiliaire. C'est à un bon gouvernement qu'il appartient de prendre l'initiative : il est le père de tous, principalement des pauvres qui pleurent et qui souffrent.... » Tels sont en peu de mots le sommaire et le plan de l'*Extinction du Paupérisme*. Admirables sentiments dans un prince, qui se place toujours à ce point élevé d'où l'homme politique et généreux domine les faits et en découvre toutes les conséquences. Ces différents écrits annonçaient un incontestable talent de publiciste, c'est-à-dire des études approfondies, un grand fond de patriotisme et d'honnêteté, un examen mûri par la réflexion et guidé par la justice et l'humanité. Aussi excitèrent-ils le plus haut intérêt, non-seulement en France, mais encore à l'étranger. Il s'en fit un grand nombre d'éditions ; ils furent traduits dans toutes les langues de l'Europe, et se répandirent même en Amérique.

A mesure que toutes ces qualités éminentes, qui font les grands citoyens, se révélaient dans le prisonnier de Ham, les hommes de toutes les classes, ceux même qui lui avaient été hostiles, éprouvaient de la sympathie pour sa personne, et faisaient des vœux pour que ses fers fussent enfin brisés. On savait qu'il aurait pu obtenir son élargissement, mais que plutôt de souscrire à des conditions humiliantes, il avait accepté en homme de cœur les inconvénients de sa position, en la rendant encore utile à sa patrie par son activité et les ressources de sa féconde intelligence.

Louis-Napoléon était sérieusement occupé à ses *Etudes*

sur le passé et sur l'avenir de l'artillerie (*), lorsqu'il apprit de Florence que les atteintes d'une grave maladie faisaient craindre pour les jours de son père. Quelque temps après, le comte de Saint-Leu s'était décidé à tenter des démarches pour obtenir la liberté de son fils. Mais la prière d'un vieillard, d'un père, demandant à voir son fils une dernière fois avant de mourir, avait été inhumaine-ment repoussée par un refus. Ce fut alors que le prison-nier de Ham, informé que le ministère exigeait de lui des garanties qu'on ne spécifiait pas, écrivit à M. Duchâtel la lettre suivante :

« Fort de Ham, 25 décembre 1845.

» Monsieur le Ministre de l'intérieur,

» Mon père, dont la santé et l'âge réclament les soins d'un fils, à demandé au gouvernement qu'il me soit permis de me rendre auprès de lui.

» Ses démarches sont restées sans résultat.

» Le gouvernement, m'écrit-on, exige de moi une garantie formelle.

» Dans cette circonstance, ma résolution ne saurait être douteuse. Je dois faire tout ce qui est compatible avec mon honneur pour pouvoir offrir à mon père les consolations qu'il mérite à tant de titres.

» Je viens donc, M. le Ministre, vous déclarer que si le gouvernement français consent à me permettre d'aller à Florence remplir un devoir sacré, je m'engage sur l'honneur à revenir me constituer prisonnier dès que le gouvernement m'en témoignera le désir.

» Recevez, Monsieur le Ministre, l'expression de ma haute estime.

» *Signé :* Louis-Napoléon BONAPARTE. »

Le ministre n'eût pas l'honnêteté de répondre directe-ment au prince, mais ayant recours à l'entremise du commandant du fort : « Veuillez dire de ma part au

---

(*) Cinq volumes in-4b, avec figures. La 2e partie de ce beau travail a paru en 1851.

prince, lui mandait-il, que sa demande a été soumise au conseil des ministres, qui n'a pas cru devoir l'accueillir. Cette mise en liberté provisoire serait la grâce déguisée, et, quel que soit le rang de ceux qui ont été condamnés, la grâce ne peut être obtenue que de la clémence du roi. »

Le prince prit alors la résolution de s'adresser à Louis-Philippe ; et, le 14 janvier 1846, il lui écrivit en ces termes :

« Sire,

» Ce n'est pas sans une vive émotion que je viens demander à Votre Majesté, comme un bienfait, la permission de quitter, même momentanément, la France, moi qui ai trouvé depuis cinq ans, dans l'air de ma patrie, un ample dédommagement aux tourments de la captivité : mais aujourd'hui mon père, malade, infirme, réclame mes soins. Il s'est adressé, pour obtenir ma liberté, à des personnes connues par leur dévouement à Votre Majesté ; il est de mon devoir de faire de mon côté tout ce qui dépend de moi pour aller auprès de lui.

» Le conseil des ministres, n'ayant pas cru qu'il fût de sa compétence d'accepter la demande que j'avais faite d'aller à Florence, en m'engageant à revenir me constituer prisonnier dès que le gouvernement m'en témoignerait le désir, je viens, Sire, avec confiance, faire appel aux sentiments d'humanité de Votre Majesté, et renouveler ma demande en la soumettant, Sire, à votre haute et généreuse intervention.

» Votre Majesté, j'en suis convaincu, appréciera, comme elle le mérite, une démarche qui engage d'avance ma reconnaissance, et, touchée de la position isolée sur une terre étrangère d'un homme qui mérita sur le trône l'estime de l'Europe, elle exaucera les vœux de mon père et les miens propres.

» Je prie, Sire, Votre Majesté, de recevoir l'expression de mon profond respect.

» *Signé :* Louis-Napoléon BONAPARTE. »

Cette lettre, noble expression de la piété filiale, ne suffit pas encore : on voulait autre chose ; que le prince s'abaissât aux yeux de la France jusqu'à demander lui-même sa grâce. « Il faut que la grâce soit implorée de la clémence du roi, et qu'elle soit méritée et franchement

avouée, » faisait répondre M. Duchâtel, le 25 janvier. Le
prince, comme on doit le penser, s'y refusa avec énergie
et dignité : « Je mourrai en prison, s'écria-t-il, si des
rigueurs sans exemple m'y condamnent, mais on ne
m'amènera jamais à abaisser mon caractère. Mon père,
d'ailleurs, qui a porté dans la bonne et la mauvaise
fortune, un cœur si ferme et si constant; mon père qui
a pris pour devise : *Fais ce que dois, advienne que
pourra*, mon père, j'en suis sûr, trouverait ma liberté
achetée trop cher, si elle l'était au prix de ma
dignité et du respect que je dois à mon nom. » Et il
adressait la lettre suivante à M. Odilon-Barrot qui avait
pris à cœur la cause du prince et lui avait envoyé le modèle
d'une lettre à signer.

« Fort de Ham, 2 février 1846.

» Monsieur,

» Permettez-moi, avant de répondre à la lettre que vous avez bien
voulu m'écrire, de vous remercier, ainsi que vos amis politiques, de
l'intérêt que vous m'avez témoigné, et des démarches spontanées que
vous avez cru devoir faire pour alléger le poids de mon infortune.
Croyez que ma reconnaissance ne manquera jamais aux hommes généreux qui, dans des circonstances si pénibles, m'ont tendu une main
amie.

» Maintenant je dois vous dire pourquoi je ne crois pas devoir signer
la lettre dont vous m'envoyez le modèle. L'homme de cœur qui se
trouve seul en face de l'adversité, seul en présence d'ennemis intéressés
à l'avilir, doit éviter tout subterfuge, tout équivoque, et mettre la plus
grande netteté dans ses démarches; comme la femme de César, il faut
qu'il ne puisse pas même être soupçonné. Si je signais la lettre que
vous et beaucoup de députés m'engagez à signer, je demanderais réellement grâce sans oser l'avouer, je me cacherais derrière la demande de
mon père comme un poltron qui s'abrite derrière un arbre pour éviter
le boulet. Je trouve cette conduite peu digne de moi. Si je croyais
honorable et convenable d'invoquer purement et simplement la clémence
royale, j'écrirais au roi : Sire, je demande grâce.

» Mais telle n'est point mon intention. Depuis bientôt six ans, je supporte sans me plaindre une réclusion qui est une des conséquences naturelles de mes attaques contre le gouvernement. Je la supporterai encore dix ans, s'il le faut, sans accuser ni le sort, ni les hommes! Je souffre; mais tous les jours je me dis : Je suis en France, je conserve mon honneur intact, je vis sans joies, mais aussi sans remords, et tous les soirs je m'endors satisfait. Rien de mon côté ne serait venu troubler ce calme de ma conscience, ce silence de ma vie, si mon père ne m'eût manifesté le désir de me revoir auprès de lui pendant ses vieux jours. Mon devoir de fils vint m'arracher à ma résignation, et je me décidai à une démarche dont je pesai toute la gravité, mais qui portait en elle ce caractère de franchise et de loyauté que je désire mettre dans toutes mes actions. J'écrivis au chef de l'État, à celui-là seul qui eût le droit légal de changer ma position; je lui demandai d'aller auprès de mon père; je lui parlai de *bienfait*, *d'humanité*, *de reconnaissance*, parce que je ne crains pas d'appeler les choses par leur nom. Le roi a paru satisfait de ma lettre; il a dit au digne fils du maréchal Ney, qui avait bien voulu se charger de la remettre, que la garantie que j'offrais était suffisante; mais il n'a point encore fait connaître sa détermination. Les ministres, au contraire, statuant sur une copie de ma lettre au roi, que je leur avais envoyée par déférence, abusant de ma position et de la leur, m'ont fait transmettre une réponse qui prouve un grand mépris pour le malheur. Sous le coup d'un pareil refus, ne connaissant même pas encore la décision du roi, mon devoir est de m'abstenir de toute démarche, et surtout de ne pas souscrire à une demande en grâce déguisée en piété filiale.

» Je maintiens tout ce que j'ai dit dans ma lettre au roi, parce que les sentiments que j'y ai manifestés étaient profondément sentis et me paraissent convenables; mais je n'avancerai pas d'une ligne. Le chemin de l'honneur est étroit et mouvant; il n'y a qu'un travers de main entre la terre ferme et l'abîme.

» D'ailleurs, croyez-le bien, Monsieur, si je signais la lettre dont il s'agit, on se montrerait encore plus exigeant. Le 25 décembre, j'écris une lettre assez sèche à M. le ministre de l'intérieur, pour lui demander d'aller auprès de mon père. On me répond poliment. Le 14 janvier, je me décide à une démarche très-grave de ma part, j'écris au roi une lettre où je n'épargne aucune des expressions que je crois convenables à la réussite de ma demande. On me répond par une impertinence.

» Ma position est claire et simple, je suis captif; mais je me console en respirant l'air de la patrie. Un devoir sacré m'appelle auprès de mon père, et je dis au gouvernement : Une circonstance impérieuse me force à vous demander comme un bienfait de sortir de France. Si vous m'ac-

cordez ma demande, comptez sur ma reconnaissance, et comptez-y
d'autant plus que votre décision aura l'empreinte de la générosité ; car
il n'y a aucun compte à faire de la reconnaissance de ceux qui auraient
consenti à s'humilier pour obtenir un avantage.

» En résumé, j'attends avec calme la décision du roi, de cet homme
qui a comme moi traversé trente années de malheur.

. » Je compte sur l'appui et la sympathie des hommes généreux et
indépendants comme vous.

: » Du reste, je m'en remets à la destinée, et je m'enveloppe d'avance
dans ma résignation.

» Recevez, Monsieur, la nouvelle assurance de ma haute estime.

» *Signé :* Louis-Napoléon BONAPARTE. »

La cruelle persistance et le mauvais vouloir du gouvernement à refuser au prince la permission d'un voyage en
Italie pour fermer les yeux à son père mourant, tourna
les pensées de Louis-Napoléon vers le projet d'une évasion. Il ne s'agissait plus que d'en concerter le plan : son
caractère penseur et profond ne fut pas long-temps à le
trouver. Le commandant du fort venait de lui annoncer que,
d'après la demande qu'il avait adressée au ministère, des
réparations devaient être faites aux escaliers et aux corri-
dors du bâtiment qu'il habitait : l'introduction des ouvriers
dans l'intérieur de la prison offrait naturellement au
prince le moyen de s'évader à la faveur d'un travestisse-
ment de menuisier ou de maçon. Les ouvriers arrivèrent
et se mirent au travail. Pendant les premiers jours, le
prince s'occupa à étudier avec soin leurs habitudes et les
mesures de surveillance qu'on exerçait à leur égard. Il
ne tarda pas à remarquer que cette surveillance était des
plus rigoureuses à leur entrée et à leur sortie en masse ;
mais que lorsqu'ils avaient besoin de sortir en particulier
pour aller chercher quelque outil ou quelques matériaux
dehors, ils n'inspiraient aucune défiance, et pouvaient

traverser la cour et franchir les grilles sans difficulté. Il résolut donc de suivre cette voie; elle était audacieuse, mais elle présentait des chances de succès.

Le jour de la fuite du prince est fixé au 25 mai, à sept heures du matin. Levé à cinq heures, Louis-Napoléon se revêt d'un vieux pantalon, d'une blouse et d'un tablier de toile bleue ; il met sur sa tête une perruque à longs cheveux et se coiffe d'une mauvaise casquette. Puis, après avoir déjeûné comme de coutume, il rase ses moustaches, prend des sabots, se met une pipe à la bouche, une planche sur l'épaule, et descend lestement l'escalier, tandis que Thélin, son fidèle serviteur, *paye* dans la salle à manger *la goutte du matin* aux ouvriers assemblés. A ceux qu'il rencontre et qui pourraient le reconnaître, le prince, faisant semblant de ne pas les apercevoir, leur dirige l'extrémité de sa planche contre la figure, et les oblige à se détourner.

Il passe ainsi devant les sentinelles, l'officier de garde et une vingtaine de soldats ; enfin il parvient au guichet, qui lui est ouvert : il sort.... et la grille se referme. Une fois dehors, le prince hâte le pas et arrive bientôt à un cimetière assez loin de la ville. Il y entre pour attendre la voiture que Thélin doit lui amener. Une croix s'élève au milieu de ce champ de mort; le fugitif reconnaissant se prosterne devant le signe du salut, et remercie avec effusion cette Providence qui venait de le conduire comme par la main à travers tant de dangers.... Thélin arrive ; le prince, ne gardant que sa perruque, monte sur le siége, et prenant le rôle de cocher, guide le cheval et part au galop. Bientôt il arrive à Valenciennes, y prend le convoi du chemin de fer, qui le conduit à Bruxelles, et de là à Ostende, où il s'embarque pour l'Angleterre.

Arrivé sur le sol de la Grande-Bretagne, le prince se
hâta d'écrire à sir Robert Peel, à lord Aberdeen et à M. de
Saint-Aulaire, ambassadeur de France, pour leur faire
connaître ses intentions et les motifs qui avaient déterminé
sa fuite : ce n'était ni pour conspirer, ni pour organiser
une nouvelle levée de boucliers contre Louis-Philippe,
mais uniquement pour aller revoir son père, qui se mourait en Italie. Et afin que la diplomatie ne pût douter de
sa détermination et s'opposer à son départ, le prince fit
publier dans les journaux sa lettre à M. de Saint-Aulaire :

« Londres, 28 mai 1846.

» Monsieur le comte,

» Je viens franchement déclarer ici à l'homme qui a été l'ami de ma
mère, qu'en quittant ma prison, je n'ai été guidé par aucune idée de
renouveler contre le gouvernement français une lutte qui a été désastreuse pour moi ; mais seulement j'ai voulu me rendre auprès de mon
vieux père. — Avant d'en venir à cette extrémité, j'ai fait tous mes efforts
pour obtenir du gouvernement français la permission d'aller à Florence.
J'ai offert toutes les garanties compatibles avec mon honneur ; mais
ayant vu toutes mes demandes rejetées, je me suis déterminé à avoir
recours au dernier expédient adopté par le duc de Nemours et le duc de
Guise, sous Henri IV, en pareille circonstance.

» Je vous prie, Monsieur le comte, d'informer le gouvernement français de mes intentions pacifiques, et j'espère que cette assurance spon-
tanée de ma part contribuera à abréger la captivité de mes amis qui sont
encore restés en prison.

» Recevez l'assurance de mes sentiments,

» LOUIS-NAPOLÉON BONAPARTE. »

Malgré cette assurance franche et loyale, la diplomatie
s'obstina à refuser des passeports au prince, et mit tout
en œuvre pour s'opposer à la réunion du père et du fils.
Le comte de Saint-Leu crut devoir s'adresser à Léopold,
grand-duc de Toscane. Ce souverain répondit qu'il ne
pouvait autoriser le prince Louis-Napoléon à séjourner

seulement vingt-quatre heures dans ses Etats, et que *l'influence de la France le forçait d'en agir ainsi.* Le coup fut terrible pour l'infortuné père ; il expira le 25 juillet suivant, sans avoir pu embrasser le plus cher objet de son affection sur la terre.

Dix-sept mois plus tard, le flot républicain de Février renversait le trône de Juillet.... ; le roi des barricades, condamné lui-même à l'exil, cherchait sous un déguisement une plage où il pût s'embarquer pour la terre étrangère. Et Louis-Napoléon voyait se rouvrir pour lui les portes de la France ! Le 26 février, il arrive, et salue en personne le gouvernement provisoire à Paris. La présence d'un neveu de l'Empereur fait concevoir de l'inquiétude au pouvoir issu de la victoire populaire. On lui conseille de regagner les rives de la Tamise. Louis-Napoléon reprend alors le chemin de l'Angleterre ; mais, avant de partir, il adresse, le 29 février, aux membres du gouvernement provisoire, la lettre suivante :

« Messieurs, après trente-trois années d'exil et de per-
» sécution, je croyais avoir acquis le droit de retrouver
» un foyer sur le sol de la patrie. Vous pensez que ma
» présence à Paris est maintenant un sujet d'embarras.
» Je m'éloigne donc momentanément ; vous verrez dans
» ce sacrifice la pureté de mes intentions et la sincérité
» de mon patriotisme. » Aux élections pour l'Assemblée constituante, Louis-Napoléon fut élu par cinq départements — Charente-Inférieure, Corse, Sarthe, Seine, Yonne — ; il déclina cet honneur par la lettre suivante, qu'il écrivit au président de l'Assemblée :

« Londres, 15 juin 1848.

» Monsieur le Président, j'étais fier d'avoir été élu représentant à Paris et dans quatre autres départements. C'était, à mes yeux, une ample réparation pour trente années d'exil et six ans de captivité, mais les soupçons injurieux qu'a fait naître mon élection, mais les troubles dont elle a été le prétexte, mais l'hostilité du pouvoir exécutif, m'imposent le devoir de refuser un honneur qu'on croit avoir été obtenu par l'intrigue. Je désire l'ordre et le maintien d'une république sage, grande, intelligente ; et puisque, involontairement, je favorise le désordre, je dépose, non sans de vifs regrets, ma démission entre vos mains. Bientôt, j'espère, le calme renaîtra, et me permettra de rentrer en France, comme le plus simple des citoyens, mais aussi comme un des plus dévoués au repos et à la prospérité de son pays.

» Louis-Napoléon BONAPARTE. »

Elu de nouveau par la Charente-Inférieure, la Corse, la Seine et l'Yonne, Louis-Napoléon comprit cette fois qu'il ne lui était plus permis de résister aux vœux de ses concitoyens ; il vint prendre place à l'Assemblée nationale, sur un des bancs de la gauche. Ses trois cousins, Pierre Bonaparte, fils de Lucien, Napoléon Bonaparte, fils du roi Jérôme, et Lucien-Charles Murat, également nommés par les suffrages spontanés du peuple, s'empressèrent aussi de siéger sur les mêmes bancs. Malgré l'attitude calme et modeste du prince, tous les regards se tournaient vers lui. Les représentants orléanistes et les républicains, jaloux de l'intérêt qui s'attachait au neveu de l'Empereur, travaillèrent dès-lors à le rendre suspect, et fomentèrent des troubles qu'ils imputèrent à ses menées, dans le dessein perfide de le déconsidérer et d'amener le pouvoir à le frapper, au nom de la République, d'un nouveau décret d'ostracisme. « Mais la France était lasse de n'être plus gouvernée ; elle se rappela qu'elle avait sous sa main le neveu de l'homme incomparable que, trente-six ans auparavant, les rois avaient précipité du trône pour le punir de l'avoir faite trop grande, trop glorieuse, trop prospère ; son choix s'inspira de ce souvenir...., et le nom d'un autre Bonaparte, doublement acclamé à trois ans de distance, entra cette fois sérieusement, et par la bonne porte, dans la grande histoire nationale (*). »

L'élection présidentielle du 10 décembre 1848 avait donné 5,974,020 suffrages à Louis-Napoléon ; 1,448,107 au général Cavaignac, candidat des amis de la Constitution, des fonctionnaires publics et des orléanistes ; 368,117 à Ledru-Rollin, candidat de la démagogie. Ainsi les partis se dessinaient en France par ce contingent de votes on ne peut plus significatif; ainsi l'immense majorité de la nation rejetait également et la restauration des Orléans et les utopies subversives des révolutionnaires. Cependant, malgré cette solennelle acclamation de six millions de voix, le jeune Président de la République rencontra, dès les premiers jours de son gouvernement, des difficultés et des obstacles soulevés par les fractions de l'Assemblée constituante qui avaient combattu son élection. Les partis, sentant que la sympathie publique et le pouvoir allaient échapper à cette Assemblée, cherchèrent à prolonger son existence par un mouvement factieux : c'est ce qui amena la journée du 29 janvier, dont le résultat fut d'affermir l'ordre, et d'assurer la marche du gouvernement. Grâce à la prévoyante sagesse du général Changarnier, on put prévenir toute collision, et même éviter une manifestation tumultueuse. Cependant l'Assemblée constituante s'était conduite de manière à perdre la confiance publique ; elle avait *fabriqué* à la hâte une constitution, sans la soumettre à la sanction du peuple, dont elle proclamait pourtant la souveraineté. Entre les deux candidats à la présidence de la République, elle s'était prononcée pour le

---

(*) *Histoire de Napoléon III*, par RENAULT, p. 235.

général Cavaignac, tandis que la nation venait de proclamer
Louis-Napoléon à une immense majorité. Elle se trouvait
ainsi en lutte, et avec le pays, et avec le Président ; malgré
cette fausse position, elle ne voulait pas s'en aller. Vaincue
enfin par l'opinion générale de la France, elle finit sans
dignité le 26 mai 1849, et fit place à l'Assemblée législative. Mais avant sa dissolution, la Constituante avait eu à
s'occuper d'une affaire de la plus haute gravité, qui avait
soulevé dans son sein les débats les plus orageux, les
discussions les plus tumultueuses. On comprend facilement que nous voulons parler ici de la campagne de
Rome. Avant d'entrer dans quelques détails sur cette
expédition, n'est-il pas à propos d'esquisser à grands
traits la révolution qui força le vénérable Pie IX à quitter
subitement la ville éternelle.

Pie IX !.... il semble que ce nom ne devait exciter chez
les Romains que des sentiments d'amour, de respect et
de reconnaissance ! Pie IX, en effet, n'avait pas passé un
jour sans les combler de ses bienfaits. Sa première action,
en montant sur le trône pontifical, avait été de publier
une amnistie qui rappelait de l'exil ceux que le gouvernement précédent y avait condamnés pour conspirations
et pour émeutes. Comme un bon père, « il voulait, disait-il,
être entouré de tous ses enfants, sécher leurs larmes, et
s'efforcer de les rendre tous heureux. » Aussi vit-on le
peuple et les personnages les plus distingués revenus de
l'exil, dételer ses chevaux pour traîner sa voiture à bras
d'hommes, et, toutes les fois qu'il sortait, l'acclamer par
leurs cris joyeux, le suivre et l'entourer avec l'empressement le plus filial. Mais, depuis lors, les sociétés secrètes
s'étaient efforcées par tous les moyens possibles d'infiltrer
dans ce peuple inconstant et léger les principes anti-

sociaux du Carbonarisme. Sous le voile trompeur de la
liberté, les Mazzini, les Ricciardi, les Cicervacchio, les
Sterbini, s'apprêtaient à lui faire subir la plus dégradante
servitude. « Pour conduire le peuple, disait Ricciardi, il
ne s'agit pas d'une assemblée populaire lente à délibérer,
il faut *une main de fer*, qui seule peut régenter un peuple corrompu, énervé, avili par l'esclavage. » Voilà donc
la merveilleuse république qui va régénérer les Italiens,
une main de fer! et cette main de fer, ils vont l'appe-
santir d'abord sur le Pontife qui a été leur bienfaiteur!
Le comte Rossi, ministre du Saint-Père, est la première
victime qui tombe sous leurs coups : il est assassiné au
moment où il montait l'escalier de la chambre des représentants ; et dans cette chambre, déjà vendue à la révolte,
pas une seule voix ne s'élève pour blâmer cet horrible
attentat.

Bientôt une émeute, organisée dans l'ombre, se dirige
vers le Quirinal, demeure du Pape, et braque le canon
contre la porte du palais ; les maisons d'alentour sont
envahies ; de leurs fenêtres, on tire des coups de fusil ;
une balle frappe à mort Mgr Palma, qui expire aux pieds
du Saint-Père ; des balles tombent dans la chambre du
Pontife, et lui prouvent que sa vie même ne doit pas être
à l'abri des fureurs de ces parricides [126]. Dans cette extrémité, Pie IX consent à subir le ministère qu'on lui impose :
il cède à la violence et à la force ; mais, immédiatement
après l'émeute, il déclare au corps diplomatique rassem-
blé autour de lui, qu'il ne prendrait aucune part aux
actes d'un ministère qu'il avait subi pour éviter l'effusion
du sang.

Cependant les ambassadeurs de France, d'Autriche,
d'Espagne, de Portugal et de Bavière, mieux instruits que

le Saint-Père des sinistres complots que tramaient les
révoltés, ne pouvaient, dans des conjonctures aussi difficiles, faire appel à leur gouvernement : l'Europe elle-
même était en feu ; Venise et la Lombardie s'agitaient au
milieu de l'insurrection ; le Piémont faisait la guerre à
l'Autriche, toute la Hongrie était soulevée ; Vienne venait
d'être ensanglantée ; le roi de Naples se voyait menacé
par la révolte, et la France en était réduite à défendre sa
vie contre les socialistes ameutés.... La tempête révolutionnaire grossissait à vue d'œil dans Rome. L'avis commun était que le Saint-Père devait fuir. Mais comment?
Le duc d'Harcourt, ambassadeur de France, et le comte
de Spaur, ambassadeur de Bavière, concertent entre eux
le plan de l'évasion du Pontife, et la comtesse de Spaur,
femme de foi et de grand caractère, s'offre à l'exécuter.
Le 24 novembre, Pie IX, vêtu en simple prêtre, quitte son
palais vers cinq heures du soir ; le comte de Spaur le
conduit à Albano, où la comtesse les attend ; ils en repar-
tent à dix heures, dans une mauvaise voiture, et, courant
toute la nuit, ils arrivent à Gaëte dans la journée du 25.
C'est de là que le Pape envoie le comte de Spaur au roi
de Naples, avec une lettre pour ce souverain. Ferdinand II
s'embarque le 26 sur le *Tancrède*, avec la reine, trois de
ses fils et une suite nombreuse, et le 26 ce monarque,
pleurant de joie de voir le Pontife en sûreté, était à Gaëte,
aux pieds de Pie IX, comme un fils aux pieds de son père !
Sur ces entrefaites, l'Autriche et l'Espagne élèvent les
premières la voix en faveur du père commun des fidèles.
A cet appel répondent la France, la Bavière, le Portugal,
la Toscane et Naples. Le Piémont seul refuse son concours
par la plume de l'abbé Gioberti, président du ministère.
Déjà l'Espagne avait envoyé sa flotte à Gaëte, les Autri-

chiens s'avançaient du côté de Ferrare, et le roi de Naples
du côté de Terracine. Le 25 avril 1849, une armée française débarquait à Civita-Vecchia, sous le commandement
du général Oudinot, et le 30 elle s'avançait au pied des
remparts, où elle est reçue par des coups de feu. Peu
après, une porte s'ouvre devant un bataillon français : des
Romains en sortent en foule, agitant des mouchoirs blancs
et criant : La paix est faite ! vive la paix ! vivent les
Français ! Ne soupçonnant aucune trahison, le bataillon
français entre dans Rome. Bientôt, environnés de toutes
parts, nos soldats sont désarmés et déclarés prisonniers de
guerre. Outré d'une conduite aussi indigne d'un peuple
civilisé, le général français commence les opérations du
siége. Mais cette entreprise exigeait des précautions et des
ménagements : Rome, la ville des monuments, ne pouvait
être exposée au ravage des boulets et des bombes ; d'un
autre côté, le ministère français avait fait naître des
entraves diplomatiques, qui, d'un jour à l'autre, ralentissaient le succès de l'entreprise. Le roi de Naples et le
général Cordova, commandant de l'armée espagnole,
offrirent alors au général Oudinot le concours de leurs
armes. Il les remercia, voulant, pour l'honneur de l'armée
française, qu'elle seule achevât ce qu'elle avait commencé. Enfin, le trentième jour du mois de juin, la ville
se rendit sans condition, et les Français y entrèrent le
3 juillet, aux acclamations de la population véritablement
romaine. Le jour même de son entrée à Rome, le général
Oudinot envoya le colonel de génie Niel porter au Souverain Pontife les clefs de sa capitale. A la vue de l'officier
français, la joie de Pie IX rayonna sur son auguste front
à travers un nuage de larmes : la guerre était finie, le
sang ne coulait plus ; il était heureux. « Oh ! parlez-moi

de mes fils de Rome et de France, s'écria-t-il ; combien
ils ont dû souffrir ! combien j'ai prié pour eux ! » Le Saint-
Père, avant de retourner dans ses États, laissa aplanir
toutes les difficultés dont la solution diplomatique marchait lentement, et, le 12 avril 1850, il fit sa rentrée à
Rome, au milieu des Français et des Romains à genoux.
En France, la grande majorité de l'Assemblée législative
et l'opinion générale de la nation, applaudirent aux succès
de cette expédition.

Quelques jours après l'entrée des Français à Rome,
Louis-Napoléon, Président de la République, voulut juger
par lui-même de la situation des esprits et des besoins
de quelques départements. Partout il fut accueilli avec
enthousiasme, partout des acclamations, des arcs-de-
triomphe et des guirlandes. A Ham, il traversa ce même
pont qu'il avait franchi naguère proscrit et fugitif ; il y
passait aujourd'hui triomphalement, au bruit du canon,
au son des cloches, et salué par les cris d'allégresse de la
ville entière. Il se rendit d'abord à l'église paroissiale, où
le clergé l'attendait pour chanter un *Te Deum* d'actions
de grâces. Avant la cérémonie religieuse, le vénérable
curé de Ham adressa au Prince l'allocution suivante :

« Monsieur le Président,

» L'insigne honneur que votre illustre visite fait rejaillir sur cette
modeste cité, est grandement apprécié par tous les habitants de cette
paroisse. Vous aviez conquis leur dévouement et leur amour aux jours
des épreuves ; ils s'associent avec le plus vif enthousiasme à votre élévation et à votre triomphe. — Fidèles à la mémoire du cœur, ils aiment à
se rappeler les œuvres de charité et de bienfaisance que votre main généreuse a répandues ici de toutes parts ; ils s'énorgueillissent de votre
retour, et saluent dans votre auguste personne l'élu de la divine Providence, qui veille sur notre belle patrie. Je suis heureux, Prince, d'être
l'interprète de leurs sentiments, aux pieds des saints autels, et j'espère
que vous voudrez agréer l'hommage d'une voix qui vous est connue. »

Après les réceptions de l'Hôtel-de-Ville et la revue des troupes, Louis-Napoléon alla visiter la prison où s'étaient écoulées six années de sa vie, six longues années ennoblies par l'étude et par l'épreuve du malheur. Quels souvenirs durent surgir dans son esprit à la vue de cette triste enceinte !.... Il fit lui-même, aux personnes qui l'accompagnaient, les honneurs de son ancienne habitation, indiquant les particularités de son existence, de ses habitudes dans le fort, et les détails de son évasion. Bou-Maza l'attendait au haut de l'escalier. « Vous êtes libre, dit le prince au vieux Kabyle, et vous pouvez habiter Paris. »

A trois heures eut lieu un banquet, dans une des salles de l'ancienne abbaye. Au toast que lui porte le Maire, le Prince répond en ces termes : « Je suis profondément ému de la réception affectueuse que je reçois de vos concitoyens. Mais, croyez-le, si je suis venu à Ham, ce n'est pas par orgueil, c'est par reconnaissance. J'avais à cœur de remercier les habitants de cette ville et des environs, de toutes les marques de sympathie qu'ils n'ont cessé de me donner pendant mes malheurs.

» Aujourd'hui qu'élu par la France entière, je suis devenu le chef légitime de cette grande nation, je ne saurais me glorifier d'une captivité qui avait pour cause l'attaque d'un gouvernement régulier. Quand on a vu combien les révolutions les plus justes entraînent de maux après elles, on comprend à peine l'audace d'avoir voulu assumer sur soi la terrible responsabilité d'un changement. Je ne me plains donc pas d'avoir expié ici, par un emprisonnement de six années, ma témérité contre les lois de ma patrie ; et c'est avec bonheur que, dans les lieux mêmes où j'ai souffert, je vous propose un toast en l'honneur des hommes qui sont déterminés, malgré leurs convictions, à respecter les institutions de leur pays. »

Ce discours produisit une vive impression sur la France entière. Ceux qui avaient donné leur voix à Louis-Napoléon étaient profondément consolés de lui voir une si grande élévation d'âme et de sens. Cette favorable impression fut encore augmentée par sa réponse aux habitants de Nantes : « Messieurs, le voyage que j'ai fait pour venir ici auprès de vous restera profondément gravé dans mon cœur, car il a été fertile en souvenirs et en espoirs. Ce n'est pas sans émotion que j'ai vu ce grand fleuve derrière lequel se sont réfugiés les derniers glorieux bataillons de notre grande armée ; ce n'est pas sans émotion que je me suis arrêté avec respect devant le tombeau de Bonchamp ; ce n'est pas sans émotion qu'aujourd'hui, assis au milieu de vous, je me trouve en face de la statue de Cambronne. Tous ces souvenirs, si noblement appréciés par vous, me prouvent que, si le sort le voulait, nous serions encore la grande nation par les armes. Mais il y a une gloire tout aussi grande aujourd'hui : c'est de nous opposer à toute guerre étrangère, et de grandir par le développement progressif de notre industrie et de notre commerce. Voyez cette forêt de mâts qui languissent dans votre port : elle n'attend qu'un souffle pour porter au bout du monde les produits de notre civilisation. Soyons unis, oublions toute cause de dissensions, soyons dévoués à l'ordre et aux grands intérêts de notre pays, et bientôt nous serons encore la grande nation par les arts, par l'industrie, par le commerce. »

Ces nobles paroles réveillaient dans bien des cœurs le sentiment de l'unité gouvernementale, surtout dans les provinces les plus catholiques, où le sentiment de cette unité est toujours vivace, même sous la forme républicaine (*). Mais les fauteurs d'anarchie frémissaient en lisant dans les journaux l'expression de ces patriotiques sentiments, et leurs adeptes, répandus sur la surface de la France, n'en travaillaient qu'avec plus d'ardeur au renversement de l'ordre et de la société. Déjà les insurrections de Paris, de Lyon et de quelques départements, annonçaient que leurs sinistres complots ne tarderaient pas d'éclater. Louis-Napoléon veillait ; son gouvernement prit des mesures : Lyon et les départements voisins furent mis en état de siége, afin que l'action de la force armée fût prompte pour la répression de la révolte. On établit dans le même but trois grands commandements militaires dans les parties de la France où se faisaient le plus sentir les agitations des anarchistes. Ces mesures les tinrent en respect, et ils n'osèrent bouger. Pendant ce temps-là, Louis-Napoléon parcourait les provinces de l'Est, et se conciliait de plus en plus la confiance des populations. Le 27 septembre, il disait aux autorités et aux habitants de Reims : « L'accueil que je reçois à Reims, au terme de mon voyage, vient confirmer ce que j'ai vu par moi-même dans toute la France, et ce dont je n'avais pas douté : notre pays ne veut que l'ordre, la religion et une sage liberté. Partout, j'ai pu m'en convaincre, le nombre des agitateurs est infiniment petit, et le nombre des bons citoyens infiniment grand. Dieu veuille qu'ils ne se divisent pas ! C'est pourquoi, en me retrouvant aujourd'hui dans cette antique cité de Reims, où les rois qui représentaient aussi les intérêts de la nation, sont venus se faire

---

(*) ROHRBACHER, *Histoire universelle de l'Église catholique*, XXVIII, 558.

sacrer, je voudrais que nous puissions y consacrer, non plus un homme, mais une idée, l'idée d'union et de conciliation, dont le triomphe ramènerait le repos dans notre patrie déjà si grande par ses richesses, sa vertu et sa foi. »

Partout en France de si beaux sentiments eurent de l'écho : tous les citoyens qui, au 10 décembre, avaient porté Louis-Napoléon à la présidence, étaient fiers d'un prince qui s'exprimait avec autant de noblesse que de franchise et de facilité. On se rappelait en souriant de pitié, que ses ennemis avaient répété sur tous les tons que, si les discours écrits du Président étaient nobles et dignes, c'est que d'autres les lui composaient; et aujourd'hui, on les voyait réduits à prétendre que, s'il était capable de parler bien, il ne le serait pas d'agir de même. Mais le prince se chargea de faire mentir l'imposture, en prouvant bientôt à la France et à l'Europe qu'il était capable d'agir comme il était capable de parler. Son admirable message du 12 novembre 1850 fut à lui seul un témoignage irréfragable de la haute capacité et du patriotisme du neveu de l'Empereur. On comprit dès-lors que l'État ne pouvait péricliter entre les mains d'un chef aussi habile qu'énergique, et l'on voyait en lui l'homme providentiel dont la main ferme devait terrasser cette anarchie souterraine qui minait la base de tout ce qui est bon, juste et honnête.

Malheureusement les bonnes intentions du Président étaient paralysées par le vice de la constitution. En la coordonnant de la sorte, l'Assemblée constituante avait eu spécialement à cœur de donner à la France deux pouvoirs indépendants, deux têtes : le Président de la République et l'Assemblée législative. Or, au mois de janvier 1851, Louis-Napoléon ayant jugé nécessaire de retirer au

général Changarnier le commandement réuni des troupes
de ligne et des gardes nationales de Paris et de sa division
militaire, la Législative le trouva mauvais, et déclara que
le ministère n'avait plus sa confiance. Après de vaines
tentatives pour former un ministère parmi les membres
de la minorité de l'Assemblée, le Président, résolu de
maintenir intacts les pouvoirs qu'il tenait du peuple, prit
son ministère hors de l'Assemblée. Il était dans son droit :
la majorité l'avait réduit à en faire usage ; elle en fut exas-
pérée, parce que par là ces plans d'opposition systéma-
tique se trouvaient réduits à néant. Au fond, cette majorité
n'était pas réelle ; elle résultait simplement de l'accord
momentané de trois partis politiques ennemis l'un de
l'autre, légitimistes, orléanistes, socialistes. Les premiers
voulaient l'héritier de la branche aînée des Bourbons ; les
seconds, celui de la branche cadette ; les troisièmes ne
voulaient ni l'une ni l'autre, mais le renversement de
toute société. Tous les trois étaient hostiles à Louis-Napoléon, qui les gênait tous les trois : tous les trois s'attendaient à faire leur révolution en 1852, où, d'après la
Constitution, devait avoir lieu tout ensemble l'élection
d'un président et d'une assemblée nationale : ce qui faisait appréhender une crise terrible, au moment où il
n'y aurait point de gouvernement assuré pour sauver la
France.

Pour se venger du Président, que fait alors la majorité
de la Législative? Elle a compris que le Président, étant
l'élu de la France entière, tandis que le député ne l'était
que d'un département, en diminuant le nombre des électeurs, elle laissait moins de chances au peuple pour nommer le chef du gouvernement, et se rendait en même
temps plus faciles à elle-même les moyens d'intrigue et

de corruption. Elle sait de plus qu'il est écrit dans la Constitution de 1848 que, si aucun des candidats à la présidence n'avait au moins deux millions de voix, l'élection du président appartenait à l'Assemblée nationale. Et elle espère, en diminuant le nombre des votants de deux ou trois millions, s'emparer ainsi de l'élection présidentielle de 1852, et la faire tourner à l'avantage du parti le plus fort ou le plus intrigant. Mais cela n'était ni franc ni français, et ne servit qu'à déconsidérer l'Assemblée et ses principaux chefs.

Cette hostilité contre le pouvoir exécutif parut encore plus choquante, lorsque les questeurs de l'Assemblée législative demandèrent que le président de cette assemblée partageât le commandement de l'armée avec le Président de la République. C'était partager la France en deux camps armés l'un contre l'autre, et préparer la victoire à l'anarchie, qui déjà aiguisait ses poignards dans l'ombre. La proposition des questeurs fut repoussée le 17 novembre par une majorité de cent huit voix ; mais il ne resta pas moins avéré que la France ne pouvait plus rien attendre d'une Assemblée aussi peu d'accord avec elle-même qu'avec le gouvernement.

Quelques jours après, le Président rassura les esprits alarmés, dans une allocution adressée aux industriels français qui avaient mérité des mentions honorables à l'exposition de Londres : « J'ai déjà rendu, dit-il, un juste hommage à la grande pensée qui préside à l'exposition universelle de Londres ; mais, au moment de couronner vos succès par une récompense nationale, puis-je oublier que tant de merveilles de l'industrie ont été commencées au bruit de l'émeute, et achevées au milieu d'une société sans cesse agitée par la crainte du présent comme par les

menaces de l'avenir; et, en réfléchissant aux obstacles
qu'il vous a fallu vaincre, je me suis dit : Combien elle
serait grande cette nation, si l'on voulait la laisser respirer
à l'aise, et vivre de sa vie.... La tranquillité sera main-
tenue, quoi qu'il arrive. Un gouvernement qui s'appuie
sur la masse entière de la nation, qui n'a d'autre mobile
que le bien public, et qu'anime cette foi ardente qui vous
guide sûrement, même à travers un espace où il n'y a pas
de route tracée; ce gouvernement, dis-je, saura remplir
sa mission, car il a en lui et le droit qui vient du peuple,
et la force qui vient de Dieu. »

Le ton d'assurance et de résolution du Président au
milieu de l'inquiétude générale parut fort extraordinaire :
les périls étaient si grands que les gens de bien se
demandaient si cette fermeté n'était pas téméraire, et si
elle serait justifiée par l'événement, d'autant plus qu'on
annonçait une insurrection prochaine des socialistes dans
le midi de la France. Louis-Napoléon ne tarda pas à
enlever toute espèce de doute : le 2 décembre, on lut sur
les murs de la capitale les décrets et les proclamations
qui suivent : « AU PEUPLE FRANÇAIS. Le Président de
la République décrète : L'Assemblée nationale est dissoute.
Le suffrage universel est rétabli. La loi du 31 mai est
abolie. Le peuple français est convoqué dans ses comices,
à partir du 14 décembre jusqu'au 21 décembre suivant. »
— « APPEL AU PEUPLE. Français ! La situation actuelle ne
peut durer plus longtemps. Chaque jour qui s'écoule
aggrave les dangers du pays. L'Assemblée, qui devait être
le plus ferme appui de l'ordre, est devenue un foyer de
complots. Le patriotisme de trois cents de ses membres
n'a pu arrêter ses tendances. Au lieu de faire des lois
dans l'intérêt général, elle forge des armes pour la guerre

civile; elle attente au pouvoir que je tiens directement
du peuple; elle encourage toutes les mauvaises passions,
elle compromet le repos de la France; je l'ai dissoute, et
je rends le peuple juge entre elle et moi. La constitution,
vous le savez, avait été faite dans le but d'affaiblir d'avance
le pouvoir que vous alliez me confier. Six millions de
suffrages furent une éclatante protestation contre elle, et
cependant je l'ai fidèlement observée. Les provocations,
les calomnies, les outrages, m'ont trouvé impassible. Mais
aujourd'hui que le pacte fondamental n'est plus respecté
de ceux-là mêmes qui l'invoquent sans cesse, et que les
hommes qui ont déjà perdu deux monarchies veulent me
lier les mains, afin de renverser la République, mon
devoir est de déjouer leurs perfides projets, de maintenir
la République et de sauver le pays en invoquant le juge-
gement solennel du seul souverain que je reconnaisse en
France : le peuple. — Je fais donc un appel loyal à la
nation tout entière, et je vous dis : Si vous voulez continuer cet état de malaise qui nous dégrade et compromet
notre avenir, choisissez un autre à ma place, car je ne
veux plus d'un pouvoir qui est impuissant à faire le bien,
me rend responsable d'actes que je ne puis empêcher, et
m'enchaîne au gouvernail quand je vois le vaisseau courir
vers l'abîme. Si, au contraire, vous avez encore confiance
en moi, donnez-moi les moyens d'accomplir la grande
mission que je tiens de vous. Cette mission consiste à
fermer l'ère des révolutions en satisfaisant les besoins
légitimes du peuple et en le protégeant contre les passions
subversives. Elle consiste surtout à créer des institutions
qui survivent aux hommes, et qui soient enfin des fonda-
tions sur lesquelles on puisse asseoir quelque chose de
durable.

» Persuadé que l'instabilité du pouvoir, que la prépondérance d'une seule Assemblée sont des causes perma-
nentes de troubles et de discorde, je soumets à vos
suffrages les bases fondamentales suivantes d'une constitution que les Assemblées développeront plus tard : 1° Un
chef responsable nommé pour dix ans ; 2° des ministres
dépendants du pouvoir exécutif seul ; 3° un Conseil
d'Etat formé des hommes les plus distingués, préparant
les lois et en soutenant la discussion devant le Corps-
Législatif ; 4° un Corps-Législatif discutant et votant les
lois, comme par le suffrage universel, sans scrutin de
liste qui fausse l'élection ; 5° une seconde Assemblée
formée de toutes les illustrations du pays, pouvoir pondé-
rateur, gardien du pacte fondamental et des libertés
publiques. »

Le 20 et le 21 décembre 1851, la France, votant par
commune, répondit à l'appel de Louis-Napoléon par
7,481,231 *oui*, contre 647,292 *non*. A cette annonce, le
prince qui n'avait pas en vain compté sur le bon sens du
peuple, dit : « La France a répondu à l'appel loyal que je
» lui avais fait : elle a compris que je n'étais sorti de la
» légalité que pour rentrer dans le droit. Plus de sept
» millions de suffrages viennent de m'absoudre en justi-
» fiant un acte qui n'avait d'autre but que d'épargner à
» la France et à l'Europe peut-être des années de troubles
» et de malheurs. » Le 14 janvier 1852, il adressait au
peuple français la proclamation suivante : « Français !
lorsque, dans ma proclamation du 2 décembre dernier, je
vous exprimais loyalement quelles étaient, à mon sens,
les conditions vitales du pouvoir en France, je n'avais pas
la prétention, si commune de nos jours, de substituer une
théorie personnelle à l'expérience des siècles. J'ai cher-

ché, au contraire, quels étaient dans le passé les exemples
les meilleurs à suivre, quels hommes les avaient donnés,
et quel bien en était résulté. Dès-lors, j'ai cru logique de
préférer les préceptes du génie aux doctrines spécieuses
d'hommes à idées abstraites. J'ai pris comme modèle les
institutions politiques qui déjà, au commencement de ce
siècle, dans des circonstances analogues, ont raffermi la
société ébranlée et élevé la France à un haut degré de
prospérité et de grandeur. En un mot, je me suis dit :
Puisque la France ne marche depuis cinquante ans qu'en
vertu de l'organisation administrative, judiciaire, religieuse, financière, du Consulat et de l'Empire, pourquoi
n'adopterions-nous pas aussi les institutions politiques de
cette époque? Créée par la même pensée, elles doivent
porter en elles le même caractère de nationalité et d'utilité
pratique. » Et, en exécution de ce plan, Louis-Napoléon
établit un Sénat, un Corps-Législatif, un Conseil d'État, à
peu près tels que sous l'Empire.

Le 22 janvier 1852, Louis-Napoléon lança un décret
ordonnant la restitution aux domaines de l'État des biens
dont une donation frauduleuse de Louis-Philippe avait
frustré la France. On sait, en effet, que d'après un usage
très-ancien qui avait force de loi, nos rois, en arrivant au
trône, donnaient à la nation tous les biens de leur patrimoine particulier, et recevaient d'elle en échange une
dotation annuelle en argent, appelée vulgairement *liste
civile*. Or, Louis-Philippe d'Orléans, appelé au trône de
Juillet par 224 députés, sans mandat pour faire un roi,
s'était affranchi d'une obligation qui diminuait sa fortune
privée, et, *en bon père de famille*, avait fait donation de
ses biens, non à la France, mais à ses propres enfants. Le
Président de la République crut qu'il était de son devoir

de restituer à la nation ce que la cupidité d'un Orléans lui
avait injustement soustrait. Mais à qui va-t-il destiner le
produit de la vente de ces biens faisant retour à l'État?
Aux classes ouvrières d'abord : dix millions sont alloués
aux sociétés de secours mutuels, dix autres millions sont
destinés à améliorer les logements des ouvriers dans les
grandes villes manufacturières ; puis à l'agriculture, dix
millions pour l'établissement d'institutions de crédit
foncier. Le sacerdoce y a aussi sa part : cinq millions
servent à créer une caisse de retraite au profit des desser-
vants pauvres. Une dotation est fondée pour l'acquisition
et l'entretien d'un château national, où il sera pourvu
à l'éducation des filles orphelines, ou indigentes des
familles dont les chefs auront obtenu la médaille militaire;
une pareille dotation pour achever et restaurer le château
de Saverne, devant servir d'asile aux veuves des hauts
fonctionnaires civils et militaires, morts sans fortune au
service de l'État; enfin une autre, destinée à payer une
rente annuelle et viagère de cent francs aux soldats et
sous-officiers décorés de la médaille militaire. Pouvait-on
faire un plus noble, un plus utile emploi de ces biens,
qui, depuis vingt-deux ans, devaient être l'apanage de
la nation? En vain les partisans de la branche cadette
crièrent-ils *à la confiscation!*... Avant eux, la France,
dès 1830, avait crié *à la spoliation!* Lui faire restitution, n'était-ce pas justice?...

Cependant, l'Assemblée législative n'était pas d'humeur
de tomber ainsi sans donner signe de vie, et surtout sans
faire quelque bruit. Un certain nombre de députés se
rendirent donc au palais de l'Assemblée pour y délibérer.
Mais l'époque des résistances était passée : un officier
vint leur signifier qu'ils eussent à se retirer, autrement

ils seraient arrêtés, comme venaient de l'être deux de leurs trois questeurs. Les portes du palais leur étant fermées, deux cents d'entr'eux se réunirent dans un local particulier : là, M. Berryer prononça la déchéance de Louis-Napoléon, et nomma le général Oudinot commandant des troupes de la capitale. Un officier monta dans la salle, et mit fin à cette comédie en arrêtant les principaux acteurs. La nation venait de manifester sa volonté par un acte solennel; de quel droit ces nouveaux 224 prétendaient-ils en imposer à l'expression de son vote omnipotent? Cette dissolution si prompte ne coûta pas une goutte de sang; elle amusa singulièrement le public aux dépens des députés récalcitrants, qui, plus d'une fois, s'étaient évertués eux-mêmes au sujet de l'incapacité prétendue de Louis-Napoléon. De quel côté maintenant se trouvait l'incapacité? Le peuple, en juge clairvoyant, avait résolu la question; par le vote, le Président l'avait tranchée.

Les chefs des partis ne se tiennent pas néanmoins pour battus : ils font secrètement appel aux mauvaises passions; ils poussent en avant la populace, et eux se tiennent en arrière. Il y eut quelques jours après, dans certaines rues de Paris, des émeutes et des barricades : la partie saine de la population n'y prit aucune part. Les émeutiers furent habilement concentrés dans un même quartier et acculés dans l'espace de deux heures par la troupe. Des insurrections plus longues et plus sanglantes surgirent dans plusieurs départements du Centre et du Midi, surtout dans la Nièvre. Elles furent également domptées par la valeur et le dévouement de l'armée, en particulier de la gendarmerie. Parmi les insurgés, les plus coupables furent condamnés à la déportation, les autres à une surveillance plus ou moins sévère.

Après tant d'agitations, le pays demandait la stabilité, le calme et le repos ; la France vit donc avec plaisir cette énergie et cette vigueur dans son gouvernement. Il était temps que la prospérité d'une grande nation ne fût pas à la merci de quelques agitateurs ambitieux ; le peuple avait besoin d'industrie, de travail et de paix. Au mois de juillet, Louis-Napoléon fit un voyage à Strasbourg ; puis, en septembre, un autre dans le Midi par Bourges, Lyon, Marseille, Toulouse et Bordeaux. Il fut reçu partout avec enthousiasme, aux cris de : Vive Napoléon ! vive le sauveur de la France ! Quelques personnes ayant même crié : *Vive l'Empereur !* Louis-Napoléon répondit en souriant : « L'Empereur, ce n'est pas moi ; c'était mon oncle. » A Marseille, le prince, après avoir posé la première pierre d'une cathédrale plus vaste, prononça les paroles suivantes : « Messieurs, je suis heureux que cette occasion particulière me permette de laisser dans cette grande ville une trace de mon passage, et que la pose de la première pierre de la cathédrale soit l'un des souvenirs qui se rattachent à ma présence parmi vous. Partout, en effet, où je le puis, je m'efforce de soutenir et de propager les idées religieuses, les plus sublimes de toutes, puisqu'elles guident dans la fortune et consolent dans l'adversité. Mon gouvernement, je le dis avec orgueil, est un des seuls qui ait soutenu la religion pour elle-même ; il la soutient non comme un instrument politique, non pour plaire à un parti, mais uniquement par conviction et par amour du bien qu'elle inspire, comme des vérités qu'elle enseigne. Lorsque vous irez dans ce temple appeler la protection du Ciel sur les têtes qui vous sont chères, sur les entreprises que vous avez commencées, rappelez-vous celui qui a posé la première pierre de cet édifice, et croyez que,

s'identifiant à l'avenir de cette grande cité, il entre par la
pensée dans vos prières et dans vos espérances. »

Le 18 octobre, Louis-Napoléon rentra dans Paris sous
un arc de triomphe qui avait pour inscription : *La ville
de Paris à Napoléon Empereur.* Les acclamations furent
les mêmes que dans les départements. Le 19, on vit
paraître le décret suivant : « La manifestation éclatante
qui vient de se produire dans toute la France en faveur
du rétablissement de l'Empire, impose au prince-président de la République le devoir de convoquer le Sénat. Le
Sénat se réunira le 4 novembre prochain. S'il résulte de
ses délibérations un changement dans la forme du gouvernement, le sénatus-consulte qu'il aura adopté sera
soumis à la ratification du peuple français. Pour donner à
ce grand acte toute l'autorité qu'il doit avoir, le Corps-
Législatif sera appelé à constater la régularité des votes,
à en faire le recensement et à en déclarer le résultat. » Le
7 novembre, le Sénat adopta le projet suivant : « La
dignité impériale est rétablie. Louis-Napoléon Bonaparte
est Empereur sous le nom de *Napoléon III.* La dignité
impériale est héréditaire dans la descendance directe de
Louis-Napoléon Bonaparte, de mâle en mâle par ordre de
primogéniture, et à l'exclusion perpétuelle des femmes et
de leur descendance. Louis-Napoléon Bonaparte, s'il n'a
pas d'enfant mâle, peut adopter les enfants et descendants légitimes, dans la ligne masculine, des frères de
l'Empereur Napoléon Ier. L'adoption est interdite aux
successeurs de Louis-Napoléon et à leur descendance.

Ce projet ayant été porté au prince-président dans le
palais de Saint-Cloud, il répondit : « Je remercie le sénat
de l'empressement avec lequel il a répondu au vœu du
pays, en délibérant sur le rétablissement de l'empire et

en rédigeant le sénatus-consulte qui doit être soumis à l'acceptation du peuple. Lorsqu'il y a quarante-huit ans, dans ce même palais, dans cette même salle et dans des circonstances analogues, le sénat vint offrir la couronne au chef de ma famille, l'Empereur répondit par ses paroles mémorables : *Mon esprit ne sera plus avec ma postérité du jour où elle cesserait de mériter l'amour et la confiance de la grande nation.* Eh bien! aujourd'hui ce qui touche le plus mon cœur, c'est de penser que l'esprit de l'Empereur est avec moi, que sa pensée me guide, que son ombre me protége, puisque par une démarche solennelle, vous venez, au nom du peuple français, me prouver que j'ai mérité la confiance du pays. Je n'ai pas besoin de vous dire que ma préoccupation constante sera de travailler avec vous à la grandeur et à la prospérité de la France.

En conséquence, le peuple français fut convoqué dans ses comices le 21 et le 22 novembre pour adopter par un *oui* ou rejeter par un *non* la proposition suivante : « Le peuple français veut le rétablissement de la dignité impériale dans la personne de Louis-Napoléon Bonaparte, avec hérédité dans sa descendance directe, légitime ou adoptive, et lui donne le droit de régler l'ordre de succession au trône dans la famille Bonaparte, ainsi qu'il est dit dans le sénatus-consulte de ce jour. » La France électorale répondit par près de HUIT MILLIONS de votes affirmatifs; et, le 2 décembre, le sénat, le corps législatif et le conseil d'État en présentèrent le résultat à Louis-Napoléon et le proclamèrent empereur. Le prince répondit : « Le nouveau règne que vous inaugurez aujourd'hui, n'a pas pour origine, comme tant d'autres dans l'histoire, la violence, la conquête ou la ruse. Il est, vous venez de le déclarer,

le résultat légal de la volonté de tout un peuple, qui
consolide au milieu du calme ce qu'il avait fondé au sein
des agitations. Je suis pénétré de reconnaissance envers
la nation qui, trois fois en quatre années, m'a soutenu de
ses suffrages, et chaque fois n'a augmenté sa majorité
que pour accroître mon pouvoir. Mais plus le pouvoir
gagne en étendue et en force vitale, plus il a besoin
d'hommes éclairés comme ceux qui m'entourent chaque
jour, d'hommes indépendants comme ceux auxquels je
m'adresse pour m'aider de leurs conseils, pour ramener
mon autorité dans de justes limites, si elle pouvait s'en
écarter jamais. — Je prends dès aujourd'hui, avec la
couronne, le nom de Napoléon III, parce que la logique du
peuple me l'a déjà donné dans ses acclamations, parce que
le sénat l'a proposé légalement, et parce que la nation
entière l'a ratifié. Est-ce à dire cependant qu'en acceptant
ce titre je tombe dans l'erreur reprochée au prince qui,
revenant de l'exil, déclara nul et non avenu tout ce qui
s'était fait en son absence? Loin de moi un semblable
égarement. Non-seulement je reconnais les gouvernements qui m'ont précédé, mais j'hérite, en quelque sorte,
de ce qu'ils ont fait de bien et de mal; car les gouvernements qui se succèdent sont, malgré leurs origines
différentes, solidaires de leurs devanciers... Recevez donc
mes remercîments, Messieurs les députés, pour l'éclat
que vous avez donné à la manifestation de la volonté
nationale, en la rendant plus évidente par votre contrôle,
plus imposante par votre déclaration. Je vous remercie
aussi, Messieurs les sénateurs, d'avoir voulu être les premiers à m'adresser vos félicitations, comme vous avez été
les premiers à formuler le vœu populaire. Aidez-moi tous
à asseoir sur cette terre, bouleversée par tant de révolu-

tions, un gouvernement stable qui ait pour base la religion, la justice, la probité, l'amour des classes souffrantes. Recevez ici le serment que rien ne me coûtera pour assurer la prospérité de la patrie, et que, tout en maintenant la paix, je ne céderai rien de ce qui touche à l'honneur et à la dignité de la France. »

Le 3 janvier 1853, fête de Sainte-Geneviève, le nouvel Empereur rendit au culte catholique, sous l'invocation de la patronne de Paris, l'admirable édifice du *Panthéon*. Commencé sous Louis XV, ce magnifique monument ne fût terminé que sous l'Empire. La révolution de 93 s'en était emparée, et en avait fait la nécropole des hommes qui avait illustré leur pays.

Depuis son élévation à l'Empire, Napoléon III avait résolu de se choisir une compagne afin de l'associer aux grands desseins qu'il avait formés de rendre heureux les Français. Tout en se rendant à la raison d'État, sans suivre les errements de la politique des souverains en pareil cas, l'Empereur se proposa de concilier en même temps, et les vœux de la France qui lui conseillaient cette mesure, et ses vœux particuliers qui le portaient à s'unir à une femme que son cœur aurait choisi. Après avoir mûrement réfléchi sur ce grave sujet, sa détermination fut irrévocablement prise : il convoqua les grands corps de l'État, et la leur communiqua dans les termes suivants :

« Messieurs, je me rends au vœu si souvent manifesté par le pays, en venant vous annoncer mon mariage. L'union que je contracte n'est pas d'accord avec les traditions de l'ancienne politique : c'est là son avantage.

» La France, par ses révolutions successives, s'est toujours brusquement séparée du reste de l'Europe. Tout gouvernement sensé doit chercher à la faire rentrer dans le giron des vieilles monarchies : mais ce résultat sera bien plus sûrement atteint par une politique droite et franche, par la loyauté des transactions, que par des alliances royales, qui créent de fausses sécurités et substituent souvent l'intérêt de famille à l'intérêt national. D'ailleurs, les exemples du passé ont laissé dans l'esprit du peuple des croyances superstitieuses ; il n'a pas oublié que depuis soixante-dix ans les princesses étrangères n'ont monté les degrés du trône que pour voir leur race dispersée et proscrite par la guerre ou par la révolution. Une seule femme a semblé porter bonheur et vivre plus que les autres dans le souvenir du peuple, et cette femme, épouse modeste et bonne du général Bonaparte, n'était pas issue d'un sang royal.

» Il faut cependant le reconnaître, en 1810, le mariage de Napoléon Ier avec Marie-Louise fut un grand événement ; c'était un gage pour l'avenir, une véritable satisfaction pour l'orgueil national, puisqu'on voyait l'an tique et illustre maison d'Autriche, qui nous avait si longtemps fait la guerre, briguer l'alliance du chef élu d'un nouvel empire. Sous le dernier règne, au contraire, l'amour-propre du pays n'a-t-il pas eu à souffrir lorsque l'héritier de la couronne sollicitait infructueusement, pendant plusieurs années, l'alliance d'une maison souveraine, et obtenait enfin une princesse accomplie sans doute, mais seulement dans des rangs secondaires et dans une autre religion ?

» Quand, en face de la vieille Europe, on est porté par la force d'un nouveau principe à la hauteur des anciennes dynasties, ce n'est pas en vieillissant son blason, et en cherchant à s'introduire à tout prix dans la famille des rois, qu'on se fait accepter. C'est bien plutôt en se souvenant de son origine, en conservant son caractère propre et en prenant franchement vis-à-vis de l'Europe la position de parvenu, titre glorieux, lorsqu'on parvient par le libre suffrage d'un grand peuple.

» Ainsi, obligé de s'écarter des précédents suivis jusqu'à ce jour, mon mariage n'était plus qu'une affaire privée ; il restait seulement le choix de la personne. Celle qui est devenue l'objet de ma préférence est d'une naissance élevée : Française par le cœur, par l'éducation, par le souvenir du sang que versa son père pour la cause de l'Empire, elle a, comme Espagnole, l'avantage de ne pas avoir en France de famille à laquelle il faille donner honneurs et dignités. Douée de toutes les qualités de l'âme, elle sera l'ornement du trône, comme au jour du danger, elle deviendrait un de ses courageux appuis. Catholique et pieuse, elle adressera au Ciel les mêmes prières que moi pour le bonheur de la France ; gracieuse et bonne, elle fera revivre, dans la même position, j'en ai le ferme espoir, les vertus de l'impératrice Joséphine.

» Je viens donc, Messieurs, dire à la France : j'ai préféré une femme que j'aime et que je respecte à une femme inconnue dont l'alliance eût eu des avantages mêlés de sacrifices. Sans témoigner de dédain pour personne, je cède à mon penchant, mais après avoir consulté ma raison et mes convictions. Enfin, en plaçant l'indépendance, les qualités du cœur, le bonheur de famille au-dessus des préjugés dynastiques et des calculs de l'ambition, je ne serai pas moins fort puisque je serai plus libre.

» Bientôt, en me rendant à Notre-Dame, je présenterai l'Impératrice au peuple et à l'armée ; la confiance qu'ils ont en moi assure leur sympathie à celle que j'ai choisie ; et vous, Messieurs, en apprenant à la connaître, vous serez convaincus que cette fois encore j'ai été inspiré par la Providence.

» Paris, 22 janvier, 1853. »

Le 29 janvier eut lieu aux Tuileries la cérémonie du mariage civil, et le lendemain l'archevêque de Paris donnait en grande pompe, à Notre-Dame, la bénédiction nuptiale aux augustes époux. Ce jour-là, tout Paris était sur pieds, et témoigna par ses acclamations et son allégresse la part qu'il prenait au bonheur de cette union.

L'Impératrice des Français est née à Grenade le 5 mai 1826, d'une des premières et des plus anciennes familles d'Espagne. Elle porte les noms de Eugénie de Gusman Fernandez de Cordova Leiva et la Cerda, comtesse de Montijo. Sa Majesté réunit sur sa tête trois grandesses de première classe : Teba, Bagnos et Mora ; l'une de ses aïeules épousa, en 1633, Jean IV de Bragance, dit le Fortuné, roi de Portugal. Le comte de Montijo, père de l'Impératrice, et duc de Penaranda, servit comme colonel d'artillerie dans l'armée française pendant la guerre de la Péninsule. Les buttes Saint-Chaumont le virent concourant avec héroïsme à la défense de Paris, et ne se retirant que lorsqu'il n'y eut plus d'espoir de sauver cette capitale.

Déjà Française par les services militaires de son père, Eugénie l'est surtout par les grâces de sa personne, par

l'élévation de ses sentiments et par la noblesse de son
caractère. Supérieurement douée comme intelligence,
elle brille encore par toutes les qualités qui distinguent les
grands cœurs. Les malheureux que l'adversité poursuit,
le génie et les talents aux prises avec la pauvreté, l'artisan,
l'homme du peuple, toutes les classes déshéritées de la
fortune, en un mot, la trouvent attentive à leurs douleurs,
et la regardent comme un ange de consolation. La France
a déjà enregistré avec reconnaissance mille traits de sa
munificence et de sa charité. Citons-en un qui, à lui seul,
vaut mieux que tous les éloges les plus pompeux. A l'occasion du mariage de l'Impératrice, le conseil municipal
avait décidé qu'il serait offert une parure en diamants à la
future épouse de l'Empereur. Dès qu'elle eut connaissance
de cette résolution, Eugénie écrivit la lettre suivante à
M. le Préfet de la Seine :

« Monsieur le Préfet,

» Je suis bien heureuse d'apprendre la généreuse décision du conseil
municipal de Paris, qui manifeste ainsi son adhésion sympathique à
l'union que l'Empereur contracte. J'éprouve néanmoins un sentiment
pénible, en pensant que le premier acte public qui s'attache à mon
nom, au moment de mon mariage, soit une dépense considérable pour
la ville de Paris.

» Permettez-moi donc de ne point accepter votre don, quelque flatteur qu'il soit pour moi ; vous me rendrez plus heureuse en employant,
en charité, la somme que vous avez fixée pour l'achat de la parure que
le conseil municipal voulait m'offrir. Je désire que mon mariage ne soit
l'occasion d'aucune charge nouvelle pour le pays auquel j'appartiens
désormais, et la seule chose que j'ambitionne, c'est de partager avec
l'Empereur l'amour et l'estime du peuple français. »

Le conseil municipal, pour se rendre à des vœux si
désintéressés et si charitables en même temps, décida que
la somme de six cent mille francs, destinée à l'achat de la
parure, serait employée à fonder une maison où de jeunes

filles pauvres recevraient une éducation professionnelle,
et d'où elles ne sortiraient que pour être convenablement
placées. Cette maison a été mise sous la protection de
l'auguste fondatrice et porte son nom.

L'élévation de Louis-Napoléon à la dignité impériale
étonna les souverains de l'Europe. Mais la voix du peuple
français avait été si unanime dans cette troisième élection,
que les cours étrangères ne tardèrent pas à accréditer
leurs ambassadeurs et leurs ministres auprès du nouvel
Empereur. Un moment cependant l'Europe parut effrayée ;
les souvenirs du premier Empire lui faisaient appréhender
la guerre. Mais, d'un seul mot, l'élu de la nation française
rassura l'Europe alarmée : « *L'Empire, c'est la paix!*
lui répéta-t-il ; c'est le développement des idées napoléoniennes, non pour les ériger en système de guerres et de
conquêtes, mais pour en faire l'application au gouvernement pacifique des peuples. » La franchise et la loyauté
de l'Empereur, son énergie et sa droiture étaient, aux yeux
des cabinets étrangers, les garants de sa parole. *L'Empire,
c'est la paix!* non point cette paix couarde et à tout prix
que la nation subit naguère pendant dix-huit ans ; mais
une paix noble, honorable, digne du caractère et du nom
français.

Mieux que toute autre puissance, l'Angleterre sut le
comprendre. Aussi le ministre des affaires étrangères du
cabinet de Saint-James disait à la chambre des lords, en
annonçant que la Grande-Bretagne reconnaissait le nouvel
empereur des Français : « Si jamais précédemment il
exista des doutes sur l'intention et la volonté des Français
à d'autres époques, en cette occasion du moins il est
impossible de douter des intentions de la nation française.
Par trois fois, de la manière la plus solennelle, le peuple

français s'est prononcé, aussi publiquement que possible,
en faveur de la même personne. Lorsque, à la révolution
de 1848, une république succéda à la monarchie de Louis-
Philippe, l'empereur actuel des Français résidait en Angleterre. Il ne fit aucune de ces démarches qui, d'ordinaire,
accompagnent les élections d'une moindre importance ;
il ne se présenta, je puis le dire, qu'avec son nom, ce nom
que l'expérience seule peut faire comprendre aux peuples
de l'Europe par la grande puissance qu'il exerce et par sa
magique influence sur le peuple français. Nous compre-
nons que la destinée d'un héros, aussi diverse qu'elle l'a
été, ce mélange de gloire immense et d'immenses infortunes, provoque les sympathies et l'intérêt de la nation
française, et nous ne nous étonnons pas qu'elle ait fait
une impression durable sur l'esprit du peuple sur lequel
il avait si longtemps et si glorieusement régné. Toutefois,
hors de France, qui eût pu supposer que le prestige de
son nom durerait encore assez fortement, assez puissamment, pour que, trente-sept ans après son abdication,
son neveu figurât avec trois titres différents devant la
nation française, dans le court espace de quatre années :
1° Élu sans aucune assistance du gouvernement, élu,
dis-je, simple Président de la République française, sous
une forme constitutionnelle de gouvernement ; 2° Président absolu de la République française sans constitution,
et 3° Empereur des Français ; la première élection ayant
eu lieu à six millions de voix, la deuxième à sept millions,
et la dernière, qui confirme son pouvoir, à huit millions,
c'est-à dire presque toute la population mâle adulte de
France !

« Il serait peut-être superflu d'insister ici sur les causes
qui ont amené cette expression extraordinaire de la raison

et des convictions de la nation française; mais si nous
avons perdu de vue jusqu'ici la forte influence du nom de
Napoléon sur le peuple français, c'est parce que nous
n'avons pas suffisamment remarqué que les vicissitudes
et les événements survenus en France en 1830 et 1848,
ont été de telle nature, qu'une partie seulement de la
nation s'y trouvait intéressée et rattachée. C'est à Paris
seulement que ces changements se sont accomplis; à
Paris seulement a éclaté la révolution qui avait assis
Louis-Philippe sur le trône ; la République de 1848 fut
proclamée par la voix seule des Parisiens ; et, bien que
ces deux formes de gouvernement aient plus tard reçu la
ratification du pays, cependant jamais, jusqu'à l'élection
du Président français, toutes les masses de la population
n'avaient été consultées sur la forme du gouvernement
qu'elles préféraient, ni sur le caractère de l'homme pour
qui elles avaient à voter. Dans la masse de la nation française, un sentiment, un seul sentiment a fortement prévalu ; il a prévalu avec enthousiasme.... A la vue de cette
immense manifestation de l'opinion du peuple français, il
eût été impossible au gouvernement de la reine, de ne
pas lui conseiller d'accepter immédiatement et cordialement le changement qui nous était notifié. »

C'est ainsi que le bon sens et la haute capacité du gouvernement anglais appréciait la triple élection qui avait
déféré le pouvoir au neveu de l'Empereur. Et il ne doutait
pas que la nation française eût le droit de conférer ce
pouvoir : l'avénement des deux dynasties précédentes en
était la preuve irrécusable. L'histoire et les faits accomplis sont là pour établir cette incontestable vérité; et les
hommes les plus graves, les plus érudits, les plus religieux de la France et de l'étranger l'ont constamment

reconnue dans leurs écrits. Citons-en quelques passages :
« Au dix-neuvième siècle, comme au dixième et au huitième, il existait des héritiers directs et légitimes de la
dynastie précédente. En 1852, l'héritier des Bourbons a
réclamé contre l'élection de Louis-Napoléon Bonaparte,
tout comme l'héritier des Carlovingiens réclama, en 987,
contre l'élection de Hugues Capet : l'un et l'autre réclamant
sont personnellement irréprochables. En 987, Charles,
frère du roi Lothaire et oncle du roi Louis V, disait au
président de la France électorale : *Tout le monde sait
que je dois succéder par droit héréditaire à mon
frère et à mon neveu. Omnibus notum est, jure hæreditario debere fratri et nepoti me succedere* (*). Le
25 octobre 1852, Henri, petit-fils du roi Charles X,
réclame, presque dans les mêmes termes, la succession
héréditaire de la monarchie française, hérédité qu'il fait
remonter à quatorze cents ans. Mais, dès 987, le président
de l'Assemblée nationale pour l'élection d'un nouveau roi,
l'archevêque Adalbéron de Reims, rappela un principe
tout contraire : « Nous n'ignorons pas, dit-il, que Charles
a ses fauteurs, qui le prétendent *digne* du royaume par
la collation de ses parents ; mais, s'il est question de
cela, *ni le royaume ne s'acquiert par droit héréditaire, nec regnum jure hæreditario acquiritur*, ni
l'on ne doit promouvoir à la royauté, sinon celui que rend
illustre non-seulement la noblesse du corps, mais encore
la sagesse de l'âme, celui que munit la foi et qu'affermit
la magnanimité. » Et sur ces principes, rappelés par son

(*) Richer, *Histoire*, 2ᵉ *édition*, xiii, 249. — *Apud monumenta germa-
niæ de Pertz*, v, alias, iii.

président, principes exclusifs de l'hérédité, l'Assemblée électorale de la France choisit Hugues Capet, duc de France. Cette réponse du président de l'élection au réclamant de 987 s'adresse avec plus de force encore, et huit siècles d'avance, au réclamant de 1852. Car la principale différence qui se remarque entre l'élection de Hugues Capet et celle de Louis-Napoléon, c'est que, dans la première, l'hérédité est formellement exclue, tandis que, dans la seconde, elle est formellement comprise pour l'avenir.

» Quant à la translation de la royauté des Mérovingiens aux Carlovingiens dans la personne de Pepin, elle se fit du conseil et du consentement de tous les Francs, et avec l'autorisation du Siége apostolique. Tel est le langage commun des annales contemporaines. Voici de quelle manière Bossuet résume ce fait : « En un mot, le Pontife est consulté comme dans une question importante et douteuse, s'il est permis de donner le titre de roi à celui qui a déjà la puissance royale. Il répond que cela est permis. Cette réponse, partie de l'autorité la plus grande qui soit au monde, est regardée comme une décision juste et légitime. En vertu de cette autorité, la nation même ôte le royaume à Childéric et le transporte à Pepin. Car on ne s'adressa point au Pontife pour qu'il ôtât ou qu'il donnât le royaume, mais qu'il déclarât que le royaume pouvait être ôté ou donné par ceux qu'il jugeait en avoir le droit (*). » Fénélon s'explique dans le même sens. Il reconnaît formellement que la puissance temporelle vient de la nation ; il suppose que la nation a le droit d'élire

---

(*) Bossuet, *Defensio*, l. 2, c. 34.

et de déposer les rois ; car il observe que, dans le moyen-
âge, les évêques étaient devenus les premiers seigneurs,
les chefs du corps de chaque nation pour élire et déposer
les souverains. Il reconnaît que, pour agir en sûreté de
conscience, les nations chrétiennes consultaient dans ces
cas les chefs de l'Église, et que le Pape était tenu de
résoudre ces cas de conscience, par la raison qu'il est le
pasteur et le docteur suprême. « Le pape Zacharie, dit-il,
répondit simplement à la consultation des Francs, comme
le principal docteur et pasteur, qui est tenu de résoudre
les cas particuliers de conscience pour mettre les âmes en
sûreté (*). »

« A la suite de Fénélon et de Bossuet, écoutons Châteaubriand : « Traiter d'usurpation l'avénement de Pepin
à la couronne, c'est un de ces vieux mensonges historiques qui deviennent des vérités à force d'être redites. Il
n'y a point d'usurpation là où la monarchie est élective ;
c'est *l'hérédité qui, dans ce cas, est une usurpation.*
Pepin fut élu de l'avis et du consentement de tous les
Francs : ce sont les paroles du premier continuateur de
Frédegaire. Le pape Zacharie, consulté par Pepin, eut
raison de répondre : « Il me paraît bon et utile que celui-là
soit roi qui, sans en avoir le nom, en a la puissance, de
préférence à celui qui, portant le nom de roi, n'en garde
pas l'autorité (**). » Voilà ce qu'a écrit le royaliste Châteaubriand à la suite de Bossuet et de Fénélon. Certes,
lorsque trois hommes de ce mérite, et trois Français, se
rencontrent en un point de cette nature, on peut à coup

(*) OEuvres complètes de Fénélon, XXII, 584 ; II, 382 et 384.
(**) CHATEAUBRIAND, *Études historiques*, III, 243.

sûr se rallier à leur conviction, et les vrais Français feront
bien de ne plus répéter *un de ces vieux mensonges
historiques*, qui finirait par constituer parmi nous un bas
empire des intelligences et des caractères.

Où en seraient, en effet, la liberté et l'avenir de la
France si, une fois qu'elle a appelé au trône un souverain
capable et vertueux, elle était obligée d'en subir à tout
jamais les descendants sans exception et sans appel; si,
devenue ainsi la propriété et comme l'*immeuble* d'une
famille, elle ne trouvait plus, dans les successeurs d'un
ou de plusieurs bons princes, que des *rois fainéants*,
des hommes de bon plaisir et d'incapacité!... Et, dans ce
cas, on prétendrait lui refuser le droit de charger une
autre dynastie du soin de veiller à son bonheur! Oh! la
prétention est par trop exorbitante ; elle passe toutes les
bornes de la raison. Oui, la nation française a fait sage-
ment de conserver le plus longtemps possible l'hérédité
dans une famille : elle a éloigné par là les ambitions de
bas étage, qui poussent aux révolutions; elle a trouvé
dans la stabilité des garanties de prospérité, de progrès
et de paix. Mais est-ce à dire pour cela qu'elle ait aliéné
son droit d'élection au point de sanctionner une hérédité
inviolable et perpétuelle? Non; cela ne serait pas français!.... Aimons l'hérédité autant que l'exige le bien de la
France ; mais n'anéantissons pas un droit inhérent à la
nation, un droit inaliénable et imprescriptible.

Ces principes ne sont pas nouveaux ; depuis quatorze
siècles, ils sont écrits dans notre histoire ; c'était les
principes fondamentaux des Francs sous les Mérovingiens
et les Carlovingiens. Sous les Capétiens, les Français ne
les ont jamais oubliés : Bossuet, Fénélon, Châteaubriand,
et une foule d'hommes compétents, nous le prouvent. On

peut voir ce qu'en dit Grégoire de Tours, le plus ancién historien des Francs (Grégor. Turon. l. II, c. 12). Dans les chartes constitutionnelles de Charlemagne et de Louis-le-Débonnaire, ainsi que dans les écrits d'Hincmar, archevêque de Reims, et par là même président né de la France électorale, on voit que l'élection avait lieu non-seulement au changement des dynasties, mais à chaque changement de règne. Le peuple français avait le droit, parmi les fils de l'empereur ou du roi défunt, de choisir celui qu'il voulait.

D'après tous ces faits et monuments de notre histoire nationale, les Français du XIXe siècle étaient donc parfaitement les maîtres de faire ce qu'ils ont fait le 21 et le 22 novembre 1852, malgré les protestations de certains hommes qui ne reconnaissent plus de droits à la France.

« Les socialistes lancèrent aussi des protestations ; elles étaient furibondes. Ils reconnaissent que Louis-Napoléon serait élu empereur par le clergé, par la magistrature, par l'armée, par le peuple. Seulement ils traitent le peuple de troupeau, et les autres de brigands. Ces pièces prouvent au moins une chose : c'est que les révolutionnaires de 1852 composaient une bien faible minorité dans la nation, puisqu'ils n'étaient ni le peuple, ni l'armée, ni la magistrature, ni le clergé de France (*). »

Élu par la presque totalité de la France, l'Empereur sentit ses forces doublées par la confiance de la nation. En homme de travail et d'activité, il se mit aussitôt à l'œuvre. Il tenait dans ses mains les destinées d'un grand peuple, et voyait ce qui lui était imposé d'entreprendre,

---

(*) ROHRBACHER, XXVIII, 572 et seqq.

ce qui lui était donné d'achever ou d'édifier par lui-même.
La tâche était ardue, difficile, épineuse ; n'importe : avec
sa volonté souverainement intelligente, sa puissance d'initiative féconde et infatigable, son énergie résolue et inébranlable, il vaincra tous les obstacles, il les brisera. De
ce moment, ses jours et ses nuits ne lui appartiennent
plus, toute son existence est à la patrie, et il y a longtemps que, dans ses résolutions sublimes d'abnégation,
il était impatient de la lui consacrer.

Le calme et l'ordre étaient indispensables : sans eux,
l'industrie s'alarme, le commerce languit, la confiance
disparaît. Une police sévère, mais juste, vigilante, mais
non tracassière, est aussitôt établie dans les villes et dans
les campagnes ; les fauteurs de troubles se taisent et craignent de se montrer ; l'homme de bien, l'honnête artisan,
le bourgeois, peuvent vaquer à leurs travaux, à leurs spéculations, à leurs affaires, sans craindre désormais l'émeute
ou de tumultueuses provocations : la paix règne partout
dans la cité et dans les champs. — Ce qu'il a écrit dans
son *Extinction du Paupérisme*, sur la répartition de
l'impôt et l'emploi des finances, Napoléon III veut maintenant le réaliser : « La France, est-il dit dans cet ouvrage,
est un des pays les plus imposés de l'Europe.... Si la
répartition de l'impôt est équitable et régulière, elle crée
l'abondance ; si elle est prodigue et partiale, elle amène
la disette. Il en est de même d'une bonne ou mauvaise
administration. Si les sommes prélevées chaque année
sur la généralité des habitants sont employées à des
usages improductifs, comme à créer des places inutiles,
à élever des monuments stériles, à entretenir, au milieu
d'une paix profonde, une armée plus dispendieuse que
celle qui vainquit à Austerlitz ! l'impôt, dans ce cas,

devient un fardeau écrasant : il épuise le pays, il prend sans rendre. Mais si, au contraire, ces ressources sont employées à créer de nouveaux éléments de production, à rétablir l'équilibre des richesses, à détruire la misère, en activant, en organisant le travail, à guérir enfin les maux que notre civilisation entraîne après elle, alors certainement l'impôt devient pour les citoyens, comme l'a dit un jour un ministre à la tribune, *le meilleur des placements.* »

Dans la forteresse où Louis-Philippe l'a tenu six ans captif, Louis-Napoléon a signé ces mots : « Il est naturel dans le malheur de songer à ceux qui souffrent. » Au milieu des splendeurs impériales, il ne les pas oubliés. Chaque jour, sa sollicitude paternelle envisage toutes les misères pour leur porter secours et consolations. C'est dans ce but qu'il a acquis en Sologne deux immenses propriétés, afin d'y fonder des colonies agricoles où de pauvres enfants des campagnes viendront se former aux travaux des champs et à l'agriculture, cette mère nourricière d'un grand empire. C'est pour secourir ceux qui pleurent et qui souffrent que l'Impératrice Eugénie, s'associant à la bienfaisance de son auguste époux, s'est mise à la tête de toutes les administrations charitables, et prodigue son or et sa bienveillance à l'enfance et à la vieillesse délaissées, à la veuve, à l'artisan, qu'assiégent la misère! Que de salles d'asile, que d'hospices, que d'établissements de charité Paris et la province n'ont-ils pas vu s'élever depuis trois ans pour le soulagement de l'humanité souffrante, sans parler du décret du 22 janvier 1852, qui consacre plus de soixante millions à améliorer le sort de différentes classes malheureuses et oubliées !

C'est principalement sur les besoins des travailleurs et des ouvriers que s'est reportée la sollicitude impériale, non à la manière de M. Louis Blanc et des socialistes, qui n'ont su *organiser* que l'anarchie, mais en multipliant partout les travaux utiles et les grandes entreprises. Ainsi, pour organiser le travail à sa façon, l'Empereur a donné le premier l'exemple, et la capitale, dans l'espace de trois ans, a été surprise de voir le somptueux palais du Louvre achevé, le gigantesque palais de l'Industrie s'élever, la rue de Rivoli entièrement ouverte, le quartier Saint-Jacques assaini et bientôt reconstruit sur un nouveau plan, la basilique de Sainte-Clotilde livrée au culte, Notre-Dame et beaucoup d'autres églises réparées ; les ponts, les rues, les quais embellis et restaurés, etc., etc. ; Bordeaux, Marseille, le Hâvre, Orléans, Nantes, Rouen, Lyon, entraînés par cet élan, ont suivi l'impulsion et commencé des travaux d'embellissement qui étonnent les voyageurs et les étrangers. A Lyon, l'immense rue Impériale et la construction du quai de Vaise, changeront entièrement l'aspect des plus mauvais quartiers de cette ville aux rues étroites et malsaines. De toutes parts dans l'empire, l'ouvrier est occupé à réparer les canaux, à ouvrir ou aplanir des routes, à creuser le lit des rivières, à endiguer les fleuves, à dessécher les terres marécageuses de la Sologne, des Landes, de la Bresse et du Forez ; à assainir les bourgs et les cités, à multiplier dans les grands centres des réseaux nombreux de chemins de fer. Les chemins de fer ! quelle activité, quelle volonté énergique a présidé à leur achèvement ! « En trois ans, disait l'administrateur d'une compagnie, Louis-Napoléon tout seul a décrété et fait plus de chemins de fer que Louis-Philippe

en dix-huit années n'en a *disputé* avec ses quatre cents
députés criards !»

Mais les réformes que se propose Napoléon III n'ont
pas seulement pour objet la prospérité matérielle et commerciale de l'Empire. Une autre plaie plus profonde était
à cicatriser : le scepticisme du règne précédent avait élevé
la jeunesse de la France dans un esprit de rébellion contre
toute autorité morale et religieuse, et lui avait laissé
prendre un penchant inconsidéré pour toutes les utopies
antisociales. Des professeurs de beaucoup d'esprit, mais
d'une perversité plus grande encore, s'étaient efforcés,
pendant vingt ans, de saper toutes les lois sans lesquelles
l'humanité ne saurait vivre. La conséquence de ces doctrines subversives avait été cette horrible parole qui a fait
tressaillir le monde : *La propriété c'est le vol, la famille
c'est la prostitution, Dieu c'est le mal !!*... Et ce poison
des intelligences était semé, propagé avec une persistance
infernale dans les diverses classes de la société, et minait
les principes éternels qui lui servent de base.

Avec ce coup-d'œil assuré qui juge les causes par les
effets, Napoléon III porte aussitôt remède à de si dangereuses théories. Un décret frappe d'interdiction les colpor-
teurs de mauvais livres, ces commis-voyageurs de la
dépravation et de l'immoralité ; un autre décret proscrit les
professeurs dont le matérialisme et l'impiété avaient été
si funestes à la jeunesse de nos écoles ; un troisième
régénère l'instruction publique en ne la confiant qu'à des
hommes de science, de morale et de foi. Les pères de
famille purent dès-lors compter sur l'active et paternelle
sollicitude du corps enseignant ; les mères ne se virent
plus exposées à pleurer sur la triste éducation de leur fils,
et les lycées, si dignes de confiance par l'éminent savoir

et les principes irréprochables des professeurs, ne furent bientôt plus assez vastes pour l'admission de leurs nombreux élèves. C'est ainsi qu'on régénère un grand peuple. L'Empereur l'a bien compris : une éducation solide et chrétienne est le flambeau qui guide l'humanité, le baume qui cicatrise ses plaies. Sans elle, l'humanité s'agite douloureusement dans les ténèbres, la société s'affaisse et dépérit. Et ce qui soutient dans Napoléon III cette infatigable puissance de régénération, c'est qu'il puise sa force dans la foi chrétienne, c'est qu'il est croyant dans toute l'acception du mot, et que, pour des conceptions si hautes et si salutaires, la politique ne lui sert pas d'inspiration, mais la pensée purement religieuse. « *Ce qui fait ma force, à moi*, disait-il à un général qui a fait longtemps partie de ses conseils, *c'est que j'ai la foi religieuse qui vous manque.* » Voilà quel est, dans l'Empereur que la voix du peuple a donné à la France, la source principale de ce grand sens d'appréciation, de conception, d'exécution.

L'événement du 2 décembre, si bien conçu et si fortement exécuté, la sagesse des nombreux décrets que Louis-Napoléon rendit durant les jours d'une dictature salutaire, le sang-froid, l'énergie et l'habileté administratives dont il fit preuve dans des conjonctures aussi difficiles, convainquirent les puissances étrangères que la France était enfin gouvernée. Elles conçurent une haute idée du prince qui, se montrant tout à la fois le cœur et la tête d'un grand peuple, avait su captiver sa confiance au point de devenir le dépositaire du pouvoir le plus absolu que jamais souverain français eût exercé en pleine révolution. L'Angleterre surtout, cette ennemie séculaire de la France, sentit sa jalousie et sa haine expirer : elle comprit

dès-lors que la France, qu'elle avait depuis si longtemps
combattue, pouvait devenir pour elle une alliée puissante
et sincère; elle en avait pour garant la noble franchise de
sa rivale et la loyauté chevaleresque du prince, à qui le
grand peuple venait de confier trois fois ses destinées.

L'événement ne tarda pas à justifier la prévision du
ministère anglais. La Russie, brûlant d'exécuter le testament de Pierre-le-Grand, cherchait depuis longtemps un
prétexte pour s'emparer de Constantinople. Quelques
concessions faites par la Turquie aux Latins de la Terre-
Sainte, servirent de raison spécieuse au czar Nicolas pour
envahir aussitôt les principautés danubiennes de Moldavie
et de Valachie. On ne tarda pas à reconnaître que la Russie
n'avait soulevé ce débat que pour ouvrir à sa souveraineté
l'entrée du Bosphore. Dès-lors, la question cessait d'être
religieuse; elle devenait politique. L'Europe tout entière
s'y trouvait engagée; il fallait l'amener à comprendre son
intérêt et à défendre son droit. Pour la France, comme
pour l'Angleterre, la question d'Orient représentait un
intérêt supérieur à celui de leur propre ambition. La
Russie voulait dominer à Constantinople; il fallait l'en
empêcher. Car, une fois maîtresse des Dardanelles, elle
reculait sa frontière jusqu'au littoral de la Méditerranée :
partout où ses vaisseaux pouvaient atteindre, sa prépondérance était assurée. Non-seulement la France et l'Angleterre avaient une rivale, non-seulement l'Allemagne
s'affaissait sous le poids du colosse penché sur elle; mais
la Grèce, l'Italie, l'Espagne, l'Egypte, l'Algérie, tous les
États secondaires se trouvaient atteints du même coup
dans leur sécurité et leur indépendance. On n'avait pas
oublié qu'en 1805 une flotte partie de Sébastopol et
portant 12,000 Russes avait débarqué en Italie, et mis en

présence les Français et les Moscovites dans la Méditerranée. Que ne pourrait pas oser la puissance du czar, une
fois qu'elle serait maîtresse de Constantinople !

L'Empereur des Français, avec son sens si net et si
droit, comprit le premier toute la portée de cette politique
d'envahissement. Le gouvernement anglais, trompé d'abord
par le caractère religieux de la question, ne tarda pas à
sentir, comme Napoléon III, la menace et l'arrogance de
cette domination, et sa main s'étendait déjà de notre côté,
que celle de la France s'avançait du sien pour sceller
l'alliance des deux grands pays qui représentent la civilisation de l'Occident. Ainsi donc, rien de plus légitime, de
plus nécessaire et de plus juste devant Dieu et la conscience universelle que cette résistance dont les deux
gouvernements maritimes de l'Occident donnèrent le
signal au mois d'avril 1854. L'Angleterre et la France
tiraient l'épée pour le compte de tous les États. Leurs
armées et leurs flottes étaient l'avant-garde de l'Europe.
Ayant eu l'honneur d'arriver les premières sur le théâtre
de la guerre, elles avaient le droit de compter qu'elles y
seraient suivies, et elles attendaient avec confiance
l'Autriche et la Prusse à ce rendez-vous de l'équilibre et
de l'indépendance de l'ordre européen (*).

La haute volonté qui préside au gouvernement de
l'Empire, et qui avait résolu cette guerre comme une
nécessité de son honneur, après avoir vainement essayé
de la prévenir par une conciliation honorable, traça alors
des instructions pour l'illustre maréchal aux mains duquel

(*) Cette appréciation de la guerre d'Orient est extraite en grande
partie du journal officiel du 15 avril 1855.

allait être remise l'épée de la France. Les flottes coalisées se mettent en mer, et vont débarquer leurs troupes à Gallipoli. De ce point, nous protégions la capitale de l'empire turc, nous restions maîtres du mouvement de nos flottes, nous avancions sans nous découvrir, et nous conservions nos communications avec Toulon et Marseille. La presqu'île de Gallipoli avait donc été admirablement choisie comme point de débarquement et base d'opération.

Mais à peine l'armée anglo-française était-elle arrivée à Gallipoli, que la scène avait déjà changé. La défense héroïque de Silistrie avait arrêté l'élan du prince Gortschakoff. La lutte, au lieu de se transporter au centre de l'empire turc, se prolongeait sur le Danube avec des chances diverses. Le courage de l'armée ottomane et la présence des alliés suffirent pour forcer les Russes à se retirer de l'autre côté du Danube. La prudence nous défendait de les suivre en Bessarabie, pays ravagé, privé de communications, et infesté de maladies pestilentielles : les 60,000 anglo-français n'y auraient trouvé que la destruction sans lutte et la mort sans compensation. L'armée occidentale ne pouvait pas cependant rester dans l'inaction ; l'immobilité aurait amené le découragement et enlevé le prestige à ses drapeaux. C'est alors seulement qu'il fut question d'opérer un débarquement en Crimée ; cette province une fois conquise devenait un gage et un moyen d'échange pour arriver à la paix.

Cette expédition ayant été examinée à Paris et à Londres, les deux gouvernements conseillaient au maréchal Saint-Arnaud de débarquer à Kaffa, port vaste et sûr à l'extrémité est de la Crimée, parce que, outre d'autres grands avantages, on avait celui de refouler tous les renforts russes qui pouvaient arriver par la mer d'Azoff et par

le Caucase ; on occupait Simphéropol, centre stratégique
de la presqu'île, et, après avoir livré une bataille qui
anéantissait l'armée russe, on mettait le siége devant
Sébastopol, qu'on investissait complétement, et dont on
obtenait nécessairement la reddition au bout d'un temps
assez court. Malheureusement ces conseils ne furent pas
suivis : les généraux, espérant un résultat plus prompt,
débarquèrent à quelques lieues seulement de Sébastopol [125]. La glorieuse bataille de l'Alma leur donna
d'abord raison [126] ; mais, à peine vainqueurs, ils s'aperçurent bien vite que, n'ayant point de port, ils couraient
risque de n'être plus en communication avec la flotte, et
par conséquent ils n'avaient pas de base d'opérations, et
ne pouvaient plus subsister dans le pays ennemi. Les
Anglais s'emparent donc aussitôt du port de Balaclava, et
les Français de celui de Kamiesch. Mais ce retour obligé
et nécessaire vers la mer avait pour conséquence l'abandon des hauteurs nord-est de Sébastopol, dont l'occupation seule permettait d'investir la place, et enlevait aux
Russes la facilité de la ravitailler à volonté de munitions,
de vivres et de troupes. Tenter de suite l'assaut eût été
par trop téméraire, sans grosse artillerie, sans une quan-
tité suffisante de projectiles, sans réserve, sans retranchements pour assurer ses derrières. De leur côté, les Russes
venaient de prendre deux mesures excessivement efficaces
pour eux et regrettables pour les alliés : la première fut
le mouvement stratégique de Menschikoff, qui, au lieu de
s'enfermer dans Sébastopol, se dirigea vers Simphéropol,
tint ensuite la campagne, et conserva ses communications
libres avec la place assiégée ; la seconde fut la décision
énergique de couler bas une grande partie de leurs vaisseaux de guerre à l'entrée du port, ce qui le rendait inac-

cessible à nos flottes, et laissait à la disposition des assiégés cinq à six cents canons, leurs munitions et les marins pour le service des batteries.

« Dès ce moment il devint visible pour tous que Sébastopol ne serait pris qu'après une longue lutte, avec des renforts puissants, au prix peut-être de plusieurs batailles meurtrières. Cependant les alliés ne pouvaient rester longtemps l'arme au bras, et quoique les travaux de leurs ingénieurs ne fussent pas encore terminés, ils résolurent d'ouvrir leur feu par mer et par terre dans la journée du 17 octobre. Dès le point du jour, les Russes avaient commencé à tirer. Deux cents canons garnissent leurs remparts. Les alliés leur répondent, et jusqu'à la nuit le bronze ne cesse pas un instant de tonner au milieu des explosions horribles des magasins à poudre, du fracas des maisons qui s'écroulent en proie à l'incendie.... A midi, les flottes alliées attaquaient Sébastopol par mer, et faisaient pleuvoir une grêle de boulets sur les batteries de la Quarantaine, des forts Constantin et Nicolas. En deux heures, nos braves marins ont éteint complètement le feu de la Quarantaine ; et, quand, à la nuit, les vapeurs vinrent remorquer les vaisseaux de guerre, les bastions, les tours et les murs crénelés de la ville n'offraient plus qu'un monceau de ruines. »

Cependant Menschikoff avait reçu de la Bessarabie des secours importants : les généraux Gortschakoff, Luders, Liprandi, Dannenberg étaient venus le rejoindre à Simphéropol ; de sorte que l'armée anglo-française se trouvait entre une place à prendre et une armée à combattre. Les généraux alliés, pour ne pas perdre un temps précieux, avaient arrêté l'assaut général pour le 5 novembre. Instruit de ce projet par ses espions, Menschikoff résolut de nous devancer : la présence des grands-ducs Michel et Nicolas animait les Russes, forts de près de cent mille hommes. Dans la nuit du 4 au 5, quarante-cinq à cinquante mille Russes, favorisés par un épais brouillard, surprennent six mille Anglais campés sur les hauteurs d'Inkermann. A cette attaque imprévue, nos braves alliés répondent par des prodiges de valeur ; mais, un contre dix, que peut leur courage? ils vont succomber.., lorsque, averties par la fusillade, les colonnes françaises volent à leur secours. L'action change soudain : attaqués par les chasseurs et les zouaves, les Russes pâlissent et se forment en bataillons carrés. Nos intrépides soldats se précipitent sur eux, enfoncent leurs lignes avec la fureur du lion, tandis que l'artillerie anglaise foudroie des régiments entiers de cosaques. Anglais et Français, généraux et soldats se jettent dans la mêlée ; les Russes lâchent pied, fuient en désordre, et laissent six mille cadavres sur le champ de bataille. Au plus fort de l'action, la garnison de Sébastopol avait fait une sortie meurtrière : l'intrépide général de Lourmel se jette à sa rencontre, la sabre, et, emporté par sa valeur, vient tomber mortellement blessé à vingt pas de la place. La journée d'Inkermann est une des plus sanglantes que l'on puisse inscrire dans les fastes militaires : les Russes y comptèrent quinze mille hommes, tant tués que blessés. Elle est une des plus glorieuses : vingt mille alliés y tinrent tête à soixante-dix mille Russes ! Le prince Napoléon y fut digne de tout éloge : toujours à cheval pendant cette journée, on le vit se porter au milieu des dangers avec le sang-froid et le courage d'un brave

En affaiblissant les Russes, la sanglante bataille d'Inkermann leur inspira une grande terreur. Il n'y avait donc pas à craindre qu'ils osassent de longtemps se mesurer avec nous, et nous pouvions reprendre les opérations du siége sans crainte d'être inquiétés. Mais la mauvaise saison approchait ; nos rangs décimés par des triomphes aussi sanglants, avaient besoin de se recruter par de nouvelles troupes envoyées de France et d'Angleterre. Nos alliés avaient plus souffert que nous ; le repos était nécessaire aux deux armées. D'ailleurs, il était évident que Sébastopol ne serait pris qu'après des efforts prodigieux, avec de nombreux renforts, au prix peut-être de chances cruelles et meurtrières. « La gravité de cette situation fut de suite envisagée par les généraux en chef avec le calme qui élève les caractères à la hauteur des responsabilités les plus difficiles. Placés en face d'obstacles immenses, ils ne les ont mesurés que pour mieux en triompher par le courage, la persévérance et le dévouement. L'armée, soutenue par leur exemple, a tout souffert sans se plaindre ; exposée aux rigueurs d'un terrible hiver, n'ayant pour se préserver du froid, de la neige, des pluies torrentielles, que des trous en terre et de petites tentes-abri, elle n'a refusé aucun sacrifice à l'honneur du drapeau et de la patrie, ni à la confiance des chefs qu'elle avait appris à aimer et à honorer sur le champ de bataille (*). »

Depuis que le général Osten-Sacken a remplacé le prince Menschikoff dans le commandement de l'armée russe en Crimée, il y a plus d'ordre et d'énergie dans les manœuvres de l'ennemi, les sorties sont plus fréquentes et se font en plus grandes forces ; elles sont habilement conduites, et le feu de la place est aussi mieux réglé. Dans la nuit du 22 au 23 mars 1855, douze mille Russes ont

---

(*) Journal officiel du 15 avril 1855.

attaqué, à Balaclava, une position défendue par deux régiments anglais. Victorieusement repoussés par moins de trois mille hommes, les ennemis se sont retirés en désordre après une perte considérable. L'intrépidité de ces deux régiments — le 33e et le 88e légers — a été mise à l'ordre du jour par lord Raglan.

Enfin le bombardement de Sébastopol a commencé le 9 avril dernier, à 5 heures du matin, et durait encore le 10, sans avoir éprouvé d'interruption, malgré une pluie continuelle. Les principaux efforts des alliés se dirigeaient du côté de la tour Malakoff et du bastion du Mât. Au bout de 34 minutes de feu, trois batteries russes ont dû se taire.... Les vaisseaux alliés sont sortis le 10, de grand matin, pour prendre position devant Sébastopol, et se joindre à l'attaque.... Espérons que, cette fois encore, le Dieu des armées sera pour nous comme à l'Alma, comme à Inkermann ! Sébastopol pris, — et nous avons la confiance qu'il le sera, — la puissance maritime de la Russie dans la mer Noire se trouvera limitée de fait par la destruction de son principal boulevard, par l'anéantissement de ses arsenaux et de sa marine militaire, devenue la proie des alliés. Son prestige moral aura éprouvé un échec irréparable, dont il lui sera difficile de se relever ; son infériorité aura été démontrée aux yeux de l'univers entier ; il lui faudra des prodiges de valeur, des efforts inouïs, et dont nous ne la croyons pas capable, pour remonter à la place qu'elle aura perdue, pour réparer les désastres qu'elle aura subis.

Pendant que nos soldats et leurs valeureux alliés battent en brèche les forts de Sébastopol, l'Empereur et l'Impératrice des Français, se rendant à l'invitation de la gracieuse reine de la Grande-Bretagne, ont passé le détroit et débarqué sur la côte d'Angleterre. Cette visite franche et cordiale a pour but de resserrer encore davantage, s'il est possible, l'alliance qui unit désormais les deux plus généreuses nations de l'univers. S. A. R. l'époux de la reine est venu lui-même recevoir à Douvres Leurs Majestés Impériales, au milieu des vivats d'une foule ivre d'allégresse. Partout sur la route les populations des villes et des campagnes se sont empressées d'accueillir les illustres visiteurs par les acclamations les plus enthousiastes. De Douvres à Londres, c'était comme une pompe triomphale; rien ne saurait rendre la réception chaleureuse et solennelle que les habitants de Londres ont faite à nos souverains; toutes les rues, pavoisées aux couleurs de France et d'Angleterre, avaient peine à contenir la multitude avide de saluer l'élu des Français de leurs applaudissements sympathiques. Les fils d'Albion, nous pouvons le dire et nous en sommes fiers, ont conquis notre estime et notre reconnaissance par l'élan vraiment admirable qu'ils ont montré en cette circonstance. Puissent les liens qui unissent ces deux peuples, jadis trop longtemps rivaux, se resserrer de plus en plus pour leur propre gloire, les progrès de la civilisation, la paix et le bonheur de l'Europe entière ! !

Le 29 avril, huit jours après son retour à Paris, l'Empereur se promenait à cheval aux Champs-Élysées, accompagné de deux officiers-généraux, lorsque, à la hauteur du Château des Fleurs, un homme bien vêtu, s'approchant à quelques pas de Sa Majesté, lui a tiré deux coups de pistolet. L'Empereur n'a pas été atteint, et après avoir salué les personnes qui l'avaient immédiatement entouré, a continué sa route, au pas, pour rejoindre l'Impératrice au bois de Boulogne. A leur

retour, Leurs Majestés ont été saluées de toutes part des
acclamations les plus empressées et les plus enthousiastes de la multitude qui les a accompagnées jusqu'aux
Tuileries, où longtemps la foule a fait retentir l'air de ses
cris.

L'assassin a été immédiatement arrêté par les personnes
qui se trouvaient près de lui, et a été remis entre les
mains de la justice. Bénissons la Providence d'avoir
sauvé les jours de l'Empereur !!..

Voilà donc à quels crimes peut porter l'aveuglement
de l'esprit de parti! Le meurtre politique ne s'attaque
pas à un seul homme, il frappe une nation tout entière
dans la personne de son chef, et l'expose à tous les
désastres de la guerre civile. Ce n'est par conséquent pas
un assassinat ordinaire, c'est un assassinat collectif, un
crime de lèze-nation. Le factieux qui s'en rend coupable
ne réalise-t-il pas, en quelque sorte, le vœu du féroce
Néron souhaitant que le peuple romain n'eût qu'une
tête, afin de pouvoir l'abattre d'un seul coup? Honte
mille fois et réprobation à un tel forfait, qui s'aggrave
encore de la situation où se trouve la France engagée
dans une guerre sérieuse contre le colosse moscovite.
Grâce à Dieu, l'assassin n'est pas Français! Qu'il aille
donc rejoindre les Louvel, les Fieschi, les Alibaud, et
tous ces régicides qui ont été l'horreur, l'épouvante et le
fléau du passé !

A peine la nouvelle de ce crime fut-elle répandue, que
les ambassadeurs, les ministres, le conseil-d'État et les
membres du Sénat, s'empressèrent d'exprimer à Sa
Majesté l'indignation que leur causait l'attentat dirigé
contre ses jours, et le félicitèrent d'en avoir été si provi-
dentiellement préservé.

Le président du Sénat a adressé à l'Empereur les paroles suivantes :

« SIRE,

» Une tentative homicide a essayé de répondre aux acclamations de Londres et au légitime orgueil que la France en a ressenti. Mais la main protectrice de Dieu est encore plus visible que celle de ce fanatique étranger dont les projets ont été confondus.

» Bénissons, Sire, l'admirable logique qui préside aux projets de la Providence. Elle a voulu que votre trône s'élevât comme un rempart entre la France et les révolutions. Elle veut, par suite, que les factions ne puissent vous empêcher d'accomplir la grande mission d'où dépendent les destinées de l'Europe et l'avenir de la civilisation.

» Nous unissons nos sentiments à ceux de l'Impératrice : il n'y a pas un cœur français qui n'ait palpité comme le sien. »

L'Empereur a répondu :

» Je remercie le Sénat des sentiments qu'il vient de m'exprimer. Je ne crains rien des tentatives des assassins. Il est des existences qui sont les instruments des décrets de la Providence. Tant que je n'aurai pas accompli ma mission, je ne cours aucun danger. »

Ces paroles ont été suivies des cris de *Vive l'Empereur! Vive l'Impératrice!* Leurs Majestés se sont ensuite dirigées vers la chapelle, où elles ont entendu la messe.

La France entière a été émue de la noble réponse de Napoléon III; comme l'Empereur, elle est convaincue

que le secours de la Providence ne lui fera jamais
défaut, et que sa mission s'accomplira glorieusement et
sans péril sous la puissante main de Dieu qui protége la
France.

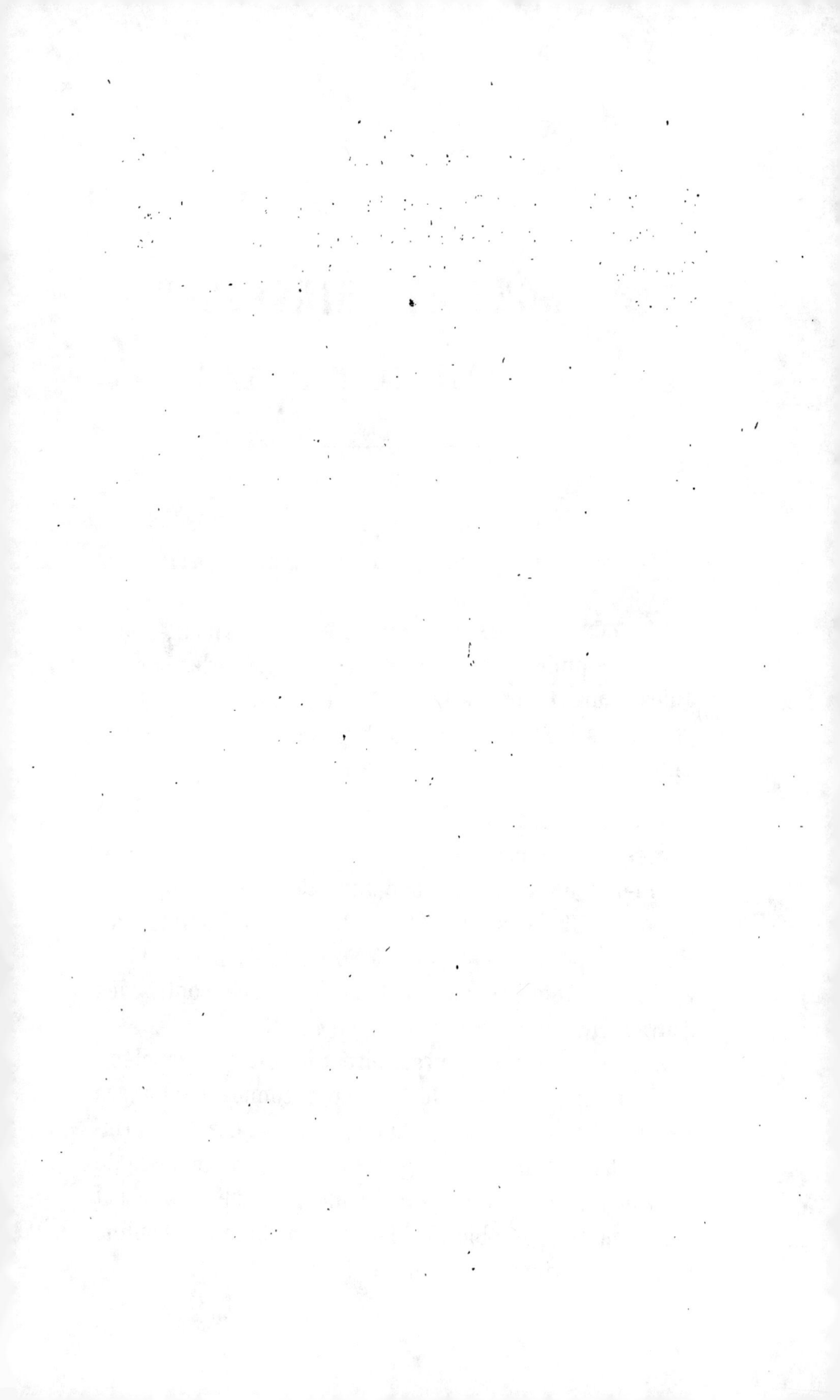

PRINCES ET PRINCESSES

DE LA FAMILLE IMPÉRIALE.

Les deux filles de JOSEPH BONAPARTE.

73. ZÉNAÏDE-CHARLOTTE-JULIE BONAPARTE, née à Paris le 8 juillet 1801, mariée à son cousin Charles-Lucien-Jules-Laurent Bonaparte, prince de Canino et de Musignano, fils de Lucien, frère de l'Empereur, morte en Italie, le 8 août 1854.

74. CHARLOTTE BONAPARTE, née le 31 octobre 1802, mariée à son cousin, le prince Napoléon-Louis Bonaparte, grand-duc de Berg, frère défunt de S. M. l'Empereur Napoléon III, et second fils de Louis, roi de Hollande. Charlotte perdit son époux à Forli, le 17 mars 1831, après la première insurrection de l'Italie contre les Autrichiens. Elle-même mourut en 1839.

Les enfants de Joseph remplirent le vœu que Napoléon avait formé à Sainte-Hélène, en recommandant à ses neveux et à ses nièces de s'unir entre eux. Ces deux princesses habitèrent longtemps l'Italie avec la comtesse de Survilliers, leur mère. Leur fortune particulière s'accrut d'un legs considérable que leur fit, en mourant, Pauline Bonaparte, princesse Borghèse, leur tante.

31

Les enfants de Lucien Bonaparte.

75. CHARLOTTE BONAPARTE, née en 1796, mariée au prince romain Gabrieli, dont elle a eu un fils et deux filles. En 1808, elle avait été demandée en mariage par le prince des Asturies (Ferdinand VII, roi d'Espagne) qui tenait alors à s'allier au sang des Bonaparte. Cette union n'ayant pas eu lieu, l'Empereur eut plus tard, dit-on, la volonté de marier sa nièce au grand-duc de Wurtzbourg, oncle de Marie-Louise. Mais Charlotte, ayant vu le grand-duc, témoigna de la répugnance à l'épouser, et Lucien, ne voulant pas contrarier sa fille, ajouta ainsi un nouveau grief à ceux que l'Empereur avait déjà contre lui.

76. CHRISTINE-EGYPTA BONAPARTE, née en 1798, mariée en 1824 à lord Dudley-Stuart, morte en 1847. Son fils, Frank Dudley-Stuart, est officier dans l'Inde.

Ces deux princesses furent le fruit de la première union de Lucien Bonaparte.

77. CHARLES-LUCIEN-JULES-LAURENT BONAPARTE, né à Paris le 24 juin 1803, prince de *Canino et de Musignano*, membre correspondant de l'Institut de France et de diverses Académies de l'Europe, fondateur des congrès scientifiques d'Italie. En 1828, Charles-Lucien Bonaparte a publié un ouvrage auquel les naturalistes s'accordent à donner de grands éloges : c'est le *Tableau comparatif de l'Ornithologie de Rome et de celle de Philadelphie*. Charles-Lucien avait habité l'Amérique pendant quelques années. Il épousa, le 28 juin 1822, sa cousine Zénaïde-Charlotte-Julie Bonaparte, fille du roi Joseph, dont il a eu dix enfants, quatre fils et six filles. Il est à

regretter que le prince de Canino se soit mêlé, en 1847 et
1848, aux séditieux de Rome qui, par leur coupable
rébellion, contraignirent le vertueux Pie IX à fuir de sa
capitale. Lucien, son père, ne lui avait certainement pas
donné de tels exemples par sa conduite si filiale envers
le Saint-Siége.

78. LÆTITIA BONAPARTE, née à Milan, le 1er décembre
1804, mariée à M. Thomas Wyse, président d'une asso-
ciation catholique irlandaise et membre du parlement
britannique.

79. LOUIS-LUCIEN BONAPARTE, né à Tornigrow
(comté de Worcester en Angleterre), le 4 janvier 1813.
Elu à l'Assemblée nationale législative le 8 juillet 1849,
par 124,726 suffrages dans le département de la Seine ;
aujourd'hui membre du Sénat conservateur de l'Empire
français.

80. PIERRE-NAPOLÉON BONAPARTE, né à Rome, le
12 septembre 1815 ; chef de bataillon à la légion étrangère en Algérie ; élu, en 1848, par le département de la
Corse, représentant du peuple à l'Assemblée nationale.
C'est dans la personne du prince Pierre-Napoléon, que le
Président de la république crut devoir donner un exemple
de cette sévérité et de cette justice qui doivent caractériser
le chef d'un grand État. Le 19 novembre 1849, on vit
paraître dans le *Moniteur* le décret suivant :

« Le Président de la République,

» Considérant que M. Pierre-Napoléon Bonaparte, nommé au titre
étranger, chef de bataillon dans le 1er régiment de la légion étrangère,
par arrêté du 19 avril 1848, a reçu, sur sa demande, un ordre de service,
le 19 septembre 1849, pour se rendre en Algérie ;

» Considérant qu'après avoir pris part aux événements do la guerre dont la province de Constantine est en ce moment le théâtre, il a reçu du général commandant la division l'ordre de se rendre auprès du gouverneur-général pour remplir une mission concernant l'expédition de Zaatcha ;

» Considérant qu'il n'a pas rempli cette mission ; qu'il ne s'est pas rendu auprès du gouverneur-général, mais qu'il s'est embarqué à Philippeville pour revenir à Paris ;

» Considérant qu'un officier servant en France, au titre étranger, se trouve en dehors de la législation commune aux militaires français, mais qu'il est tenu d'accomplir le service auquel il s'est engagé ;

» Considérant que M. Pierre-Napoléon Bonaparte en sadite qualité, n'était ni le maître de quitter son poste sans autorisation, ni le juge de l'opportunité de son retour à Paris ;

Sur le rapport du ministre de la guerre, — Décrète :

ART. 1er. M. Pierre-Napoléon Bonaparte est révoqué du grade et de l'emploi de chef de bataillon à la légion étrangère, etc.

La France vit dans ce décret du prince-président la preuve de l'impartialité avec laquelle il voulait maintenir la discipline militaire, puisqu'il n'épargnait pas même son cousin.

81. ANTOINE BONAPARTE, né à Tusculum, en Italie, le 31 octobre 1816.

82. ALEXANDRINE-MARIE BONAPARTE, née à Rome en 1818, mariée au comte Valentini.

83. CONSTANCE BONAPARTE, née à Bologne en 1823, religieuse au Sacré-Cœur à Rome.

84. PAUL BONAPARTE, mort en Grèce.

85. JEANNE BONAPARTE, mariée au marquis Honorati.

Les enfants de LOUIS BONAPARTE,
Roi de Hollande.

86. NAPOLÉON-CHARLES BONAPARTE, né à Paris le 10 octobre 1802. Ce prince fut tenu sur les fonts du

baptême par l'Empereur ; il reçut le titre de prince royal de Hollande, le 5 juin 1806, et mourut à la Haye, le 5 mai 1807.

87. NAPOLÉON-LOUIS BONAPARTE, né à Paris, le 11 octobre 1804. A sa naissance, trois cents pauvres femmes, sortant de faire leurs couches, reçurent des secours de la bonne Impératrice Joséphine. Le baptême du nouveau-né fut célébré par Pie VII en présence de l'Empereur, de Madame mère, des princesses du sang, des grands de l'Empire, avec une pompe extraordinaire. Napoléon-Louis fut nommé par l'Empereur grand-duc de Berg et de Clèves. Il avait épousé sa cousine la princesse Charlotte, fille du roi Joseph. Il mourut à Forli, le 17 mars 1831, sans postérité.

Le troisième fils de Louis, roi de Hollande, est Louis-Napoléon, aujourd'hui NAPOLÉON III, Empereur des Français. — Voyez n° 72, page 394 et suivantes.

Les enfants de JÉRÔME BONAPARTE,
Roi de Westphalie.

88. JÉRÔME-NAPOLÉON BONAPARTE, prince de Montfort, né à Trieste, le 24 août 1814 ; colonel du 8e régiment de ligne au service de son oncle maternel le roi de Wurtemberg. — Il est mort en 1847.

89. MATHILDE-LÆTITIA-WILHEMINE BONAPARTE, princesse de Montfort, aujourd'hui Altesse impériale, née à Trieste, le 27 mai 1820, mariée en 1841 au prince Démidoff de san Donato. Cette princesse fait l'ornement de la cour impériale par les grâces de sa personne, par son esprit, sa bienfaisance et son affabilité.

90. Napoléon-Joseph-Charles-Paul BONAPARTE
est né à Trieste, le 9 novembre 1822. Il fit ses premières
armes dans le 8ᵉ régiment de ligne, au service de son
oncle maternel le roi de Wurtemberg, et avait le grade de
capitaine lorsque la révolution de Février mit enfin un
terme à l'exil qui pesait sur les membres de la famille
impériale. Aux élections pour l'Assemblée Constituante,
le prince Napoléon Bonaparte fut élu par plusieurs départements; il opta pour celui de la Corse, et vint siéger
dans cette Assemblée, où il fit constamment preuve de
beaucoup de civisme et de modération. Nommé sénateur
et promu au grade de général de division, après le rétablissement de l'Empire, le prince brûlait de prouver à la
France et à l'Empereur qu'il était digne des honneurs que
la patrie et le souverain lui décernaient. L'occasion ne
tarda pas à se présenter. La guerre ayant été déclarée à
la Russie par la France et l'Angleterre, le prince Napoléon
Bonaparte adressa à l'Empereur la lettre suivante, inspirée
par les généreux sentiments que le pays est toujours sûr
de trouver chez les membres de sa famille : « Je ne
» demande ni commandement important, ni titre qui me
» distingue. Le poste qui me semblera le plus honorable
» sera celui qui m'approchera le plus de l'ennemi. L'uni-
» forme, que je suis fier de porter, m'impose des devoirs
» que je serai heureux de remplir, et je veux gagner le
» haut grade que votre affection et ma position m'ont
» donné.
» Quand la nation prend les armes, Votre Majesté trou-
» vera, j'espère, que ma place est au milieu des soldats;
» et je la prie de me permettre d'aller me ranger parmi
» eux, pour soutenir le droit et l'honneur de la France. »
Le prince Napoléon Bonaparte s'embarqua à Toulon

avec une division de l'armée française. Il arriva, le 25 avril
1854, à Smyrne, et, le 1er mai, fit son entrée à Constantinople, accompagné du généralissime anglais, lord Raglan.
Reçu par le Sultan avec les honneurs dus à son rang et à
l'illustre nom qu'il porte, le prince fut, auprès d'Abd-ul-
Medjid, l'interprète des sentiments de Napoléon III. Puis
il eut hâte d'aller se mettre à la tête de la division dont
l'Empereur lui avait confié le commandement. Là, parmi
les troupes dont il sut se concilier en peu de temps
l'affection, Son Altesse Impériale leur donna chaque jour
des preuves non équivoques de son dévouement et de sa
générosité. Pendant l'épidémie qui décima notre brave
armée à Gallipoli et à Varna, Napoléon Bonaparte fut
véritablement le père de ses soldats : secours, remèdes,
visites, consolations, il n'oublia rien de ce qui pouvait
alléger leurs souffrances, faire diversion à leur tristesse
et à leurs maux. N'est-ce pas, en effet, dans ces moments
suprêmes que le brave, étendu sur un lit de douleur, à
600 lieues de sa patrie et de ses proches, aime à trouver
dans les princes et les chefs qui le commandent des cœurs
compatissants, paternels et consolateurs ! Oh ! comme
alors il les bénit, les aime et les révère !...

L'expédition contre Sébastopol ayant été résolue, le
prince Napoléon s'embarqua pour la Crimée, où il prit une
part glorieuse à la bataille de l'Alma. Dans son rapport
au ministre de la guerre, le maréchal de Saint-Arnaud
s'exprimait ainsi sur le compte de Son Altesse Impériale :

« La 3e division, conduite avec la plus grande vigueur
» par S. A. I. le prince Napoléon, a pris au combat qui
» s'est livré sur les plateaux la part la plus brillante, et
» j'ai été heureux d'adresser au prince mes félicitations
» en présence des troupes. » Sous les murs de Sébas-

topol, Napoléon-Bonaparte a sans cesse partagé toutes les
fatigues du soldat; ni les intempéries du climat, ni les
épreuves d'une lutte opiniâtre et sanglante ne furent
capables d'affaiblir son énergie et son courage, et la
bataille d'Inkermann fut encore pour ce prince une occasion de montrer qu'il porte dignement le grand nom de
Napoléon. A la tête des braves de sa division, on le vit à
cheval, pendant toute cette terrible journée, faire des prodiges de valeur, et braver le danger sous le feu et la
mitraille des Russes. Les fatigues excessives de la campagne et la maladie qui en fut la suite le contraignirent à
aller prendre quelque repos à Constantinople, et bientôt
à regagner momentanément la France.

De son mariage avec miss Petterson, l'ex-roi de Westphalie avait eu un fils nommé Jérôme, qui a toujours
habité Baltimore. Un journal de Washington annonce
qu'il est sur le point de partir pour la France, où il
compte établir sa résidence. On sait que son fils a été
naturalisé français, et qu'il fait partie de notre armée en
Crimée.

Les enfants d'ÉLISA BONAPARTE,

Grande-Duchesse de Toscane.

91. NAPOLÉONE-ÉLISA BACCIOCHI, née le 3 juin 1806,
mariée au comte Camerata. En novembre 1830, la comtesse Camerata fit un voyage à Vienne, en Autriche, dans le
but de voir le duc de Reichstadt et de le décider à tenter
de recouvrer la couronne de son père. Elle lui fit remettre
une lettre énergique à cet égard. Voyant qu'elle ne recevait point de réponse, cette femme ardente se jette un jour

à la rencontre du prince dans l'escalier conduisant aux
appartements de son gouverneur, M. Obenaus, et brave
toutes les fureurs de la police pour baiser la main du fils
de l'Empereur. M. Obenaus, étonné à sa vue, ne put s'empêcher de lui dire en frémissant : « Madame, à quel
danger vous exposez-vous! quelle est votre intention?....
— Qui me refusera, s'écria-t-elle aussitôt avec une exaltation extrême, de baiser la main du fils de mon souverain? » Le fils de Napoléone-Élisa, le jeune comte de
Camerata, s'est donné la mort à Paris, en 1853, sans
qu'on ait pu connaître la cause de cet acte de désespoir.
Il était âgé de 22 ans.

92. FRÉDÉRIC BACCIOCHI, né en 1813, mort à Rome
d'une chute de cheval.

Les enfants de CAROLINE BONAPARTE,
Reine de Naples.

93. NAPOLÉON-ACHILLE-CHARLES-LOUIS MURAT, prince
royal des Deux-Siciles, né le 21 janvier 1801, fut l'aîné des
enfants de la reine Caroline; il suivit sa mère sur la terre
étrangère, reçut par ses soins une éducation solide, et
suivit la carrière des armes, où il fit preuve d'une
grande bravoure. En 1831, il obtint du service en Belgique; mais sa présence ayant inspiré de l'inquiétude au
gouvernement du roi-citoyen, il dut quitter l'armée. Il se
retira alors aux États-Unis, y embrassa, ainsi que son
frère, la profession d'avocat. Plus tard, il acquit des terres
dans la Floride, et se fixa à Wascassa. Ce prince mourut
sans postérité en 1847.

94. LÆTITIA-JOSÈPHE MURAT, née le 25 avril 1802, a
épousé le comte Pepoli de Bologne.

95. LUCIEN-CHARLES-JOSEPH-FRANÇOIS-NAPOLÉON MURAT, né le 16 mars 1803, fut élevé jusqu'à douze ans au milieu des grandeurs de la cour Napolitaine. Après les malheurs de sa famille, il partagea pendant dix ans l'exil de sa mère, et perfectionna son éducation par l'étude et les voyages. En 1825, il s'embarqua pour l'Amérique à Gibraltar, et alla rejoindre son frère Achille. La révolution de Février 1848 lui permit de rentrer en France, où il fut élu, cette année même, représentant du peuple à l'Assemblée nationale. Il a trois enfants, deux fils et une fille. — Voyez les nos 120, 121, 122.

96 LOUISE-JULIE-CAROLINE MURAT, née le 22 mars 1805, mariée au comte Rasponi de Ravenne.

Famille adoptive de l'EMPEREUR.

97 HORTENSE-EUGÉNIE-FANNY DE BEAUHARNAIS, reine de Hollande, puis duchesse de Saint-Leu, naquit à Paris le 10 avril 1783, du vicomte Alexandre de Beauharnais et de Joséphine-Rose Tascher de La Pagerie, depuis Impératrice. Lorsque sa mère eut épousé, en secondes noces, le général Bonaparte, Hortense fut placée par son beau-père dans la maison de Madame Campan, où elle reçut une éducation brillante. Hortense était une charmante jeune fille, joignant aux grâces extérieures les qualités précieuses du cœur, un aimable caractère, un goût exquis pour les talents et pour la poésie. Mariée, le 4 janvier 1802, au prince Louis, frère de l'Empereur, elle en eut trois fils, dont deux sont morts, et le troisième a été appelé par le suffrage unanime du peuple français au trône impérial. Lorsque le prince Louis fut nommé roi de Hollande, Hortense alla s'asseoir à côté de lui sur le

trône nouvellement créé, s'y fit aimer de tous par sa bonté, sa douceur et sa bienfaisance : on ne l'appelait que *la bonne reine*. Que de larmes n'a-t-elle pas séchées ! que de douleurs, que de misères n'a-t-elle pas consolées et secourues ! Souvent elle usa de son influence pour faire rappeler de l'exil de grands personnages que la justice sévère de l'Empereur y avait envoyés. En Hollande, comme en France, elle exerçait un grand empire de bienveillance ; mais elle ne partageait pas le bonheur qu'elle répandait autour de sa personne. Il y avait peu de sympathie entre son caractère et celui de son époux : Hortense en paraissait vivement affectée. Comme elle aimait la France par-dessus tout, elle tournait fréquemment ses regards vers ce pays si cher à son cœur, et ne pouvait se défendre de quelques préventions contre sa nouvelle patrie. Ses soucis, ses regrets auraient peut-être été moins vifs si la bonne reine eût eu près de sa personne quelques amies d'enfance. Elle, qui avait l'âme si affectueuse et si sensible, ne pouvait s'habituer qu'avec peine au caractère froid et peu expansif des Hollandaises.

La reine Hortense versifiait avec beaucoup de facilité. Nous avons d'elle quatre romances d'une mélodie pure, simple et touchante, remarquables par la délicatesse du goût et la suavité des sentiments : *Partant pour la Syrie; — Reposez-vous, bon chevalier; — Colin se plaint de ma rigueur; — Quoi! vous partez pour aller à la guerre*. Ces délicieuses productions d'une reine aimée eurent un succès immense à l'époque de notre gloire : partout on les répétait avec plaisir, dans les salons, dans l'atelier et jusque dans la chaumière ; la musique de nos régiments les fit résonner sur les champs de bataille et dans les capitales des peuples vaincus.

Depuis que l'illustre fils de la reine Hortense est monté
sur le trône, la première de ces romances a repris toute
sa vogue. Les Français aiment à l'entendre, parce qu'elle
leur rappelle le souvenir d'une princesse qui leur fut
chère. Quelle ne doit pas être l'émotion de Napoléon III,
lorsque, dans les revues ou dans les fêtes, il l'entend
exécuter par nos régiments !

Après la réunion de la Hollande à l'Empire, Hortense
rentra en France, et vint habiter la Malmaison. En 1814,
les souverains alliés lui donnèrent, ainsi qu'à l'Impératrice
Joséphine, son auguste mère, de hautes marques de leur
estime et de leur intérêt. Pendant les Cent-Jours, elle
continua à jouir de toute la confiance de Napoléon, et
s'en servit pour rendre les plus importants services à tous
ceux qui avaient recours à sa puissante médiation. De ce
nombre fut la duchesse douairière d'Orléans, mère de
Louis-Philippe. Au mois de janvier 1815, la duchesse avait
fait une chute et s'était cassé la jambe, en sorte qu'elle
était encore sur son lit de douleur lorsque Napoléon
rentra dans Paris. Dans cet état, elle écrivit à la reine
Hortense, la priant de demander pour elle à l'Empereur
la permission de rester à Paris, et l'allocation d'une
somme qui lui permît de tenir un état de maison en rapport avec son rang. La reine Hortense ayant obtenu de
Napoléon les faveurs que sollicitait la duchesse, s'empressa de l'en avertir par une lettre, à laquelle la duchesse
fit la réponse suivante :

« Madame,

» Je suis vraiment affligée que le mauvais état de ma santé me prive
d'exprimer à Votre Majesté, comme je le voudrais, ma sensibilité à l'intérêt qu'elle a témoigné à ma position. Elle est encore bien pénible, ma
jambe ne prenant aucune force ; mais je ne veux pas différer d'exprimer

à Votre Majesté et à S. M. l'Empereur, auprès duquel j'ose vous prier
d'être mon interprète, les sentiments dont fait profession,

» Madame,

» de Votre Majesté la servante,

» LOUISE-MARIE-ADÉLAÏDE DE BOURBON-PENTHIÈVRE,

» Douairière, duchesse d'Orléans.

» Ce 19 avril 1815. »

Madame la duchesse de Bourbon, tante de Louis-Philippe, dut aussi à la puissante médiation de la *bonne
reine*, l'avantage de ne pas quitter Paris pendant les
Cent-Jours, et de plus une pension de 600,000 francs. On
sait comment Louis-Philippe d'Orléans, devenu roi, fut
reconnaissant envers Hortense; lorsque, en 1831, cette
infortunée princesse se réfugia à Paris avec son fils agonisant..., il leur fit signifier l'ordre de quitter la France
dans les vingt-quatre heures !... Toutefois Louis-Napoléon
retarda son départ, espérant obtenir l'honneur de servir
dans l'armée française, ou la permission de concourir,
comme le plus humble citoyen français, aux examens de
l'école Polythecnique. Cette justice lui fut encore refusée.
La reine, sa mère, l'emmena donc en Angleterre; ils y sé-
journèrent quelque temps, et revinrent de là au château
d'Arenenberg.

La tentative de Strasbourg et l'exil de son fils qui en
était la suite, firent sur le cœur de la sensible mère la
plus douloureuse impression. Sa santé, affaiblie déjà par
tant de vicissitudes et d'infortunes, fut en quelques mois
réduite à l'état le plus alarmant. De son lit de souffrances,
elle adressa au-delà des mers cette lettre d'adieu à l'enfant de son affection :

« Mon cher Fils, on doit me faire une opération absolument nécessaire. Si elle ne réussit pas, je t'envoïe par cette lettre ma bénédiction.
Nous nous retrouverons, n'est-ce pas? dans un monde meilleur, où tu

ne viendras me rejoindre que le plus tard possible ; et tu penseras qu'en quittant celui-ci, je ne regrette que toi, que ta bonne tendresse qui, seule, m'y a fait trouver quelque charme. Cela sera une consolation pour toi, mon cher ami, de penser que, par tes soins, tu as rendu ta mère heureuse autant qu'elle pouvait l'être. Tu penseras à toute ma tendresse pour toi, et tu auras du courage. Pense qu'on a toujours un œil bienveillant et clairvoyant sur ce qu'on laisse ici-bas ; mais, bien sûr, on se retrouve. Crois à cette douce idée : elle est trop nécessaire pour ne pas être vraie. Ce bon Arèse, je lui donne aussi ma bénédiction comme à un fils. Je te presse sur mon cœur, mon cher ami. Je suis bien calme, bien résignée, et j'espère encore que nous nous reverrons dans ce monde-ci. Que la volonté de Dieu soit faite !

> » Ta tendre mère,

> » HORTENSE. »

Ce dernier vœu de son cœur fut exaucé ; le Ciel ne voulut pas que *la bonne reine* quittât ce monde sans avoir pressé, pour la dernière fois, dans ses bras défaillants le fils pour lequel son âme avait supporté si patiemment les épreuves de l'adversité. Louis-Napoléon arrive ; sa mère respire et conserve encore là force de caractère qui la soutint pendant toute sa vie. Elle envisage sa dernière heure sans crainte comme sans remords, et, aidée des conseils de son fils, s'y prépare en femme vraiment chrétienne. Ses derniers devoirs étant accomplis avec cette douce piété qui ne l'abandonna jamais, elle bénit son fils et les serviteurs qui sanglotent autour de sa couche funèbre, et s'endort en paix dans le Seigneur, le 7 octobre 1837 !... Ainsi mourut *la bonne reine* Hortense, dont la présence serait aujourd'hui si précieuse et si chère à tous les Français ! L'indulgence de Louis-Philippe, qui ne s'exerçait qu'en faveur des cendres des morts, permit que la dépouille mortelle de la duchesse de Saint-Leu fût déposée dans le caveau de sa mère, l'Impératrice Joséphine, dans l'église de Rueil, près Paris. C'est là que souvent vont s'agenouiller sur sa tombe ceux qui, guidés par la mémoire du cœur, aiment à se rappeler sa générosité et ses bienfaits.

98 EUGÈNE DE BEAUHARNAIS, vice-roi d'Italie, frère de la reine Hortense, était fils du vicomte Alexandre de Beauharnais et de Joséphine Tascher de La Pagerie, qui fut depuis Impératrice des Français. Il naquit à Paris, le 30 septembre 1781. Il n'avait que quatorze ans lorsque son père, jeune encore, périt victime de l'anarchie révolutionnaire. Sa mère ayant été incarcérée et dépouillée de sa fortune ; le jeune Beauharnais, seul, et privé de ressources, fut obligé, pour subsister, d'entrer en apprentissage chez un menuisier ; il sut y mériter l'affection de tous les ouvriers par sa modestie, ses manières et son aptitude au travail. Il y avait quelques mois qu'il vaquait à ce rude labeur, lorsqu'un jour il est accosté sur la porte de son atelier par un officier-général, qui lui propose d'embrasser la carrière des armes, pour devenir un jour son aide-de-camp. Eugène, émerveillé d'une si belle proposition, s'empresse de l'accepter avec reconnaissance, et, les larmes aux yeux, demande à son bienfaiteur comment il s'appelle. « Hoche, lui répond celui-ci ; j'estimais ton père, et je suis heureux de le remplacer. » Eugène fut placé par son protecteur dans un pensionnat à Saint-Germain-en-Laye ; il s'y distingua, dès les premiers jours, par de brillants succès, surtout dans les sciences exactes.

Après les journées de vendémiaire, Napoléon Bonaparte fut nommé général en chef de l'armée de l'intérieur. Eugène, à qui sa mère avait été rendue, forma, sans rien dire à personne, le dessein d'aller réclamer auprès du général l'épée du vicomte de Beauharnais, son père, pour s'en servir lui-même, lorsqu'il serait à l'armée. Admis à

l'audience de Bonaparte, sa piété filiale et la franchise de
ses réponses plurent tellement au général, qu'il lui fit
présent d'un sabre d'honneur, en attendant qu'il pût lui
faire rendre l'épée de son père. Le lendemain, Madame
de Beauharnais se rendit, avec ses deux enfants, à la
demeure du général, pour lui exprimer sa reconnaissance. Bonaparte était absent ; mais, quelques jours après,
il s'empressa de lui rendre sa visite, et fut si charmé de
l'intérieur de cette famille, qu'il se montra désireux de
remplacer Hoche auprès du jeune Beauharnais, et de
l'initier à l'art de la guerre. Madame de Beauharnais
accepta sans hésiter, et les relations devinrent dès-lors
plus intimes entre elle et le général en chef.

En février 1796, Bonaparte ayant épousé la veuve de
Beauharnais, Eugène entra dans la carrière militaire, et
fut attaché à la fortune de son beau-père, sous lequel il
fit ses premières armes en Italie et en Egypte. Au retour
de ces deux campagnes, il fut nommé chef d'escadron des
chasseurs de la garde consulaire, et, en 1804, il en obtint
le commandement. Lorsque Napoléon eut été élevé à la
dignité impériale, il récompensa la bravoure d'Eugène en
lui donnant le titre de *prince français* ; et, peu de temps
après, il le créa vice-roi de l'Italie septentrionale, qu'il
venait d'ériger en royaume. Enfin, le 12 janvier 1806, il
l'adopta pour son fils, et parut vouloir en faire l'héritier
de sa puissance. Le lendemain, Eugène épousa à Munich
la princesse Auguste-Amélie, fille du roi de Bavière, et,
par cette union, forma le premier anneau qui va lier
désormais la dynastie napoléonienne aux vieilles dynasties de l'Europe. L'année suivante, l'Empereur réunit les
États vénitiens à la vice-royauté d'Eugène, et lui ajouta le
titre de *prince de Venise*. Le vice-roi administra ses

États avec sagesse, et se fit chérir et estimer de ses peuples. Lors de la reprise des hostilités, en 1809, il repoussa, à la tête de l'armée d'Italie, une armée autrichienne qui tentait de faire invasion dans cette contrée, la chassa devant lui jusque dans les environs de Vienne, fit sa jonction avec la grande armée, puis gagna la bataille de Raab, et contribua au succès de celle de Wagram, où il se fit remarquer par sa valeur et son sang-froid. La campagne de Russie fut pour lui une nouvelle source de gloire ; il se signala aux combats d'Ostrowno, de Mohilow, ainsi qu'à la célèbre bataille de la Moskowa, et plus particulièrement à l'affaire de Wiazma. Chargé par l'Empereur de rassembler tous les débris de la grande armée, il se distingua dans cette mémorable retraite par son dévouement, ses soins et ses attentions généreuses envers les soldats qu'il s'efforça de rallier à Magdebourg. On le vit encore commander la gauche de l'armée à la bataille de Lutzen, où il se conduisit avec sa bravoure ordinaire. Napoléon, soupçonnant la défection de l'Autriche, renvoya le vice-roi en Italie, pour y organiser des moyens de défense. Avec des troupes de nouvelles levées, et bien inférieures en nombre à celles de l'ennemi, le prince Eugène se défendit avec succès ; mais la défection de Murat l'obligea de conclure un armistice avec le comte de Bellegarde.

Après l'entrée des alliées à Paris en 1814, Eugène se retira à Munich, auprès du roi de Bavière, son beau-père, qui lui donna le duché de Leuchtemberg et le rang de prince de sa maison. A l'époque de la mort de sa mère, l'Impératrice Joséphine, il se rendit à Paris, et y fut très-bien accueilli par Louis XVIII. Il partit ensuite pour Vienne, et ne put obtenir du congrès que les puissances alliées le comprissent dans la nouvelle organisation de

l'Europe. Pendant les Cent-Jours, sa présence donnant
de l'inquiétude à la Sainte-Alliance, il se retira à Bareuth,
et après la bataille de Waterloo, il revint à Munich, où il
mourut d'une attaque d'apoplexie le 21 février 1824. Ce
qui distinguait surtout le prince Eugène, c'est que chez
lui l'esprit était en équilibre avec le courage ; cette qualité
bien rare dans un général d'armée, en faisait un homme
d'un mérite fort distingué.

Eugène eut sept enfants, deux fils et cinq filles.

99. AUGUSTE DE BEAUHARNAIS, marié, le 26 janvier
1835, à Dona Maria II, reine de Portugal, mort le 28
mars de la même année.

100. JOSÉPHINE-MAXIM^{ne}-EUGÉNIE DE BEAUHARNAIS,
mariée, le 19 juin 1823, à Joseph-François Oscar Ier,
roi de Suède et de Norvége, fils de Bernadotte.

101. EUGÉNIE-NAPOLÉONE DE BEAUHARNAIS, mariée,
le 22 mai 1826, à Frédéric, prince régnant de Hohen-
zollern-Héchingen.

102. AMÉLIE DE BEAUHARNAIS, mariée, le 2 août
1829, à don Pedro, empereur du Brésil.

103. THÉODELINDE-LOUISE-EUGÉNIE-NAPOLÉONE DE
BEAUHARNAIS, mariée, le 8 février 1841, à Guillaume,
comte de Wurtemberg.

104. MAXIM^{en}-JOSEPH-AUG.-NAPOLÉON DE BEAUHARNAIS
duc de *Leuchtemberg*, marié, le 14 janvier 1839, à Marie-
Nicolaïewna, fille de Nicolas Ier, Czar de toutes les Russies.
Cette princesse est veuve depuis plusieurs années.

105. JOSÉPHINE-FRÉDÉRIQUE-LOUISE DE BEAUHARNAIS
née en 1813, veuve de M. Querelles ; mariée en seconde

noces à M. Laity, ex-compagnon de captivité de S. M. l'Empereur Napoléon III.

106. STÉPHANIE - LOUISE - ADRIENNE NAPOLÉON DE BEAUHARNAIS, — cousine de l'impératrice Joséphine — née en 1789, est fille d'un premier mariage du comte Caude de Beauharnais que l'Empereur nomma sénateur en 1804, et chevalier d'honneur de Marie-Louise en 1810. Napoléon adopta la princesse Stéphanie, et la maria le 8 avril 1806, à Charles-Louis-Frédéric, grand-duc de Bade en 1811, mort le 8 décembre 1818. Un fils était né de cette union, mais étant mort en bas âge, la couronne grand-ducale passa à l'oncle de Charles-Louis-Frédéric, le margrave Louis-Auguste-Guillaume. De ce moment, la princesse Stéphanie ne fut plus que grande-duchesse douairière de Bade. Cette fille adoptive de Napoléon Ier fait aujourd'hui l'un des ornements de la cour impériale par ses grandes qualités, qui rappellent l'Impératrice Joséphine. Elle a trois filles.

107. LOUISE-AMÉLIE-STÉPHANIE, née en 1811, mariée le 9 novembre 1830, au prince Gustave Wasa, de l'ancienne maison royale de Suède.

108. JOSÉPHINE-FRÉDÉRIQUE-LOUISE, née le 21 octobre 1813; mariée à Charles, prince héréditaire de Hohenzollern-Sigmaringen.

109. MARIE-AMÉLIE-ELISABETH-CAROLINE, née le 11 octobre 1817, mariée le 23 février 1843 à William-Alexandre-Antony-Archibald, marquis de Douglas, fils d'Alexandre Hamilton, duc de Hamilton et de Brandon.

Les dix enfants de CHARLES-LUCIEN-LAURENT BONAPARTE,

Prince de Canino.

110. JOSEPH-LUCIEN-NAPOLÉON BONAPARTE, prince de Musignano, né à Philadelphie le 13 janvier 1824.

111. LUCIEN-LOUIS-JOSEPH-NAPOLÉON BONAPARTE, né à Rome, le 15 novembre 1828.

112. JULIE-CHARLOTTE-ZÉNAÏDE-PAULINE-LÆTITIA-DOROTHÉE BONA-PARTE, née à Rome, le 6 juin 1830.

113 CHARLOTTE-HONORINE-JOSÉPHINE BONAPARTE, née à Rome, le 4 mars 1832.

114. MARIE-DÉSIRÉE-EUGÉNIE-JOSÉPHINE-PHILOMÈNE BONAPARTE, née à Rome, 18 mars 1835.

115. AUGUSTE-AMÉLIE-MAXIMILIENNE-JACQUELINE BONAPARTE, née à Rome, 9 novembre 1836.

116. NAPOLÉON-GRÉG.-JACQ.-PHILIPPE BONAPARTE, né à Rome, 5 février 1839.

117. BATHILDE-ALOÏSE BONAPARTE, née à Rome, 26 novembre 1840.

118. ALBERTINE-MARIE-THÉRÈSE BONAPARTE, née à Florence, 12 mars 1842, morte le 3 juin de la même année.

119. CHARLES-ALBERT BONAPARTE, né le 22 mars 1843.

Les trois enfants de LUCIEN-CHARLES MURAT.

120. JOACHIM MURAT, né....

121. CAROLINE MURAT, née....

122. NAPOLÉON-EUGÈNE MURAT, né à Paris, en avril 1855, a été tenu sur les fonts du baptême par LL. MM. l'Empereur et l'Impératrice.

CONCLUSION.

L'origine et la noblesse des Bonaparte ont servi de texte aux versions les plus divergentes et les plus contradictoires. Quelques écrivains, tantôt exaltés par leur enthousiasme, leur ont forgé une généalogie grecque allant se rattacher aux Comnènes, souverains du Bas-Empire ; tantôt, se rapprochant des temps modernes, les ont fait descendre en ligne directe des Bourbons par le *Masque de Fer* ; les uns ont assigné à Napoléon Ier des ascendants d'origine provençale, qui se seraient transplantés en Espagne, et de là auraient passé dans l'île de Corse ; d'autres, aveuglés par la rancune et la haine des partis, l'ont fait naître dans les rangs les plus obscurs, pour se donner le plaisir de jeter sur ses aïeux la boue dont ils n'osaient couvrir le grand Empereur lui-même ; plusieurs, enfin, se faisant les champions de divers intérêts dynastiques, lui ont donné une origine *incertaine*, tout en reconnaissant la noblesse de ses auteurs. Tel est, entre autres, l'un des écrivains de la *Biographie universelle, Paris*, 1844. A l'article *Napoléon Bonaparte*, il ne craint pas de s'exprimer en ces mots : « Né d'une famille *noble*, mais dont l'origine est *incertaine....* »

Plus bas, il ajoute : « Ce qu'il y a de *certain*, c'est que
» le nom de Bonaparte est celui de plusieurs familles
» *très-anciennes* de Trévise, de Bologne, de Gênes ;
» mais la plupart sont éteintes, et l'on ne pourrait établir
» avec *certitude* de laquelle de ces familles Napoléon
» descendait ; *il n'est pas même* CERTAIN *qu'il des-*
» *cendît d'aucune d'elles.* » Quel galimathias de *cer-*
titude et *d'incertitude !....*

Et c'est avec une telle insouciance, une telle légéreté
que les hommes de certains partis traitent l'origine du
plus grand capitaine des temps modernes, de celui qui
porta si haut la gloire du nom français !.... Napoléon,
cependant, s'était assez illustré comme guerrier et comme
souverain, pour que l'on prît la peine de rechercher quels
avaient été ses ancêtres, ou tout au moins pour qu'on ne
jetât pas l'incertitude et le dédain sur la famille qui lui
donna le jour.

Personne n'ignore que, plus que tout autre grand
homme, Napoléon pouvait se passer d'une illustre généalogie : son génie et sa valeur l'avaient assez élevé au-
dessus des plus nobles familles de l'Europe ; lui-même
paraissait faire peu de cas d'une haute naissance, toutes
les fois que celui qui s'en glorifiait, ne l'honorait pas par
son mérite et ses qualités personnelles : « *Ma noblesse*
» *date de Montenotte,* » répondit-il avec un louable
orgueil au César autrichien qui prisait avant tout les titres
et l'ancienneté de la famille Bonaparte. Mais s'ensuit-il
pour cela que le grand Empereur reniât l'illustration de
ses ancêtres ? Non, certainement, pas plus qu'il prétendît
rabaisser les nobles aïeux de son beau-père, lorsqu'il lui
répartit : « *Qu'importe la noblesse de mon origine : je*
» *veux être le Rodolphe de Hapsbourg de ma famille !* »

Pour nous qui, depuis longtemps, nous livrons, dans l'intérêt de l'histoire, à des recherches consciencieuses sur la généalogie des familles princières de l'Europe, nous nous faisons un devoir de nous élever contre ces écrivains qui, au lieu de s'incliner devant la vérité, ou la rechercher quand ils l'ignorent, la dénaturent, pour la faire servir à leurs vues étroites, égoïstes et vénales. Courtisans ou détracteurs, suivant le parti qu'ils ont embrassé, de quel droit sacrifient-ils la vérité historique à l'opinion jalouse et haineuse d'une caste? Ne savent-ils pas que le biographe doit être, avant tout, d'une irréprochable sévérité sur les faits qui se rattachent à l'histoire particulière des familles, aussi bien qu'à tout ce qui intéresse l'histoire générale des peuples? Où le doute s'élève, où l'obscurité commence, le publiciste qui ne recherche que la vérité, doit s'arrêter et consulter les historiens et les annalistes du pays et de l'époque; fouiller les cartulaires, les bibliothèques, les archives; compulser les chartes, les chroniques des provinces, des villes, des familles; interroger les inscriptions, les légendes, les monuments, les blasons, et demander même aux tombeaux des morts des renseignements sur les faits et gestes des vivants. A force de travail et de recherches, l'inconnu se dégagera peu à peu, et le problème, jusque-là si obscur, finira par se résoudre, et atteindra bientôt l'évidence du théorème.

Jamais, en effet, dans aucun lieu du monde civilisé, les générations d'une noble famille n'ont passé inaperçues : les services qu'elles ont rendus, les hommes éminents qu'elles ont produits, ont toujours été inscrits quelque part, ou par la reconnaissance publique sur des monuments, et dans les archives de la cité, ou consignés dans les pages de l'histoire. C'est ainsi que la France, l'Angleterre, l'Allemagne, etc., ont conservé ou retrouvé la généalogie de plusieurs de leurs personnages célèbres. Pourquoi voudrait-on que l'Italie n'eût pas voué au souvenir de ses peuples les ancêtres des Bonaparte, dont la plupart se sont distingués par leurs vertus, leur savoir et leurs actions, autant que par l'éclat de leurs alliances et de leurs origines? Assez d'historiens en ont fait mention, du XIIIe au XVIIe siècle : leurs écrits ne sont-ils pas autant de flambeaux qui éclairent et conduisent dans ses recherches le généalogiste impartial, et établissent clairement la filiation de cette illustre famille?

Mais ne sait-on pas que, pour certains publicistes, c'était un parti pris d'avance d'affaiblir, par tous les moyens possibles, la gloire de l'Empereur, en le rapetissant au moins dans son origine? Par malheur pour de tels écrivains, une dénégation aussi hasardée ne peut absolument rien contre l'inexorable vérité. Elle prouve, — nous ne dirons pas qu'ils aient voulu tromper, — tout au moins qu'ils ont préféré ignorer plutôt que d'approfondir un fait qui blessait les coryphées de leur opinion : ce qui, en français, ne peut s'appeler de la loyauté.

Après tout, il n'est pas aussi désagréable qu'on le croirait d'entendre nier une question historique, avérée, sous prétexte qu'*elle n'est pas certaine.* Rien n'excite autant le sourire intérieur d'un homme éclairé et convaincu. *Cela n'est pas certain;* soit! mais *cela est* pour quiconque s'est donné la peine de rechercher la vérité. Lisez donc et relisez les historiens du pays et du temps, et le fait qui d'abord vous a paru *incertain,* vous écrasera de sa réalité.

Et d'abord, n'est-il pas hors de doute qu'à partir du premier établissement en Corse de la famille Bonaparte, il devient facile de dresser la généalogie authentique de cette maison, d'après des documents qui ne sauraient être attaqués comme falsifiés par la flatterie ou par la haine, puisqu'au temps où ces documents furent exhibés, on ne pouvait prévoir le haut degré de puissance et de gloire auquel s'élèveraient les derniers descendants des Bonaparte? Or, en 1771, Charles-Marie Bonaparte (père de Napoléon Ier), pour faire reconnaître la noblesse de son origine par le Conseil supérieur de la Corse, produisit 1° un certificat des notables d'Ajaccio et du Conseil des Anciens, qui attestait que, *depuis plus de deux siècles*, en vertu d'actes reconnus authentiques, ses parents étaient membres de la noblesse du pays ; 2° des lettres patentes de l'archevêque de Pise, en Toscane, du 30 novembre 1769, reconnaissant à cette famille les titres de *noble* et de *patrice* ; 3° un acte en due forme par lequel la famille Bonaparte de San-Miniato, l'une des plus anciennes de la Toscane, reconnaissait avoir une origine commune avec celle de la Corse.

On pourrait peut-être suspecter ces titres comme dictés par une condescendance bien naturelle entre compatriotes ou entre parents; mais ils reçurent, sept ou huit ans plus tard, la sanction d'un contrôle irrécusable. En 1779, Charles-Marie Bonaparte, voulant faire entrer son fils Napoléon à l'école de Brienne, où l'on n'admettait que les jeunes gens de familles nobles, fut obligé de fournir de nouveau ses preuves de noblesse devant le juge d'armes d'Hozier de Sérigny. Il lui envoya donc le dossier de ses titres, qui furent soumis à un examen sévère, et reconnus parfaitement réguliers. L'inventaire en est aujourd'hui déposé aux archives de la couronne.

Cette production de titres présentait quelques doutes au sujet de l'orthographe de certains noms propres et des armes de la famille Bonaparte. Le juge d'armes qu'aucune considération personnelle n'influençait, puisque le produisant n'était pour lui qu'un gentilhomme obscur et inconnu, ne manqua pas d'user de sévérité, et, pour avoir de plus amples renseignements, il adressa à Charles-Marie Bonaparte la lettre suivante. L'original est écrit ainsi à mi-marge, et la réponse en regard.

LETTRE DE M. D'HOZIER DE SÉRIGNY.

« Paris, le 8 mars 1779.

» Je vous prie, Monsieur, de me
» mander quel est le nom de famille
» de Madame votre épouse; elle est
» nommée Marie-Letizia Zemolina
» dans la permission que M. l'évêque
» d'Ajaccio donna le 2 juin 1764 de
» vous marier. Le troisième nom est-
» il un nom de famille ou un troi-
» sième nom de baptême? quelle est
» la première lettre de ce nom? j'ai
» figuré cette lettre plus haut, telle
» qu'elle l'est dans ledit acte de 1764.
» Comment ce nom doit-il se traduire
» en français?

» Votre acte de baptême vous
» nomme Carlo-Mra. Ce dernier
» nom, écrit en abrégé, est sans
» doute Maria. Vous vous appelez
» donc Charles-Marie, quoique vous
» n'ayez d'autre nom que celui de
» Charles, soit dans ledit acte de
» 1764, soit dans l'extrait baptistaire

RÉPONSE DE M. DE BONAPARTE.

« Versailles, 8 mars 1779.

» Monsieur, le nom de famille
» de ma femme est celui de Ramo-
» lino; il n'est guère possible de
» le traduire en français.

» Il est vrai que mon nom est
» Charles-Marie, mais je ne me
» suis jamais servi que de celui de
» Charles.

» de Monsieur votre fils, et dans
» l'arrêt de noblesse de 1771 ?

» Votre nom est constamment écrit
» dans les actes, même dans les
» arrêts de noblesse, sans être pré-
» cédé de l'article DE. Cependant
» vous signez DE BUONAPARTE.

» Le même arrêt de noblesse de
» 1771 donne à votre famille le nom
» de BONAPARTE, et non BUONAPARTE,
» ne dois-je pas me conformer pour
» l'orthographe de ce nom à celle
» dudit arrêt de 1771 ?

» Vous donnerai-je, dans mon
» certificat de noblesse, la qualité
» de député de la noblesse de Corse.

» Je n'entends rien, Monsieur, à
» l'explication de vos armes, telle
» qu'on la lit dans votre inventaire,
» il faudra me les envoyer peintes.

» Enfin, comment faut-il traduire
» en français le nom de baptême de
» Monsieur votre fils, qui est NAPO-
» LEONE en italien ?

» Vous voudrez bien répondre à
» toutes les questions que je vous
» fais dans cette lettre vis-à-vis
» chaque article.

» J'ai l'honneur d'être avec des
» sentiments respectueux, Monsieur,
» votre très-humble et très-respec-
» tueux serviteur.

» D'HOZIER DE SÉRIGNY. »

A Monsieur de Buonaparte, député
de la noblesse de Corse, chez M.
Rotte, rue St-Médéric, à Versailles.

» La république de Gênes, depuis
» 200 ans environ, a donné à mon
» ancêtre Jérôme le titre d'EGRE-
» GIUM HIERONYMUM DE BUONAPARTE ;
» cet article a été omis, n'étant
» presque pas d'usage en Italie de
» s'en servir.

» L'orthographe de mon nom de
» famille est celle de BUONAPARTE.

» J'ai eu l'honneur d'être pré-
» senté le dix de ce mois à Sa
» Majesté comme député de la
» noblesse de Corse.

» J'ai l'honneur de vous envoyer
» les armes peintes telles que vous
» le désirez.

» Le nom NAPOLEONE est italien.

» J'ai l'honneur d'être avec res-
» péct et reconnaissance, Monsieur,
» votre très-humble et très-obéis-
» sant serviteur.

» DE BUONAPARTE. »

Quoique les titres qui ont donné lieu à cette correspondance ne fassent remonter la généalogie de Bonaparte
qu'à François, son dixième ascendant, vivant en Corse en

1527, — les preuves de M. d'Hozier de Sérigny ne remontaient généralement pas plus haut, puisqu'il suffisait de prouver quatre degrés pour l'admission à St-Cyr ou à Brienne, — il demeure constant que cette branche, établie en Corse, avait une origine commune avec celle qui était établie en Toscane, ce qui est attesté, comme nous l'avons dit plus haut, par une reconnaissance de celle-ci en date du 28 juin 1759. Cette branche de Toscane (de San-Miniato et de Sarzane) jouissait du patriciat, et par conséquent, du plus haut degré de noblesse, ainsi qu'il est constaté par un extrait 1? des lettres-patentes de l'archevêque de Pise, en date du 30 novembre 1769 ; 2° des lettres-patentes du 28 mai 1757, délivrées par le grand-duc de Toscane, lettres qui reconnaissaient l'origine toscane des Bonaparte de Corse.

Les documents et les titres qui prouvent l'ancienneté de la noblesse des Bonaparte sont donc aussi authentiques, aussi réellement avérés qu'il soit possible en semblable matière : et nous pouvons l'affirmer avec connaissance de cause, parce que nous avons soigneusement approfondi la question, il n'est pas de maison qui puisse établir sa filiation et ses origines sur des preuves plus fortes, plus nombreuses et plus historiques. Pourquoi donc cependant des hommes qui prétendent s'honorer du titre de *biographes* se sont-ils tant efforcés, depuis 1830 surtout, de nier l'illustration et l'ancienneté de la famille de laquelle l'Empereur descendait ? C'est qu'à cette regrettable époque, la littérature aussi bien que l'histoire subissaient l'influence d'un système corrupteur ; c'est que les grands souvenirs de l'Empire pesaient à la morgue et à la couardise de *la paix à tout prix :* aussi leurs articles biographiques s'acharnèrent-ils sur ce point, par ce qu'ils savaient

qu'on ne gagnerait rien à les démentir. *Mentez, mentez ! il en reste toujours quelque' chose*. Fidèles à ce vieux mot d'ordre, ils vont répétant sur tous les tons, au risque de se copier et de se contredire : « Lorsque
» la flatterie voulut trouver des ancêtres à Napoléon,
» elle imagina une généalogie *qui n'est rien moins*
» *que prouvée*, dans laquelle elle plaça Jacopo Buona-
» parte, — l'auteur de la relation du sac de Rome, en
» 1527. — Les mêmes flatteurs ont également placé au
» nombre des ancêtres de Napoléon le professeur *Nicolo*
» *Buonaparte*, né à la même époque à San-Miniato en
» Toscane.... Le nom de *Buonaparte* a été d'ailleurs
» fort répandu, *depuis plusieurs siècles*, en Italie, soit
» à *Trévise*, soit en *Toscane*, soit à *Gênes*. Il est sûr
» que la famille de Napoléon descendait de la branche
» *génoise* ; mais rien ne prouve sa descendance des
» autres branches. » *Biographie universelle*, т. 59,
p. 433 *du supplément*.

L'auteur de ce curieux article en dit trop ici pour ne pas être évidemment en contradiction avec lui-même et ne pas prouver justement le contraire de ce qu'il a l'intention de nier. Car d'abord il reconnaît l'existence, *depuis plusieurs siècles*, de *trois* branches de la famille Bonaparte, celle de *Trévise*, celle de *Toscane* et celle de *Gênes*, que nous allons prouver être la même que celle de *Sarzane*. Ensuite, tout en voulant dénaturer la généalogie de l'Empereur par ces mots : « *Il est sûr que sa famille descendait de la branche génoise* », il rentre malgré lui et sans s'en douter dans la vérité historique, qu'il a cependant bien à cœur d'atténuer. En effet, demandons-lui ce qu'il entend par la branche *génoise*, dont il nous parle ici. Serait-ce, par hasard, une branche établie, *depuis plusieurs siècles,* dans la ville de Gênes? Mais nous n'en connaissons aucune, et, l'histoire à la main, nous défions qui que soit de nous citer les Bonaparte nés à Gênes. Les annales de cette république et le recueil des décrets du Sénat nous parlent, à la vérité, 1° de François Bonaparte de Sarzane, envoyé en Corse comme capitaine d'une expédition; 2° de Jérôme Bonaparte d'Ajaccio, *Egregium Hieronymum* de Bonaparte, *procuratorem nobilium*, etc.; 3° de quelques autres de leurs descendants. Mais ces Bonaparte ont toujours été compris dans la branche de Corse proprement dite, par la raison que tous vécurent et moururent dans cette île.

Par cette dénomination de *branche génoise,* le biographe a-t-il voulu simplement désigner la branche qui fut au service de la république de Gênes? en ce sens, il est dans le vrai, puisque, à partir de 1484, Florence céda Sarzane à Gênes en échange contre Livourne, et qu'alors les Bonaparte qui habitaient Sarzane devinrent citoyens génois.

Or, à cette époque, Philippe Bonaparte était conseiller de la ville et de l'État de Sarzane; César, son frère, y était chef des Anciens, et, quelques années plus tard, le fils de celui-ci, Jean Bonaparte, IV° du nom, y fut aussi conseiller en 1495. Ce dernier y donna le jour: 1° à un autre César Bonaparte, chanoine de Sarzane, en 1489; 2° à François Bonaparte, envoyé en Corse comme capitaine des troupes génoises, en 1512. Ces cinq derniers Bonaparte naquirent à Sarzane, où leurs ancêtres s'étaient établis sur la fin du XIII° siècle. On les trouve mentionnés dans les archives de cette ville, avec la désignation des emplois qu'ils y ont exercés et l'époque précise où ils sont entrés en fonctions, de la même manière que l'on retrouve encore à Lyon la série de tous les échevins et autres anciens magistrats de la cité.

Voilà donc cinq Bonaparte citoyens de la république de Gênes, en tant qu'ils habitaient Sarzane, ville devenue génoise. Sous ce point de vue, le biographe est malgré lui d'accord avec nous, puisque la branche qu'il appelle *génoise* n'est rien autre que la branche de Sarzane, dont la suite fut celle de Corse, *génoise* encore en ce sens que la Corse dépendait alors de Gênes. Donc, entre les Bonaparte de Sarzane et les Bonaparte de Corse, il n'y a pas eu d'interruption ; c'est la même branche transplantée de Sarzane en Corse dans la personne de François Bonaparte en 1512. Et, d'autre part, la branche de Sarzane, remontant jusqu'à Nicolas Ier Bonaparte de Trévise, souche par ses 2 fils, Conrad et Jean Ier, des branches de San-Miniato ou de Toscane, et de Sarzane ou de Gênes, il s'ensuit évidemment que les Bonaparte de San-Miniato, de Sarzane et de Corse tirent leur origine de ceux de Trévise. Donc, puis_ qu'*il est sûr que la famille de Napoléon descendait de la branche génoise* (lisez *de Sarzane et de Corse*), rien n'est plus avéré que sa consanguinité avec les deux autres branches par les deux fils de Nicolas Ier Bonaparte de Trévise. Les Bonaparte de San-Miniato en savaient bien sur ce point *au moins* autant que le faiseur d'articles de la *Biographie universelle*, eux qui, en 1759, — remarquez bien la date, — n'hésitèrent pas à attester qu'ils avaient une origine commune avec les Bonaparte de Sarzane et de Corse. Et le grand-duc de Toscane, — ce devait être alors Léopold-Joseph, archiduc d'Autriche, — aurait-il consenti à devenir, aussi bien que l'archevêque de Pise, le *flatteur* des Bonaparte de Corse, pour leur *trouver* en 1757, avant la naissance de Napoléon, une origine toscane, si réellement ils ne l'eussent pas eue de fait?

A l'époque du mariage projeté entre Napoléon Ier et l'archiduchesse Marie-Louise, l'empereur François Ier d'Autriche, qui faisait plus de cas que son futur gendre de la noblesse et de l'ancienneté de la famille, s'était fait présenter tous les titres de l'origine et de l'histoire des Bonaparte. Après les avoir sérieusement examinés, il en félicita l'Empereur des Français à peu près en ces termes : « Voici des titres qui prouvent que vos ancêtres ont été » Podestats et puissants à Trévise, Padoue, Sienne, » Florence, et ailleurs dans les États d'Italie. » Ce fut dans cette circonstance que Napoléon répondit, « Qu'im- » porte la noblesse de mon origine : je veux être le » Rodolphe de Hapsbourg de ma famille. »

En voilà bien assez pour prouver l'impartialité et l'habileté généalogique de certaines Biographies. Les autres ouvrages de ce genre ont, sur cet article, rendu un complet hommage à la vérité. Ainsi, la *Biographie des Contemporains*, Paris, 1821 ; la *Biographie portative*, Paris, 1836 ; la *Biographie universelle*, de F.-X. Feller, Lyon, 1851, et beaucoup d'autres ouvrages estimables, sont unanimes sur ce point, et reconnaissent que la famille Bonaparte de Corse descendait de celle de Trévise par la branche établie à Sarzane depuis 1380.

NOTES ET REMARQUES.

1. Béranger II, fils d'Albert, marquis d'Ivrée, et de Gisèle, fille de Béranger Ier, se souleva, vers l'an 939, contre Hugues, roi d'Italie et d'Arles ; mais il fut obligé de se sauver en Allemagne pour implorer le secours de l'empereur Othon. En 945, il rentra en Italie dont il conquit une partie sur Hugues abandonné par les Italiens. Après la mort de Lothaire, fils du même Hugues, Béranger prit le titre de roi, en 950. Sa tyrannie fut si violente, que ses sujets furent contraints d'appeler Othon à leur secours. L'empereur arrive en Italie, fait Béranger prisonnier, et l'envoie mourir à Bamberg, en Franconie.

2. Les empereurs, dit Voltaire, que nous citons ici de préférence, nommaient aux évêchés, et *Henri IV les vendait.*

3. Grégoire VII est sans contredit un des plus grands papes qui se soient assis sur la chaire de Saint-Pierre. La fermeté de son caractère, son énergique initiative étaient nécessaires dans les temps malheureux et difficiles où il parvint au souverain pontificat. Subjuguée par l'autorité souvent aveugle et tyrannique des empereurs, l'Église se voyait esclave de leurs vains caprices et de leurs spéculations ambitieuses : les prélats qui lui était donnés par l'autorité laïque, s'oubliaient de la manière la plus déplorable. Plus empressés de briller dans la politique et dans la guerre, que zélés à remplir les fonctions toutes saintes d'un ministère de paix, on les voyait s'abandonner sans réserve aux embarras terrestres, aux soins d'une vaine gloire. Une réforme était donc indispensable. Grégoire fut l'homme que Dieu choisit pour exécuter ses desseins de justice et de miséricorde et ranimer non-seulement l'Église, mais l'univers chrétien que la corruption des mœurs menaçait d'envahir. Sa

33

vie entière fut consacrée à l'œuvre de régénération qui sauva l'Europe
au onzième siècle. Il n'ignorait pas cependant que des obstacles sans
nombre viendraient entraver ses projets : de son regard d'aigle, il avait
vu bien loin dans l'avenir, tout ce qu'il aurait à souffrir pour la cause
qu'il défendait. Mais il entendait au dedans de lui-même une voix plus
forte que la voix de ses adversaires couronnés ; et il comprenait que,
quand Dieu a donné à l'homme une mission à remplir, l'homme n'a
pas à délibérer, mais à agir : et il agit. Les obstacles se sont écroulés
sous ses pas, et dans sa course, il ne s'est arrêté que parvenu au terme
de ses efforts. Le siècle, l'Eglise même, n'a pas manqué d'hommes qui
l'ont accusé d'empiétements et d'ambition. Mais les esprits droits,
éclairés et impartiaux lui ont rendu complète justice ; il n'est pas même
jusqu'aux protestants de bonne foi qui ont applaudi à son zèle et à
sa réforme. Qu'on lise le savant professeur Voigt, dont l'important
travail sur Grégoire VII et son siècle n'est peut-être pas assez connu ;
que l'on consulte tous ceux qui ont écrit l'histoire sans passion, avec
conscience et vérité, et l'on ne tardera pas à rendre à ce grand pape la
louange qu'il mérite.

Un philosophe moderne a fait sur cet objet des réflexions plus équi-
tables que tout ce qu'on lit dans les perpétuelles déclamations des
périodistes et brochuraires du jour contre cette époque de l'histoire de
l'Église. « Si les papes, dit-il, se sont trompés en croyant posséder une
» autorité temporelle, ils en ont pour l'ordinaire fait un usage louable
» et humain, en entretenant la paix entre les princes chrétiens, en les
» unissant contre des hordes barbares qui étendaient tous les jours leurs
» conquêtes sanguinaires, en réprimant la simonie, le divorce, la vio-
» lence et les excès de tous les genres que des maîtres altiers et cruels
» commettaient contre des sujets faibles et opprimés ; elle avait servi,
» selon la remarque d'un homme célèbre, à faire de tout le monde chré-
» tien une seule famille, dont les différents se jugeaient par un père
» commun, pontife du Dieu de la concorde et de la justice. Grande et
» intéressante idée de l'administration la plus vaste et la plus magnifique
» qu'on pût imaginer. » Quel qu'ait été l'acharnement avec lequel les
philosophes du dernier siècle ont attaqué la mémoire de Grégoire VII,
ce saint pape n'en est pas moins une des grandes figures qui ont honoré
le Saint-Siége et l'Eglise universelle.

4. La fin du superbe Henri IV fut digne de pitié. Dépouillé de la
couronne de Lombardie par son fils Conrad, et de la couronne impériale par son autre fils Henri V, il obtint de ce dernier une entrevue à
Mayence. Mais le barbare et dénaturé Henri fit arrêter son père prisonnier à Ingelheim, et l'obligea, après l'avoir dépouillé avec violence des

ornements impériaux, de renoncer au souverain pouvoir. Le malheureux Henri IV, réduit aux dernières extrémités, pauvre, errant, sans secours, supplia l'évêque de Spire de lui accorder une place de sous-chantre dans sa cathédrale : elle lui fut refusée. Enfin, abandonné de tout le monde, il écrivit à son fils pour le conjurer de souffrir que l'évêque de Liége lui donnât asile. « Laissez-moi, lui disait-il dans cette lettre, rester à Liége, » sinon comme empereur, du moins en réfugié ; qu'il ne soit pas dit à » ma honte, ou plutôt à la vôtre, que je suis obligé de chercher de nou- » veaux asiles dans le temps de Pâques. » Il mourut dans cette ville, le 7 août 1106, à 56 ans, après avoir envoyé à son fils son épée et son diadême.

5. Mathilde, comtesse de Toscane, fille de Boniface d'Est, marquis de Toscane, avait fait donation formelle de ses États au Saint-Siége. Elle possédait la Toscane, Mantoue, Reggio, Ferrare, la Marche d'Ancône, le duché de Spolette et presque tout ce qu'on appelle aujourd'hui le Patri- moine de Saint-Pierre.

6. Depuis Louis-le-Germanique, en 843, jusqu'à François-Joseph en 1855, l'empire d'Allemagne a été gouverné par huit familles ou maisons différentes, savoir : 1° Maison de France-Carlovingienne ; 2° de Saxe ; 3° de Franconie ; 4° de Souabe-Hohenstaufen ; 5° de Habsbourg-Autriche ancienne ; 6° et 7° de Luxembourg et de Bavière. Après ces deux der- nières, la maison de Habsbourg revient à l'empire, sous la dénomina- tion de Habsbourg-Autriche moderne, de 1438 à 1745 que la 8e maison lui succède, sous le nom d'Autriche-Lorraine. Cette dernière branche est ainsi nommée de la célèbre Marie-Thérèse d'Autriche qui, en 1736, épousa François de Lorraine. En tout, 57 souverains dans l'espace de 1011 ans : 54 furent empereurs d'Allemagne, et trois empereurs d'Autriche, depuis 1804 : François Ier, Ferdinand Ier et François-Joseph.

7. *Welf* était le nom du général bavarois, oncle de Henri-le-Superbe.

8. *Weiblingen* était le nom d'un village et château de Souabe, dans le diocèse d'Augsbourg, où Frédéric, général des Impériaux et frère de Conrad III, avait été élevé.

9. Plusieurs princes de la maison des Weiblingen ou de Souabe avaient eu de graves démêlés avec les souverains pontifes ; les Welfs, leurs antagonistes, avaient pris la défense du St-Siége, autant par esprit de religion, que pour se ménager un appui contre leurs puissants adversaires.

10. La formule de cette proscription était : *Nous déclarons ta femme* *veuve, tes enfants orphelins, et nous t'envoyons au nom du diable aux quatre coins du monde.*

11. Le Saint-Siége avait embrassé le parti guelfe, en ce sens que les souverains pontifes s'étaient déclarés dès le principe contre certaines prétentions injustes et tyranniques des empereurs d'Allemagne sur Rome et sur les peuples de l'Italie. Lorsque les Guelfes eurent tourné à la démagogie, les papes ne furent plus l'âme de ce parti dégénéré; ils firent, au contraire, tous leurs efforts pour le retenir et l'empêcher de se précipiter dans les écarts qu'on eut à déplorer dans la suite.

12. La noblesse italienne soutint les empereurs, sans se déclarer pour cela contre le Saint-Siége, sous le point de vue religieux: elle était dévouée corps et âme à la chaire de Saint-Pierre. Mais sous le rapport civil et militaire, ses serments la liaient depuis trop longtemps à l'Empire pour qu'elle en abandonnât lâchement la cause: *Noblesse oblige*. Plus tard, lorsque les Guelfes entreprirent d'opprimer les États italiens, en persécutant l'aristocratie, celle-ci fut Gibeline encore pour défendre ses droits, l'ordre et la liberté. Où en serait aujourd'hui la France si, en 1852, l'immense majorité de ses enfants eussent hésité à se montrer Gibelins contre les Guelfes modernes !

13. Le pape Alexandre III avait été obligé de se retirer en France, après que le conciliabule de Pavie, assemblé en 1160 par ordre de Frédéric Barberousse, se fut prononcé en faveur de l'antipape Victor IV. Celui-ci étant mort en 1164, Frédéric fit sacrer un nouveau pontife sous le nom de Paschal III. Mais Alexandre, quittant la France, où il avait été très-bien accueilli par le roi Louis-le-Jeune, passa en Italie pour armer les Italiens contre l'empereur. Frédéric, vaincu à Lignano et obligé de fuir, offrit la paix au pontife. On se donna rendez-vous à Venise, où l'empereur baisa les pieds de celui contre lequel il s'était armé. Calixte III, successeur de l'antipape Paschal III, abjura le schisme. Le sage et pacifique Alexandre le reçut avec la bonté d'un père et le fit manger à sa table. Alexandre rentra à Rome, y convoqua le troisième concile général de Latran en 1179, et mourut deux ans après, chéri des Romains et respecté de l'Europe entière. Ce pontife abolit la servitude; mais en rendant la liberté aux sujets, il sut aussi apprendre la justice aux rois: il obligea celui d'Angleterre, Henri II, à expier le meurtre de Saint-Thomas Becket, archevêque de Cantorbéry.

14. Frédéric Barberousse ayant répudié Adélaïde, pour épouser Béatrix, fille de Renaud, comte de Bourgogne, ce mariage contracté, contre les règles de l'Evangile, le mit mal dans l'esprit des peuples italiens, et ne contribua pas peu à la conduite des Milanais envers la nouvelle impératrice. En effet, cette princesse ayant eu la curiosité d'aller à Milan, le peuple courroucé de se voir privé de ses anciennes franchises par l'empereur, éclata contre Béatrix d'une manière indigne. Les mutins l'ayant prise, la mirent sur une ânesse, le visage tourné du côté de la queue, et la promenèrent en cet état par toute la ville. Une action si insolente ne demeura pas longtemps impunie. L'empereur assiége Milan, en 1162, la prend et la rase jusqu'aux fondements, à la réserve des églises. Il l'a fait ensuite labourer comme un champ de terre, et, par indignation, ordonne d'y semer du sel.

15. Il est certain que l'ortographe du nom *Bonaparte* a varié. Nous l'avons vu dans plusieurs ouvrages anciens écrit *Buonaparte* avec un *u*, et dans d'autres sans cet *u*. L'historien Limperani le cite écrit *Bonaparte*, dans un acte de 947, où figure un messer Bonaparte comme témoin. Mais il est de notoriété qu'aujourd'hui dans les noms fort connus en Italie, et qui commencent par la syllabe *Buon*, tels que *Buonarotti, Buondelmonte, Buonincontre, Buonacorse*, etc., généralement on supprime l'*u*, et l'on écrit : *Bonarotti*, etc. Au reste, en France, comme en Italie, il n'est presque pas de nom propre qui n'ait été écrit de différentes manières, même dans la famille qui le porte. Ce nom de *Bonaparte*, qui n'existait pas en France, correspond à nos mots français : *de bonne part, de bon lieu, de bonne famille*. Peut-être a-t-il été donné, dans le temps où les surnoms ont commencé à être héréditaires, à un membre de cette famille, précisément pour justifier qu'il était d'une illustre origine. Combien d'exemples de ce genre n'avons-nous pas dans l'histoire des familles. Hugues *Capet* ne transmit-il pas son surnom à tous les *Capétiens*, ses illustres descendants ? Ne trouvons-nous pas encore, entre mille autres, les *Beaumanoir*, les *Beaulieu*, les *Bonnecorse*, les *Bonneval*, *Bonrecueil*, etc., etc. Tous ces noms honorables, devenus patronimiques depuis longtemps, eurent sans doute à leur origine une signification particulière, se rapportant, soit aux habitudes, soit aux qualités des personnages qui les portèrent pour la première fois, et les transmirent à leurs descendants, comme noms de famille. Quelquefois ces noms étaient aussi des noms de fiefs, mais qui eurent aussi leur symbole et leur étymologie spéciale.

16 Trévise, ancienne, grande et forte ville, dans les États de la république de Vénise, capitale du pays appelé *Marche Trévisane*. Elle avait un évêché suffragant d'Udine, et fut le berceau de la famille des Bonaparte. Son gouvernement était le républicain aristocratique. La Marche Trévisane était le point de l'Italie où la noblesse dominait avec le plus d'indépendance et d'autorité.

17 L'Ordre de Saint-Jacques-de-l'Epée. fut fondé à Léon (Espagne), d'abord par quelques chanoines qui , voyant la foule qu'attirait le tombeau de saint Jacques à Compostelle , consacrèrent leurs biens à bâtir des hôpitaux pour loger et soigner les pélerins et les malades. Peu de temps après, treize gentilshommes se joignirent à eux dans le but de protéger contre les Maures infidèles les pélerins et les voyageurs : cet Ordre fut donc à la fois religieux et militaire. Les rois de Castille et de Léon l'enrichirent de nombreuses donations, et en firent le premier Ordre de la chevalerie espagnole. Les chevaliers de Saint-Jacques-de-l'Epée devaient être nobles de quatre quartiers , tant du côté paternel que du côté maternel. Cet ordre comptait des chevaliers parmi la haute noblesse des différentes contrées de l'Europe.

18 Ce fut à la troisième croisade que les armoiries, auxquelles la première avait donné naissance, se propagèrent d'une manière plus symbolique, plus régulière, et devinrent une des prérogatives de la noblesse et des hommes de haute naissance chez les différentes nations de l'Europe. Chaque seigneur fut jaloux d'avoir son blason : la France, l'Espagne et l'Angleterre avaient les premières adopté cette coutume ; l'Allemagne et l'Italie suivirent leur exemple.

19 Henri VI , empereur d'Allemagne, — de la maison de Souabe-Hohenstaufen, — avait conquis le royaume de Sicile et de la Pouille (de Naples), sur lequel il avait des droits par Constance, son épouse, fille posthume du dernier roi, Roger II. Une infâme lâcheté lui facilita cette conquête. L'intrépide roi d'Angleterre, Richard Cœur-de-Lion, revenant de la troisième croisade, fit naufrage près de la Dalmatie, et passa déguisé sur les terres de Leopold, duc d'Autriche. Ce duc, ennemi du monarque anglais, sans égard pour les droits de l'hospitalité, le charge de fers et le vend comme esclave à l'empereur. Henri, à son tour , en tire une énorme rançon (250,000 marcs) , et avec cet argent ignominieux , il va conquérir les Deux-Siciles. Une telle scélératesse ne porta pas bonheur à Conradin , arrière petit-fils de Frédéric II.

20 Mainfroi , Manfred, ou Tancrède, était fils naturel de l'empereur Frédéric II. Conrad, fils légitime du même Frédéric, étant mort en 1254, laissa un fils nommé *Conradin*, dont Mainfroi se fit le tuteur. Ce fut à la faveur de ce titre qu'il se rendit maître du royaume de Sicile et de la Pouille, qu'il gouverna pendant onze ans. En 1258, il se fit couronner à Palerme, malgré la protestation de la mère de Conradin et l'excommunication du pape Alexandre IV. Urbain IV , étant monté sur le trône pontifical, appela en Italie Charles d'Anjou, frère de saint Louis, et lui donna l'investiture du royaume usurpé par Mainfroi. Charles marche contre lui, le met en déroute près de Bénévent, en 1266, dans une bataille décisive, où Mainfroi périt, après avoir combattu en désespéré. Conradin vint réclamer ses droits; mais, fait prisonnier au milieu d'une défaite complète, il eut la tête tranchée par la main du bourreau sur la place publique de Naples. Ce prince était digne d'un bien meilleur sort par sa bonté et ses vertus.

21 La charge de *notaire impérial* ressemblait fort peu à celle des notaires de nos jours. C'était un emploi honorifique accordé par les empereurs aux personnages éminents du parti gibelin. Le notaire impérial était le délégué, le représentant de l'empereur, dans un temps où l'emploi de consul et de chargé d'affaires n'était pas encore établi, du moins pour les petits Etats si multipliés en Italie.

22 Parmi les nobles vénitiens qui signèrent le traité de paix conclu en 1358 entre cette ville et Louis Ier, roi de Hongrie, figure *François della Parte*. Etait-il de la famille des *Bona Parte*, que Muratori appelle *della Parte ?* Nous n'avons pu nous en assurer.

23. L'Ordre des chevaliers de l'*Eperon d'Or* est un des plus anciens de l'empire d'Allemagne. Les empereurs n'y admettaient que les hommes de la plus haute noblesse. Dès l'origine de cet Ordre, la fonction des chevaliers consistait à mettre les éperons d'or aux pieds de l'empereur lorsqu'il montait à cheval. Dans la suite, de simples écuyers furent chargés de ce soin, et les chevaliers de l'Eperon d'Or furent dès-lors considérés comme les aides-de-camp ou les compagnons de voyage du souverain.

On appelait *cadastre* le registre renfermant les noms des propriétaires, la contenance de leurs biens-fonds et la quotité de la taille que chacun devait payer. A Florence, les grands étaient accablés de cet impôt, à la grande satisfaction du peuple.

24 Dans la première partie *de Decime di Firenze*, Pierre Bonaparte est cité comme un des plus illustres citoyens de Florence; son père Jean-Jacques Muccio et son aïeul, Jacques II Bonaparte, y sont nommés *alliés* aux trois célèbres familles florentines des Grandoni, des Frederighi et des Ricci.

Au sujet de la famille de son épouse, il ne sera pas inutile de citer un fait consigné dans les annales de Florence, et qui donnera une idée de la fureur des factions dans cette ville. Pierre Albizzi, après avoir joui longtemps de la faveur du peuple, fut exilé à Bologne, où ses ennemis supposèrent encore qu'il conspirait contre la république. En

conséquence, il fut arrêté, et subit un interrogatoire ; mais les charges
qui pesaient contre lui, n'ayant pu être prouvées, il allait être absous.
Ses ennemis furieux soulevèrent le peuple et excitèrent sa rage contre
lui à un tel point qu'on se crut forcé à le condamner à mort. Ni sa
vertu, ni l'éclat de son nom, ni l'antique considération dont il avait
joui, ne purent sauver cet homme de bien, celui de tous les Florentins
peut-être qui avait le plus longtemps possédé l'estime et le respect de
ses concitoyens.

25 La *Biographie universelle* ne rend pas de l'*histoire du sac de Rome*
un compte aussi impartial. Dans son article intitulé *Jacques Bonaparte*,
elle attaque avec sa mauvaise humeur et sa rancune ordinaires le récit
du siége de Rome. L'auteur, dit-elle, est souvent en contradiction avec
François Guichardin, l'historien de Florence. Elle va même jusqu'à
douter que Jacques Bonaparte soit réellement l'auteur de cet écrit, parce
que, ajoute-t-elle, *il n'était par à Rome à l'époque où cette ville tomba au
pouvoir des Impériaux.* — Eh ! de bonne foi, qui a pu apprendre à
l'écrivain de cet article que Jacques Bonaparte ne se trouvait pas à
Rome, lorsque cette capitale fut prise d'assaut par les troupes impériales? Sur quels documents historiques peut-il baser une telle assertion, et devons-nous le croire sur sa simple parole? Il nous semble
qu'il avance bien témérairement ce qu'il serait dans l'impossibilité de
prouver. On croira toujours bien plus volontiers le professeur Adami et
le docteur Vaccha, tous deux profondément versés dans l'histoire de
leur pays, et plus justes appréciateurs des écrivains qui en ont traité ; on
accordera certainement aussi plus de confiance à Louis Guichardin, qui
consentit à insérer dans ses Mémoires (Anvers 1565) le récit historique
dont il ne doutait pas que Jacques Bonaparte ne fût l'auteur. Il n'y a
donc dans les attaques de la *Biographie universelle* ni générosité, ni
justice. C'est ainsi que l'on écrit l'histoire, toutes les fois que *l'on ne
sait pas se défendre des haines et des passions qui guident trop souvent la
plume des hommes de parti.*

26 Ce fut en 1560 que Côme de Médicis, grand-duc de Toscane,
institua l'Ordre de Saint-Étienne en l'honneur du saint pape Étienne X,
patron de Florence. Les chevaliers portaient une longue robe blanche,
ayant des parements rouges, et, sur le côté gauche, une croix semblable
à celle des chevaliers de Malte, à l'orle d'un galon d'or. Pie IV, Pie V et
Sixte V accordèrent de grands priviléges à cet Ordre. Pour y être admis,
il fallait faire les mêmes preuves de noblesse que l'on faisait dans l'Ordre
de Malte. Les chevaliers s'engageaient à servir, d'après les ordres du
grand-duc, tant sur mer que sur terre. Il leur fut permis par la suite de

se marier. Ils prêtaient serment de fidélité à leur souverain, avec promesse de défendre la religion chrétienne contre les Mahométans. Il ne faut pas confondre l'Ordre de Saint-Etienne de Toscane avec celui de Saint-Etienne de Hongrie, institué en l'honneur de saint Etienne Ier du nom, roi de Hongrie, et qui fut comme l'apôtre de ses Etats, de 997 à 1038.

C'est du grand cordon de cet ordre que l'empereur François-Joseph d'Autriche vient de décorer S. M. Napoléon III, empereur des français.

27 Il nous fut impossible, à cette époque (1847), qui est celle de notre dernier voyage en Italie, de vérifier sur les archives grand-ducales, ce qui pouvait se rapporter à *Jules Bonaparte, fils de Jean.* Une sourde agitation, des trames ourdies dans l'ombre par les mazziniens, rendaient l'autorité méfiante envers les étrangers. Les Français étaient surtout l'objet d'une surveillance sévère, et nous ne dûmes qu'aux puissantes recommandations dont nous étions honoré, de pouvoir prolonger quelque temps notre séjour en Toscane. Les événements qui ne tardèrent pas à bouleverser la France, et à agiter l'Italie, excusèrent à nos yeux les rigueurs et la sévérité de la police du grand-duc.

28 La Toscane, après avoir été gouvernée depuis 825 par des comtes héréditaires jusqu'à la comtesse Mathilde, en 1115, se donna des gouverneurs amovibles, sous le titre de présidents et de marquis. Six de ces gouverneurs se succédèrent, jusqu'à Philippe, fils de l'empereur Frédéric Ier, dit Barberousse, en 1208. Depuis cette époque, le pouvoir populaire ayant supprimé les marquis, la Toscane s'érigea en république démocratique, sous la pression des Guelfes, jusqu'en 1531, où Alexandre de Médicis, fils naturel de Laurent de Médicis, fut reconnu chef de l'Etat de Florence. Alexandre ayant été poignardé six ans plus tard, Côme de Médicis, dit le Grand, fut déclaré grand-duc de Toscane par Pie V, le 27 septembre 1569. Il mourut après un règne court, mais glorieux. Six Médicis se succédèrent sur le trône grand-ducal, jusqu'en 1737, que Gaston de Médicis étant mort sans postérité, François Ier de Lorraine, archiduc d'Autriche, devint grand-duc de Toscane. Elu empereur le 14 septembre 1745, il céda la Toscane à Pierre-Léopold-Joseph, archiduc d'Autriche. Ce prince, à son tour, étant devenu empereur d'Allemagne, en 1790, Ferdinand-Joseph, son fils, lui succéda dans le grand-duché de Toscane. Le traité de Lunéville (20 pluviose an IX) vint lui arracher son duché, et le donner au duc de Parme, qui prit le titre de *roi d'Etrurie.* — *Les rois d'Étrurie furent :*

Louis Ier, infant d'Espagne, mort en 1803.

Charles-Louis II, infant d'Espagne, né en décembre 1799.

Marie-Louise, infante d'Espagne, reine douairière, régente du royaume.

La Toscane fut ensuite incorporée à l'Empire français, et divisée en départements, jusqu'en 1814. Alors elle fut rendue à la maison d'Autriche, qui y règne aujourd'hui par l'un de ses archiducs.

29 Cette requête ne fait pas mention des Bonaparte établis en Corse ; il n'en est pas non plus parlé dans l'édition du *Sac de Rome* de 1756, où l'on donne d'assez longs détails sur la famille Bonaparte. C'est là, sans doute, ce qui a fait croire à quelques personnes qui ignoraient la parenté des Bonaparte de la Corse avec ceux de San-Miniato, que Napoléon était d'une famille bourgeoise. Il est de notoriété publique en Corse que, quoique cette famille ne fût pas jadis la plus illustre de l'île, elle y avait toujours tenu un rang distingué parmi la noblesse. Elle était alors alliée aux Colonna, aux Durazzo, aux Bozi de Gênes ; avait contracté des mariages avec les premières maisons de Corse ; y avait acquis de grandes propriétés, et obtenu la plus grande influence sur la piève (le canton) de Talavo, surtout dans le bourg de Bozognano. Elle dut, sans doute, ces avantages à ce que, par suite de la requête de 1752, elle fut reconnue appartenir à la noblesse italienne, comme descendant des Bonaparte de San-Miniato, que l'on savait inscrits parmi les patrices florentins. Depuis, sa haute origine fut encore reconnue à l'époque où M. de Marbœuf était gouverneur de l'île de Corse. La parenté des Bonaparte de la Corse avec ceux de San-Miniato et de Florence, n'est plus contestée aujourd'hui. Nous le prouvons, à la fin de ces notes, par la généalogie que fournit Charles Bonaparte lorsqu'il voulut faire entrer Napoléon à l'école de Brienne. Ce fait, d'ailleurs, est attesté par M. de Bourienne, qui assure avoir vu cette généalogie. On sait aussi que Charles Bonaparte, père de Napoléon, avait obtenu du grand-duc de Toscane une lettre de recommandation pour la cour de France, et qu'il ne dut cette faveur insigne qu'à la certitude qu'avait le grand-duc de son illustre origine toscane. Les historiens italiens sont d'accord sur ce point.

30 Sarzane, *Sergianum*, ancienne et forte ville d'Italie, avec un évêché suffragant de Pise, mais autrefois exempt de sa juridiction. Cette ville et son territoire formaient un petit Etat se gouvernant par lui-même, quoiqu'il fût annexé aux possessions florentines. La république de Florence avait cependant des droits de suzeraineté qu'elle exerçait sur l'Etat de Sarzane ; mais, lasse de voir qu'elle ne pouvait pas être d'accord avec les Sarzanais, qui étaient presque tous gibelins, elle céda Sarzane aux Génois en échange contre Livourne, en 1484. Sarzane fit une seconde fois partie des Etats de Florence, en 1740. Le grand-duc l'échangea de nouveau contre Livourne. Elle est à 13 lieues N.-O. de

Pise, à 20 lieues S.-E. de Gênes, et à peu près à la même distance de Florence D'après le Mémorial de M. de Las Cases, ce fut un Bonaparte de la branche de Sarzane que l'on chargea de la rédaction et de la signature du traité par lequel se fit le premier échange de Livourne contre Sarzane. Ce personnage fut sans doute Philippe Bonaparte, conseiller en 1484.

31 Un généalogiste anonyme a avancé, sur nous ne savons quels titres, que Jean Bonaparte de Sarzane, dont nous avons parlé — n° 37 — comme bisaïeul de Nicolas V, avait été *gibelin puissant et podestat de Florence*, en 1333. Il y a là une grave erreur de personnes. Comment, en effet, serait-il probable que Jean II Bonaparte, *gibelin puissant de Sarzane*, eût été élu *podestat de Florence* à une époque où l'irritation n'avait fait que s'accroître dans le parti guelfe, puique déjà soixante-cinq ans auparavant, la démocrate Florence avait exilé Nicolas Bonaparte, et confisqué ses biens au profit de la république? Celui des Bonaparte que l'année 1333 vit élire podestat de Florence, fut Jean, surnommé BUON-GIOVANNI, qui, élevé au milieu du peuple florentin, s'en était acquis l'estime et la confiance (voyez n° 12).

32 Calderino (Jean), jurisconsulte de Bologne, né vers le milieu du XIV° siècle, composa des commentaires sur les décrétales et d'autres écrits de droit canonique. Il épousa la savante Novella, et en eut un fils, Gaspard Calderino, qui écrivit aussi sur les décrétales, et laissa un traité *De Interdicto ecclesiastico*.

Novella, fille de Jean d'Andrea, savant jurisconsulte, a été l'une des femmes les plus célèbres de son temps. Elle avait des connaissances très-étendues dans la philosophie et la jurisprudence. Les personnages les plus éclairés ne dédaignèrent pas de soumettre à sa décision les questions de droit embarrassantes. Novella reçut le laurier doctoral à l'Académie de Bologne, et, si l'on en croit un passage de la *Cité des Dames*, elle suppléait son père dans l'enseignement. Christine de Pisan atteste ce fait en ces mots : « *Afin que la biauté d'elle n'empeschast pas la pensée des oyans, elle avait une petite courtine au devant d'elle.* » On croit généralement que Novella fut l'épouse de Jean Calderino, quoique Fantuzzi se soit efforcé de démontrer que ce mariage était fabuleux (voyez Scrittori Bolognesi, III. 15.). Orlandi ne paraît pas avoir mieux rencontré, en lui donnant pour mari Jean de Legnano, l'un des plus illustres professeurs de l'Université de Bologne. L'épouse de Legnano se nommait effectivement *Novella*; mais elle était petite-fille de Jean Calderino (voyez Chirardacci, *Storia di Bologna*, II, 350). Cette conformité de noms est la source la plus abondante des erreurs de l'histoire et de la généalogie. Novella l'ancienne mourut à Bologne, sa patrie, et fut inhumée dans l'église Saint-Dominique.

Bettina, sa sœur, non moins célèbre par son érudition et par sa connaissance des lois, épousa Jean de Saint-George, habile jurisconsulte et professeur de droit à Padoue, où elle mourut le 5 octobre 1355.

Jean d'Andrea naquit à Bologne. Andrea son père, qui était Florentin, exerçait à Bologne la profession de maître d'école, et se fit prêtre, lorsque Jean son fils n'avait encore que huit ans. Elevé d'abord par son père, Jean étudia le droit canon, et reçut gratuitement le doctorat de Gui de Baiso, son dernier maître, archidiacre de Bologne. Ce fut aussi par son crédit qu'il obtint dans cette Université une chaire de jurisprudence ; il en remplit successivement deux autres : l'une à Padoue et l'autre à Pise. Il mourut de la peste à Bologne, le 7 juillet 1348, avec la réputation du plus célèbre canoniste du xive siècle. Il fut le maître et le père adoptif d'Andrea Calderino, et non de Jean Calderino, comme l'avance un article biographique ; car Jean Calderino naquit au milieu du xive siècle, et Jean d'Andrea mourut à la même époque. A moins que d'Andrea ne l'eût adopté presque au berceau ; mais alors il ne serait pas vrai de dire qu'il en a été le maître. Nous avons lu dans une biographie italienne, qu'Andrea Calderino fut le fils adoptif du célèbre d'Andrea, et que c'est de ce dernier que Calderino prit son prénom *Andrea* par reconnaissance pour son maître et son père adoptif. On prétend aussi que Buonincontro, surnommé d'Andrea, dont on a des traités de jurisprudence, était son fils naturel. Catherine Bonencontre, une descendante de cette famille, épousa, en 1580, Pierre-François Bonaparte — n° 30 — (voyez Muratori, préface de l'*Hist. de Florence*).

33 Le Concile de Bâle fut tenu dans cette ville, en 1431, sous le pontificat d'Eugène IV, Sigismond étant empereur. On confirma dans ce Concile le décret rendu au Concile de Constance, au sujet de la supériorité du Concile sur le Pape. Les Italiens s'opposèrent à ce décret, et ne voulurent pas y souscrire : de là dispute. Thomas de Sarzane parvint pour le moment à rétablir la paix. Néanmoins les Conciles de Constance et de Bâle n'eurent point de tableau dans la bibliothèque du Vatican, et les Italiens les retranchèrent d'entre les Conciles généraux.

34 Amédée VIII, premier duc de Savoie en 1416 (la Savoie n'avait eu jusque-là que le titre de comté), quitta soudainement ses Etats, et se retira en la compagnie de quelques seigneurs au prieuré de Ripaille, près Thonon. Il y bâtit un beau palais, auquel il donna le nom d'*Ermitage*, et y vivait en paix au milieu des plaisirs honnêtes, lorsque les Pères du Concile de Bâle lui déférèrent la tiare, l'an 1439, et l'opposèrent à Eugène IV. Amédée prit le nom de Félix V. Après la mort d'Eugène, Nicolas V ayant été élu, Félix abdiqua la tiare en 1449, par esprit de paix et par condescendance pour la modération de Nicolas à son égard. Ce schisme dura neuf ans six mois et sept jours.

35 Constantinople fut prise d'assaut par les Turcs, sous le règne de l'empereur grec Constantin, surnommé Dracosès. Ce prince était né en 1403, de Manuel Paléologue. Il fut mis sur le trône de Constantinople par le sultan Amurath, en 1448. Mahomet II, successeur d'Amurath, ayant eu des mécontentements de l'empereur, vint assiéger Constantinople par mer et par terre. Son armée était de trois cent mille hommes, et sa flotte de quatre cents galères à trois rangs. Les Grecs n'avaient que sept mille hommes en état de porter les armes, et treize galères. Constantinople, après un siège de cinquante-huit jours, fut emporté le 29 mai 1453. Constantin, voyant les Turcs entrer par la brèche, se jette l'épée à la main à travers les ennemis. Il voit tomber à ses côtés les capitaines qui le suivaient. Tout couvert de sang, et resté seul, il s'écrie : « Ne se trouvera-t-il pas un chrétien qui m'ôte le peu de vie qui me reste ? » A l'instant un Turc lui décharge un coup de sabre sur la tête ; un autre lui en porte un second, sous lequel il expira. Une mort aussi glorieuse est le plus beau des éloges, et ce prince eût été digne d'un meilleur sort. Tout fut passé au fil de l'épée ou livré à la brutalité des Turcs. Les temples furent profanés et pillés ; et ce qui resta de ce malheureux peuple grec fut emmené en esclavage, et vendu par le vainqueur. Ainsi périt l'empire de Constantinople : inauguré à Byzance par Constantin-le-Grand, en 330, il finit en 1453, sous un autre Constantin, après avoir duré 1123 ans.

36 Nicolas V fut inhumé avec grande pompe dans la basilique de Saint-Pierre du Vatican. Voici l'épitaphe gravée sur son tombeau :

HIC SITA SUNT QUINTI NICOLAI ANTISTITIS OSSA,
  AUREA QUI DEDERAT SŒCULA, ROMA, TIBI.
CONSILIO ILLUSTRIS, VIRTUTE ILLUSTRIOR OMNI,
  EXCOLUIT DOCTOS, DOCTIOR IPSE VIROS.
ABSTULIT ERROREM, QUO SCHISMA INFECERAT VRBEM ;
  RESTITUIT MORES, MOENIA, TEMPLA, DOMOS.
TUM BERNARDINO STATUIT SUA SACRA SENENSI,
  SANCTA JUBILEI TEMPORA DUM CELEBRAT.
CINXIT HONORE CAPUT FRIDERICI, AC CONJUGIS AURO.
  RES ITALAS ICTO FŒDERE COMPOSUIT.
ATTICA ROMANÆ COMPLURA VOLUMINA LINGUÆ
  PRODIDIT ; IN TUMULO FUNDITE THURA SACRO !

« Ici reposent les restes mortels du pape Nicolas V, dont la sagesse,
» ô Rome, fit renaître le siècle d'or en ton enceinte. D'une prudense
» consommée, il brilla de l'éclat de toutes les vertus. Protecteur des
» savants, au-dessus desquels il s'éleva lui-même par sa science, il mit
» fin à l'erreur et au schisme qui dévorait la ville sainte ; il rétablit
» les bonnes mœurs, restaura les fortifications, les temples, les édifices ;
» mit au nombre des saints Bernardin de Sienne, pendant les solennités
» du Jubilé ; couronna Frédéric et son épouse ; ramena la paix dans
» les Etats italiens, fit traduire en latin les chefs-d'œuvre des Grecs....
» Versez des parfums sur sa tombe sacrée ! »

27 Nicolas V donna une telle impulsion à l'étude des sciences et des
lettres, que la littérature grecque et la littérature latine qui, depuis près
de six siècles, étaient restées dans l'oubli, commencèrent à briller d'un
grand éclat. Il envoya dans toutes les contrées de l'Europe des hommes
érudits, pour recueillir et acheter les chefs-d'œuvre de l'antiquité, que
l'ignorance et la barbarie du temps laissaient périr sans regrets. Ce fut
ainsi que Poggius retrouva les œuvres de Quintilien ; Enoch Ausculanus,
celles de Marcus Cœlius Apicus, et les Commentaires de l'élégant Por-
phyrion sur les poëmes d'Horace. Laurent Valla traduisit du grec en
latin les deux grands historiens Hérodote et Thucydide ; Nicolas Perottus,
l'histoire de Polybe ; Publius Candidus, celle d'Appien ; Poggius le
Florentin, Diodore de Sicile ; Théodore Gaza, Aristote, histoire naturelle
des animaux, et Théophraste, histoire naturelle des plantes ; enfin,
Guarinus de Vérone, la Géographie de Strabon.

Ses soins et sa munificence mirent au jour une multitude d'autres
ouvrages, qu'il fit copier à grands frais, dans un temps où l'imprimerie
n'existant pas encore, il fallait la vie de plusieurs hommes pour transcrire de volumineux manuscrits.

28 L'un des neveux de Nicolas V — sans doute Jean Matthieu
Calandrini ou l'un de ses frères — avait épousé une Jeanne Bonaparte,
dont le portrait, exécuté de main de maître, décora la grande galerie
florentine, jusqu'au xixe siècle, qu'il fut envoyé à Napoléon par Marie-
Louise, reine d'Etrurie. Serait-ce la fille d'un Bonaparte de Bologne?
Nicolas V et Philippe, son frère, avaient été tous deux évêques de cette
ville, et par conséquent liés d'intimité avec les Bonaparte bolonais. On
ne peut ni le nier, ni l'affirmer, mais on a tout lieu de le croire.

L'auteur d'un livre intitulé : *La famille Bonaparte depuis 1264*, dit,
p. 40 de son ouvrage : « *Nous savons qu'un neveu du pape Paul V* DE SARZANE,
qui était un Borghèse, avait pour femme une Jeanne Bonaparte, etc. »
Puis il ajoute : « *Mais il est faux que la mère du pape Paul V ait été une*

Bonaparte. » Il y a dans la première assertion une erreur capitale, car 1° Paul V (Camille Borghèse) n'était pas de Sarzane, mais originaire de Sienne, et né à Rome en 1552 ; 2° ce n'est pas son neveu, mais celui de Nicolas V de Sarzane qui fut l'époux de Jeanne. La seconde assertion , « *Mais il est faux que la mère de Paul V ait été une Bonaparte,* » exprime une vérité historiquement prouvée, et que personne n'oserait contester ; en effet, la mère de Paul V ne fut pas une Bonaparte : aucun écrivain ne l'a jamais avancé. Il ne s'agit pas ici de Paul V, mais de Nicolas V. Tous les hommes instruits que nous avons interrogés à Sarzane, nous ont assuré que leurs deux célèbres compatriotes Nicolas V et Philippe, cardinal-évêque de Bologne, descendaient des Bonaparte par les femmes ; que plusieurs Recueils ou Dictionnaires biographiques en faisaient mention, et que c'était d'ailleurs une opinion depuis longtemps accréditée parmi les Sarzanais. L'un d'eux voulut bien, après avoir scrupuleusement compulsé les registres et les archives de Sarzane, nous donner la généalogie de Nicolas V, telle que nous la transcrivons nous-même dans cet ouvrage. L'abbé de Feller, qui avait parcouru toute l'Italie en observateur savant, se trompa néanmoins en interprétant mal les biographes italiens qui ont écrit au sujet de Nicolas V, que, *par sa mère* — c'est-à-dire *du côté maternel* —, ce Pontife descendait des Bonaparte.

39 Cette Isabelle Calandrini était la sœur de Jean-Matthieu Calandrini, le même qui éleva à Rome un tombeau à son oncle Philippe , cardinal de Bologne, frère de Nicolas V. Aussi Nicolas et Philippe, issus tous deux du sang des Bonaparte, par leur aïeule , se rattachaient-ils avec empressement à cette noble famille par de nouveaux liens , en favorisant les alliances de leurs nièces et de leurs neveux avec les Bonaparte de Sarzane et de Bologne , desquels ils se glorifiaient d'être sortis.

40 La Corse, *Corsica*, île considérable de la Méditérranée , ayant environ 40 lieues de longueur, fit longtemps partie de l'Empire romain. A la décadence de l'Empire, la Corse jouit pendant un siècle de son indépendance ; puis elle tomba au pouvoir des Sarrasins. Adimur, amiral de la république de Gênes, en chassa ces barbares, et en fit une conquête des Génois. Mais le joug de cette république, étant devenu trop lourd pour les Corses habitués à leur indépendance, un soulèvement général eut lieu en 1730 , et les Génois furent chassés de l'île entière. Inutilement ils essayèrent de la soumettre de nouveau : leurs troupes furent écrasées dans toutes les rencontres, et ils se virent forcés de céder cette île à la France en 1768. Cette puissance la soumit entièrement en 1769, malgré les efforts que fit le célèbre Paoli et un grand nombre de familles qui préféraient la domination des Anglais : mais le génie de la France, secondé par le dévouement des Bonaparte, triompha de toutes les difficultés, et la Corse a continué depuis lors à faire partie du territoire français. Les Corses sont naturellement hospitaliers ; fiers et vindicatifs, ils pardonnent difficilement une injure. Ils ont de l'honneur, sont bons soldats, et ne craignent ni les fatigues, ni les dangers.

41 Les *Anciens* composaient en Corse une espèce de Sénat, dont les membres faisaient ordinairement preuve de plusieurs quartiers de noblesse. La solution des affaires importantes était déférée au Conseil des Anciens : leurs décisions étaient souveraines, sauf, en certains cas, l'appel à la sanction du Sénat de Gênes.

42 Cette guerre de l'indépendance de la Corse coûta beaucoup à la noblesse de l'île : elle porta surtout un grand échec à la fortune des Bonaparte, qui ne reculèrent devant aucun sacrifice, et prodiguèrent leur or et leur sang pour la défense de leur pays natal. Plusieurs fois, leurs propriétés furent brûlées et ruinées de fond en comble ; eux-mêmes et leurs enfants se virent réduits à prendre la fuite, et à organiser, sans autres ressources que leur énergie et leur courage, des bandes de paysans et de montagnards pour résister à l'étranger qui leur apportait l'asservissement et la honte ; jusqu'à ce qu'enfin, ayant à choisir entre la France et l'Angleterre, ils se donnèrent corps et âme à la France, et ne séparèrent désormais plus leur cause de celle de leur patrie adoptive. La France fut reconnaissante de ce dévouement, et les gloires de l'Empire payèrent plus tard au centuple les premiers égards de la France pour les Bonaparte.

43 Charles-Marie Bonaparte, père de Napoléon-le-Grand, fut inhumé dans le couvent des Cordeliers de la ville de Montpellier, dans laquelle il mourut. Un procès-verbal de l'autopsie de son corps constate qu'il succomba aux attaques d'un cancer à l'estomac, et décrit les désordres occasionnés par cette cruelle maladie. Cette pièce est datée du 25 février 1785, et signée par quatre médecins. Il est remarquable que quelques-unes des circonstances qu'elle constate se sont présentées, quarante ans plus tard, dans l'autopsie du corps de l'Empereur.

Voici l'acte de décès de Charles-Marie Bonaparte :

« L'an 1785, et le 24 février, est décédé messire Charles Bonaparte, mari de dame Letizia Ramolino, ancien député de la noblesse des Etats de Corse, à la cour, âgé d'environ 39 ans. — Registres de la paroisse de Saint-Denis de Montpellier.

» Signé, MARTIN, curé. »

44 Sous le Consulat, les notables de Montpellier, par l'organe de leur compatriote Chaptal, ministre de l'intérieur, firent prier le premier Consul de permettre qu'ils élevassent un monument à la mémoire de son père. Napoléon refusa. « Ne troublons pas, dit-il, le repos des » morts; laissons leurs cendres en paix. J'ai perdu aussi mon grand-» père, mon arrière-grand-père : pourquoi ne ferait-on rien pour eux ? » Cela mène loin. Si c'était hier que j'eusse perdu mon père, il serait » convenable que j'accompagnasse mes regrets de quelque haute marque » de respect; mais il y a vingt ans. Cet événement est étranger au » public : n'en parlons plus. »

45 Madame Letizia Bonaparte fut un modèle de vertus, d'énergie et de simplicité : elle avait, suivant les expressions de l'Empereur, l'âme forte et trempée aux plus grands événements, ayant éprouvé cinq à six révolutions, ayant vu trois fois sa maison incendiée en Corse, ses vignes coupées et ses troupeaux détruits par les factions. Napoléon disait sur le rocher de Sainte-Hélène, « qu'il avait encore présentes à la mémoire les leçons de fierté qu'il avait reçues de sa mère dans son enfance.

46 Nous donnons ici l'extrait de baptême de Napoléon, tel qu'on le voit encore aujourd'hui dans les registres de la cathédrale d'Ajaccio.

Extrait du registre des baptêmes de la paroisse et cathédrale de Notre-Dame d'Ajaccio, coté et paraphé par M. Cuneo, conseiller du roi, juge royal de la province d'Ajaccio (5e feuillet, verso) :

« L'an mil sept cent soixante et onze, le vingt et un juillet, ont été faites par moi soussigné, économe, les saintes cérémonies et les prières sur Napoléon, fils du légitime mariage de M. Charles-Marie (fils de Joseph Buonaparte) et de la dame Marie Letizia, sa femme, lequel avait été ondoyé à la maison, avec la permission du très-révérend Lucien Buonaparte, étant né le 15 août mil sept cent soixante-neuf. Ont assisté aux saintes cérémonies : pour parrain, l'illustrissime Laurent Giubega de Calvi, procureur du roi; et pour marraine, la dame Geltrude, épouse du sieur Nicolas Paravicino. Présent, le père. Lesquels ont signé ci-dessous :

JEAN-BAPTISTE DIAMANTE, économe d'Ajaccio; LAURENT GIUBEGA; GELTRUDE PARAVICINO; CHARLES BUONAPARTE.

Le nom de NAPOLÉON, peu connu en France jusqu'à cette époque, était toujours donné, depuis plusieurs générations, aux cadets de la famille Bonaparte, soit en mémoire d'un *Napoléon des Ursins*, célèbre dans les fastes militaires de l'Italie, soit par un sentiment de gratitude envers *Napoléon Ornano*, qui, par des bienfaits, avait consacré cette adoption. Ce nom vient de saint Néopole, martyr à Rome, et dont le Martyrologe place la fête au 10 mai.

47 « Ma famille fugitive, dit Lucien dans ses Mémoires, arriva dans le port de Marseille privée de toute ressource, mais pleine de courage et de santé. Joseph, Napoléon et moi, nous luttâmes contre la mauvaise fortune. Napoléon consacra la plus forte part de ses appointements au soulagement de sa famille; Joseph fut nommé commissaire des guerres, et moi je fus placé dans l'administration des subsistances militaires. A titre de réfugiés, nous obtînmes des rations de pain de munition et des secours modiques, mais suffisants pour vivre, à l'aide surtout de l'économie de notre bonne mère. Le récit des périls qu'elle avait courus, l'incendie de nos propriétés, l'ordre de nous pendre morts ou vifs, donné, dit-on, par Paoli, n'eurent pas de peine à vaincre nos scrupules. »

48 Le cardinal Fesch, frère de Madame Letizia, avait obtenu du Saint-Père l'autorisation de donner de sa part à Madame Bonaparte, au lit de mort, l'absolution et la bénédiction papale. Cette grâce pontificale était la plus haute preuve d'estime que sa sainteté pût lui accorder. Elle avait été, jusqu'à ce jour, le privilége réservé aux cardinaux et aux souverains régnants.

49 Un obstacle insurmontable semblait s'opposer pour toujours à l'alliance de François Fesch avec la veuve de Ramolino. Le capitaine Fesch était de la religion soi-disant réformée. Jamais Angèle Ramolino, fervente catholique, ne se serait décidée à lui donner sa main. François Fesch, dont les principes religieux n'étaient pas plus arrêtés que ceux de la plupart de ses correligionnaires, qui prennent pour règle de leur foi le mobile de la raison humaine, promit de lever cette difficulté. Il se fit instruire de la religion catholique, qu'il avait appris à aimer dans les maisons corses qui le recevaient. Cette piété, ferme et invariable, cette innocente simplicité, ces mœurs patriarcales, ce respect religieux pour les parents, qui rappelaient les beaux temps du christianisme, et qu'on retrouvait chez les familles indigènes, avaient déjà ébranlé sa conscience. Il ne tarda pas à abjurer les erreurs qui avaient balancé son berceau, et embrassa la foi Romaine. Angèle Ramolino, heureuse de la conversion du jeune officier, consentit à l'épouser en secondes noces. « Il sera, disait-elle, le protecteur et le tuteur de la fille que j'ai eue de mon premier mariage. »

50 Joseph Fesch partagea cette gloire avec le Père Patraud, qui, après avoir été le professeur de Bonaparte à l'Ecole militaire, devint son secrétaire dans l'héroïque campagne d'Italie. Tous deux contribuèrent pour leur part à lui inspirer des idées de justice, de modération, d'égards même pour les religieux et les émigrés. Les ecclésiastiques français qui s'étaient réfugiés en Italie pour se mettre à l'abri de la tourmente révolutionnaire, n'eurent qu'à se louer de leur bienveillante intervention. Bonaparte écrivit au Directoire, en leur faveur, une lettre qui contrastait singulièrement avec l'esprit haineux de ce temps de vandalisme ; le Directoire ne lui sut pas mauvais gré de cette manifestation de principes, ou plutôt de sentiments. Ce qui a fait dire à M. Thiers dans son *Histoire de la Révolution* que Bonaparte, pendant son expédition de la péninsule italienne, ne s'était pas montré impie et mécréant comme les autres généraux de la République.

51 La dépêche qui supprimait au cardinal Fesch ces 300,000 francs de rente, le jeta de prime-abord dans la plus vive exaspération. Il n'entrevit, au premier coup-d'œil, que la gêne et l'embarras qu'il avait à payer ses dettes. Tout-à-coup, le calme renaît dans son âme : il pense qu'il pourra négocier un emprunt auprès de son neveu Jérôme, roi de Westphalie. Il fait aussitôt tirer de ses armoires sa vaisselle plate, ses services en vermeil, ses bassins, ses aiguières, ses plateaux d'argent, ses bijoux, ses diamants, etc.; et, lorsque tout est réuni, il suppute approximativement la valeur que chacune de ces pièces représente : calcul fait, il voit que le chiffre s'élève assez haut pour obtenir une somme considérable. Alors, il respire comme un homme qui est débarrassé d'un lourd fardeau. En même temps, il ordonne qu'on emballe tous ces objets, et qu'on les expédie sur Cassel, à l'adresse du roi de Westphalie, son neveu. Ils serviront de nantissement pour les deux cent cinquante mille francs qu'il demande à lui emprunter. Dès-lors, le cardinal fut rassuré contre les éventualités qui fatiguent toujours ceux qui ont à cœur de payer exactement leurs créanciers. Quelle noble et généreuse résolution ! Quelle délicatesse et quel désintéressement dans la spontanéité et la promptitude qui la font exécuter !

52 Pascal Paoli, — fils d'Hyacinthe Paoli, général corse, — naquit dans cette île en 1726, et entra en qualité d'enseigne dans le régiment que son père commandait à Naples, où il s'était retiré après l'entrée des Français en Corse, en 1735. Celui-ci, ayant appris les nouveaux troubles qui agitaient la Corse, y envoya son fils, en 1755. A peine fut-il arrivé, que ses compatriotes le nommèrent leur général. Ses premiers soins furent de régulariser l'administration et les tribunaux, de veiller à l'instruction de la jeunesse, de faire disparaître par des peines sévères les assassinats qui se commettaient sur tous les points de l'île, enfin de former une armée respectable. Il battit les Génois, et finit par les chasser de la

Corse. Ceux-ci, tentèrent en vain, de reprendre cette île et la cédèrent à la France par le traité de Compiègne, en 1768. Vingt mille Français ayant débarqué en Corse, les insulaires, sous la conduite de Paoli, se levèrent en masse : la lutte fut sanglante et dura deux ans. Contraint de céder, Paoli se retira en Angleterre. L'Assemblée constituante le rappela dans sa patrie en 1789 ; Paoli prêta le serment civique. De retour en Corse, il y fut nommé commandant de la garde nationale et président du département ; mais, après la mort de Louis XVI, il se déclara cóntre le gouvernement républicain, et voulut reconquérir l'indépendance de la Corse. En vain, la Convention le décréta d'accusation : Paoli convoqua une *consulta*, qui le nomma président, ensuite généralissime des Corses ; il ouvrit en même temps des négociations avec l'Angleterre, chassa les troupes françaises de l'île et y introduisit les Anglais. Ce fut alors que la famille Bonaparte, qui jusque-là avait joui de la confiance et de l'intimité de Paoli, se sépara de lui, et prit le parti de la France contre les Anglais : elle en fut indignement punie par le ravage de ses propriétés et l'exil auquel elle fut obligée de se condamner. Cependant Paoli, devenu suspect à ses nouveaux alliés, passa en Angleterre pour y porter ses plaintes, et y mourut le 5 février 1807.

53 Il existait à Rome, entre le gouvernement autrichien et les premières familles romaines, une coalition secrète, qui tendait à éloigner par tous les moyens possibles les Français des États du Saint-Siége. Cinq ans avant l'assassinat du général Duphot, le même crime avait été commis dans la même ville, par la même populace et à la même instigation, sur la personne de l'infortuné Basseville, envoyé extraordinaire du gouvernement français. Par égard pour le Souverain Pontife, qui témoigna toute la douleur qu'il éprouvait d'un si grand attentat, la France fit preuve de beaucoup de modération. Ce fut, sans doute, ce qui enhardit les conjurés et les porta au meurtre de Duphot. Ce général était né à Lyon, avait servi avec distinction dans l'armée d'Italie, et était chargé d'organiser celle de la République Cisalpine.

54 Le Tasse-Torquato, célèbre poète italien, naquit à Sorrento, dans le royaume de Naples, en 1544. Bernardo Tasso, son père, fut l'un des écrivains qui contribuèrent le plus efficacement à mettre en honneur la poésie italienne. Torquato commença dès son bas-âge à bégayer les vers de son père. A huit ans, il savait déjà le grec, le latin, et écrivait en prose et en vers. Il acheva ses études à Rome, puis à Padoue, y fut reçu docteur dans les trois facultés de théologie, de philosophie et de jurisprudence. Entraîné par l'impulsion irrésistible de son génie, il enfanta, à 17 ans, son poème de *Renaud* ; à 22 ans, il commença celui de la *Jérusalem délivrée*.

Après avoir été attaché quelque temps au duc de Ferrare , il vint en France, à 27 ans, à la suite du cardinal d'Est. De retour en Italie, il devint épris, à la cour de Ferrare , de la sœur du duc. Cette passion, jointe à divers mécontentements qu'il essuya dans cette cour, fut la source de cette humeur mélancolique qui le consuma pendant 20 années. Il fut enfin attiré à Rome par un neveu du pape Clément VIII ; il allait y recevoir au Capitole, de la main du Souverain Pontife, la couronne de laurier due à son génie; mais, comme si la fortune avait voulu le tromper jusqu'au dernier moment, il mourut la veille du jour destiné à son triomphe. Le Tasse est sans contredit le plus grand poète qu'ait produit l'Italie.

55 Après la mémorable journée d'Iéna et la conquête de la Prusse , Napoléon , tirant de son triomphe même tous les éléments de succès possibles contre l'Angleterre, semblait n'avoir d'autre but final que la ruine de cette reine de l'industrie , dont l'Europe n'avait été jusqu'ici que la vassale. Le 21 octobre 1806 , un rapport de Talleyrand servit de motif au décret qui mettait les Iles Britanniques hors du droit commun par le *blocus continental.* Voici les principaux articles de ce décret :

« Napoléon , Empereur des Français et roi d'Italie, considérant :

« 1° Que l'Angleterre n'admet point le droit des gens suivi universellement par tous les peuples policés ;

» 2° Qu'elle répute ennemi tout individu appartenant à l'État ennemi, et fait en conséquence prisonniers de guerre non-seulement les équipages des vaisseaux armés en guerre, mais encore les équipages des vaisseaux de commerce et des navires marchands , et même les facteurs du commerce et les négociants qui voyagent pour les affaires de leur négoce ;

» 3° Qu'elle étend aux bâtiments et marchandises de commerce et aux propriétés des particuliers le droit de conquête , qui ne peut s'appliquer qu'à ce qui appartient à l'État ennemi ;

» 4° Qu'elle étend aux villes et ports de commerce non fortifiés, aux hâvres et aux embouchures de rivières le droit de blocus, etc....; qu'elle déclare même en état de blocus des côtes entières et tout un empire ;

» 5° Que cet abus monstrueux n'a d'autre but que d'empêcher les communications entre les peuples; et d'élever le commerce et l'industrie de l'Angleterre sur la ruine de l'industrie el du commerce du continent;

» 6° Que tel étant le but évident de l'Angleterre, quiconque fait sur le continent le commerce des marchandises anglaises, favorise par-là ses desseins, et s'en rend le complice;

» 7° Que cette conduite de l'Angleterre, digne en tout des premiers âges de la barbarie, a profité à cette puissance au détriment de toutes les autres;

» 8° Qu'il est de droit naturel d'opposer à l'ennemi les armes dont il se sert, et de le combattre de la même manière qu'il combat, lorsqu'il méconnaît toutes les idées de justice et tous les sentiments libéraux, résultat de la civilisation parmi les hommes;

» Nous avons résolu d'appliquer à l'Angleterre les usages qu'elle a consacrés dans sa législation maritime........

» Nous avons en conséquence décrété et décrétons ce qui suit :

« ARTICLE Ier. Les Iles Britanniques sont déclarées en état de blocus.

» ART. II. Tout commerce et toute correspondance avec les Iles Britanniques sont interdits.

» ART. III. Tout individu sujet de l'Angleterre, qui sera trouvé dans les pays occupés par nos troupes ou par celles de nos alliés, sera fait prisonnier de guerre.

» ART. IV. Tout magasin, toute marchandise, toute propriété de quelque nature qu'elle puisse être, appartenant à un sujet de l'Angleterre, sera déclaré de bonne prise.

» ART. V. Le commerce des marchandises anglaises est défendu........

. . . .

» ART. VII. Aucun bâtiment venant directement de l'Angleterre ou des colonies anglaises, ne sera reçu dans aucun port.

. . . .

. . . .

» ART. X. Communication du présent décret sera donné aux rois d'Espagne, de Naples, de Hollande et d'Etrurie, ainsi qu'à nos autres alliés, dont les sujets sont victimes, comme les nôtres, de l'injustice et de la barbarie de la législation maritime de l'Angleterre, etc., etc. »

Dans son message au Sénat, Napoléon disait : « Nous avons mis les Iles Britanniques en état de blocus, et nous avons ordonné contre elles des dispositions qui répugnaient à notre cœur. Il nous en a coûté de faire dépendre les intérêts des particuliers de la querelle des rois, et de revenir, après tant d'années de civilisation, aux principes qui caractérisent la barbarie des premiers âges des nations. Mais nous avons été contraints, pour le bien de nos alliés, d'opposer à l'ennemi commun les mêmes armes dont il se servait contre nous. Ces déterminations, commandées par un juste sentiment de réciprocité, n'ont été inspirées ni par la passion, ni par la haine........ Nous sommes prêt à faire la paix avec l'Angleterre; mais elle ne peut être conclue que sur des bases telles

qu'elle ne permette à qui que ce soit de s'arroger aucun droit de suprématie à notre égard...., etc.... »

Ce fameux décret, si diversement apprécié depuis, était donc justifié
par le droit de représailles : l'Angleterre en avait donné la première
l'exemple.

..........Legem sibi dixerat *ipsa*.   OVID. (*Metam.*)

56 Le roi Joseph, excepté le courage personnel, n'avait pas les talents
militaires qui éblouissent et subjuguent les peuples belliqueux, et les
asservissent par le prestige si puissant de la gloire. Le prince Louis-
Napoléon, appréciateur judicieux du caractère et de la conduite de son
oncle dans les conjonctures difficiles où il s'est trouvé, a dit de lui :
« Quoiqu'il ne manquât ni de courage, ni même de décisions très-saines
au milieu des événements critiques de la guerre, il ne pouvait pas toujours imprimer aux mouvements des différents corps d'armée cet ensemble
si nécessaire aux succès, parce qu'il n'y avait que l'Empereur capable de
réprimer la jalousie des maréchaux, qui fit souvent échouer les plans les
mieux combinés. Cependant Joseph faisait tout le bien qu'il lui était
permis d'accomplir dans le court intervalle que lui laissaient les soins de
la guerre. »

57 Un jour, le maître de quartier du jeune Napoléon le condamne à
porter l'habit de bure, et à dîner à genoux à la porte du réfectoire. Il se
soumet à cet ordre humiliant ; mais, au moment de l'exécuter, il est pris
d'une violente attaque de nerfs. Heureusement le père Patrault, son
professeur de mathématiques, accourt, le délivre, et se plaint de ce que,
sans nul égard, on dégrade ainsi son premier mathématicien.

Une autre fois, le professeur Léguile, rendant compte de la conduite
de son élève, trace sur une note ces lignes prophétiques : « Corse de
nation, il ira loin si les circonstances le favorisent. »

Durant l'hiver qui précéda sa sortie de l'école de Brienne, il s'initia
au commandement militaire dans une petite guerre simulée à laquelle il
présida. La neige était tombée avec abondance ; les élèves, retenus dans
leurs quartiers, ne pouvaient se livrer à leurs jeux ordinaires. Napoléon
les tira de ce désœuvrement forcé, en leur faisant construire, avec de la
neige, des retranchements réguliers, soutenus de parapets et de redoutes.
Les uns furent chargés de la défense, les autres de l'attaque, et, pendant
quinze jours que dura ce siége, le jeune Bonaparte étonna ses maîtres
par l'habileté avec laquelle il dirigea les opérations, et sut faire usage
de l'art de Vauban.

58 Le directeur et les professeurs de l'Ecole venaient de dresser une
liste de présentation des élèves, par ordre de mérite, jugés dignes d'être

créés officiers. A chaque nom une note se trouvait annexée. Celle de
Napoléon était conçue en ces termes : « Napoléon Bonaparte, né en Corse,
réservé et studieux, préfère l'étude à toute espèce d'amusement, se plaît
à la lecture des bons auteurs ; très-appliqué aux sciences abstraites, peu
curieux des autres, connaissant à fond les mathématiques et la géographie ; silencieux, aimant la solitude ; capricieux, hautain, extrêmement
porté à l'égoïsme ; parlant peu, énergique dans ses réponses, prompt et
sévère dans ses réparties ; ayant beaucoup d'amour-propre ; ambitieux et
aspirant à tout : ce jeune homme est digne qu'on le protége. » Napoléon
figurait le premier sur la liste soumise au ministre ; onze mois et demi
s'étaient à peine écoulés depuis son entrée à l'Ecole, lorsqu'il fut nommé
lieutenant d'artillerie.

59 Madame du Colombier, femme d'un très-grand mérite, habitait
alors Valence, et y donnait des fêtes auxquelles affluait toute l'aristocratie
de la province. Ce fut dans ces réunions que Bonaparte se dépouilla des
manières un peu brusques et sévères que donne la théorie du soldat.
Madame du Colombier avait une fille, qui plut au jeune lieutenant ; il
eut le bonheur d'en être aimé. Mais Madame du Colombier ne tarda pas
à s'apercevoir de cette passion naissante ; elle prit à part Napoléon, et lui
fit observer avec franchise le tort qu'un mariage prématuré pourrait faire
à son avancement. Pénétré de la justesse de ces réflexions, Bonaparte
mit plus de réserve dans ses rapports avec la famille du Colombier, et
ne songea plus à cette union.

60 Ce fut pendant le siége de Toulon que Bonaparte s'attacha quelques
hommes qui jouèrent un grand rôle dans la suite. Il distingua, dans les
derniers rangs de l'artillerie, un jeune militaire qu'il eut d'abord beaucoup
de peine à former, mais dont il tira, dans la suite, les plus grands
services : c'était Duroc. Sous l'Empire, il fut nommé duc de Frioul et
grand-maréchal du palais. Un jour Napoléon ayant demandé un sous-
officier qui eût de l'audace et de l'intelligence, le lieutenant auquel il
s'adressait appelle aussitôt la *Tempête*. « Tu vas quitter ton habit, et tu
porteras là ce papier. — En même temps, il lui indique du doigt un
point éloigné de la côte. — « Commandant, répond le sergent, rouge de
colère, cherchez un autre que moi pour exécuter vos ordres ; » et il se
retire. — « Tu refuses d'obéir, reprend avec sévérité Napoléon ; sais-tu
bien à quoi tu t'exposes ? — Je ne demande pas mieux, répond la Tempête, d'aller où vous voulez ; mais je ne suis pas un espion ; je serais un
lâche d'ôter mon uniforme, et je ne le ferai pas. — Mais, mon brave, les
Anglais te reconnaîtront, et ils te tueront, reprend Bonaparte avec un
sourire d'estime. — Que vous importe ? vous ne me connaissez pas assez

pour que cela vous fasse de la peine, et quant à moi, ça m'est égal....
Allons, je pars comme je suis, n'est-ce pas? » Et il partit en chantant.
« Comment s'appelle ce jeune homme? dit Bonaparte. — *Junot*, répond
le lieutenant. — Il fera son chemin, » ajoute le commandant d'artillerie.

Lors de la construction d'une batterie, que Bonaparte, à son arrivée
devant Toulon, ordonna contre les Anglais, il eut besoin de dicter un
ordre, et demanda quelqu'un qui sût écrire. Un sergent d'un bataillon de
la Côte-d'Or sortit des rangs, et se plaça pour écrire sur l'épaulement
même de la batterie. A peine avait-il tracé quelques lignes, qu'un boulet
le couvrit de terre lui et son papier : « Bon, dit le sergent sans se
déranger, je n'aurai pas besoin de sablon. » Cette plaisanterie, le calme
avec lequel elle fut dite, fixa l'attention de Napoléon, et fit la fortune du
sous-officier : c'était Junot, depuis duc d'Abrantès, colonel-général des
hussards, commandant de l'armée de Portugal, gouverneur-général de
l'Illyrie.   (*Mémorial de Sainte-Hélène.*)

61 Joséphine hésita quelque temps de se marier avec Napoléon
Bonaparte. « Prendre un parti a toujours paru fatigant à ma créole
nonchalance.... Non que j'aie de l'éloignement pour le général Bonaparte.... J'admire, au contraire, son courage, l'étendue de ses connaissances en toutes choses, la vivacité de son esprit.... Mais je suis effrayée,
je l'avoue, de l'empire qu'il exerce sur ceux qui l'entourent. Son regard
scrutateur impose même à nos Directeurs : jugez s'il doit intimider une
femme. »

Napoléon, de son côté, subissait des influences opposées de la part de
ses frères, qui le détournaient de cette union ; cette alternative le portait
à rêver tantôt la gloire, tantôt la solitude. « Cherche un petit bien dans
les belles vallées de l'Yonne, écrivait-il à Bourrienne : je l'achèterai dès
que j'aurai de l'argent ; mais n'oublie pas que je ne veux point de bien
national. » Cependant, le mariage une fois contracté, il n'y eut pas
d'époux plus heureux que ce couple illustre : Joséphine sut captiver
Napoléon par son amabilité affectueuse et les grandes qualités de son
cœur ; Napoléon eut pour elle un amour bien tendre, et lui accordait une
confiance sans limites. Heureux, si plus tard les vues de sa politique
personnelle et les exigences du trône ne l'eussent pas porté à se séparer
d'une princesse que l'amour des Français et les lois de la religion lui
faisaient un devoir de jamais répudier.

62 Après l'armistice signé, le 28 avril, à Cherasque, avec le roi de
Sardaigne, Napoléon adressa à ses soldats la proclamation suivante :

« Soldats! vous avez remporté, en quinze jours, six victoires, pris
vingt-un drapeaux, cinquante-cinq pièces de canon, plusieurs places

fortes, et conquis la partie la plus riche du Piémont; vous avez fait quinze mille prisonniers, tués ou blessés plus de dix mille hommes.... Dénués de tout, vous avez suppléé à tout. Vous avez gagné des batailles sans canons, passé des rivières sans ponts, fait des marches forcées sans souliers, bivouaqué sans eau-de-vie et souvent sans pain. Les soldats de la liberté étaient seuls capables de souffrir ce que vous avez souffert; grâces vous en soient rendues, soldats! La patrie reconnaissante vous devra sa prospérité. »

63 Les Français ayant attaqué Lodi à l'improviste, y entrèrent pêle-mêle avec les Autrichiens. Ceux-ci, quittant la ville, se retirèrent par le pont bâti sur l'Adda, et se rallièrent, sur la rive gauche de cette rivière, au gros de leur armée. Bonaparte, pour franchir l'Adda, devait faire passer les Français sur ce pont; mais seize mille Autrichiens et vingt pièces de canon en rendaient le passage impossible ou excessivement périlleux. Cet obstacle ne l'arrête pas : il parcourt aussitôt la rive du fleuve au milieu des balles, arrête un plan hardi, et revient l'exécuter. Il ordonne à Beaumont et à son corps de cavalerie de passer l'Adda, à une demi-lieue au-dessus du pont; oppose, sur la rive droite, toute son artillerie à celle des ennemis, et lance au pas de course six mille grenadiers sur le pont. En vain la mitraille les culbute et les écrase....; ils arrivent sur les pièces, tuent les canonniers qui les défendent, et s'emparent de toute l'artillerie ennemie. Les Autrichiens, effrayés par un coup si audacieux, s'enfuient à Crema, abandonnant sur le champ de bataille trois mille prisonniers, beaucoup de drapeaux et tous leurs canons. Ce fut après la victoire de Lodi que les plus vieux soldats de l'armée française s'assemblèrent, et déclarèrent que Bonaparte, ayant fait ses preuves de *troupier fini*, méritait d'être nommé leur *caporal*. Ils se rendent donc auprès de lui, pour lui remettre les galons de ce grade. Le général en chef les reçoit gracieusement; et, le même jour, en parcourant le camp, il est salué du nom devenu si célèbre de *petit caporal*.

64 L'insurrection de Pavie pouvait avoir des suites très-graves, et nous faire perdre en quelques jours le fruit de nos victoires. Bonaparte le comprit bien. Aussi, pour prévenir efficacement d'autres troubles, arrêta-t-il qu'on fusillerait sur-le-champ les hommes pris les armes à la main; que l'on brûlerait tout village où l'on sonnerait le tocsin; que l'on transférerait en France, comme ôtages, les ecclésiastiques et les nobles des communes rebelles, et que la moitié de leurs revenus seraient confisqués, etc. La terreur imprimée par ces menaces enleva aux Italiens la pensée d'une nouvelle révolte, et nos troupes purent, sans crainte de ce côté, poursuivre leur conquête.

65 La veille de la bataille de Castiglione, Bonaparte courut à Lonato, faire ses dispositions d'attaque pour le lendemain. Tout-à-coup on lui annonce que les Autrichiens cernent Lonato, et qu'un parlementaire vient le sommer de se rendre à discrétion : « Annoncez à votre général, dit Bonaparte au parlementaire, que si, dans huit minutes, il n'a pas mis bas les armes, si l'on brûle une seule amorce, lui et ses gens, je les fais fusiller. » Puis, faisant lever le bandeau qui couvre les yeux du parlementaire, il reprend : « Vous voyez le général Bonaparte au milieu de son état-major et de l'armée républicaine ; les Autrichiens peuvent faire une bonne capture ; je les attends. » Cela dit, il fait marcher ses mille hommes, et vingt minutes après, trois mille Autrichiens mettaient bas les armes, nous livrant quatre pièces de canon et trois drapeaux.

Sur la fin de la bataille de Castiglione, notre cavalerie d'avant-garde précipita tellement sa marche, qu'elle pénétra sans résistance jusqu'au quartier-général de Wurmser. Le vieux maréchal eût été pris, sans une charge vigoureuse de ses dragons. Il eut à peine le temps de monter à cheval, et de fuir à toute bride. Ainsi, dans l'espace de vingt-quatre heures, un hasard faillit perdre les deux généraux desquels dépendaient les destinées de l'Italie.

66 L'envoyé du grand-duc, porteur d'une lettre fort pressante de la part de ce prince, vint trouver Bonaparte à son quartier-général de Castiglione. Il lui témoigna les vives sympathies que la cour grand-ducale éprouvait à son égard ; lui montra la Toscane fière d'avoir vu naître et s'accroître, au moyen-âge, l'illustration des Bonaparte, et le pria de traiter en compatriotes des hommes parmi lesquels ses ancêtres avaient longtemps vécu d'une manière si honorable.

67 Après la signature du traité de Tolentino, Bonaparte écrivit au Souverain-Pontife la lettre suivante :

« Très-Saint Père,

» Je dois remercier Votre Sainteté des choses obligeantes contenues dans la lettre qu'Elle s'est donné la peine de m'écrire. La paix entre la République française et Votre Sainteté vient d'être signée ; je me félicite d'avoir pu contribuer à son repos particulier. J'engage Votre Sainteté à se méfier des personnes qui sont à Rome, vendues aux cours ennemies de la France, ou qui se laissent exclusivement guider par les passions haineuses, qui entraînent toujours la perte des Etats. Toute l'Europe connaît les inclinations pacifiques de Votre Sainteté. La République française sera, je l'espère, une des amies les plus vraies de Rome.

» J'envoie mon aide-de-camp, chef de brigade, pour exprimer à Votre Sainteté l'estime et la vénération parfaite que j'ai pour sa personne, et

je la prie de croire au désir que j'ai de lui donner, dans toutes les occasions, les preuves de respect et de vénération avec lesquelles j'ai l'honneur d'être, etc. »

68 Les Jacobins étaient en grande majorité dans le conseil des Cinq-
Cents, où ils luttaient contre les républicains modérés, qu'ils taxaient de
trahison. Ils rêvaient le retour du système de la Terreur, et si forte était
la haine que leur inspirait le Directoire, que, pour le renverser, ils
étaient disposés à s'allier avec toutes sortes d'auxiliaires, sauf à leur
disputer, le lendemain du triomphe, quelques lambeaux de pouvoir. Les
modérés reprochaient au Directoire son incurie, à la constitution ses
vices, et cherchaient en vain un homme qui pût protéger et garantir les
intérêts et les droits de tous. « Si le Directoire, disait Siéyès, ne prend
pas un grand parti, c'en est fait de nous et de la République. Il ne
faut plus de parleurs, mais une tête et une épée. » Cette épée, il la
cherchait inutilement autour de lui. Bernadotte, Augereau, Jourdan,
appartenaient au parti exalté ; Moreau, Macdonald et Masséna, s'étaient
montrés peu disposés à accueillir les ouvertures qui leur avaient été
faites. Bonaparte étant arrivé à Paris, l'épée de Siéyès fut trouvée.

69 Après le 18 brumaire, les commissions législatives s'occupèrent
de rédiger la nouvelle constitution. Siéyès en avait préparé une qui
souriait à son amour-propre et à son ambition. Le premier chef du gouvernement devait être un grand-électeur à vie, doté de six millions,
ayant une garde de plusieurs milliers d'hommes, et habitant le château
de Versailles. La nomination et la révocation des deux autres consuls
dépendaient du grand-électeur, auprès duquel devaient être accrédités
les ambassadeurs étrangers, etc. Siéyès, comme on le pense bien, se
réservait modestement le rôle de grand-électeur. Une combinaison aussi
radicalement vicieuse, ne pouvait convenir à Bonaparte : aussi tua-t-il
d'un seul mot le projet d'une telle utopie, en le couvrant de ridicule :
« Quel est, répondit-il à Siéyès, l'homme de cœur qui voudrait jouer ainsi
» le rôle d'un cochon à l'engrais de six millions? » Ce sarcasme déconcerta Siéyès ; il rougit, et n'osa plus reparler de son grand-électeur.

70 L'organisation des préfectures « créa, dit le *Mémorial de Sainte-
Hélène*, le gouvernement le plus compact, doué de la circulation la plus
rapide, et des efforts les plus nerveux qui eût jamais existé. La même
impulsion se trouva donnée au même instant à plus de trente millions
d'hommes ; à l'aide de ces centres d'activité locale, le mouvement était
aussi rapide à toutes les extrémités qu'au cœur même. » Et cette administration régulière, monarchique, est encore, après tant de variations et

de vicissitudes, la plus solide de nos institutions. — Voici en quels termes le premier Consul fixait aux préfets la ligne de conduite qu'ils avaient à suivre : « Accueillez tous les Français, quel que soit le parti auquel ils ont appartenu. Dites à ceux à qui la Révolution a coûté des larmes, que le gouvernement a le sentiment de leurs pertes, et la mémoire de leurs sacrifices ; dites-leur qu'il s'est élevé au sein de leurs afflictons pour en tarir la source, et pour réparer tout ce qui n'est pas irréparable. Répétez souvent à ceux à qui la fortune a souri dans ces temps nouveaux, que la bienfaisance seule ennoblit les faveurs de la fortune et fait pardonner ses caprices. Jugez les hommes, non sur les vaines et légères accusations des partis, mais sur la connaissance acquise de leur probité et de leur capacité. Les méchants et les ineptes sont seuls exclus de la confiance et de l'estime du gouvernement ; n'admettez pas d'autres titres d'exclusion à la vôtre. Dans vos actes publics, et jusque dans votre conduite privée, soyez toujours le premier magistrat du département, jamais l'homme de la Révolution. »

74 « La licence de la presse, dans les derniers temps du Directoire, dit un historien très-judicieux, était arrivée à un point dont on eût à peine trouvé l'exemple en remontant aux époques les plus cyniques de la révolution. Cette licence effrénée empoisonnait tout par ses calomnies et ses dénigrements, par ses doctrines subversives et ses prédications furibondes. Le Premier Consul pouvait-il laisser à cette tourbe d'écrivains fanatiques ou soudoyés, organes ou instruments des factions anti-sociales, la liberté de saper chaque jour pièce à pièce l'édifice si laborieusement ébauché, dont lui seul encore embrassait dans sa pensée la majestueuse ordonnance ? Pouvait-il permettre que des journalistes ignorants autant que passionnés, s'érigeassent en opposition permanente au vœu si hautement exprimé de la nation, et travaillassent, autant qu'il était en eux, à entretenir et à réveiller dans les masses les mauvaises passions d'une époque dont le Premier Consul avait mission de cicatriser les plaies ? Un tel état de choses était intolérable, et les lois étaient muettes. Un arrêté consulaire du 27 nivose supprima de pleine autorité les feuilles anarchistes, et désigna nominativement ceux des journaux qui pouvaient continuer de paraître, mais sous la surveillance de la police. Un acte législatif qui eût réglementé la presse, sans porter aussi violemment atteinte au principe de la liberté d'écrire, eût mieux valu, sans doute ; mais il faut se reporter, pour apprécier sainement cet acte, aux nécessités de l'époque et à l'état des esprits. L'opinion presque universelle approuva hautement la mesure rigoureuse du gouvernement consulaire ; c'est que cette mesure conservatrice délivrait la société tout entière du plus odieux, du plus oppressif, du plus inquisitionnaire des despotismes, du despo-

tisme qu'une presse dépravée s'arroge sur les familles et sur les individus. (L. VIVIEN, t. 1.) »

72 Le Concordat renfermait de graves lacunes : on aurait pu le désirer
plus complet sous plusieurs rapports ; mais le Souverain-Pontife fut dans
la nécessité de faire des concessions ; Bonaparte lui-même n'était point
libre de céder aux exigences de l'époque. Les générations qui peuplaient
la France étaient encore imbues si profondément de la désolante incré-
dulité que la philosophie avait mise en honneur, qu'elles se refusaient
à renouer des rapports interrompus depuis quinze ans par la violence
et la persécution. La jeunesse, formée pendant tout ce temps aux satur-
nales révolutionnaires, n'avait reçu aucun enseignement qui lui rappelât
le culte de ses pères, et lui fît sentir le besoin de reprendre le chemin
du temple, si longtemps oublié. Il fallut donc au Premier Consul beaucoup de hardiesse et de courage pour entreprendre de réhabiliter, dans
les lois et dans les mœurs dépravées, une religion que toutes ces tentatives criminelles en avaient pour ainsi dire chassée ; sa vie même fut
plus d'une fois menacée par des énergumènes qui l'accusaient de fana-
tisme, et qui se révoltaient contre la seule idée du rétablissement du
culte. D'un autre côté, grand nombre de personnages influents : conseillers d'Etat, tribuns, sénateurs, penchaient vers le protestantisme, qu'ils
trouvaient beaucoup plus commode que le catholicisme. Mais Bonaparte
était sincèrement attaché à l'Eglise romaine : il aimait la simplicité de
sa morale, la majestueuse grandeur de ses pompes, sa hiérarchie admirable, qui avait traversé tant de siècles. Il regardait, au contraire, le
protestantisme comme une religion révolutionnaire, et reculait devant un
schisme qui isolerait la France au milieu d'Etats catholiques, et réveille-
rait les passions et les inquiétudes du xvie siècle.

73 Bonaparte couvrait d'un égal mépris les dégoûtantes momeries du
culte de la Raison, inauguré par les orgies sanglantes de la Terreur, et
le mysticisme hypocrite du culte de l'Être-Suprême, dont Robespierre
avait aspiré à être le grand-prêtre, et les fades cérémonies des théophi-
lanthropes, qui avaient pris pour base les préceptes de la loi naturelle.
Un jour qu'il se faisait exposer le *credo* de cette dernière secte : « Ne
» me parlez pas, dit-il, d'une religion qui ne me prend qu'à la vie, sans
» m'enseigner d'où je viens et où je vais ! » Une autre fois, il disait à
un de ses conseillers d'État, qui se trouvait avec lui dans le parc de la
Malmaison : « Tenez, j'étais ici dimanche dernier, me promenant dans
» cette solitude, dans ce silence de la nature. Le son de la cloche de
» Rueil vint tout-à-coup frapper mon oreille. Je fus ému, tant est forte
» la puissance des premières habitudes et de l'éducation ! Je me dis alors :

» Quelle impression cela ne doit-il pas faire sur des hommes simples et
» croyants! Que vos philosophes, que vos idéologues répondent à cela.
» Il faut une religion au peuple; et il faut de plus qu'elle soit dans la
» main du gouvernement. Cinquante évêques émigrés et soldés par l'An-
» gleterre conduisent aujourd'hui le clergé français. Il faut détruire leur
» influence; l'autorité du Pape est nécessaire pour cela. Si le Pape n'eût
» pas existé, il aurait fallu le créer pour cette occasion. »

74 Parmi les grands moyens d'organisation nationale, Bonaparte mit
au premier rang l'éducation de la jeunesse française. La Révolution avait
détruit tous les anciens établissements qui, pour la plupart, étaient entre
les mains du clergé; les institutions laïques n'avaient même pas été épar-
gnées. La Convention avait bien établi des écoles de médecine, les écoles
Normales et Polytechnique, et une école centrale dans chaque département. Mais tout cela était isolé et sans liaison. Bonaparte voyait plus loin,
parce qu'il voyait de plus haut. Ce qui préoccupait le plus sa pensée,
c'était l'action que doit exercer un bon système d'enseignement public
sur les mœurs d'un peuple, et, par suite, sur l'avenir de l'État. « Il n'y
aura pas d'état politique fixe, disait-il, s'il n'y a pas un corps enseignant
avec des principes fixes. Tant qu'on n'apprendra pas dès l'enfance s'il
faut être républicain ou monarchique, catholique ou irréligieux, l'État
ne formera point une nation : il reposera sur des bases incertaines et
vagues; il sera constamment exposé aux désordres et aux changements. »
La loi du 1er mai 1802 jeta les bases du système d'enseignement sur lesquelles s'élèvera, quelques années plus tard, tout l'édifice universitaire.
Vingt-neuf lycées furent répartis sur toute l'étendue de la République;
les professeurs étaient à la nomination du gouvernement, et six mille
quatre cents bourses y étaient fondées pour les fils des fonctionnaires
publics ou des militaires qui auraient bien mérité du pays; un grand
nombre de ces bourses étaient encore mises au concours en faveur des
élèves de toute autre condition, à qui leurs succès et leur application à
l'étude permettaient de participer aux bienfaits du gouvernement. Nous
en parlons ici par reconnaissance, ayant été nous-même, en 1812, élève
boursier de l'Empire, au lycée de Besançon. Au-dessous de l'enseignement des lycées, étaient les écoles secondaires, établies aux frais des
villes; enfin, les écoles primaires laissées à la charge des communes.

75 Au jugement de l'Europe et de la majorité des Français, l'exécution
du duc d'Enghien fut un événement lamentable; et, selon l'opinion de
Talleyrand, plus disposé à juger les actions des hommes d'après leurs
conséquences politiques que d'après leurs causes morales, *ce fut plus
qu'un crime : ce fut une faute.* Cette triste fin de l'héritier d'un nom

illustre est, en effet, d'autant plus à regretter, que le duc d'Enghien subit la mort pour un fait dont il était innocent. Toutefois, à côté de cette complicité injustement attribuée au prince, n'y a-t-il pas sa participation aux complots des émigrés encore armés contre Bonaparte après l'amnistie que, depuis un an, il leur avait accordée? Et, si cette participation ne justifie pas la mesure violente dont le duc d'Enghien fut la victime, n'explique-t-elle pas au moins la colère qui l'inspira. Le Premier Consul, après avoir vu sa tête exposée à de nombreuses conspirations, s'était convaincu qu'aux yeux des émigrés et des princes de la dynastie déchue, il n'était qu'un usurpateur, dont il fallait se débarrasser à tout prix, et auquel on ne devait tenir nul compte de tout le bien qu'il avait fait à la France. Dominé par cette sombre idée, exaspéré chaque jour par les rapports de la police, il ne voyait dans les émigrés et les Bourbons que des ennemis intéressés à le tuer par un guet-apens ou un coup de poignard. Aussi s'était-il bien promis de ne point hésiter à punir de mort le premier d'entre ces princes qu'il surprendrait à le désigner aux coups de leurs partisans. Douze ans plus tard, le prisonnier de Sainte-Hélène s'en explique très-clairement en ces mots : « Si je n'avais pas eu pour
» moi, contre les torts des coupables, les lois du pays, il me serait resté
» les droits de la loi naturelle, ceux de la légitime défense. Le duc
» d'Enghien et les siens n'avaient d'autre but journalier que de m'ôter
» la vie. J'étais assailli de toutes parts et à chaque instant. C'étaient des
» fusils à vent, des machines infernales, des complots, des embûches de
» toute espèce. Je m'en lassai. Je saisis l'occasion de leur renvoyer la
» terreur jusqu'à Londres, et cela me réussit. A compter de ce jour, les
» conspirations cessèrent. Et qui pourrait y trouver à redire? Quoi!
» journellement, à cent cinquante lieues de distance, on me portera des
» coups à mort; aucune puissance, aucun tribunal sur la terre ne saurait
» en faire justice, et je ne rentrerais pas dans le droit naturel de rendre
» guerre pour guerre! Quel est l'homme de sang-froid, de tant soit peu
» de jugement et de justice qui oserait me condamner? Qui oserait rejeter
» de mon côté le blâme, l'odieux, le crime? Le sang appelle le sang! c'est
» la réaction naturelle, inévitable, infaillible : malheur à qui la pro-
» voque! Quand on s'obstine à susciter des troubles civils et des com-
» motions politiques, on s'expose à en tomber victime. Il faudrait être
» niais ou forcené pour croire et imaginer, après tout, qu'une famille
» aurait l'étrange privilège d'attaquer journellement mon existence, sans
» me donner le droit de le lui rendre. Elle ne saurait raisonnablement
» prétendre être au-dessus des lois pour détruire autrui, et se réclamer
» d'elles pour sa propre conservation. Les chances doivent être égales.
» La mort du duc d'Enghien appartient à ceux qui dirigeaient ou com-

» mandaient de Londres l'assassinat de Napoléon par Georges et Pichegru,
» qui destinaient le duc de Berry à se rendre en France, après la mort de
» Napoléon, par la falaise de Béville, et le duc d'Enghien à s'y rendre
» par Strasbourg.... Je n'avais personnellement jamais rien fait a aucun
» d'eux. Une grande nation m'avait placé à sa tête; la presque totalité
» de l'Europe avait accédé à ce choix. Mon sang, après tout, n'était pas
» de boue; il était temps de le mettre à l'égal du leur. Qu'eût-ce donc
» été si j'avais étendu plus loin mes représailles! Je le pouvais. J'eus
» plus d'une fois l'offre de leurs destinées. On m'a fait proposer leurs têtes
» depuis le premier jusqu'au dernier : je l'ai repoussé avec horreur! Ce
» n'est pas que je le crusse injuste dans la position où ils me réduisaient;
» mais je me trouvais si puissant, que j'eusse regardé leur mort comme
» une basse et gratuite lâcheté. Ma grande maxime a toujours été, en
» politique comme en guerre, que tout mal, fût-il dans les règles, n'est
» excusable qu'autant qu'il est absolument nécessaire. Tout ce qui est
» au-delà est crime. » Quelque temps après, il consigna encore dans ses
Mémoires ces paroles remarquables : « Le duc d'Enghien périt, *parce qu'il*
» *était l'un des acteurs de la conspiration de Georges, Pichegru et Moreau....*
» Je l'ai fait arrêter et juger, parce que cela était nécessaire à la sûreté et à
» l'intérêt du peuple français , lorsque le comte d'Artois entretenait, de
» son aveu, soixante assassins à Paris; dans une semblable circonstance,
» j'agirais encore de même. Il n'y eut qu'un acte irrégulier, ce fut de le
» faire arrêter à trois lieues de la frontière de France. » Mais, que l'on
y fasse bien attention, ces paroles ne peuvent lui avoir été inspirées par
un sentiment de justice qu'autant qu'il les appliquait au *duc d'Enghien,*
l'un des acteurs de la conspiration de Georges, Pichegru et Moreau. Plus
tard, Napoléon reconnut bien que ce prince n'avait pas trempé dans cette
conspiration, puisque, dans une autre page de ses Mémoires (*), il n'hésite
pas à révéler sur qui devait retomber l'odieux de l'exécution du dernier
des Condés : « La mort du duc d'Enghien, dit-il, doit être attribuée aux
» personnes qui commandaient et dirigeaient de Londres l'assassinat du
» Premier Consul; elle doit être attribuée aussi à ceux qui *s'efforcèrent,*
» *par des rapports et des conjectures, à le présenter comme chef de la cons-*
» *piration;* elle doit être éternellement *reprochée* à ceux qui, entraînés
» par un zèle *criminel,* n'attendirent point *les ordres* de leur souverain;
» pour exécuter le jugement de la commission militaire. » La veille de
l'arrivée du duc à Vincennes, Bonaparte avait dit à Réal: « Si le duc

(*) Tome II, page 340.

» d'Enghien m'écrit, je suis disposé à le gracier ; je me sens assez for_t
» pour cela. » L'infortuné prince, de son côté, avait tracé ces mots au ba_s
de son interrogatoire : « Avant de signer le présent procès-verbal, je fais
» avec instance la demande d'avoir une audience particulière du Premier
» Consul. Mon nom, mon rang, ma façon de penser et l'horreur de ma
» situation me font espérer qu'il ne se refusera pas à ma demande. »
Personne ne fut assez humain pour remettre cet écrit à Bonaparte ; l'exécution eut lieu sans qu'il eut connaissance de cet incident. Quoi qu'il en
soit, il n'est pas un Français sincèrement attaché à Napoléon, qui n'ait
désiré pouvoir arracher de sa vie cette page douloureuse. Quant à Moreau,
sa culpabilité, quoique moins apparente que celle de ses complices, n'en
était pas moins juridiquement prouvée : il avait su le complot tramé
contre là vie de Bonaparte, et avait prononcé ces mots si fâcheusement
caractéristiques : « Je ne puis me charger de l'arrêter moi-même ; mais
arrêtez-le, et je le conduirai au tribunal. » Enfin, pour parler sans détour,
il avait voulu et accepté la mort du Premier Consul. Dans une lettre qu'il
écrivit à Bonaparte, et qui trahissait ses inquiétudes sur l'avenir, il s'avoua
coupable, au moins d'actions imprudentes. Ce n'était pas de ce ton que
devait parler un homme sûr de son innocence, un général encore couvert
d'honorables lauriers.

76 Ce fut le tribun Curée qui, dans la séance du 23 avril, déposa sur
le bureau une motion d'ordre par laquelle il demandait que le gouvernement fût confié à un *empereur*, et que l'Empire fût héréditaire dans la
famille du Premier Consul Napoléon Bonaparte. Il la développa dans la
séance du 30 avril. Son discours se terminait ainsi : « Hâtons-nous de
» demander l'hérédité de la suprême magistrature, et en même temps
» donnons un grand nom à un grand pouvoir; concilions à la suprême
» magistrature du premier empire du monde, le respect d'une dénomi-
» nation sublime. Choisissons celle qui, en même temps qu'elle donnera
» l'idée des premières fonctions civiles, rappellera de glorieux souvenirs,
» et ne portera aucune atteinte à la souveraineté nationale. Je ne vois
» pour le chef de l'État aucun titre plus digne de la splendeur de la
» nation que le titre d'Empereur. S'il signifie consul victorieux, qui mérita
» mieux de le porter? Quel peuple, quelles armées furent plus dignes
» d'exiger qu'il fût celui de leur chef?... » — Parmi les orateurs qui
prirent la parole pour appuyer la motion de leur collègue, M. Siméon fut
l'un des plus remarquables. Nul mieux que lui ne fit ressortir les périls
de l'instabilité dans le gouvernement et les bienfaits de l'hérédité du pouvoir : « Déjà les inconvénients d'une suprême magistrature élective et tem-
» poraire ont été aperçus et éloignés. Déjà, pour qu'un jour elle ne fût
» pas, aux dépens de notre repos et de notre sang, disputée entre des

» ambitieux qui ne s'en verraient plus séparés par une insurmontable bar-
» rière, le Sénat a décerné au Premier Consul la faculté de désigner son
» successeur. Ce n'étaient là que les préliminaires, les pierres d'attente
» de l'hérédité, qui doit enfin rendre à l'Empire français la stabilité
» qu'exigent son étendue et sa puissance. Par les avantages que nous
» avons recueillis dès nos premiers pas, jugeons de ceux qui nous atten-
» dent.... C'est pour eux-mêmes que les peuples élèvent leurs magistrats
» suprêmes, qu'ils les munissent d'autorité, qu'ils les environnent de
» puissance et de splendeur. C'est pour n'être pas exposés, à chaque
» vacance, à la stagnation et aux bourrasques d'un interrègne, qu'ils
» placent dans une famille l'honorable mais pesant fardeau du gouver-
» nement.... Quand Pepin fut couronné, ce ne fut qu'une cérémonie de
» plus et un fantôme de moins. Il n'acquit rien par-là que les ornements,
» il n'y eut rien de changé dans la nation.... Quand les successeurs de
» Charlemagne perdirent la suprême puissance, Hugues Capet tenait les
» deux clefs du royaume. On lui déféra une couronne qu'il était seul en
» état de défendre. » Ce fut par ces deux citations de Montesquieu que
l'orateur termina son discours.

77 Quelques jours avant le couronnement, Pie VII traversait une
salle du palais, distribuant ses bénédictions aux personnes que la piété
ou la curiosité avait appelées sur son passage : la foule était à genoux.
Cependant un jeune homme seul, resté debout, affectait en se détournant
de mépriser la bénédiction du pape. Pie VII l'aperçoit, s'avance, et,
étendant son bras vers lui, il lui dit avec bonté : « Recevez-la toujours,
Monsieur, la bénédiction d'un vieillard ne fit jamais de mal. » Noble et
touchante parole, qui suffit pour donner une haute idée du caractère personnel de ce digne pontife. Vaincu par tant de douceur et de charité,
celui à qui le pape s'était adressé, s'inclina aussitôt avec respect et réjouit
le cœur du Saint-Père par un retour soudain à de meilleurs sentiments.

78 De Paris, qu'il n'avait pas encore quitté, l'Empereur suivait jour
par jour les mouvements des troupes autrichiennes, jusqu'au moment
où il comprit qu'il était temps d'aller se placer lui-même au milieu de son
armée. Il vint au Sénat annoncer son départ en ces mots : « Je vais
» quitter ma capitale pour me mettre à la tête de l'armée, porter un prompt
» secours à mes alliés et défendre les intérêts les plus chers de mes
» peuples. Les vœux des éternels ennemis du Continent sont accomplis.
» La guerre a commencé au milieu de l'Allemagne; l'Autriche et la
» Russie se sont réunies à l'Angleterre.... Il y a peu de jours, j'espérais
» encore que la paix ne serait point troublée. Les menaces et les outrages
» m'avaient trouvé impassible; mais l'armée autrichienne a passé l'Inn,

» Munich est envahi, l'Electeur de Bavière est chassé de sa capitale :
» toutes mes espérances se sont évanouies.... Je gémis du sang qu'il va
» en coûter à l'Europe; mais le nom français en obtiendra un nouveau
» lustre.... Sénateurs, quand, à votre vœu, à la voix du peuple français
» tout entier, j'ai placé sur ma tête la couronne impériale, j'ai reçu de
» vous, de tous les citoyens, l'engagement de la maintenir pure et sans
» tache.... Magistrats, soldats, citoyens, tous veulent maintenir la patrie
» hors de l'influence de l'Angleterre, qui, si elle prévalait, ne nous accor-
» derait qu'une paix environnée d'ignominie et de honte, et dont les
» principales conditions seraient l'incendie de nos flottes, le comblement
» de nos ports et l'anéantissement de notre industrie. Toutes les pro-
» messes que j'ai faites au peuple français, je les ai tenues; le peuple
» français, à son tour, n'a pris aucun engagement envers moi qu'il n'ait
» surpassé. Dans cette circonstance si importante pour sa gloire et la
» mienne, il continuera de mériter ce nom de Grand Peuple dont je le
» saluai au milieu des champs de bataille. Français, votre Empereur
» fera son devoir, mes soldats feront le leur, vous ferez le votre. »

79 Ce fut le 20 octobre 1805 que l'armée autrichienne, prisonnière
dans Ulm, au nombre de 30,000 hommes, non compris les blessés,
sortirent des remparts avec les honneurs de la guerre. Napoléon, entouré
de son état-major et de sa garde, placé devant un feu de bivouac, vit,
pendant cinq heures, passer à ses pieds cette belle armée sur laquelle
s'épuisait la coupe de l'humiliation. En défilant au pied du rocher où se
trouvait Napoléon, les têtes des colonnes autrichiennes ralentissaient la
marche pour contempler cet homme dont le nom avait en Europe tant
de retentissement. Arrivés sur le terrain où ils devaient être désarmés,
les soldats autrichiens, couverts de confusion, jetaient avec colère ces
armes qu'ils ne quittaient qu'à regret pour les laisser au pouvoir de leurs
ennemis; la plaine en était couverte. Du côté des Français, on voyait,
au contraire, éclater le plus vif enthousiasme : oubliant les fatigues
qu'ils venaient d'endurer dans cette campagne de manœuvres, ils se
livraient à toute l'exaltation du triomphe. Quel moment pour leur chef!
— « Le petit caporal, disaient-ils dans leur langage d'admiration fami-
lière, a trouvé une nouvelle manière de faire la guerre; il se sert de nos
jambes plus que de nos baïonnettes. »

80 L'immortelle journée d'Austerlitz fut mémorable par une foule
de faits éclatants. L'ordre du jour portait de ne point dégarnir les rangs
sous prétexte d'emporter les blessés. Le brave général Volhabert ayant
été blessé à mort, ses soldats se précipitaient autour de lui pour l'enlever :
« A vos rangs, mes amis, s'écria-t-il aussitôt; souvenez-vous de l'ordre

» du jour…. Si vous revenez vainqueurs, on me relèvera après la bataille ;
» si vous êtes vaincus, je n'attache plus de prix à la vie. » Il mourut
content, en recevant la nouvelle de la victoire.

Le général Thiébaut, dangereusement blessé, était transporté par
quatre prisonniers Russes : six Français, également blessés, l'aperçoivent,
chassent les Russes, et s'emparant du brancard : « C'est aux Français
seuls, s'écrient-ils, qu'appartient l'honneur de porter un général français blessé. »

Un carabinier du 10e d'infanterie légère eut le bras gauche emporté
par un boulet de canon : « Aide-moi, dit-il à son camarade, à ôter mon
sac, et cours me venger; je n'ai pas besoin d'autre secours. » Il met
ensuite son sac sous le bras droit, et se rend seul à l'ambulance.

Le commandant de l'artillerie russe ayant été fait prisonnier, rencontra l'Empereur : « Général, lui dit-il, faites-moi fusiller, je viens
de perdre mes pièces. — Jeune homme, lui répondit celui-ci, j'apprécie
vos larmes, mais on peut être battu par l'armée française, et avoir encore
des titres de gloire. »

81 La fuite de l'armée russe fut si précipitée après la bataille d'Austerlitz, que cette armée laissa derrière elle les routes couvertes de canons,
de chariots et de bagages. Les églises et les granges étaient remplies de
blessés ennemis, abandonnés sans secours. Kutusow avait seulement
eu soin de faire placer des écriteaux portant en langue française : *Je
recommande ces malheureux à la générosité de l'Empereur Napoléon et à
l'humanité de ses braves soldats.* Cinquante ans plus tard, les Russes de
l'armée de Crimée n'ont-ils pas eu à se louer à leur tour de l'humanité
des Français à l'égard des prisonniers et des blessés de l'armée moscot-
vite? tandis qu'eux-mêmes achevaient impitoyablement nos soldats respirant encore sur le champ de bataille!…

82 La victoire d'Austerlitz enlevait à la Prusse toute espérance de
réaliser ses desseins d'hostilité contre Napoléon : elle se contenta pour
le moment d'observer une neutralité apparente. Napoléon toutefois ne
s'y trompait pas; il ne pouvait douter de l'accession secrète de la Prusse
à la ligue fomentée par l'Angleterre contre la France. Aussi, répondit-il
avec une finesse maligne aux félicitations que l'envoyé prussien,
M. d'Haugwitz, lui adressa sur la victoire d'Austerlitz : « Voilà, Monsieur, un compliment dont la fortune a changé l'adresse. » Dans un
long entretien qu'il eut ensuite avec le ministre prussien, il ne chercha
plus à déguiser son ressentiment : « Je connais, lui dit-il, toute la mau-
» vaise foi du cabinet de Berlin dans sa direction actuelle, et il ne tient
» qu'à moi de m'en venger sur-le-champ. Je puis, après avoir signé la

» paix avec l'Autriche, me porter sur la Silésie, dont les places sont
» mal gardées et presque sans défense, soulever la Pologne prussienne
» qui est prête à se lever à ma voix, faire enfin tomber sur la Prusse
» les plus rudes coups de la guerre, et la punir de la manière la plus
» éclatante de tout le mal qu'elle a voulu et qu'elle n'a pu me faire....
» Vous voulez être alliés de tout le monde, poursuivit l'Empereur qui
» s'échauffait par degré; cela n'est pas possible. Il faut opter entre eux
» et moi. Si vous voulez aller vers mes ennemis, je ne m'y oppose pas :
» ce sera à vos risques et périls; mais si vous restez avec moi, je veux
» de la sincérité. Je préfère des ennemis francs à de faux amis. » Après
un demi-siècle écoulé, la politique trompeuse de la Prusse n'a pas
changé. Quelles preuves de sa duplicité et de sa mauvaise foi ne donne-
t-elle pas à l'Europe entière dans les tergiversations incessantes et les
interminables négociations par lesquelles elle s'efforce encore aujourd'hui
de paralyser les succès de nos armées contre la Russie, son alliée
secrète !.... Mais la justice divine, en frappant d'une mort inopinée le
czar auteur de tant de maux, fera sans doute comprendre au souverain
de la Prusse, que le bon droit ne pouvait être du côté d'un despote qui
se joue ainsi du repos des peuples.

83 Le jour de son entrée à Berlin (27 octobre 1806), Napoléon adressait à son armée cette proclamation où il lui rappelle les résultats de
cette campagne de quinze jours: « Soldats! vous avez justifié mon
» attente et répondu dignement à la confiance du peuple français....
» Vous êtes les dignes défenseurs de l'honneur de ma couronne et de
» la gloire du Grand Peuple. Tant que vous serez animés de cet esprit,
» rien ne pourra vous résister. Je ne sais désormais à quelle arme donner
» la préférence.... Vous êtes tous de bons soldats.... Une des premières
» puissances de l'Europe, qui osa naguère vous proposer une honteuse
» capitulation, est anéantie. Les forêts, les défilés de la Franconie, la
» Saale, l'Elbe, que nos pères n'eussent pas traversés en sept ans, nous
» les avons traversés en sept jours; nous avons livré, dans l'intervalle,
» quatre combats et une grande bataille. Nous avons fait soixante mille
» prisonniers, pris soixante-cinq drapeaux, six cents pièces de canons,
» trois forteresses, plus de vingt généraux ; cependant plus de la moitié
» d'entre vous regrettent de n'avoir pas tiré un coup de fusil. Toutes
» les provinces de la monarchie prussienne jusqu'à l'Oder sont en notre
» pouvoir. Soldats! les Russes se vantent de venir à nous: nous mar-
» cherons à leur rencontre; nous leur épargnerons la moitié du chemin.
» Il retrouveront Austerlitz au milieu de la Prusse. Nous ne serons plus
» désormais les jouets d'une paix traîtresse, et nous ne poserons plus
» les armes que nous n'ayons obligé les Anglais, ces éternels ennemis

» de notre nation, à renoncer au projet de troubler le Continent et à la
» tyrannie des mers. »

84 Ce fut à Berlin que Napoléon reproduisit aux yeux de l'univers
un exemple de clémence comparable à celle d'Auguste. Les védettes
françaises avaient intercepté une lettre par laquelle le prince de Hatzfeld
faisait connaître au roi de Prusse les mouvements de notre armée. La
trahison était flagrante ; et l'évidence du crime ne laissait aucun doute
sur l'issue du jugement de la commission militaire. L'épouse de Hatzfeld
n'a plus d'espoir que dans la générosité de l'Empereur. Elle lui fait
aussitôt demander une audience, et tout en larmes vient se jeter à ses
pieds pour protester de l'innocence de son mari. « Vous connaissez son
écriture, dit l'Empereur à la princesse, en lui présentant la lettre accu-
satrice. » La malheureuse n'eut pas plutôt jeté les yeux sur le fatal papier
qu'elle tomba évanouie. Quant elle fut revenue à elle, Napoléon lui
dit : « Tenez, Madame, cette lettre est la seule preuve qui existe contre
votre mari, jetez-la au feu. » Elle n'ose croire à ce qu'elle entend ; mais
bientôt saisissant la lettre, elle obéit ; son mari est sauvé : il n'existe plus
de preuves, qui puissent le faire condamner.

85 Le lendemain de la sanglante journée d'Eylau, l'Empereur, parcourant, selon sa coutume, le champ de bataille, entend soudain retentir
à son oreille les cris de *Vive l'Empereur !* échappés d'une bouche enfan-
tine et entrecoupés de sanglots. « Allez, Berthier, courez, voyez ce que
c'est, » dit aussitôt Napoléon, saisi d'une émotion qui se peint sur tous
ses traits. « Sire, répond Berthier, c'est une pauvre cantinière qui pleure
ses deux fils : l'un que vous venez d'entendre, âgé de 13 ans, qu'elle
soutient dans ses bras, et dont la cuisse a été cassée d'un biscaïen ; l'autre,
tambour-major du 43e, tué près d'elle en pleine poitrine. — Jeanne
Hébert ! » s'écria l'Empereur ; et se rappelant que la veille il a rencontré
cet enfant, qu'il lui a parlé et même promis de ne pas le perdre de vue,
il pique des deux, puis s'élance vers un ravin où gisent la femme
Hébert et ses deux fils : « Eh bien ! mon petit ami, hier je te le disais
« bien, tu as commencé la guerre cinq ans trop tôt. Mais, du courage,
» ce ne sera rien. Tu iras retrouver aux Invalides ton frère François,
» qui a perdu un bras à mon service. Tous deux vous consolerez votre
» mère à laquelle dès aujourd'hui j'accorde une pension. Pour toi, voici
» ta récompense. » Et, détachant sa propre croix, Napoléon la lui donne.
Pendant qu'un chirurgien de l'état-major impérial pansait le jeune
blessé, l'Empereur, profondément ému, s'éloignait et courait ailleurs
distribuer d'autres consolations et d'autres récompenses. (E. Bégin,
Hist. de Napoléon.)

86 Napoléon, craignant les dispositions suspectes de l'Autriche qui, la veille d'Eylau, avait failli nous attaquer, pensa que le rétablissement du royaume de Pologne devait rester une question de temps, dont la solution immédiate exigerait vraisemblablement une lutte nouvelle, ou tout au moins sa présence prolongée sur les rives de la Vistule. La guerre n'avait que trop duré : les graves intérêts du peuple français avaient besoin en définitive des bienfaits de la paix. D'ailleurs, au sentiment de l'Empereur, la nation polonaise, malgré tout l'intérêt qu'elle pouvait lui inspirer, n'était pas encore assez préparée au rétablissement de son indépendance et de sa nationalité : l'ensemble et l'union lui manquaient. « La France, répondit-il aux notables du palatinat de Posen, n'a jamais » reconnu les différents partages de la Pologne ; je ne puis néanmoins » proclamer votre indépendance que lorsque vous serez décidé à défendre » vos droits comme nation les armes à la main, par toutes sortes de sacri- » fices, celui même de la vie. On vous a reproché d'avoir, dans vos con- » tinuelles dissensions civiles, perdu de vue les vrais intérêts et le salut » de votre patrie : instruits par vos malheurs, unissez-vous, et prouvez » au monde qu'un même esprit anime toute la nation polonaise. » Quoi qu'il en soit, la création du grand-duché de Varsovie, sorte de résurrec- tion avortée, ne satisfit point la Pologne et ne rassura guère les puissances co-partageantes.

87 L'Empereur, en humiliant la Prusse, la laissa encore assez forte pour lui susciter plus tard de redoutables embarras Il ne pouvait pas lui pardonner, ce qui eut été trop généreux, mais se décider à la rayer entièrement de la carte, et saisir cette occasion de mettre pour toujours l'Autriche et l'Allemagne dans ses intérêts.

Quant à l'Empereur de Russie, la conversion de ce prince à la politique de Napoléon ne fut point aussi sincère que semblait le faire croire l'enthousiasme qu'il manifestait pour le grand homme. « Le Czar, en » effet, regardait l'érection du duché de Varsovie, au profit du roi de » Saxe, descendant des anciens rois de Pologne, comme une mesure évi- » demment hostile contre la Russie ; mais les circonstances malheureuses » où se trouvait l'Europe, lui prescrivant d'éloigner la guerre à tout prix, » il s'était contenté de gagner le temps nécessaire pour se préparer à sou- » tenir convenablement la lutte qu'il savait bien être dans le cas de » renouveler un jour (*Hist. milit. de la campagne de Russie*). »

88 Napoléon, prisonnier à Sainte-Hélène, développa, quelques années plus tard, la pensée qui avait présidé à la création de nouveaux titres nobiliaires : « Toute l'Europe, dit-il, était gouvernée par les nobles qui » s'étaient montrés les constants adversaires de la Révolution française :

» c'était, dans nos relations avec les cours étrangères, un obstacle que
» l'institution des titres nouveaux hiérarchiquement égaux aux titres de
» la noblesse européenne, pouvait seule faire disparaître. Ce premier but
» fut complètement atteint ; le second ne le fut pas moins heureusement.
» L'ancienne noblesse de France, en retrouvant sa patrie et une partie de
» ses biens, avait repris ses titres ; elle se considérait plus que jamais,
» non légalement, mais de fait, comme une race privilégiée. La fusion de
» ces noms aristocratiques de l'ancienne cour avec les sommités de la Révo-
» lution était fort difficile.... Mais dès que les nouveaux titres furent
» décrétés, il n'y eut plus d'ancienne famille qui ne s'alliât volontiers avec
» les ducs de création impériale ; de même que les Noailles, les Colbert,
» les Louvois, nouvelles maisons si on les comparait aux noms antiques
» qui remontent au berceau de la monarchie, avaient vu, dès leur origine,
» leur alliance briguée par les plus anciennes maisons de France. Les
» familles sorties de la Révolution se trouvaient ainsi consolidées, et la
» France ancienne définitivement unie à la France nouvelle. »

89 Pie VII avait signifié aux autorités françaises que, tant que Rome
serait ainsi militairement envahie, il se considérerait comme prisonnier et
ne prendrait part à aucune négociation : dès-lors il cessa ses promenades
et ne sortit point du palais de Monte-Cavallo. Mais les épreuves se succédaient ; un piquet de soldats français enleva le gouverneur de Rome : le
pro-secrétaire d'État ayant protesté contre la réunion de trois provinces
au royaume d'Italie, éprouva le même sort, ainsi que plusieurs autres
personnages éminents de la cour pontificale. Dans cette perplexité, Pie VII,
le 11 juillet 1808, assembla les cardinaux en consistoire, et dans la célèbre
allocution *Nova vulnera*, il leur dévoila ses douleurs et les périls auxquels
la religion était exposée. Il ajoutait que quoi qu'il advînt, le successeur
de Pierre saurait répondre avec courage et fermeté aux nécessités de la
situation, et terminait par ces paroles du Psalmiste : *Dominus in circuitu
populi sui, ex hoc nunc et usque in sæculum: Le Seigneur est dans le cir-
cuit de son peuple depuis cet instant jusqu'à la fin des siècles.*

90 Les démêlés de Napoléon avec le Saint-Siége et les mesures violentes qui en furent la suite, attristèrent profondément tous les hommes
attachés de cœur et d'âme à la chaire de Saint-Pierre. L'Empereur lui-
même hésita longtemps avant de se jeter dans cette voie funeste. Les
principes qu'il avait reçus, le souvenir de tout le bien qu'il avait fait à la
religion en France, dès le commencement du Consulat, les vertus du
vénérable Pie VII et la voix de la conscience, toujours si puissante chez
les hommes d'élite, l'éloignait naturellement des moyens extrêmes. Mais
la guerre contre l'Angleterre et le blocus continental était sa pensée de

chaque jour : son esprit se révoltait à la seule idée que, grâce à la résistance du Pape, les ambassadeurs de l'Angleterre et autres puissances ennemies de la France, pourraient librement conspirer à Rome, aux portes des royaumes de Naples et d'Italie ; et il concluait que quiconque ne s'associait pas à son système, le faisait crouler par la base et se déclarait ouvertement l'ennemi de l'Empire. « Accordez-lui un principe, disait de Pradt en parlant de Napoléon, il faut le suivre jusqu'au bout. » Cette logique de la guerre contre l'Angleterre le domina constamment. Toutefois, lorsque le Pape eut accédé au blocus continental contre les Anglais, Napoléon aurait dû montrer plus de justice et plus de modération, en restituant au Pontife romain ses provinces et son pouvoir. Le malheureux pas était fait. La possession de cette Rome, aux glorieux souvenirs, flattait son amour-propre de guerrier.... Fatal fleuron de la couronne impériale. Rome ne portât pas bonheur au jeune prince qui en fut déclaré le roi !.... pourtant le duc de Reichstadt était né pour un meilleur sort.

91 Longtemps avant son abdication, Charles IV, roi d'Espagne, ne régnait que de nom. Maître du vieux roi, dont il avait déshonoré la couche, Manuel Godoï qui, de simple garde-du-corps, était parvenu aux plus hautes dignités du royaume, dominait en despote sur la cour et l'Espagne entière. Ame vénale, fourbe et ambitieuse, il ne possédait aucune des qualités capables de justifier la fortune et le haut rang où il était parvenu. On le vit tour-à-tour superbe et orgueilleux devant la nation espagnole, humble et rampant devant le puissant Empereur des Français. L'Espagne le détestait, et Napoléon, quoique sans estime pour un tel ministre, était obligé de traiter avec lui ; tous les soins du gouvernement et la direction du cabinet espagnol était entre ses mains. Dès-lors on conçoit que, quelques fussent à cette époque les vues de l'Empereur sur l'Espagne, la profonde incurie et l'incapacité de la Cour et du ministre dirigeant, dut singulièrement l'enhardir à marcher droit à son but. Aussi n'eut-il pas besoin de recourir à ces détours hypocrites dont l'accusent certains historiens, puisque nous le voyons mettre à exécution le traité du 27 octobre, avant même de l'avoir signé, et faire marcher également sur Lisbonne et sur Madrid, les corps d'armées qui doivent soumettre toute la Péninsule ibérique.

92 « Les résultats de la guerre d'Espagne me donnent irrévocablement
» tort, disait l'Empereur. Il y a eu des fautes graves dans l'exécution.
» Une des plus grandes est d'avoir mis de l'importance à détrôner la
» dynastie des Bourbons. Charles IV était usé. J'aurais pu donner une
› constitution libérale à la nation espagnole, et charger Ferdinand de la
» mettre à exécution. S'il l'exécutait de bonne foi, l'Espagne prospérait

» et se mettait en harmonie avec nos mœurs nouvelles ; s'il manquait à
» ses engagements, les Espagnols eux-mêmes l'auraient renvoyé. Vous
» vous créez un travail d'Hercule, me dit Escoïquiz, lorsque vous n'avez
» sous la main qu'un jeu d'enfant... La malheureuse guerre d'Espagne a
» été une véritable plaie, la cause première des malheurs de la France.
» Si j'avais pu prévoir que cette affaire m'eût causé autant de tracasseries
» et de chagrins, je ne m'y serais point engagé. Mais les premières
» démarches une fois faites, il ne m'a pas été possible de reculer. »

93 Sur la fin de la journée d'Essling, un groupe de grenadiers portant
un brancard funéraire s'approche de l'Empereur. A peine Napoléon a-t-il
jeté les yeux sur ce triste convoi, qu'il reconnaît le maréchal Lannes,
dont les traits altérés annoncent une mort prochaine. Descendre de
cheval, voler vers le héros, le presser contre son cœur fut l'affaire d'un
moment. « Lannes, mon ami, me reconnaissez-vous, s'écrie l'Empereur
d'une voix entrecoupée ; c'est Napoléon ; c'est votre ami ; nous vous sau-
verons ; vous vivrez pour la France et pour nous tous. » Entr'ouvrant
ses paupières appesanties déjà sous le poids du dernier sommeil, Lannes
veut répondre ; la parole expire sur ses lèvres défaillantes. Alors, levant
un bras, il le passe au cou de l'Empereur, et lui témoigne par ses embrassements les sentiments que sa langue ne peut plus exprimer. Napoléon,
ordinairement si maître de lui-même, ne peut résister à l'émotion qui le
presse ; les larmes inondent son visage. Mais craignant que cette scène
attendrissante ne soit funeste à l'héroïque moribond, il s'éloigne précipitamment, en proie à la plus vive douleur. Peu d'instants après, Lannes
expirait, laissant dans l'armée le plus grand vide qu'on y eût ressenti
depuis le trépas de Desaix.

94 Le départ de Pie VII eut lieu de très-grand matin : à quatre heures,
on partit de Rome pour la Toscane ; la stupeur régnait sur le visage du
peuple. Arrivé à Monterosi, le Saint-Père fut reconnu : la foule, le voyant
prisonnier et entouré de gendarmes aux sabres nus, se frappait la poitrine et versait des larmes de douleur. Le général Radet, redoutant ces
démonstrations pieuses, fit baisser les rideaux de la voiture, malgré la
chaleur accablante de la saison. A Florence, Elisa Bacciochi, sœur de
Napoléon et grande-duchesse de Toscane, envoya complimenter le Pape
et lui fit offrir ses services. A Alexandrie, le peuple parut vouloir se
soulever en faveur de l'auguste captif ; mais Pie VII l'engagea à se résigner comme lui. Sur toute la route, les populations en deuil se pressaient
pour baiser ses mains, le plaindre et le consoler. Comme il approchait de
Grenoble, la garnison de Saragosse, prisonnière dans cette ville, obtint la
permission d'aller au-devant de lui : à peine le carrosse du pieux Pontife

apparaît-il à leurs regards, que tous se prosternent pour recevoir sa béné
diction. Le peuple Grenoblois se précipite aussi à sa rencontre avec
empressement, et s'agenouille sur le passage de celui qui ne cesse pas
d'être l'objet de son dévouement et de sa vénération. Arrivé à Grenoble
où il résida peu de temps, le Saint-Père trouva dans cette ville les grands-
vicaires de Lyon, envoyés par le cardinal Fesch, oncle de l'Empereur,
pour complimenter le Pape et lui offrir cent mille francs de traites.

95 Napoléon, satisfait de l'arrivée d'Eugène et de ses braves soldats
d'Italie, mit, le 27 mai, à l'ordre du jour la proclamation suivante :

« Soldats de l'armée d'Italie !

» Vous avez glorieusement atteint le but que je vous avais marqué. Le
» Sommering a été témoin de votre jonction avec la grande armée. Soyez
» les bienvenus ! Je suis content de vous ! ! ! Surpris par un ennemi per-
» fide avant que vos colonnes fussent réunies, vous avez dû rétrograder
» jusqu'à l'Adige ; mais lorsque vous reçûtes l'ordre de marcher en avant,
» vous étiez sur le champ mémorable d'Arcole ; et là vous jurâtes sur les
» mânes de nos héros de triompher. Vous avez tenu parole.... Vous
» n'aviez pas passé la Drave, et déjà vingt mille prisonniers, soixante
» pièces de bataille, dix drapeaux avaient signalé votre valeur...., La
» colonne autrichienne de Jellachich, qui la première entra dans Munich,
» qui donna le signal des massacres dans le Tyrol, environnée à Saint-
» Michel, est tombée sous vos baïonnettes. Vous avez fait une prompte
» justice de ces débris dérobés à la colère de la grande armée.

» Soldats ! cette armée autrichienne d'Italie, qui un moment souilla
» par sa présence nos provinces, qui avait la prétention de briser ma cou-
» ronne de fer, battue, dispersée, anéantie, grâce à vous, sera un exemple
» de la vérité de cette devise : *Dieu me la donne, gare à qui la touche.* »

96 A l'époque où se terminaient les conférences du traité de Vienne,
Napoléon courut le danger de succomber sous le poignard d'un fanatique.
Sa garde, réunie pour une revue d'honneur, stationnait devant le château
de Schœnbrunn : l'Empereur arrive ; un jeune homme, d'une figure intéressante, s'efforce à différentes reprises de parvenir jusqu'à lui. Une
main qu'il tient soigneusement cachée sous son habit, rend sa persistance suspect. Il est arrêté, fouillé : on trouve sur lui un grand couteau
tout récemment affilé. Napoléon voulut l'interroger lui-même. « D'où
êtes-vous, et depuis quand vous trouvez-vous à Vienne ? — Je suis
d'Erfurth, et j'habite Vienne depuis deux mois. — Que me vouliez-vous ?
— Vous demander la paix et vous prouver qu'elle est indispensable. —
Pensez-vous que j'eusse écouté un homme sans caractère officiel et sans

mission? — Dans le cas contraire, je vous eusse poignardé. — Quel mal
vous ai-je donc fait? — Vous opprimez ma patrie et le monde entier. Si
vous ne faites point la paix, votre mort devient nécessaire au bonheur de
l'humanité. En vous tuant, j'aurais fait la plus belle action qu'homme
d'honneur puisse accomplir.... Mais j'admire vos talents; je comptais
sur votre raison; avant de vous frapper, je voulais vous convaincre. —
Est-ce la religion qui a pu vous déterminer? — Non. Mon père, ministre
luthérien, ignore mon projet; je ne l'ai communiqué à personne.... —
Etiez-vous à Erfurth quand j'y suis allé l'année dernière? — Je vous y
ai vu trois fois. — Pourquoi ne m'avez-vous pas tué alors? — Vous laissiez
respirer mon pays; je croyais la paix assurée, et je ne voyais en vous
qu'un grand homme.... — Mais en me frappant au milieu de mon armée,
pensiez-vous échapper? — Non, je suis étonné d'exister encore. — Si
j'étais à votre place et vous à la mienne, me feriez-vous grâce? — Peut-
être. — Si je vous l'accordais, quel parti prendriez-vous? — Je m'en
retournerais dans ma patrie désespéré d'avoir manqué mon coup. » Deux
jours s'écoulèrent, pendant lesquels l'assassin, gardé à vue, ne cessa de
se promener, de méditer et de prier. Le bruit du canon s'étant fait
entendre, on lui dit qu'il annonçait la paix. « La paix! s'écria le jeune
homme; ne me trompez-vous point? » Et, sur l'assurance que rien
n'était plus vrai, il se livra aux démonstrations de joie les moins équivoques; des larmes coulèrent de ses yeux; il pria de nouveau et dit
ensuite: « Je mourrai plus tranquille. » Napoléon aurait voulu le sauver;
ses grands officiers le conjurèrent de faire un exemple.

97 La stérilité de Joséphine fut la seule raison qui porta l'Empereur
à dissoudre son mariage : depuis neuf ans, cette stérilité faisait son
désespoir de tous les jours. Longtemps il repoussa l'exécution de ce projet:
tant de liens l'attachaient à cette vertueuse épouse; elle avait depuis
quinze années entouré sa vie de tant d'affection et de bonheur domestique.
Enfin, la politique et les exigences de sa haute position durent imposer
silence à tout autre sentiment. Mais il fallait y préparer l'Impératrice; ce
fut une scène douloureuse. Joséphine dut se résigner à un sacrifice
qu'exigeaient le bonheur et l'avenir de la France. Le 15 décembre, les
deux époux déclarèrent leur mutuel assentiment au divorce, au sein d'une
assemblée de famille réunie dans les grands appartements des Tuileries.
L'Empereur s'exprima en ces termes : « La politique de ma monarchie,
» l'intérêt, le besoin de mes peuples, qui ont constamment guidé toutes
» mes actions, veulent qu'après moi je laisse à des enfants, héritiers de
» mon amour pour mes peuples, ce trône où la Providence m'a placé.
» Cependant, depuis plusieurs années, j'ai perdu l'espérance d'avoir des
» enfants de mon mariage avec ma bien-aimée épouse; l'impératrice

» Joséphine ; c'est ce qui me porte à sacrifier les plus douces affections
» de mon cœur, à n'écouter que le bien de l'État, et à vouloir la disso-
» lution de notre mariage. Parvenu à l'âge de quarante ans, je puis con-
» cevoir l'espérance de vivre assez pour élever dans mon esprit et dans
» ma pensée les enfants qu'il plaira à la Providence de me donner.
» Dieu sait combien une pareille résolution a coûté à mon cœur ; mais.
» il n'est aucun sacrifice qui soit au-dessus de mon courage lorsqu'il
» m'est démontré qu'il est utile au bien de la France. J'ai le besoin
» d'ajouter que, loin d'avoir jamais eu à me plaindre, je n'ai au contraire
» qu'à me louer de l'attachement et de la tendresse de ma bien-aimée
» épouse. Elle a embelli quinze ans de ma vie ; le souvenir en restera
» toujours gravé dans mon cœur. Elle a été couronnée de ma main ; je
» veux qu'elle conserve le rang et le titre d'Impératrice. Je veux surtout
» qu'elle ne doute jamais de mes sentiments, et qu'elle me tienne tou-
» jours pour son meilleur et son plus cher ami. »

L'Empereur avait prononcé ces mots d'une voix profondément émue
et les yeux humides. Joséphine prit après lui la parole :

« Avec la permission de mon auguste et cher époux, dit-elle, je dois
» déclarer que ne conservant aucun espoir d'avoir des enfants qui puissent
» satisfaire les besoins de sa politique et l'intérêt de la France, je me
» plais à lui donner la plus grande preuve d'attachement et de dévoue-
» ment qui ait jamais été donnée sur la terre. Je tiens tout de ses bontés ;
» c'est sa main qui m'a couronnée, et, du haut de ce trône, je n'ai reçu
» que des témoignages d'affection et d'amour du peuple français. Je crois
» reconnaître tous ces sentiments, en consentant à la dissolution d'un
» mariage qui désormais est un obstacle au bien de la France, qui la
» prive du bonheur d'être un jour gouvernée par les descendants d'un
» grand homme, si évidemment suscité par la Providence pour effacer les
» maux d'une terrible révolution, et rétablir l'autel, le trône et l'ordre
» social. Mais la dissolution de mon mariage ne changera rien aux senti-
» ments de mon cœur : l'Empereur aura toujours en moi la meilleure
» amie. Je sais combien cet acte, commandé par la politique et par de
» si grands intérêts, a froissé son cœur : mais, l'un et l'autre, nous sommes
» glorieux du sacrifice que nous faisons au bien de la patrie. » Presque
suffoquée par les sanglots, Joséphine ne put achever jusqu'au bout ce
discours qu'on lui avait écrit ; il fallut que Regnault de Saint-Jean-
d'Angely, archichancelier de l'Empire, prît le papier de ses mains, et, les
yeux pleins de larmes, comme tous les assistants, donnât lui-même lecture de la fin de cette déclaration.

Retirée à la Malmaison, Joséphine put s'y livrer sans contrainte à tous
les éclats, à tous les épanchements de sa douleur. « Le ciel m'est témoin

que ce n'est pas pour moi que je souffre! s'écriait-elle. C'est pour l'Empereur que je tremble. Qui sait où on va le pousser! C'est à qui lui donnera une femme. Encore si c'était une Française; une bonne et honnête personne! En manque-t-il donc? N'avons-nous pas des familles aussi nobles que toutes les princesses de l'Europe? Il ne s'agit que d'avoir des enfants. La dernière des bourgeoises bien élevées serait plus agréable à la Nation qu'une princesse étrangère. On parle d'une Russe, d'une Autrichienne. On sait ce que l'alliance de l'Autriche a coûté à la France! Puisse cette alliance ne pas être funeste à l'Empereur! Je ne puis me défendre de tristes pressentiments. Une étrangère livrera les secrets de l'État, le trahira peut-être.... » Peu touché de la raison d'État, le peuple vit avec peine la répudiation de l'Impératrice, et l'accompagna de ses regrets. Il semblait qu'en se retirant, l'ange tutélaire que l'on croyait avoir porté bonheur à Napoléon, ainsi qu'il l'avait dit lui-même, le laissât exposé sans défense au génie du mal (*). Cet acte de politique divisa, en effet, la vie de Napoléon en deux périodes distinctes : dans l'une, il n'a compté que des succès; dans l'autre, il ne compta que des revers. C'était cette alliance même qui devait devenir une des causes déterminantes des désastres où, quatre ans plus tard, s'est abîmé l'Empire! et cette femme de sang impérial, que l'on plaçait dans la couche du dominateur de l'Europe, n'était destinée qu'à endormir dans une sécurité perfide celui dont on n'avait pas cessé de comploter la perte. « Ils l'ont avoué, disait Napoléon dans son exil : c'est sous le masque des alliances, du sang même, et sous celui de l'amitié qu'ils ont ourdi ma chute! »

98 Un déplorable accident signala les brillantes fêtes que donna dans son hôtel, à Paris, le prince de Schwartzemberg, à l'occasion du mariage religieux de l'Empereur. Le feu prit aux tentures de la salle de bal, et se propagea avec la rapidité de l'éclair; la belle sœur du prince périt au milieu des flammes. Cet accident parut d'un sinistre présage, et Napoléon, — c'est lui-même qui l'a avoué, — ne put se défendre d'un pénible pressentiment. Trois ans plus tard, à la bataille de Dresde, le bruit ayant couru dans l'armée que le prince de Schwartzemberg, qui combattait alors contre nous, avait été frappé d'un boulet français, Napoléon s'écria : « C'était un brave homme; mais sa mort a cela de consolant, qu'elle montre que c'était lui que menaçait l'augure malheureux de son bal. » (NAPOLÉON, *Mémoires dictés à Sainte-Hélène*, IV, 352.)

(*) THIBAUDEAU, VII, 344.

99 En apprenant cette infraction flagrante au traité de Tilsitt, et surtout les mesures de rigueur dont elle était accompagnée, Napoléon fut saisi de colère : « J'aimerais mieux, s'écria-t-il, recevoir un soufflet » sur la joue que de voir brûler les produits de l'industrie et du travail » de mes sujets. La Russie ne peut pas envahir notre territoire ; elle nous » insulte dans le produit de nos arts et de nos travaux. » — Ce premier mouvement passé, Napoléon voulut tenter cependant un dernier effort pour retenir son puissant allié du Nord dans l'alliance à demi rompue. Il écrivit directement à l'Empereur Alexandre une lettre où la situation réciproque des deux États était nettement exposée : « Mes sentiments ». pour V. M. ne changeront pas, lui disait-il, quoique je ne puisse me » dissimuler que V. M. n'a plus d'amitié pour moi. Elle me faire des » protestations et toute espèce de difficulté pour l'Oldenbourg, lorsque » je ne me refuse pas à donner une indemnité équivalente, et que la » situation de ce pays, qui a toujours été le centre de la contrebande » avec l'Angleterre, me fait un devoir indispensable, pour l'intérêt de » mon Empire et pour le succès de la lutte où je suis engagé, de la » réunion d'Oldenbourg à mes États. Le dernier ukase de V. M., dans » le fond et surtout dans la forme, est spécialement dirigé contre la » France. Dans d'autres temps, V. M., avant de prendre une telle mesure » contre mon commerce, me l'aurait fait connaître, et j'aurais peut-être » pu lui suggérer des moyens qui, en remplissant son principal but, » aurait cependant empêché que cela ne parut aux yeux de la France » un changement de système. Toute l'Europe l'a envisagé ainsi, et déjà » notre alliance n'existe plus dans l'opinion de l'Angleterre et de » l'Europe. Fût-elle aussi entière dans le cœur de V. M. qu'elle l'est » dans le mien, cette opinion générale ne serait pas moins un grand » mal.... »

Rappelant ensuite au Czar les grands avantages que la Russie avait déjà retirés de l'alliance française, la possession de la Finlande, l'acquisition prochaine de la Moldavie et de la Valachie, la Pologne laissée dans le *statu quo*, Napoléon ajoute : « Mais si je ne veux rien changer à l'état » de la Pologne, j'ai le droit d'exiger que personne ne se mêle de ce que » je fais en-deçà de l'Elbe.... Je suis frappé de l'évidence des faits, et » contraint de penser que V. M. est toute disposée, aussitôt que les cir- » constances le permettront, de s'arranger avec l'Angleterre.... Tout cela » est fâcheux. Si donc V. M. n'a pas le projet de se remettre avec » l'Angleterre, elle sentira la nécessité pour elle et pour moi de dissiper » tous ces nuages.... »

On voit donc que la guerre, pour des raisons devenues de haute politique, était inévitable ; mais ce serait à tort qu'on l'attribuerait entièrement à Napoléon.

100. Le 22 juin, Napoléon adressait à la grande armée la proclamation suivante : « Soldats ! La seconde guerre de Pologne est commencée.
» La première s'est terminée à Friedland et à Tilsitt : à Tilsitt, la Russie
» à juré éternelle alliance à la France et guerre à l'Angleterre. Elle
» viole aujourd'hui ses serments. Elle ne veut donner aucune explica-
» tion de son étrange conduite, que les aigles françaises n'aient repassé
» le Rhin, laissant par là nos alliés à sa discrétion.

» La Russie est enchaînée par la fatalité ! ses destins doivent s'accom-
» plir. Nous croirait-on donc dégénérés ? Ne serions-nous donc plus les
» soldats d'Austerlitz ? Elle nous place entre le déshonneur et la guerre.
» Le choix ne saurait être douteux ! Marchons donc en avant ! passons
» le Niémen : portons la guerre sur son territoire ! La seconde guerre de
» Pologne sera glorieuse aux armées françaises comme la première ;
» mais la paix que nous conclurons portera avec elle sa garantie, et
» mettra un terme à cette orgueilleuse influence que la Russie a exercée
» depuis cinquante ans sur les affaires de l'Europe. »

L'esprit de modération et de convenance qui a dicté cette pièce officielle
est le meilleur témoignage qu'on puisse donner des intentions pacifiques
de Napoléon ; il ménageait le sentiment national d'un grand peuple et
l'orgueil d'un monarque qu'il avait longtemps traité d'ami ; il ne faisait
aucune promesse aventureuse vis-à-vis de la Pologne, nul engagement
pour l'avenir.

101 Voici ce qu'a écrit Caulincourt au sujet de ce voyage et des
impressions qu'il en reçut : « Là, côte à côte avec moi, renfermé dans
un étroit traîneau, environné des plus actuels périls, épuisé de froid,
souvent de faim, car nous ne pouvions nous arrêter nulle part ; laissant
derrière lui les restes d'une armée débandée et exténuée, Napoléon ne
posait pas : c'était une nature d'homme à nu, énervée ou vigoureuse. Et
pourtant l'Empereur ne s'illusionnait point, il sondait la profondeur de
l'abîme : son regard dévorait l'espace : « Caulaincourt, me disait-il, les
» circonstances sont graves.... très-graves.... Mon courage ne faiblira
» pas.... Mon étoile a pâli.... mais tout n'est pas perdu.... La France est
» essentiellement brave.... J'organiserai des gardes nationales.... Cette
» institution de la garde nationale est une des plus grandes conquêtes
» de la Révolution.... C'est un moyen dont je me servirai avec succès....
» Dans trois mois, j'aurai sur pied un million de citoyens armés, trois
» cent mille hommes de belles troupes de ligne. Mes alliés, tous les
» traités sont engloutis sous les cendres de Moscou ; ces gens-là ne sont
» avec nous que pour échelonner la trahison, pour entraver mes opéra-
» tions.... Mais la France est encore redoutable.... La France offre de
» grandes ressources.... Le Français est le peuple le plus spirituel de la

36

» terre.... Mon vingt-neuvième bulletin n'est pas un coup de tête sans
» portée.... c'est un acte de haute et loyale politique. Dans une circons-
» tance donnée, la meilleure des finesses, c'est le droit chemin, c'est la
» vérité.... L'intelligence française comprendra la position de la nation,
» les énormes sacrifices que cette position impose. Moi, l'Empereur, je
» ne suis qu'un homme, mais tous les Français savent qu'autour de cet
» homme gravitent les destinées du pays, les destinées de la famille, la
» sûreté du foyer. »

102 L'armée était arrivée le 8 décembre à Wilna. Le 9, vers midi,
des nuées de Cosaques se répandaient déjà autour de la ville. Le général
bavarois, comte de Wrède, suivi d'une cinquantaine de ses chevaux-
légers, se présente soudain l'épée nue chez Ney, prince de la Moscowa,
et lui offre de le conduire avec ses cavaliers sur la route de Kowno. —
« Non, non, général, lui répond froidement le maréchal, ne craignez
rien pour moi; ici, dans ma maison, j'ai cinquante grenadiers français,
et tous les Cosaques de la terre ne me feraient pas déloger avant demain
à huit heures.»

103 A l'époque du simulacre de congrès qui se tint à Prague, une
lettre autographe de l'empereur François fut apportée à Napoléon par
M. de Metternich lui-même. C'est alors qu'eut lieu entre Napoléon et le
chef du cabinet autrichien la conversation suivante, dont nous ne citerons
que les passages les plus marquants. — « Vous voilà donc, Metternich,
» lui dit l'Empereur; soyez le bienvenu. Mais si vous voulez la paix,
» pourquoi venir si tard? Nous avons déjà perdu un mois, et votre média-
» tion devient presque hostile à force d'être inactive. Il paraît qu'il ne
» vous convient plus de garantir l'intégrité de l'Empire français : eh bien,
» soit! mais pourquoi ne pas me l'avoir pas dit plus tôt?... Peut-être
» aurais-je été à temps de modifier mes plans ; peut-être même ne
» serais-je pas entré en campagne.... Sans votre funeste intervention,
» la paix entre les Alliés et moi serait faite aujourd'hui. Quels ont été
» jusqu'ici les résultats de l'armistice? Je n'en connais pas d'autres que
» les deux traités de Reichenbach, que l'Angleterre vient d'obtenir de
» la Prusse et de la Russie. On parle aussi d'un traité avec une troisième
» puissance (la Suède).... Convenez-en, depuis que l'Autriche a pris le
» titre de médiatrice, elle n'est plus de mon côté : elle n'est plus impar-
» tiale, elle est ennemie.... La grande question pour nous est de savoir
» si vous pouvez me rançonner sans combattre, ou s'il vous faudra
» décidément vous jeter aux rangs de mes ennemis.... Hé bien, voyons ;
» traitons, j'y consens! que voulez-vous? » Le ministre fit alors des
propositions exagérées. — « Voilà donc, s'écria Napoléon, ce que vous

» appelez l'esprit de modération qui vous anime! Au fait, vous voulez
» l'Italie, la Russie veut la Pologne, la Suède veut la Norwège, la
» Prusse veut la Saxe, l'Angleterre veut la Hollande et la Belgique. En
» un mot, la paix n'est qu'un prétexte: vous n'aspirez tous qu'au démen-
» brement de l'Empire français!.... Et pour consommer un tel sacrifice,
» l'Autriche croit qu'il lui suffit de se déclarer!.... Et moi, docile à votre
» politique, il me faudrait évacuer l'Europe, dont j'occupe encore la
» moitié, ramener mes légions la crosse en l'air, derrière le Rhin, les
» Alpes et les Pyrénées,... et m'en remettre à la générosité de ceux-là
» même dont je suis aujourd'hui le vainqueur!... Si je consentais à rece-
» voir une telle paix, l'Empire croulerait plus vite encore qu'il ne s'est
» élevé! Au pis-aller, il me reste à obtenir la gloire des revers.... Et
» c'est de mon beau-père que viennent de telles propositions! dans
» quelle attitude veut-il donc me placer en face du peuple français? Il
» s'abuse étrangement s'il croit qu'un trône mutilé puisse être en France
» un refuge pour sa fille et son petit-fils!... Ah! Metternich! combien
» l'Angleterre vous a-t-elle donné pour vous décider à jouer ce rôle
» contre moi?... » L'Empereur comprenait enfin la faute que son humanité lui avait fait commettre, en consentant à l'armistice. Ecoutons-le se
la reprochant lui-même à Sainte-Hélène :

« Ces négociations m'avaient conduit à consentir à une suspension
» d'armes qui me fut bien funeste ; car, si j'eusse continué la poursuite
» de l'ennemi, j'aurais dicté la paix sur les bords du Niémen : les armées
» russes et prussiennes étaient tellement désorganisées qu'elles aban-
» donnaient toutes les positions qui auraient pu favoriser leur ralliement,
» et il était à penser que la Vistule même ne leur paraîtrait pas une
» barrière suffisante pour arrêter mes armées victorieuses (*). »

104 A la nouvelle de l'horrible défection des Saxons, l'Empereur,
immobile sur son cheval, lève les yeux au Ciel comme pour en appeler à la
justice de Dieu. « Infamie! » s'écrie-t-il d'une voix tonnante. Mille
voix couvrent la sienne: des imprécations, des rugissements de rage
retentissent de toutes parts dans les rangs de l'armée française, qui jure
de se venger d'une aussi atroce félonie. Touché du noble élan de ses
braves, l'Empereur ajoute : « Qu'il y a de ressources dans notre France
avec de tels hommes! » Et sa physionomie morne et sombre jusque-là
s'éclaircit un moment sous l'impression de cette scène émouvante.

(*) MONTROLON, *Récit de la captivité de l'empereur Napoléon*, II, 492.

105 La bataille d'Austerlitz avait été appelée *la bataille des Empereurs;* celle de Leipzig fut nommée par les Allemands *le bataille des Nations.* Le prix du combat était le sceptre de l'Europe; l'Empereur l'avait bien compris lui-même : « Les destinées de la France se décideront sur le champ de bataille de Leipzig, avait-il dit dans la nuit du 17 au 18. Si nous sommes vainqueurs demain, tout peut encore se réparer; si nous sommes vaincus, il est impossible de prévoir où s'arrêteront les conséquences d'une défaite. » La victoire nous resta, mais elle nous coûta cher, et nos pertes, quoique beaucoup moins nombreuses que celles des coalisés, affaiblirent trop notre armée pour qu'il lui fut possible de résister avec quelque chance de recouvrer sa suprématie. Trente mille Français et plus de quatre-vingt mille alliés tués ou blessés, jonchèrent le champ de bataille. Ainsi les destinées de la France furent accomplies sur les rives de l'Elster, plus qu'aux bords de la Bérésina.

106 Depuis le mois de mars 1813, une confédération royaliste s'était organisée dans le cœur de la France. Les ducs de Duras, de la Trémouille et de Fitz-James, MM. de Polignac, Ferrand, de Montmorency, Sosthène de Larochefoucault, de Sesmaisons, en étaient l'âme; le comte Lynck, à Bordeaux, lié avec le député Lainé, unissaient leurs efforts pour servir la puissance du roi. (*Histoire de* 1814 *par de Beauchamp.*)

107 Talleyrand!!! Quelle plume assez énergique pourrait flétrir un pareil homme d'un stigmate assez infamant! Talleyrand! ce mot ne rappelle-t-il pas ce qu'il y a de plus vil dans l'histoire? Quel est le cœur qui ne se soulève de dégoût et de honte au souvenir de cet évêque, de ce prince sans foi et sans loi? Le nombre des traîtres a toujours été considérable; mais jamais le génie du mal n'avait offert une incarnation plus éclatante et plus complète de lui-même, que dans ce personnage qui ne vécut, hélas! que trop pour le malheur de la patrie : jamais l'apostasie et le cynisme n'avaient été poussés aussi loin que dans Talleyrand. Tour-à-tour prêtre et athée, républicain et royaliste, il renia toutes ses croyances, il trompa tous les gouvernements. Et, bien qu'universellement méprisé, il fut comblé d'emplois et de faveurs, et mourut dans son lit, riche, puissant, extérieurement honoré. (*Extrait de la Biographie des hommes remarquables, par MM. L. Bessières et Prat.*) Napoléon le repoussa dès qu'il le connut. Louis XVIII s'en servit par reconnaissance, et Louis-Philippe, cet autre type incarné de la corruption, alla le visiter sur sa couche funèbre!...

Au nombre des plus chauds adversaires de l'Empereur figuraient le duc Dalberg, naturalisé français, créé duc et doté de deux cent mille francs de rente par ce monarque, M. de Bourrienne, quelques autres sénateurs et d'anciens députés. Un sénateur poussa l'impudence au point de proposer l'interdiction de l'Empereur comme frappé de démence !...

108 « A toutes mes pensées pour sauver la patrie d'une contre-révolution, on m'opposait la guerre civile, écrivait plus tard Napoléon lui-même, parce qu'on savait que me la montrer comme conséquence de la continuation de la guerre, c'était porter un coup mortel à mes résolutions. Lorsque poussé à bout je leur dis : « Puisqu'il faut renoncer à défendre la .France, sauvons du moins l'Italie ; qu'elle conserve sa nationalité et soit le refuge des malheureux Français qu'attendent les vengeances de l'émigration. » Un morne silence me prouva trop bien que je n'avais plus rien à attendre des hommes élevés par mes bienfaits aux plus hautes dignités de l'Empire et de l'armée. Les événements ne marchaient point assez vite ; chacun contenait avec peine son impatience d'aller chercher une position dans le nouvel. ordre de choses qu'allait créer la royauté de Louis XVIII. » (*Récits de la captivité de Napoléon*, II, 418.)

109 Tout en reconnaissant roi de France Louis XVIII, que Talleyrand, Fouché et consorts venaient de proclamer, les souverains alliés consignèrent, en 1814, dans un traité secret, la clause suivante, sorte de protestation contre les droits que ce prince prétendait avoir d'occuper alors le trône de l'infortuné Louis XVI : « Bien que les hautes puis-
» sances contractantes, souveraines alliées, n'aient pas la certitude de la
» mort du fils de Louis XVI, la situation de l'Europe et les intérêts
» publics exigent qu'Elles placent à la tête du pouvoir en France Louis-
» Stanislas-Xavier-Joseph, comte de Provence, sous le titre de roi osten-
» siblement, mais n'étant de fait, dans leurs transactions secrètes, que
» régent du royaume, pendant les deux années qui vont suivre, se réser-
» vant pendant ce laps de temps d'acquérir toute certitude sur un fait
» qui déterminera ultérieurement quel doit être le souverain régnant
» de la France, etc., etc.... »

Dans les *Souvenirs de la reine Marie-Antoinette*, III, 142, on lit la déclaration suivante de Madame la comtesse d'Adhémar, veuve de l'ambassadeur de ce nom, et autrefois dame du palais de la reine :
« Malheureux enfant dont le règne s'est écoulé dans un cachot, *où tou-*
» *tefois il n'a pas trouvé la mort !*... Certes, je ne veux en aucune manière
» multiplier les chances qui s'offriront à des imposteurs ; mais en écrivant
» ceci au mois de mai 1797, *je certifie sur mon âme et conscience être par-*
» *ticulièrement sûre que S. M. Louis XVII n'a point péri dans la prison du*
» *Temple*.... Mais, je le répète, je ne m'engage pas à dire ce que ce prince

» est devenu : Le seul, Cambacérès, homme de la Révolution, pourrait
» compléter mon récit, car, là-dessus, il en savait beaucoup plus que
» moi. »

Partisan déclaré des principes philosophiques du xviiie siècle, le
comte de Provence s'était plu, en bien des circonstances, à faire de
l'opposition à l'autorité du roi, son frère. Lié avec les courtisans les plus
influents et les plus frondeurs, il se distingua surtout par la haine qu'il
portait à Marie-Antoinette. Il la fit éclater avec scandale lors de la trop
célèbre affaire du *collier*, où il ne craignit pas de ternir la réputation de
la reine par des épigrammes dont toute la cour savait bien qu'il était
l'auteur. Plus tard, son intimité avec des révolutionnaires dont le nom
seul est un opprobre, le porta à rechercher les faveurs populaires, et à
se faire un parti dans les rangs de ceux-là mêmes qui sapaient également
le trône et l'autel. Quelles étaient alors ses vues et son ambition?...
Il est permis à l'histoire de le conjecturer, et de flétrir de son blâme une
pareille conduite. Est-il étonnant que ce roi philosophe ait rouvert sous
nos pieds l'abîme des révolutions en nous octroyant sa charte anglaise,
en déchaînant sur la France le fléau de la liberté de la presse, et en
acceptant pour ministre l'apostat, le régicide Talleyrand !

110 Marie-Louise! L'histoire ne prononce qu'à regret ce nom déco-
loré, sur lequel se refléta un moment l'auréole du héros. Jamais femme
n'a montré à ce point absence d'énergie et de toute volonté ; chez la
fille de François Ier, cette faiblesse de caractère allait jusqu'à l'abnégation de toute dignité morale. Assise quatre ans sur un trône resplendissant de gloire, mère d'un enfant que l'Europe salua à son berceau du
titre de roi de la ville des Césars, Marie-Louise n'avait compris ni son
époux ni la France. Elle n'avait cessé d'être Autrichienne de cœur et de
pensée ; et quand vinrent pour Napoléon les jours du malheur, elle ne
sut être ni épouse ni mère, de même que, plus tard, elle n'a pas su préserver de souillures infâmes son honneur de femme. (*L. Vivien, Hist.
de Napoléon*, II, 236.)

111 A son entrée à Porto-Ferrajo, Napoléon fut salué par les bastions
de la côte, par les canons du port, auxquels répondaient ceux de la frégate anglaise. Un mandement du vicaire-général Arrighi avait précédé
l'Empereur. « La divine Providence, y était-il dit, a voulu que nous
fussions à l'avenir les sujets de Napoléon-le-Grand. L'île d'Elbe, élevée
à un honneur aussi sublime, reçoit dans son sein l'oint du Seigneur.
Nous ordonnons qu'un *Te Deum* solennel soit chanté en actions de
grâces... » Reçu par le général Duhesme, commandant français, le nouveau souverain de l'île d'Elbe lui dit : « Général, j'ai sacrifié mes droits

» aux intérêts de ma patrie ; je me suis réservé la propriété et la souve-
» raineté de l'île d'Elbe. Faites connaître aux habitants le choix que
» j'ai fait de leur île pour mon séjour ; dites-leur qu'ils seront toujours
» pour moi l'objet de mon intérêt le plus vif. » Napoléon assista le
lendemain, suivi des autorités locales, au *Te Deum* chanté dans la cathédrale de Porto-Ferrajo.

112 Caroline, reine douairière de Sicile, était venue à Vienne pour
solliciter auprès du Congrès l'expulsion du roi Joachim Murat. Cette
princesse, qui avait de l'énergie et un beau caractère, était ennemie de
Napoléon, et cependant admirait son génie et déplorait son infortune :
« Les liens que vous avez contractés avec Napoléon, disait-elle à Marie-
» Louise, font votre gloire comme ils doivent faire la consolation de votre
» époux. Si l'on vous empêche de le rejoindre, et je le crains, attachez
» les draps de votre lit à une fenêtre, fuyez sous un déguisement,
» partez..... Je le ferais, moi, car quand on est mariée, c'est pour la
» vie. » Il est beau de voir la dernière fille de Marie-Thérèse se faire,
en cette circonstance, auprès de Marie-Louise, l'avocat le plus énergique, le plus éloquent que pût avoir l'Empereur. Marie-Louise ne la
comprit pas !...

113 Fouché naquit à Nantes en 1763. Il entra de bonne heure dans la
congrégation de l'Oratoire, où il reçut les ordres. Lorsque la révolution
éclata, il se hâta de quitter l'état ecclésiastique, et fut nommé député
de son département à la Convention. Il vota la mort de Louis XVI,
sans appel ni sursis. Envoyé ensuite, avec Collot-d'Herbois, à Lyon,
qui venait d'être pris, il se signala par ses dilapidations et surtout par
les exécutions en masse dites *fusillades*. Enfin, après avoir *ramassé*,
chemin faisant, l'or dans des ruisseaux de sang, il revint à Paris, où le
9 thermidor le sauva du châtiment qu'il méritait. Depuis cette époque
jusqu'au 18 brumaire, il sut adroitement louvoyer entre tous les partis
qui le haïssaient, et tira toujours sa tête de tous les périls. Ministre de
la police sous le Consulat, il se montra en toutes circonstances un
terrible inquisiteur, et exerça de cruelles représailles contre les jacobins
et les royalistes. Devenu sénateur en 1802, il fut encore ministre de la
police en 1804, fut encore disgracié et remplacé par Savary, en 1810.
Dès qu'il comprit, trois ans plus tard, que la cause de Napoléon était
en danger, il insinua à Murat de trahir son beau-frère et son bienfaiteur, se rendit à Lyon pour exciter Augereau à la défection, et vint à
Toulouse, auprès du maréchal Soult, dans les mêmes intentions. —
Demeuré sans emploi pendant la première Restauration, il redevint le
ministre de Napoléon le 20 mars 1815 ; fut élu député et créé pair le 2 juin.

Pendant les *Cent-Jours*, il montra beaucoup de modération, laissa parler et agir contre l'Empereur, et fit si bien qu'il était tout à la fois l'espoir des royalistes, la tête des républicains, et l'homme de confiance des bonapartistes. Son administration ne fut enfin qu'une trahison continuelle. La faction d'Orléans avait réussi à l'attirer dans son parti. Aussi, sous la seconde Restauration, était-il reçu à bras ouverts au Palais-Royal, où il préparait, avec Lafayette et consorts, *la meilleure des républiques*, que 1830 fit asseoir sur le trône du débonnaire Charles X !... Fouché avait voté la mort du vertueux Louis XVI ; il avait trahi et jugulé les jacobins et les royalistes, trahi et livré l'Empereur : ne devait-il pas aussi se faire un jeu de trahir et de vendre la branche aînée des Bourbons au profit de leurs *bons* parents de la branche cadette ! La mort ne lui permit pas d'achever son ouvrage ; mais celui que les libéraux décorèrent si maladroitement du titre de *héros des deux mondes*, se chargea d'accomplir sa tâche, en formulant le trop fameux programme de l'Hôtel-de-Ville... Fouché mourut à Trieste, en 1820, laissant une fortune évaluée à quatorze millions... *de rapines !!*... Fouché et Talleyrand étaient ennemis jurés : ils étaient pourtant bien dignes de s'entendre ! Napoléon dit un jour au premier : « N'est-il pas vrai que vous haïssez Talleyrand ? — Oh ! non, reprit Fouché, je ne le hais pas, mais je le méprise. » Pauvre France ! pourquoi faut-il que tu aies été si longtemps livrée à de si vils scélérats !!

114 Voici le texte de la partie principale du Testament de l'Empereur :

Cejourd'hui, 15 avril 1821, à Longwood, île de Sainte-Hélène.

Ceci est mon testament, ou acte de ma dernière volonté.

I.

1° Je meurs dans la religion apostolique et romaine, dans le sein de laquelle je suis né il y a plus de cinquante ans.

2° Je désire que mes cendres reposent sur les bords de la Seine, au milieu de ce peuple français que j'ai tant aimé.

3° J'ai toujours eu à me louer de ma très-chère épouse Marie-Louise ; je lui conserve, jusqu'au dernier moment, les plus tendres sentiments ; je la prie de veiller pour garantir mon fils des embûches qui environnent son enfance.

4° Je recommande à mon fils de ne jamais oublier qu'il est né Français, et de ne jamais se prêter à être un instrument entre les mains des triumvirs qui oppriment les peuples de l'Europe. Il ne doit jamais combattre ni nuire en aucune manière à la France ; il doit adopter ma devise : *Tout pour le peuple français.*

5° Je meurs prématurément assassiné par l'oligarchie anglaise et son sicaire ; le peuple français ne tardera pas à me venger.

6° Les deux issues si malheureuses des invasions de la France, lorsqu'elle avait encore tant de ressources, sont dues aux trahisons de Marmont, Augereau, Talleyrand et Lafayette. Je leur pardonne. Puisse la postérité française leur pardonner comme moi.

7° Je remercie ma bonne et très-excellente mère, le cardinal, mes frères Joseph, Lucien, Jérôme, Pauline, Caroline, Julie, Hortense, Catherine, Eugène, de l'intérêt qu'ils m'ont conservé ; je pardonne à Louis le libelle qu'il a publié en 1810 ; il est plein d'assertions fausses et de pièces falsifiées.

8° Je désavoue le manuscrit de Sainte-Hélène et autres ouvrages sous le titre de *Maximes, Sentences*, etc., que l'on s'est plu à publier depuis six ans ; ce ne sont pas là les règles qui ont dirigé ma vie....

II.

1° Je lègue à mon fils les boîtes, ordres et autres objets, tels qu'argenterie, lit de camp, armes, selles, éperons, vases de ma chapelle, livres, linge qui a servi à mon corps et à mon usage, conformément à l'état annexé coté (*A*). Je désire que ce faible legs lui soit cher, comme lui retraçant le souvenir d'un père dont l'univers l'entretiendra.

2° Je lègue à lady Holland le camée antique que le pape Pie VI m'a donné à Tolentino.

3° Je lègue au comte de Montholon deux millions de francs, comme une preuve de ma satisfaction des soins filiaux qu'il m'a rendus depuis six ans, et pour l'indemniser des pertes que mon séjour à Sainte-Hélène lui a occasionnées.

4° Je lègue au comte Bertrand cinq cent mille francs.

5° Je lègue à Marchand, mon premier valet de chambre, quatre cent mille francs. Les services qu'il m'a rendus sont ceux d'un ami. Je désire qu'il épouse une veuve, sœur ou fille d'un officier ou soldat de ma vieille garde.

6° *Idem*, à Saint-Denis, cent mille francs.

7° *Idem*, à Novarre (Noverraz), cent mille francs.

8° *Idem*, à Piéron, cent mille francs.

9° *Idem*, à Archambaud, cinquante mille francs.

10° *Idem*, à Corzot, vingt-cinq mille francs.

11° *Idem*, à Chandellier, vingt-cinq mille francs.

12° A l'abbé Vignali, cent mille francs. Je désire qu'il bâtisse sa maison près du Ponte-Nuovo di Rostino.

13° *Idem*, au comte de Las-Cases, cent mille francs.

14° *Idem*, au comte Lavalette, cent mille francs.

15° *Idem*, au chirurgien en chef Larrey, cent mille francs. C'est l'homme le plus vertueux que j'aie connu.

16° *Idem*, au général Brayer, cent mille francs.

17° *Idem*, au général Léfèvre-Desnouettes, cent mille francs.

18° *Idem*, au général Drouot, cent mille francs.

19° *Idem*, au général Cambronne, cent mille francs.

20° *Idem*, aux enfants du général Mouton-Duvernet, cent mille francs.

21° *Idem*, aux enfants du brave Labédoyère, cent mille francs.

22° *Idem*, aux enfants du général Girard, tué à Ligny, cent mille francs.

23° *Idem*, aux enfants du général Chartrand, cent mille francs.

24° *Idem*, aux enfants du vertueux général Travot, cent mille francs.

25° *Idem*, au général Lallemand, l'aîné, cent mille francs.

26° *Idem*, au comte Réal, cent mille francs.

27° *Idem*, à Costa de Bastelica, en Corse, cent mille francs.

28° *Idem*, au général Clausel, cent mille francs.

29° *Idem*, au baron de Menneval, cent mille francs.

30° *Idem*, à Arnault, auteur de *Marius*, cent mille francs.

31° *Idem*, au colonel Marbot, cent mille francs. Je l'engage à continuer à écrire pour la défense de la gloire des armées françaises, et à en confondre les calomniateurs et les apostats.

32° *Idem*, au baron Bignon, cent mille francs. Je l'engage à écrire l'histoire de la diplomatie française de 1792 à 1815.

33° *Idem*, à Poggi di Talavo, cent mille francs.

34° *Idem*, au chirurgien Emery, cent mille francs.

35° Ces sommes seront prises sur les six millions que j'ai placés en partant de Paris, en 1815, et sur les intérêts à raison de cinq pour cent depuis juillet 1815. Les comptes en seront arrêtés avec le banquier par les comtes Montholon, Bertrand et Marchand.

36° Tout ce que ce placement produira au-delà de la somme de cinq millions six cent mille francs, dont il a été disposé ci-dessus, sera distribué en gratifications aux blessés de Waterloo, et aux officiers et soldats du bataillon de l'île d'Elbe, sur un état arrêté par Montholon, Bertrand, Drouot, Cambronne, et le chirurgien Larrey.

37° Ces legs, en cas de mort, seront payés aux veuves et enfants, et, au défaut de ceux-ci, rentreront à la masse.

III.

1° Mon domaine privé étant ma propriété, dont aucune loi française ne m'a privé, que je sache, le compte en sera demandé au baron de la Bouillerie, qui en est le trésorier; il doit se monter à plus de deux cent millions de francs, savoir : 1° le portefeuille contenant les économies que j'ai, pendant quatorze ans, faites sur ma liste civile, lesquelles se sont élevées à plus de douze millions par an, si j'ai bonne mémoire; 2° le produit de ce portefeuille; 3° les meubles de mes palais tels qu'ils étaient en 1814, les palais de Rome, Florence, Turin y compris : tous ces meubles ont été achetés des deniers des revenus de la liste civile; 4° la liquidation de mes maisons du royaume d'Italie, tels qu'argent, argenterie, bijoux, meubles, écuries : les comptes en seront donnés par le prince Eugène et l'intendant de la couronne, Compagnoni.

Napoléon.

Deuxième feuille.

2° Je lègue mon domaine privé, moitié aux officiers et soldats qui restent dans l'armée française, qui ont combattu depuis 1792 à 1815 pour la gloire et l'indépendance de la nation; la répartition en sera faite au prorata des appointements d'activité; moitié aux villes et campagnes d'Alsace, de Lorraine, de Franche-Comté, de Bourgogne, de l'Ile-de-France, de Champagne, Forez, Dauphiné, qui auraient souffert par l'une et l'autre invasion. Il sera de cette somme prélevé un million pour la ville de Brienne, et un million pour celle de Méri.

J'institue les comtes Montholon, Bertrand et Marchand mes exécuteurs testamentaires. Ce présent testament, tout écrit de ma propre main, est signé et scellé de mes armes.

(Sceau.) Napoléon.

Après cela, suivent plusieurs codicilles dans lesquels Napoléon dispose de son vestiaire, de ses meubles, argenterie, et autres legs nombreux, soit en faveur de son fils, soit en faveur de quelques autres amis restés fidèles à sa fortune. Il serait trop long de citer en entier ce testament remarquable.

115 Quinze jours avant sa mort, Napoléon prononça ces paroles dignes de mémoire, en présence du docteur Arnold, chirurgien d'un régiment anglais : « J'étais venu m'asseoir au foyer du peuple britannique. Je demandais une loyale hospitalité. Contre tout ce qu'il y a de droits sur la terre, on me répondit par des fers. J'eusse reçu un autre accueil d'Alexandre, de l'empereur François, du roi de Prusse; mais il appartenait à l'Angleterre de surprendre, d'entraîner les rois, et de donner au

monde le spectacle inouï de quatre grandes puissances s'acharnant sur
un seul homme.... Vous m'avez assassiné longuement, avec préméditation, et l'infâme Hudson a été l'exécuteur des hautes œuvres de vos
ministres.... Vous finirez comme la superbe république de Venise; et
moi, mourant sur cet affreux rocher, privé des miens et manquant de
tout, *je lègue l'opprobre de ma mort à la maison régnante d'Angleterre.* »

116 « Ma famille fugitive, dit Lucien dans ses Mémoires, i, 40, arriva
dans le port de Marseille privée de toutes ressources, mais pleine de
courage et de santé. Joseph, Napoléon et moi, nous luttâmes contre la
mauvaise fortune. Napoléon consacra la plus forte part de ses appointements au soulagement de sa famille; Joseph fut nommé commissaire
des guerres, et moi je fus placé dans l'administration des subsistances
militaires. A titre de réfugiés patriotes, nous obtînmes des rations de
pain de munition et des secours modiques, mais suffisants pour vivre, à
l'aide surtout de l'économie de notre bonne mère. Le récit des périls
qu'elle avait courus, l'incendie de nos propriétés, l'ordre de nous prendre
morts ou vifs, donné, dit-on, par Paoli, n'eurent pas de peine à vaincre
nos scrupules; et je serais parti pour Paris bien volontiers, si la députation de Marseille n'eût déjà pris les devants. D'ailleurs, mon emploi
réclamait ma présence à Saint-Maximin, petite ville à quelques lieues
de Marseille, et j'allai y remplacer le garde-magasin des vivres, promu
au grade d'inspecteur.»

117 A Saint-Maximin, Lucien, nommé président de la société populaire, se fit le défenseur des faibles, des opprimés et des suspects. Deux
envoyés de l'inquisition jacobine, étant arrivés dans cette ville, avaient
déjà chargé six charrettes de suspects enchaînés, lorsqu'une vieille
femme, dont le fils était parmi les prisonniers, accourt vers Lucien et
s'écrie : « Citoyen président, au nom du Ciel, viens nous défendre : on
emmène nos enfants!....» Lucien se précipite vers la place publique,
fait sonner le tocsin, et, s'adressant au commissaire de Barras : «Citoyen,
au nom de la loi, retire-toi; le Comité révolutionnaire n'a point ordonné
d'extradition, je ne te connais pas; je ne connais que la loi, le Comité
de salut public et mon devoir. Gendarmes, vous refusez d'obéir? eh bien!
le peuple va défendre son droit.» Et d'un geste il ordonne que les trente
prisonniers soient reconduits dans leurs chambres, et que la prison soit
gardée par le peuple. Ensuite, il arrache à la fureur populaire le délégué
de Barras, qui n'avait point d'ordre écrit, et le fait partir avec les gendarmes qui l'accompagnaient. L'humanité de Lucien devait compromettre sa position; mais les cœurs généreux ne calculent jamais quand
il s'agit de faire une bonne action. Après le 9 thermidor, il fut, en effet,

obligé de quitter Saint-Maximin et d'aller, comme inspecteur, à Saint-Chamans, près de Cette. Il y était à peine qu'il y fut arrêté par un jeune homme dont il avait arraché les parents à la charrette fatale. Il resta six semaines dans les prisons d'Aix, et fut rendu à la liberté par les instances que Napoléon fit auprès de Barras.

118 Lucien, arrivé en présence des soldats que commandait son frère, fait signe qu'il veut parler : le roulement du tambour ayant commandé le silence, il s'écrie : « Citoyens, le président du Conseil des Cinq-
» Cents vous déclare que l'immense majorité du Conseil est dans ce
» moment sous la terreur de quelques représentants à stylet qui assié-
» gent la tribune, qui présentent la mort à leurs collègues et enlèvent
» les plus affreuses délibérations. Je vous déclare que ces audacieux
» brigands, soldés sans doute par l'Angleterre, se sont mis en rébellion
» contre le Conseil des Anciens , et ont osé parler de mettre hors la loi
» le général chargé de l'exécution de son décret, comme si nous étions
» encore au temps où ce mot *hors la loi* suffisait pour faire tomber les
» têtes les plus chères à la patrie. Je vous déclare que ce petit nombre
» de furieux se sont mis eux-mêmes hors la loi par leurs attentats contre
» la liberté du Conseil. Au nom d'un peuple qui, depuis tant d'années,
» est le jouet de ces misérables enfants de la Terreur, je confie aux guer-
» riers le soin de délivrer la majorité de leurs représentants, afin qu'af-
» franchie des stylets par les baïonnettes , elle puisse délibérer sur le
» sort de la République. Général, et vous soldats, et vous tous, citoyens,
» vous ne reconnaîtrez pour législateurs de la France que ceux qui vont
» se rendre auprès de moi. Quant à ceux qui resteraient dans la salle
» des Cinq-Cents, que la force les expulse! Ces brigands ne sont plus
» les représentants du peuple, ils sont les représentants du poignard. »

119 Napoléon était plus âgé que son frère Louis de dix ans, ce qui lui donna la facilité de prendre sur lui cette suprématie qu'il conserva toujours. Il dominait par la maturité naturelle de son caractère, autant que par ses bienveillantes sollicitudes qui lui donnaient sur Louis l'ascendant de l'autorité paternelle.

120 Sous le règne de Joachim Murat, le village du Pizzo, habité, en grande partie, par des caboteurs ou trafiquants sur mer, avait eu beaucoup à souffrir des rigueurs du blocus continental et de la sévérité des douaniers et des agents de la police napolitaine. La stagnation du commerce avait aigri les habitants de cette localité contre le gouvernement de Joachim ; et voilà pourquoi presque tout le village s'arma en un instant et fut si acharné à poursuivre le malheureux roi.

121 Le fils infortuné de Napoléon ignora toujours l'apostasie et la dégradation de Marie-Louise.... *Ma mère!*.... Quelle impression dut produire ce cri sur le cœur de la duchesse de Parme! Quels souvenirs dut-il y réveiller!.... *Ma mère!*.... ce dernier appel d'une victime mourante ne fut-il pas pour cette femme coupable une torture qui vengeait la mort de Napoléon!.... L'Europe sait aujourd'hui que, durant la captivité de l'Empereur à Sainte-Hélène, la duchesse de Parme, souillant la couche d'un mari vivant, s'était unie de la main gauche au comte de Neipperg, et qu'elle en eut trois enfants!...

122 Après le retour de l'île d'Elbe, madame la duchesse douairière d'Orléans, mère de Louis-Philippe, désirant ne pas quitter la France et y recevoir du gouvernement impérial une pension convenable à son rang, employa la médiation de la reine Hortense pour présenter sa demande à l'Empereur. La générosité de la reine Hortense ne fit pas défaut à la vertueuse duchesse : l'Empereur lui fit dire qu'il l'a verrait avec plaisir habiter Paris ; en même temps il lui assurait une pension de *quatre cent mille francs*. Madame la duchesse de Bourbon, tante de Louis-Philippe, elle aussi, dut à la même protection l'avantage de ne pas quitter Paris, et reçut de la munificence de l'Empereur une pension de *six cent mille francs* sur lesquels elle devait distraire cinquante mille francs en faveur de ses frères naturels. Lequel des deux souverains se montra le plus généreux, de Louis-Philippe ou de Napoléon?.... Et ce fait n'est pas apocryphe : la correspondance des deux duchesses avec la reine Hortense existe ; nous l'avons lue et beaucoup d'autres avec nous.

123 Plusieurs ministres, pairs de France, furent convaincus publiquement d'avoir volé comme des fripons vulgaires ; un pair de France, d'un ancien nom, d'une haute noblesse, donna l'exemple de la plus basse dégradation, en se rendant coupable d'un hideux assassinat. Ce malheureux égorgea, avec une atroce préméditation, la mère de ses enfants, sa propre épouse, l'unique fille du maréchal Sébastiani. Le vieux duc de Bourbon fut trouvé mort, étranglé par lui-même ou par *un autre*.... Son aumônier, le vénérable abbé Pélier de la Croix, prouve, dans un mémoire, que ce prince avait été victime d'une rouerie infernale....

124 M. Victor Fialin de Persigny, issu d'une honorable famille de l'arrondissement de Roanne (*Loire*), peut être regardé comme l'âme de la conspiration de Strasbourg. Homme d'énergie, de courage et de probité, il jouissait de toute la confiance de Louis-Napoléon qui l'avait attaché à sa personne en qualité d'aide-de-camp. D'une activité aussi grande que son dévouement était sincère et son zèle infatigable, jamais il ne se rebuta d'aucune difficulté. En même temps à Paris, à Strasbourg, à Nancy, à Bade, il se multipliait, changeant de nom, de costume, et parvenant toujours à tromper ou à éviter les piéges de la police. Après la malheureuse issue du complot de Strasbourg, M. de Persigny était résolu à se constituer prisonnier, afin de partager le sort du prince et de veiller lui-même à sa conservation. Mais Louis-Napoléon le lui fit défendre. Il resta donc quelque temps dans les environs de Strasbourg, se tenant prêt à tout événement. Découvert par la police et sur le point de tomber entre les mains de la gendarmerie, il se sauva, traversa le Rhin, et se jeta dans la forêt Noire, où il y erra plusieurs jours, en proie à toutes les fatigues, à toutes les privations. Rentré à Bade pendant la nuit, il s'y cache, et parvient, à la faveur d'un faux passeport, à regagner le château d'Arenenberg : de là, il traverse l'Allemagne et se rend en Angleterre. Son premier soin fut d'y publier la relation exacte des événements auxquels il venait de prendre une part si active.

Parvenu à l'Empire, Louis-Napoléon qui connaissait les rares qualités de son aide-de-camp, le chargea du portefeuille de l'intérieur. Dans ce poste éminent où l'appelait la confiance de son souverain, M. de Persigny se montra à la hauteur de ses fonctions. C'était d'une organisation générale dont il fallait s'occuper : le zèle, l'activité et la haute conception du ministre ne reculèrent devant aucune difficulté ; lorsque le jour ne suffisait pas, il travaillait la nuit, et était l'œil et l'âme de tout ce qui se faisait dans son ministère. Malheureusement sa santé, minée par tant de travaux, le contraignit à donner sa démission dans le courant de 1854. La France et l'Empereur furent peinés de sa retraite et lui surent gré de sa probité, de son zèle et de son désintéressement.

125 Avant de faire embarquer le prince sur l'*Andromède*, le gouvernement de Louis Philippe avait fait courir le bruit que *Louis-Napoléon n'avait obtenu son départ pour l'Amérique que sur l'engagement qu'il avait pris de ne pas reparaître de dix ans en Europe.* Le prince, justement indigné de cette nouvelle calomnie, adressa la lettre suivante à un de ses amis, en le priant de la publier dans les journaux :

« Mon cher M..., je ne veux pas quitter l'Europe sans venir vous » remercier des généreuses offres de service que vous m'avez faites dans » une circonstance bien malheureuse pour moi. J'ai reçu votre lettre à » la prison de Strasbourg ; je n'ai pu vous répondre avant aujourd'hui. » Je pars le cœur déchiré de n'avoir pu partager le sort de mes compa- » gnons d'infortune. J'aurais voulu être traité comme eux. Mon entre- » prise ayant échoué, mes intentions ayant été ignorées, mon sort ayant

» été, malgré moi, différent de celui des hommes dont j'avais compromis
» l'existence, je passerai, aux yeux de tout le monde, pour un fou, un
» ambitieux, un lâche.

» Avant de mettre le pied en France, je m'attendais bien, en cas de
» non réussite, aux deux premières qualifications ; quand à la troisième,
» elle est trop cruelle.

» J'attends les vents pour partir sur la frégate l'*Andromède* pour New-
» Yorck : vous pouvez m'y écrire poste-restante. Je saurais supporter ce
» nouvel exil avec résignation ; mais ce qui me désespère, c'est de laisser
» dans les fers des hommes auxquels le dévouement à la cause napo-
» léonienne a été si fatal. J'aurais voulu être seul victime.

» Adieu, mon cher M...; bien des choses à Madame. Je n'oublierai
» jamais les marques si touchantes que vous m'avez données de votre
» amitié pour moi.

» Je vous embrasse de cœur,

» Louis-Napoléon BONAPARTE.

» *P. S.* Il est faux qu'on m'ait demandé le moindre serment de ne
» plus revenir en Europe. »

126 Après l'assassinat du comte Rossi, les conjurés agitèrent, à la
chambre, la question d'envoyer une députation au Pape, pour lui exprimer des regrets de la mort de son ministre. Le prince de Canino, qui
siégeait parmi les représentants, s'y opposa, oubliant ainsi le dévouement de son père au Saint-Siége, et la reconnaissance qu'il devait au
Pontife romain duquel il tenait son titre de prince de Canino. Le prince
Louis-Napoléon, devenu Président de la république française, ne craignit
pas de blâmer lui-même la conduite de son cousin, dans la lettre suivante qu'il adressa au nonce apostolique : « Monseigneur, Je ne veux
» pas laisser accréditer auprès de vous les bruits qui tendent à me rendre
» complice de la conduite que tient à Rome le prince de Canino. Depuis
» longtemps je n'ai aucune espèce de relations avec le fils aîné de Lucien
» Bonaparte, et je déplore de toute mon âme qu'il n'ait point senti que
» le maintien de la souveraineté temporelle du chef vénérable de
» l'Église était intimement liée à l'éclat du catholicisme, comme à la
» liberté et à l'indépendance de l'Italie. Recevez, Monseigneur, l'assu-
» rance de mes sentiments de haute estime.

» Louis-Napoléon BONAPARTE. »

127 On n'évalue pas à moins de 436 voiles l'immense appareil naval
réuni à Varna et à Gallipoli pour se diriger sur les côtes de la Crimée;

savoir : cent bateaux à vapeur tant anglais que français ; trois cents navires de transport et trente-six vaisseaux de ligne.

Après que les Anglo-Français eurent débarqué en Crimée (à Old-Fort, entre Eupatoria et Sébastopol), le 19 septembre 1854, ils se mirent en marche sur la route de cette ville, et, le même jour, ils étaient en face des lignes russes retranchées derrière les rochers et les escarpements qui bordent la rive gauche de l'Alma. A six heures du matin, la rivière est franchie par les alliés ; le général Bosquet se porte sur la gauche des Russes par un mouvement tournant ; les Anglais marchent impassibles sur les batteries ennemies, et les Français, se jetant en avant sous une grêle de mitraille, d'obus et de boulets, enlèvent les redoutes à la baïonnette. Rien ne résiste, tout est rompu ; les Russes fuient épouvantés, jetant armes et bagages pour se sauver plus vîte ; ils laissent cinq mille cadavres sur le champ de bataille. Si la cavalerie ne nous eût pas manqué, l'armée de Menschikoff était anéantie. Le maréchal Saint-Arnaud publia, le même jour, l'ordre suivant : « Soldats! la France et l'Empereur sont contents de vous. A Alma, vous avez prouvé aux Russes que vous étiez les dignes fils des vainqueurs d'Eylau et de la Moskova. Vous avez rivalisé de courage avec vos alliés les Anglais, et vos baïonnettes ont enlevé des positions formidables et bien défendues! Soldats, vous rencontrerez encore les Russes sur votre chemin ; vous les vaincrez encore comme vous l'avez fait aujourd'hui, au cri de *vive l'Empereur!* et vous ne vous arrêterez qu'à Sébastopol ; c'est là que vous jouirez d'un repos que vous aurez bien mérité. — Champ de bataille de l'Alma, 20 septembre 1854. »

Une perte funeste ne tarda pas à couvrir de crêpes les lauriers de l'Alma ; le maréchal Saint-Arnaud succombait le 29 à l'épuisement de ses forces et à la maladie qui le minait depuis longtemps. Avant d'expirer, il remit le commandement au général Canrobert, l'un des plus braves de ses compagnons d'armes.

128 Depuis la chute de Napoléon Ier, c'est la première fois, on peut le dire, que le gouvernement français a contracté une alliance continentale. Louis XVIII avait, il est vrai, accédé à la Sainte-Alliance, mais plutôt par déférence pour la politique de cette ligue, que dans l'intérêt de ses propres vues. Au moment de sa chute, Charles X était en négociation avec la Russie. Mais durant tout le règne de Louis-Philippe, la France fut au ban de la triple alliance des cours du Nord, et leur étroite union ne permit pas au roi-citoyen de contracter une alliance réelle avec aucune d'elles. Pourquoi? Parce que la France n'avait pas appelé Louis-Philippe au trône ; son avènement n'avait été qu'une surprise, qu'un escamotage. Louis-Napoléon, porté au trône par huit millions de suffra-

ges libres et spontanés, a été plus habile et plus heureux sur le fait de
l'alliance, parce qu'il était fort de l'élection de la France, et partant plus
légitime aux yeux des souverains. Avec beaucoup de jugement, une rare
prudence et une grande résolution, il a profité des événements qui
menaçaient de briser la ligue du Nord, et a réussi à renouveler avec
l'Autriche l'alliance qui est la plus utile à la France, le plus en harmonie avec ses engagements envers l'Angleterre, sa puissante alliée, et la
plus propre à amener le rétablissement et le maintien de la paix. La paix...,
dont nous avons un si grand besoin, mais que nous ne pouvions acheter
au prix de la honte et de l'affaiblissement de l'Europe. Car la France,
personne ne l'ignore, n'a pas été poussée en Orient par le désir d'une
vaine gloire, ou pour satisfaire son ambition. Non : cette guerre est l'une
des plus justes que jamais nation ait entreprise, et ce n'est pas au
moment où la Russie se montre si redoutable qu'on peut se dissimuler
combien il était urgent de mettre obstacle à ses projets. Nous l'arrêtons
difficilement aujourd'hui : comment aurions-nous pu le tenter et y réussir
dans vingt ans!

TABLE.

LES BONAPARTE DE SARZANE.

Lyon.—Imp. et Lith. H. STORCK, place du Plâtre, 8.

Malgré les soins des correcteurs, il s'est glissé quelques fautes que nous avons cru devoir noter.

Page 29 — 9ᵉ ligne, *François II*, lisez : François Iᵉʳ.

32 — 2ᵉ ligne, *il fut la tige*, lisez : il fut la souche.

48 — Dernière ligne, après ces mots : *de St-Etienne*, il faut le nᵒ 26 des remarques.

83 — 2ᵉ alinéa, 8ᵉ ligne, 42, lisez : 43, pour le nᵒ des remarques.

84 — 7ᵉ ligne, *Collato*, lisez : Colalto.

99 — 8ᵉ ligne, après ces mots : *que Paoli présidait*, ajoutez le nᵒ 52 des notes.

112 — 7ᵉ ligne, *division*, lisez : division.

117 — 19ᵉ ligne, Nᵒˢ 63 et 64, lisez : 75 et 76.

130 — Avant-dernière ligne, devant le mot *Lodi*, ajoutez le nᵒ 63 des notes.

211 — 15ᵉ ligne, *Douawerth*, lisez : Donawerth.

255 — 17ᵉ ligne, *avec ces* 30,000 *Suédois*, lisez : avec ses.

398 — 25ᵉ ligne, *ses exercices*, lisez : ces exercices.

436 — 17ᵉ ligne, *la question ; par le vote*, ponctuez : la question par le vote ;

449 — 6ᵉ ligne, *Caude*, lisez : Claude.

454 — 2ᵉ alinéa, 19ᵉ lig., *n'ont-ils pas vu*, lisez : n'ont-ils pas vus.

461 — 9ᵉ et 10ᵉ lignes, 125 et 126, lisez : 126 et 127.

466 — 23ᵉ ligne, après le mot *entière*, ajoutez le nᵒ 128 des notes.

www.ingramcontent.com/pod-product-compliance
Lightning Source LLC
Chambersburg PA
CBHW070615270326
41926CB00011B/1700